KB042504

거시적 관점
동남아지역연구

개별국가에 대한 사례: 필리핀연구

박광섭

박영사

본서는 필자가 몸담고 있는 대학의 학부 과정에 개설된 '동남아지역연구'와 '특수국가연구론'이라는 교과목을 가르치기 위하여 기획된 것이다. 사실상 필자는 오랜 기간 '지역으로서의 동남아시아(Southeast Asia as a Region)'에 대한 관심을 가지고 대학에서 가르쳐 왔다. 그런데 (동서로는 약 5,000km 남북으로는 약 5,200km에 달하는) 광대한 공간적 범위를 지니고 있으면서 개별 국가만 하더라도 11개 국가나 되는 동남아시아 지역을 한 학기 동안 다 가르칠 수가 없었다. 그래서 부득불 동남아시아 내 특수국가를 선정하여 그 다음 학기에 이어서 강의를 하곤 하였다. 그럼에도 정작 이에 걸맞은 마땅한 교재가 없어서 늘 고민했으며, 이 고민의 결과가 결국 본서의 출간으로 나타나게 된 것이다.

한국의 남서쪽에 위치한 동남아시아는 아시아와 오세아니아 대륙을 연결하는 육교 구실을 하고 있으며, 태평양과 인도양을 연결하는 해상교통의 요충지이기도 하다. 이러한 지리적 위치 조건 때문에 역사적으로 민족 이동과 외세 침투의 목표가 되기도 하였다. 또한 '지역으로서 동남아시아'에는 2002년 국제사회에서 새로운 독립국가로 출발한 동티모르를 비롯하여 브루나이, 인도네시아, 말레이시아, 필리핀, 싱가포르, 태국, 베트남, 캄보디아, 라오스, 미얀마 등 총 11개국으로 이루어져 있다. 이들 국가를 모두 합한 총면적은 454만5,792km^{2}로서 한반도(220,903km^2)의 약 21배, 한국(100,363km^2)의 약 45배에 달한다. 동남아시아 11개국 중 가장 큰 국가는 면적이 약 192만km^{2}이고 인구가 약 2억6천만 명이 넘는 인도네시아이며, 면적이 가장 작은 국가는 서울(면적: 605km^2)보다 약간 큰 682km^{2}인 싱가포르, 인구가 가장 적은 국가는 약 46만 명인 브루나이이다(2020 기준, CIA-The World Factbook).

동남아시아 시장을 인적 잠재력 규모, 명목GDP 규모, GDP 실질성장률 기준으로 간략히 살펴보면 다음과 같다.

첫째, 인적 잠재력(CIA-The World Factbook 자료) 규모를 기준으로 동남아시아는 2020년 6억4,692만 명으로 1억2,550만 명의 일본 시장에 비해 약 5배

이상, 3억3,263만 명의 미국 시장에 비해 약 2배, 5,183만 명의 한국 시장에 비해 약 12배 이상 큰 시장이다. 물론 값싼 원자재와 노동력 기준으로 라이벌 관계인 13억9,401만 명의 중국 시장에 비해서는 약 46%밖에 되지 않는 시장이기도 하다. 개별국가 중에는 세계 4위인 2억6,702만 명의 인도네시아가 미국 시장 규모에는 미치지 못하지만 일본 시장 규모를 훨씬 앞서고 있다는 점에서 이목을 끈다. 또한 필리핀과 베트남은 인구가 1억 명 내외라서 결코 작은 시장이 아니라는 사실도 알 수 있다.

둘째, 명목GDP(IMF 자료) 규모를 기준으로 동남아시아는 2019년 전체 경제규모가 3조3,199억 달러로서 세계 3위인 일본(5조1,544억 달러)의 약 64%에 달하며, 세계 5위인 인도(2조9,355억 달러)에 비해 앞서는 것으로 파악됨으로써 사실상 국제기구의 성격을 띠는 EU(세계 2위 18조7,051억 달러)를 제외하고 세계 5위인 셈이다. 또한 동남아시아의 경제규모를 세계 12위의 한국(1조6,295억 달러)과 비교하면 2배 정도 크다고 볼 수 있으며, 그 비교 대상국이 세계 1위의 미국(동남아시아는 미국에 비해 약 15%의 경제규모)과 세계 2위의 중국(동남아시아는 중국에 비해 약 23%의 경제규모)인 경우에는 작은 시장이라고 볼 수 있기도 하다.

셋째, GDP 실질성장률(IMF World Economic Outlook Database, April 2020 자료)을 기준으로 보면 신종 코로나바이러스 감염병(코로나19)의 세계적 대유행(팬데믹)이 오기 직전 동남아시아 11개국의 2019년도 GDP 실질성장률은 4.6%로서 대체로 이 지역의 성장 속도가 빠르다. 특히 동남아시아는 선진국인 미국(2.3%)이나 일본(0.7%)에 비해 GDP 실질성장률이 높다. 이것은 개발도상국들이 선진국들에 비해 연간 실질성장률을 높다는 일반적인 현상으로 이해된다. 또한 동남아시아 국가 가운데에서도 후발주자로서 개발 붐이 많이 일어나고 있는 베트남(7.0%)을 비롯한 캄보디아(7.0%), 미얀마(6.5%), 라오스(4.7%)의 2019년도 GDP 실질성장률이 높았으며, 최근 성장 위주의 국정운영을 펼치는 필리핀(5.9%)과 인도네시아(5.0%)도 2019년도 GDP 실질성장률이 높다.

본서는 1, 2부로 구성되었다. 제1부는 '거시적 관점으로서 동남아지역연구(Southeast Asian regional studies as a macro-approach)'에 관한 내용을 담아 3개 장으로 구성했다. 제1장은 '동남아지역연구의 학문 내 위상'으로서 '동남아지역연구'에 관한 이론적 논거를 제공한다. 이를테면 동남아지역연구의 개념, 역사적 생성 과정, 목적과 접근 방법, 문제점과 과제 등을 담았다. 제2장은 제1부의 실질적인 본론으로서 세계 속에 존재하는 동남아시아를 거시적으로 어떻게 이해할 것인가에 초점을 맞췄다. 특히 종합적 접근을 강조하는 지역연구의 특성을 고려하여 동남아시아의 지리적 위치와 크기, 자연환경과 천연자원(경제자원), 민족구성과 언어 및 종교, 문화의 특징적 양상, 정치적 흐름과 현황 파악, 경제적 실력 등 다양한 분야를 담아내려고 노력하였다. 제3장은 지역협력체(regional cooperation group)로서 아세안에 대한 이해를 도모하고자 했다. 이를테면 아세안의 회원국/면적/인구/GDP 규모, 아세안의 출범 배경과 목적, 아세안의 정체성과 기본 원칙, 아세안헌장, 아세안의 주요 협의체 및 조직구성, 아세안의 발전 요인과 주요 발전 과정 및 지역협력의 이정표, 아세안의 주요 협력 분야, 아세안 협력의 성과, 아세안 협력의 문제점과 한계, 한국과 아세안 간의 관계 등을 포함하고 있다.

제2부는 '동남아시아 개별국가에 대한 사례연구로서 필리핀(the Philippines as an individual country study in Southeast Asia)'을 담아 10개 장으로 구성했다. 제1장은 필리핀연구와 동남아지역연구의 관계성을 간략히 살펴보았으며, 제2장은 필리핀에 관한 개괄적인 소개, 제3장은 필리핀의 지리적 이해, 제4장은 필리핀 문화, 제5장 필리핀 역사, 제6장 필리핀 모로 분리주의 운동, 제7장 필리핀 시민혁명, 제8장 필리핀 정치와 의회제도, 제9장 필리핀과 중국 간 남중국해 스카버러 숄 영유권 분쟁, 제10장 필리핀 두테르테 집권 이후의 동향 등을 담고 있다. 특히 필리핀 연구도 지역연구(동남아지역연구)의 일환이라는 점을 감안하여 필자는 다양한 분야를 포함시키려고 했다. 뿐만 아니라 지역연구에서 강조하는 '문화와 역사의 상대주의'에 입각하여 필리핀의 문화와 역사 분야에 대한 이해의 폭을 거시적 관점에서 비교적 세밀하게 다루었다.

끝으로, 본서의 출판을 흔쾌히 허락해 주신 박영사 안종만 회장, 안상준 대표, 계약 과정에서 협조해 준 오치웅 대리에게 감사를 드린다.

2021. 2. 10
태조산이 바라보이는 연구실과 STX Khan 아파트 서재를 오가며
저자 박광섭(朴廣燮)

제2부 **개별국가에 대한 사례: 필리핀연구**
(The Philippines as an Individual Country Study in Southeast Asia)

제1장 동남아지역연구와 필리핀연구의 관계

제2장 필리핀의 개괄적인 소개

제3장 필리핀의 지리적 이해

제 1 부

거시적 관점으로서 동남아지역연구

(Southeast Asian Regional Studies as a Macro-Approach)

제 1 장 | 동남아지역연구의 학문 내 위상

Ⅰ. 동남아지역연구의 개념

1. '지역연구'란 무엇을 의미하는가?

지역연구란 현재 지역학, 국제지역연구, 국제지역학 등과 함께 혼용되고 있다. 그러나 엄밀히 말해서 그 표기상의 의미는 각각 조금씩 다르기도 하다. 즉 지역연구는 Area Studies로 표기되어야 하며, 지역학은 Area Science 또는 Area-ology로 표기되는 것이 마땅할 것이다. 또한 국제지역연구 또는 국제지역학은 International Area Studies 또는 International Area Science로 표기되어야 할 것이다. 이러한 표기상에서의 혼돈에서 알 수 있듯이 지역연구는 아직도 학문 내에서의 그 위상을 완전히 정립시켜 놓지 못하고 있는 상태라는 점을 인정하지 않을 수 없다. 다시 말해서 지역연구는 용어상으로만 보더라도 학문의 정체성을 확보하고 있지 못하다는 점을 방증해 주고 있는 것이다.

예루살렘 출신의 아랍인 에드워드 사이드(Edward W. Said)는 1978년 저술한 『오리엔탈리즘(Orientalism): 동양에 대한 서구적 개념』에서 "지역연구란 학문적 활동이라고 보기보다는 식민지 지배의 역사적 과정에서 탄생한 것으로서 강대국이 약소국을 지배하기 위한 국가정책상의 수단으로 이해되곤 하였다"고 정의하고 있다. 이러한 관점에서 지역연구란 전략적 수단인가 그렇지 않으면 순수한 세계인식의 틀인가라는 영원한 번민에 빠질 수 있다. 사실상 국제질서는 강대국과 약소국 간의 상호작용 위에서 성립된다고 볼 수 있다. 따라서 에드워드 사이드의 지역연구에 대한 정의, 즉 "국가정책상의 수단"이라는 견해 또한 설득력 있는 논지인 것이다. 한편 에드워드 사이드는 역사적 배경에 비추어 "지역연구라는 말 그 자체는 추한 신조어(ugly neologism)일 뿐이다"라고 지적하고 있다. 여기서 '추하다'는 것은 단순히 강대국 쪽의 지성주의적 문화를 약소국 쪽으로 강하게 요구한다는 의미도 물론 포함되어 있지만 학문으로서의 존엄과 정통성을 갖지 않은 상태이면서 강대국에게만 무엇보다도 중요하게 인식되어 왔다는 점을 강조하고 있는 것이다.

그렇다면 현재적 관점에서 지역연구에 관심을 보이고 있는 많은 학자들은 그 의미와 정의를 어떻게 내리고 있는 것일까? 즉 현재의 일반적 관점에서 지역연구의 의미와 정의를 살펴보면 다음과 같다. 지역연구란 철저히 독립적인 것으로 주장해 온 기존의 분과학문(discipline)이라는 영역의 벽을 무너뜨리는 현상을 지니고 있다. 따라서 정치학, 경제학, 사회학, 어문학 등 단순히 현재의 분과학문이라고 규정된 체계 혹은 방법으로만이 현상을 파악하려는 것이 아닌 총체적이며 포괄적으로 현상을 파악하려는 종합학문의 성격을 지니고 있는 것이다. 게다가 지역연구는 해당 지역의 성격을 시간과 공간의 틀 속에서 올바르게 설명하고 분석하는 새로운 학문의 성격을 지니고 있다. 이러한 지역연구가 안고 있는 본질적인 성격에 대한 인식의 구도에 따라 정의를 내려 본다면, "분류된 특정지역 또는 특정국가의 정치, 경제, 사회, 문화, 역사 등 제반 분야를 종합적이고 체계적으로 연구하는 학문"이 지역연구라고 할 수 있다. 특히 여기에서 종합적인 연구의 시도가 매우 중요한데, 이는 연구 대상의 시간과 공간의 틀 속에서 총체적으로 파악한다는 의미이다. 따라서 지역연구는 해당 지역의 총체성을 파악하는 학문이며, 또한 해당지역의 독자성(특수성)을 규명하기 위한 학문인 것이다.

| 지역연구란 무엇을 의미하는가?

☞ 지역연구란 현재 지역학, 국제지역연구, 국제지역학 등과 함께 혼용되고 있다.
- 지역연구: Area Studies/방법론 강조
- 지역학: Area Science/Area-ology/독립적인 학문체계 강조
- 국제지역연구/국제지역학: International Area Studies/International Area Science
- 지역연구는 용어상으로만 보더라도 학문의 정체성을 확보하고 있지 못하다는 점을 방증해 주고 있다.

☞ 에드워드 사이드(Edward W. Said)는 "지역연구란 학문적 활동이라고 보기보다는 식민지 지배의 역사적 과정에서 탄생한 것으로서 강대국이 약소국을 지배하기 위한 국가 정책상의 수단으로 이해되곤 하였다"고 정의하고 있다.

이러한 관점에서 지역연구란 전략적 수단인가 그렇지 않으면 순수한 세계인
식의 틀인가라는 영원한 번민에 빠질 수 있다. 사실상 국제질서는 강대국과
약소국 간의 상호작용 위에서 성립된다고 볼 수도 있다. 따라서 에드워드 사
이드의 지역연구에 대한 정의, 즉 "국가정책상의 수단"이라는 견해 또한 설득
력 있는 논지인 것이다.

☞ 지역연구의 본질적인 성격: 지역연구는 종합학문의 성격을 지닌 새로운 학문
의 시도이다. 이러한 지역연구가 안고 있는 본질적인 성격에 대한 인식의 구
도에 따라 정의를 내려 본다면, "분류된 특정지역 또는 특정국가의 정치, 경제,
사회, 문화, 역사 등 제반 분야를 종합적이고 체계적으로 연구하는 학문"이라
고 할 수 있다.

2. 동남아지역연구란 무엇을 의미하는가?

동남아지역연구는 근본적으로 앞에서 설명한 지역연구(지역학)의 개념을 바
탕으로 이해될 수 있다. 지역연구(지역학)가 기존의 분과학문(예 정치학, 경제학, 경
영학, 사회학, 어문학 등)이라는 영역의 벽을 뛰어넘어 총체적이고 포괄적인 현상을
파악하는 종합학문의 성격을 지니고 있다면, 동남아지역연구 역시 같은 맥락에
서 이해되어야 하는 연구 분야라고 할 수 있다. 즉 지역학의 정의에서 표현된
"제반 분야의 종합적인 연구"란 동남아시아 지역 및 개별국가에서 일어나는 국제
관계는 물론 정치, 경제, 사회, 문화, 역사 등 제반 분야에 대한 이론과 실제를
연구함으로써 이 지역 또는 개별국가의 특수성과 독자성을 찾아내고, 총체성
(totality)을 파악하는 것이라고 할 수 있다.

또한 지역학적 관점에 볼 때 동남아지역연구는 특정 지역으로서 '동남아시아'
라는 지역의 선정과 이 지역에 분포해 있는 '개별국가'를 하나의 연구 대상으로
하고 있다는 점이다. 더욱이 '지역으로서 동남아시아(Southeast Asia as a region)'를
시간과 공간의 틀 속에서 올바르게 인식하려고 하는 새로운 학문의 성격을 지니
고 있다. 이러한 동남아지역연구의 개념 인식과 함께 그 정의를 간단히 내려 본다
면 "동남아시아라는 지역과 이 지역에 분포해 있는 개별국가의 국제관계는 물론
정치, 경제, 사회, 문화, 역사 등 제반 분야를 종합적이고 체계적인 방법으로 연구
하는 학문"이라고 할 수 있다.

| 동남아지역연구란 무엇을 의미하는가?

☞ 동남아지역연구는 근본적으로 지역연구(지역학)의 개념을 바탕으로 이해될 수 있다. 지역연구(지역학)가 기존의 분과학문(예 정치학, 경제학, 경영학, 사회학, 어문학 등)이라는 영역의 벽을 뛰어넘어 총체적이고 포괄적인 현상을 파악하는 종합학문의 성격을 지니고 있다면, 동남아지역연구 역시 같은 맥락에서 이해되어야 하는 연구 분야라고 할 수 있다.

☞ 지역학적 관점에 볼 때 동남아지역연구의 정의를 간단히 내려 본다면 "동남아시아라는 지역과 이 지역에 분포해 있는 개별국가의 국제관계는 물론 정치, 경제, 사회, 문화, 역사 등 제반 분야를 종합적이고 체계적인 방법으로 연구하는 학문"이라고 할 수 있다.

Ⅱ. 동남아지역연구의 역사적 생성 과정

1. 근대적 의미의 동남아지역연구

본래 동남아지역연구가 이루어지기 시작한 시점은 식민지 시대에 구미 제국주의 세력, 즉 식민 모국을 위한 식민지 통치의 보조수단으로서 출발한 근대적 의미의 지역연구가 행해지던 때로 거슬러 올라가야 한다. 이를테면 16세기 유럽 제국의 동남아 진출과 동시에 효과적인 식민지 경영 차원에서 유럽의 동남아 연구의 시도가 소위 식민지학자들로 하여금 주로 고고학·비문학·문헌학을 바탕으로 이루어졌으며, 민족학·종교연구·인구학·농촌사회학 등 식민지 사회의 현실파악과 관련하여 행해졌다.[1] 그러나 이 당시만 하더라도 동남아지역연구는 지극히 초보적이며 부분적인 시도(진정한 지역연구의 관점에서 볼 때)이었다고 평가할 수밖에 없다. 그 이유 중에 가장 중요한 이유는 이 당시의 연구환경이 식민지배의 정당화와 직간접적으로 깊은 연관을 맺고 있기 때문에 대부분의 연구분야에서의 편협성과 연구자들, 즉 식민지학자들의 이론의 부재 또는 무지로 말미암아 나타나는 낮은 수준의 학문성이 나타나기 때문이다.

---

[1] 소병국, "동남아연구의 현황과 과제," 한국외대대학원 지역학연구회 편, 『지역학의 현황과 과제』(서울: 한국외국어대학교출판부, 1996), 257쪽.

또한 이와 같은 식민지배 속에서의 연구환경은 식민지학자들로 하여금 연구의 시각을 연구대상지역, 즉 동남아지역의 독자성을 무시한 외측 논리 위주로 전개시키는 파행을 저질렀던 것이다. 이것은 곧 서구중심주의적 관점에서 동남아지역은 서구문명에 의해 변화되는 것이 바람직하다는 그들의 견해, 즉 동남아인의 내부적인 역동성을 무시하고 외부의 영향에 의해 역사 발전의 근원을 찾으려는 왜곡된 시각을 초래했던 것이다.

2. 현대적 의미의 동남아지역연구

동남아지역연구의 발전 과정에서 두 번째 단계로서는 제1, 2차 세계대전을 수행하면서 대규모 전쟁과 국제이해의 필요성에 따라 국제관계의 수준에서 실시해 온 지역연구에서 찾을 수 있다. 이 당시는 미소를 축으로 하는 동서 양 진영의 첨예한 대립 현상과 함께 나타난 제3세계권에서의 서로 간의 우위 확보를 위한 경쟁적 정책 수립에 따라 동남아 국가들의 정치적 현실에 대한 이해가 시급한 과제로 떠오르면서 주로 국제정치 분야에서 지역연구가 집중되고 있었다.[2] 따라서 이 당시의 국제정치학자들은 동남아지역에 대한 정치적 지식을 습득, 군부에 이를 전수시키고, 군부는 다시 정부 쪽으로 정보를 제공하는 형태로 이루어졌다. 특히 미국의 육군전문훈련계획(The Army Specialized Training Programs)과 민간활동훈련학교(The Civil Affairs Training School) 등에서는 제2차 세계대전 중 동남아 국가들에 대한 지역 및 언어 연수를 위한 기구로 활용하였으며, 이러한 전시 요구에서 출발한 동남아지역연구는 냉전시대가 요구하는 현실적 필요에 따라 동남아시아를 세계 속의 한 지역으로 인식시키는 데 크게 기여했다고 볼 수 있다.[3]

---

2) 제2차 세계대전 이후 동남아지역을 중심으로 한 역내외적인 주요 국제정치적 변화, 즉 동서 간의 첨예한 대립현상을 보이던 냉전시대의 도래로 인한 세계질서의 재편 속에서 동남아를 세계 속에서 하나의 지역으로 인식하려는 경향을 중심으로 볼 때, 주로 국제정치 분야에서의 지역연구의 집중을 의미한다. 따라서 이 당시 국제정치 분야 이외에도 지역연구는 전전(戰前)의 식민지 연구 경향에 비해 훨씬 더 활발하게 이루어지고 있었다는 점을 분명히 밝힌다. 이를테면 동남아의 사회와 문화 분야에서의 지역연구, 동남아의 역사 분야에서의 지역연구 등 다양한 분야에서의 지역연구가 이루어지고 있었다는 점이다. 동남아의 사회와 문화 분야에서의 지역연구는 Victor T. King, "Sociology" in Mohammed Halib and Tim Huxley (ed.), *An Introduction to Southeast Asian Studies*, (Singapore: Institute of Southeast Asian Studies, 1996), pp. 148-188 참조; 동남아의 역사 분야에서의 지역연구는 Hong Lysa, "History" in Mohammed Halib and Tim Huxley (ed.), *An Introduction to Southeast Asian Studies*, (Singapore: Institute of Southeast Asian Studies, 1996), pp. 46-69 참조.

그 후 동남아지역에 대한 연구의 열기는 세계적으로 다양한 연구기관의 설립과 재정비가 이루어졌다. 특히 서구국가들의 동남아연구 프로그램은 활발하게 진행되었다. 미국은 1950년 로리스톤 샤프(Lauriston Sharp)의 노력의 결과로서 코넬대학(Cornell University)에 동남아연구 프로그램을 설치하였으며, 이곳은 아직도 미국에서는 동남아지역연구의 메카(Mecca)로서 간주되고 있다.[4] 결국 코넬대학에서의 동남아연구 프로그램의 설치는 경쟁의식을 지니고 있던 예일대학(Yale University)에까지 미쳐 비슷한 시기에 동남아시아연구소(the Institute of Southeast Asian Studies)의 설립이 또 한 군데 이루어지게 되었던 것이다. 미국의 점증하는 세계적인 역할, 특히 제1차 세계대전과 제2차 세계대전을 치르면서 미국은 동남아지역에 대한 강한 전략적 관심을 보이기 시작하였으며, 이 전략적 관심은 1950년대 후반부터 1970년대 초반까지 동남아지역연구를 위한 미국 정부의 대폭적인 지원을 낳게 하였고, 그 결과 미시간대학(University of Michigan), 노스일리노이스대학(University of Northern Illinois), 위스콘신메디슨대학(University of Wisconsin-Madison)에 동남아연구 프로그램을 설립하게 되었던 것이다.[5] 영국은 동남아지역연구에 관한 정부 주도의 중요한 보고서를 작성하였으며, 다양한 조사를 시도하였다. 특히 1947년의 스카브로 보고서(The Scarbrough Report), 1961년의 하이터 보고서(The Hayter Report), 1986년의 파커 보고서(The Parker Report) 등은 동남아

---

3) Mohammed Halib and Tim Huxley, "Introduction" in Mohammed Halib and Tim Huxley (ed.), *An Introduction to Southeast Asian Studies*, (Singapore: Institute of Southeast Asian Studies, 1996), pp. 1-9. 한국외국어대학교 소병국 교수는 『동남아연구의 현황과 과제』라는 제목의 연구를 통하여 제2차 세계대전 이후 동서 냉전으로 인한 세계질서의 재편 속에서 동남아 내외의 주요 정치적 변화가 식민지 학풍의 지역편협성을 약화시키는 계기를 마련하는 가운데, 1955년 D. J. E. Hall의 *A History of South-East Asia*라는 연구가 전후 학자들이 동남아지역 전체를 하나의 연구 대상으로 인식하는 데 결정적인 기여를 했다고 강조하고 있다. 소병국, "동남아연구의 현황과 과제," 한국외대 대학원 지역학연구회 편, 『지역학의 현황과 과제』, (서울: 한국외국어대학교출판부, 1996), 264쪽 참조.

4) 조지 카힌(George McT. Kahin)이라는 미국학자는 미국에서의 동남아연구의 기초와 발전에 결정적인 역할을 담당했던 사람으로 로리스톤 샤프(Lauriston Sharp)를 들고 있으며, 그의 노력을 높이 평가하고 있다. 특히 조지 카힌은 로리스톤의 동남아연구 프로그램의 설립 노력이 1950년 로케펠로 재단(the Rockefeller Foundation)의 후원 아래 코넬대학에 동남아연구 프로그램의 설립을 가능하게 하였다고 한다. 그의 말을 인용하면 다음과 같다. "로리스톤 샤프는 코넬대학에서의 동남아연구 프로그램 설립을 위해 부단히 노력했으며, 미국에서의 동남아연구를 발전시킬 필요성을 인식시켰던 사람이다. 만약 그 사람 없었다면, 코넬대학에 동남아연구 프로그램은 없었을 것이며, 동남아연구 또한 미국에서 지금까지 거의 발전하지 못했을 것이다." Mohammed Halib and Tim Huxley, "Introduction" in Mohammed Halib and Tim Huxley (ed.), *An Introduction to Southeast Asian Studies*, (Singapore: Institute of Southeast Asian Studies, 1996), p. 2.

5) *Ibid.*

지역연구를 시도하는 데 중요한 이론적 근거를 남겼다. 그러나 빅터 킹(Victor T. King)이라는 영국학자는 이 3개의 보고서를 요약하여 정리하면서 다음과 같이 언급하고 있다. 즉, "이 보고서들은 동남아지역연구를 시도하는 데 중요한 이론적 근거를 남긴 것은 분명하지만 지나친 유럽 중심적 관점의 위험성을 지니고 있다"고 하여 영국의 자기민족중심주의(ethnocentrism)에 입각한 분석적 시각을 예리하게 비판하고 있다.6) 영국은 이 외에도 다양한 연구기관을 설립하여 동남아지역연구를 활발하게 하였다. 즉 SOAS(The School of Oriental and African Studies), 옥스퍼드대학, 헐대학, 켄트대학 등에서 동남아연구 프로그램을 설치하여 진행하였다.7) 그 밖에 서구국가들로는 호주와 캐나다를 들 수 있는데, 이 국가들에서도 동남아연구 프로그램은 전개되었다.8) 동아시아의 경우 동남아연구 프로그램은 일본의 와세다대학(Waseda University)과 교토대학(Kyoto University)에서 주로 이루어졌으며, 싱가포르의 싱가포르국립대학(University of Singapore), 필리핀의 아테네오대학(University of Ateneo de Manila), 태국의 출라롱콘대학(Chulalongkorn and Thammasat University), 인도네시아의 가자마다대학(Gadjah Mada University), 말레이시아의 말라야대학(Unversity of Malaya) 등에서 동남아연구 프로그램이 전개되었다. 이와 같이 연구기관의 팽창과 더불어 전후(戰後) 동남아지역연구의 고조된 환경은 여러 면에서 전전(戰前)의 식민지 학풍과는 다른 연구의 시각과 방법(론)을 통하여 동남아지역연구의 지평을 넓혀갔다. 그럼에도 불구하고 동남아의 제반 현상을 분석함에서 이 당시의 연구의 시각은 제1, 2차 세계대전 후 국제관계 전체에서 미국을 중심으로 한 서구중심주의적 또는 유럽중심주의적 관점에서 이론과 연구방법을 적용시키려고 했다는 비판을 받고 있다.

따라서 오늘날의 동남아지역연구(학)는 기존의 학문 분야의 발전과 공조체제에 힘입어 발생한 학제적인 분위기를 적극 수용하여 그야말로 새로운 학문으로서 좀더 체계적이며 과학적인 그리고 구체적이며 종합적인 이해의 수준에서 진

---

6) *Ibid,* p. 3.

7) *Ibid.*

8) 호주의 경우 호주국립대학(Australian National University), 시드니대학(University of Sydney), 멜버른대학(University of Melbourne) 등에서 동남아연구가 이루어졌으며, 캐나다의 경우에는 브리티시컬럼비아대학(University of British Columbia)에서 동남아연구 프로그램이 진행되었다. 소병국, "동남아연구의 현황과 과제," 한국외대대학원 지역학연구회 편, 『지역학의 현황과 과제』, (서울: 한국외국어대학교출판부, 1996), 263쪽.

행되어야 한다는 것이 현실적으로 요구되고 있는 것이다. 더욱이 동남아지역연구에 관한 한국적 상황은 현재 초보적인 수준을 벗어나지 못하고 있다는 점을 고려해 볼 때, 한층 더 동남아지역연구의 필요성을 고조시키고 있다고 볼 수 있다.9)

| 동남아지역연구의 역사적 생성 과정

1. 근대적 의미의 동남아지역연구: 식민지 통치의 보조수단

☞ 식민 모국을 위한 식민지 통치의 보조수단으로서 출발한 근대적 의미의 동남아지역연구. 이를테면 16세기 유럽제국의 동남아 진출과 동시에 효과적인 식민지 경영 차원에서 유럽의 동남아 연구의 시도가 소위 식민지학자들로 하여금 주로 고고학·비문학·문헌학을 바탕으로 이루어졌으며, 민족학·종교연구·인구학·농촌사회학 등 식민지 사회의 현실 파악과 관련하여 행해졌다.

☞ 이와 같은 식민지배 속에서의 연구환경은 식민지학자들로 하여금 연구의 시각을 연구대상지역, 즉 동남아지역의 독자성을 무시한 외측 논리 위주로 전개시키는 파행을 저질렀던 것이다. 이것은 곧 서구중심주의적 관점에서 동남아지역은 서구문명에 의해 변화되는 것이 바람직하다는 그들의 견해, 즉 동남아인의 내부적인 역동성을 무시하고 외부의 영향에 의해 역사 발전의 근원을 찾으려는 왜곡된 시각을 초래했던 것이다.

2. 현대적 의미의 동남아지역연구: 국제관계/국제정치 분야 집중

☞ 국제관계의 수준에서 실시해 온 동남아지역연구. 이 당시는 미소를 축으로 하는 동서 양 진영의 첨예한 대립 현상과 함께 나타난 제3세계권에서의 서로간의 우위 확보를 위한 경쟁적 정책수립에 따라 동남아 국가들의 정치적 현실에 대한 이해가 시급한 과제로 떠오르면서 주로 국제정치 분야에서 지역연구가 집중되고 있었다.

☞ 따라서 이 당시의 국제정치학자들은 동남아지역에 대한 정치적 지식을 습득, 군부에 이를 전수시키고, 군부는 다시 정부 쪽으로 정보를 제공하는 형태로 이루어졌다. 특히 미국의 육군전문훈련계획(The Army Specialized Training Programs)과 민간활동훈련학교(The Civil Affairs Training School) 등에서는

---

9) 한국 정부와 학계는 1990년대 세계화(Globalization)의 흐름과 맞물려 동남아연구에 관심을 쏟기 시작하여 이제 몇몇 연구기관과 대학에서 동남아연구 프로그램을 진행시키고 있는 실정이다.

제2차 세계대전 중 동남아 국가들에 대한 지역 및 언어연수를 위한 기구로 활용하였으며, 이러한 전시 요구에서 출발한 동남아지역연구는 냉전시대가 요구하는 현실적 필요에 따라 동남아시아를 세계 속의 한 지역으로 인식시키는 데 크게 기여했다고 볼 수 있다.

☞ 또한 이 당시의 연구의 시각은 제1, 2차 세계대전 후 국제관계 전체에서 미국을 중심으로 한 서구중심주의적 또는 유럽중심주의적 관점에서 이론과 연구방법을 적용시키려고 했다는 비판을 받고 있다.

3. 오늘날, 특히 1990년대 이후 동남아지역연구: 학제적인 분위기 수용

☞ 오늘날, 특히 1990년대 이후 동남아지역연구(학)는 기존의 학문 분야의 발전과 공조체제에 힘입어 발생한 학제적인 분위기를 적극적으로 수용하여 그야말로 새로운 학문으로서 좀더 체계적이며 과학적인 그리고 구체적이며 종합적인 이해의 수준에서 진행되어야 한다는 것이 요구되고 있는 추세이다.

Ⅲ. 동남아지역연구의 목적과 접근방법

1. 동남아지역연구의 목적

동남아지역연구는 그동안 독자적인 영역을 구축해온 기존의 분과학문의 체계 혹은 방법으로만 현상을 파악하려는 것이 아닌 총체적이며 포괄적으로 현상을 파악하려는 종합학문의 성격을 지니고 있다는 점을 주목할 필요가 있다. 또한 다양한 문화, 종교, 역사 등을 지닌 '지역으로서의 동남아시아(Southeast Asia as a region)'를 연구대상으로 하고 있다는 점에서 이론적이고 실용적인 접근방법을 새롭게 시도할 필요도 있다. 이러한 필요성을 충족시키기 위해 동남아지역연구는 몇 가지 목적을 지니게 되는데, 그것을 정리해 보면 다음과 같다.

첫째, '지역으로서의 동남아시아' 실체(entity) 규명: 동남아지역연구는 '지역으로서의 동남아시아'의 실체를 학문적으로 체계화시키고 과학적으로 규명하기 위한 것이다.

11

둘째, '지역으로서 동남아시아'의 독자성 규명: 동남아지역연구는 지역연구방법론으로서 '내측논리 위주의 원칙'을 통해 진정한 객관성과 함께 동남아시아의 독자성을 규명하기 위한 것이다.

셋째, 학문적/실용적 정보 제공: 동남아지역연구는 동남아시아 지역에 관련된 중요한 학제적 연구의 배경과 현상을 탐구하려는 학자들은 물론, 이 지역에 대한 올바른 이해와 관심의 제고를 필요로 하는 사람들에게 학문적 또는 실용적 정보를 제공하기 위한 것이다.

넷째, 상호 이해와 협력의 기초 마련: 동남아지역연구는 동남아시아 내 민족과 국가의 벽을 과감히 뛰어넘어 상호 이해와 협력의 기초를 마련하는 데 일조하기 위한 것이다.

마지막으로, 동남아시아의 미래 예측 및 비전(vision) 제시: 동남아지역연구는 동남아시아의 미래를 올바르게 예측해주고, 이 지역의 존재 가치와 의미를 정당화함으로써 미래의 동남아시아 비전을 제시하기 위한 것이다.

2. 동남아지역연구의 접근방법

(1) 거시적 접근방법(Macro-Approach)

거시적 접근방법이란 '지역으로서 세계(World as a region)'의 시각에서 본 동남아지역연구의 접근방법을 말한다. 다시 말해서 '지역(region)'을 하나의 공간적 설정으로 이해할 때[10] 세계(world) 역시 하나의 '지역'으로 볼 수 있다는 점에서 출발하여, '지역으로서 세계(world as a region)' 속에 존재하는 여러 개의 소지역

---

10) 국제지역학(International Area Studies)에서 지칭하는 "지역"이라는 용어는 개념상 그 자체가 이미 모호성(ambiguousness)을 지니고 있다고 볼 수 있다. 왜냐하면 공간의 설정은 곧 지역을 의미할 수 있기 때문이다. 따라서 이는 국제지역학이 학문으로서 정당성을 확보하고, 학문 내에 새로운 위상을 정립시켜 나아가는 문제에서 해결해야 할 가장 중요한 과제라고도 볼 수 있다(동남아지역연구의 문제점과 과제에서 좀더 구체적으로 언급될 예정). 어쨌든 현재 국제지역학에서 자의적이든 편의적이든 일반적으로 구획해 놓고 있는 '지역'이란 적어도 크게 세 가지로 구분하여 생각할 수 있다. 첫째, 해외에 분포된 국가 내(sub-national)의 특정한 촌락이나 도시의 Community 또는 지방권, 둘째, 국경선에 의한 구획으로 설정된 지역, 즉 국민국가, 셋째, 복수의 국민국가를 포괄하는 국가간(inter-national) 또는 초국가적(trans-national) 지역, 이를테면 정치경제적 목적이 일치하여 조직된 지역(EU, NAFTA, ASEAN 등), 동일한 종교나 문화를 공유하여 구분된 지역(유교권, 기독교권, 이슬람권, 불교권 등) 등을 들 수 있다. 지역학연구회, "지역학연구시론," 한국외대지역학연구회 편, 『지역학연구의 과제와 방법』(서울: 지역학연구회, 1994), 12-13쪽 참조.

(sub-region) 중에서 '동남아시아'를 선정하여 연구함으로써 이 소지역의 보편성과
독자성을 올바르게 인식하고자 하는 것이다(〈그림 1-1〉 참조).

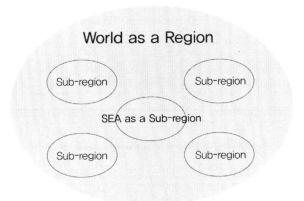

〈그림 1-1〉 거시적 접근방법(Macro-Approach)

세계 속에 존재하는 '동남아시아'라는 지역은 16세기 이후 유럽제국이 이 지
역에 진출하기 시작하면서 유럽 사람들이 부르게 된 것으로 추정된다. 이 추정은
단순한 추정이라고 보기보다는 유럽에서 보면 중동의 동쪽에 아시아가 놓여 있
는 것이 사실이며, 아시아는 다시 동아시아와 서아시아로, 동아시아는 다시 동남
아시아와 동북아시아로 분류될 수 있다는 점이다. 또한 역사적으로 유럽제국은
자국의 이익을 위해 동남아 국가들을 지배하면서 여러 국가 명칭에까지 영향을
주었다는 점을 고려할 때 더욱 그렇다고 볼 수 있는 듯 하다.[11] 이를테면 필리핀
(Philippines)은 스페인인들이 16세기에 그들의 왕이었던 필립 2세(Philip Ⅱ; 1556~
1598)의 이름을 따서 명명(命名)한 것이며, 버마(Burma)라는 명칭은 영국인들이
이 국가를 지배할 당시 붙인 이름이었는데, 1989년 버마계엄당국(SLORC; State
Law and Order Restoration Council; 국가법질서회복위원회)이 국가명을 버마어(Burma
Language)의 미얀마(Myanmar)로 개칭하였다.[12] 한편 인도네시아(Indonesia)는 네

---

11) 역사적으로 볼 때 유럽국가 중에 포르투갈과 네덜란드는 인도네시아를, 프랑스는 인도차이나 3개국,
　　즉 베트남·캄보디아·라오스를, 영국은 미얀마·말레이시아·싱가포르·브루나이를, 스페인과 미국
　　(19세기 말)은 필리핀을 식민지로 지배했었다. 유일하게 독립을 유지했었던 국가로는 태국뿐이었다.
12) 미얀마(Myanmar)나 버마(Burma)라는 명칭은 종족적인 측면을 내포하고 있다고 볼 수 있다. 즉 이
　　국가 명칭은 다수민족인 버마족(전체의 2/3를 차지, 1/3은 말레이족으로 구성)을 우선시하여 명명
　　된 것으로서 소수민족의 입장에서는 지배민족인 버마족에 대해 잠재적으로 민족감정을 지니게 될
　　수 있다는 점이다.

덜란드인들이 Netherlands Indies라는 용어를 사용하기 시작하면서 붙여진 이름이며,[13] 인도차이나(Indochina; Vietnam, Laos, Cambodia 등)는 "인도와 중국 사이에 있는 지역"이라는 뜻으로 프랑스인들이 만든 것이다. 이와 같이 동남아시아의 여러 국가들의 명칭이 유럽국가들에 의해 명명되었거나 사용되었다는 사실을 근거로 볼 때 '동남아시아(Southeast Asia)'라는 지역명칭 역시 이들이 이 지역으로의 세력 확장을 시도하면서 부르게 된 것으로 추론할 수 있다.

그러나 '동남아시아'라는 용어가 문자로 나타나게 된 것은 19세기 이후 몇몇 서양인들에 의해 보여진다. 1839년경 미국인 목사 하워드 맬컴(Howard Malcom)이 쓴 "Travels in South-Eastern Asia Embracing Hindustan, Malaya, Siam, and China"란 여행기, 1850년 영국의 인류학자 로건(Logan)의 "The Ethnology of South Eastern Asia"라는 논문, 1873년 영국인 프랭크 빈센트(Frank Vincent)가 지은 "The Land of the White Elephant: Sights and Scenes in South-Eastern Asia." 등에서 '동남아시아(Southeast Asia)'라는 용어가 나타난다.[14] 그러나 이 당시만 하더라도 동남아시아를 지칭하는 구체적인 책임범위가 서로 조금씩 달랐다. 즉 하워드 맬컴은 동남아시아를 오늘날 벵골지방, 미얀마, 태국, 말레이반도, 인도차이나, 중국 등을 포괄하는 지역을 지칭하였으며, 로건은 주로 동남아시아의 도서지역을 가리켰으며, 프랭크 빈센트는 동남아시아란 용어가 미얀마, 말레이반도, 태국, 인도차이나를 포괄하는 개념으로 사용하였던 것이다.[15]

동남아시아라는 지역 개념이 구체적으로 일반화되기 시작한 것은 20세기에 접어들면서부터 유럽 및 미국의 학자들이 많은 기록을 남기게 됨에 따라 이루어진다. 1902년 독일의 프란츠 헤거, 1923년 오스트리아의 로베르트 하이네겔더른, 1939년 루퍼트 에머슨 등이 '동남아시아'라는 용어를 사용하면서 이 지역의 민족적 이동과 문화적 상호 영향을 학문적으로 접근하여 지리적 개념을 시도하였다.[16] 그런가 하면 1941년 미국의 퍼니벌(John S. Furnivall), 1942년 미국의 갤리스(Helmut G. Callis)를 비롯하여 에머슨(Emerson), 밀스(Mills), 톰슨(Thompson) 등이

---

13) 인도네시아(Indon-esia)에서 esia는 Archipelago(군도)라는 의미로서, Indonesia는 언어상으로 보면 Indian Archipelago를 뜻한다.

14) 조흥국 외 8인, 「동남아의 사회와 문화」, (서울: 도서출판 오름, 1997), 293-294쪽.

15) *Ibid.*

16) *Ibid,* pp. 294-295.

'동남아시아'라는 용어를 사용한 책을 출판하였다.[17]

동남아시아의 지역개념이 좀더 확고히 자리매김을 하게 된 것은 제2차 세계 대전 중이었던 1943년 8월 연합군 측이 퀘벡회담(Quebec Conference)에서 버마, 말라야, 수마트라, 태국 등을 에워싸는 '동남아시아사령부(South-East Asia Command)' 를 설치하게 됨으로써 '동남아시아(Southeast Asia)'라는 용어가 국제적으로 주목 을 끌기 시작하면서부터이다.[18] 미국이 중심이 된 연합군 측은 1945년 7월 포츠 담회담(Potsdam Conference)에서 동남아시아사령부의 책임 범위를 네덜란드령 동 인도제도의 잔여지역(티모르)과 북베트남 필리핀 라오스를 제외한 위도 16도선의 인도차이나 남쪽을 커버하는 것으로 확대하였다.[19]

또한 동남아시아를 하나의 지역으로 묶는 중요한 시도는 1960년대에 접어들 면서 나타난 이 지역의 평화적 협력을 위한 틀을 강화하려는 의미 있는 지역협력 의 노력, 즉 동남아시아 국가들 간의 토착적 지역주의(Indigenous Regionalism)이 다. 1961년 6월 방콕에서 필리핀, 태국, 말레이연방 대표가 만남으로써 공식적으 로 출범된 ASA(Association of Southeast Asia)와 1963년 8월 말레이시아, 필리핀, 인도네시아가 결성한 MAPHILINDO가 바로 그 대표적인 기구들이었다.[20]

---

17) *Ibid*, p. 295.

18) Nicholas Tarling, ed., *The Cambridge History of Southeast Asia* (Cambridge: Cambridge University Press, 1992), pp. 586-588.

19) B. R. Pearn, *An Introduction to the History of Southeast Asia* (Kuala Lumpur: Longman Malysia SDN. Berhad, 1963), pp. 3-6.

20) ASA는 당시 복잡한 국제관계를 고려해서 표면적으로는 경제 사회 문화적인 협력 및 증진을 목적으 로 내세우며 동남아시아 인접국가들로 하여금 호의적인 반응을 끌어내려고 노력하였다. 그러나 중 립주의를 표방하던 인도네시아와 버마는 이 토착적 지역협력체에 가입하는 것을 원치 않았다. 왜냐 하면 필리핀과 태국이 ASA의 이미지를 서방의 외세와 결탁하여 매우 정치적인 것으로 몰아가는 성 향이 있었기 때문이었다. 사실상 ASA는 내면적으로 동남아시아 지역에서의 공산주의 운동을 저지하 기 위한 것이었고 이 목적을 달성하기 위해서 경제적 복지를 향상시키고 지역협력을 증진시키는 방법론적 측면에서 서방에 의존하였다. 한편 MAPHILINDO는 인도네시아가 처음으로 연합했던 동 남아시아 지역의 토착적 지역협력체였다. 그러나 불행하게도 이 기구는 발족된 지 한 달 후인 1963 년 9월에 말라야가 말레이시아연방으로 국명을 바꾸며 새롭게 탄생함으로써 치명적인 타격을 받게 되었다. 인도네시아 대통령 수카르노(Sukarno)는 곧 對말레이시아연방을 향한 대결(konfrontasi)정 책을 채택함으로써 마필란도는 파국을 맞게 되었다. 사실상 마필란도는 말레이시아 수립에 관한 3 개국 간의 이견 조정을 위한 매우 완만한 자문기관의 성격을 띠는 협력기구였다. 그러나 회원국 간 의 관계 설정이 원만치 못하였고 협력체제를 구축하기 전 이미 그 기능을 잃고 말았다. 이 기구 역 시 정치적이고 군사적인 성격이 강하게 내포되어 있었으며 역내국가들, 즉 태국을 비롯한 인접국가 들로부터 호의적인 반응을 얻는 데 실패하였다. 더욱이 미래의 협력기구라기보다는 현존하는 문제 점을 해결해 보려는 잠정적인 협력체의 기능이 강하였다. 박광섭, "지역협력체로서의 아세안의 이 해,"『국제연구』, (호서대 인문과학연구소 국제교류연구분회, 창간호, 1997), 37-40쪽.

ASA와 MAPHILINDO가 토착적인 지역협력체로서 제 기능을 발휘하는 데 실패함으로써 동남아시아에서의 효율적인 지역협력체의 탄생은 극히 어려운 듯하였다. 그러나 동남아 국가들은 협력기구를 구성하는 현실적인 어려움을 실감하면서 지역의 특수성에 맞는 새로운 방법과 목적을 설정할 수 있는 안목을 가지게 되었으며, 공식·비공식 접촉과 대화의 채널을 통하여 지역분쟁을 평화적으로 해결할 수 있는 경험을 축적할 수 있었다. 이른바 동남아국가연합, 즉 아세안 (ASEAN: Association of Southeast Asian Nations) 이전의 두 번에 걸친 토착적 지역기구 결성의 시도는 이후의 아세안 창출에 중요한 밑거름이 되었다고 볼 수 있다.

한편, 1960년대의 동남아시아 지역의 정치적 상황은 중대한 변화를 겪고 있었다. 베트남전쟁의 격화와 중국의 문화대혁명의 진전, 이에 따른 동남아시아 각지의 공산세력의 준동에 대한 심각한 우려가 제기되고 있었다. 게다가 ASA와 MAPHILINDO를 무력하게 만든 말레이시아와 필리핀 그리고 인도네시아와 말레이시아와의 분쟁은 역설적으로 동남아시아 국가 간의 지역협력의 필요성을 더욱 절실히 요구하게 되었다. 1965년 8월 싱가포르의 말레이시아연방으로부터의 독립은 또 다른 국가 간의 긴장을 야기했다. 그러나 1965년 9월 쿠데타로 인한 수카르노정권의 실각과 수하르토(Suharto)정권의 등장은 인도네시아와 말레이시아 간의 적대관계를 화해로 해결하는 계기를 마련했으며, 이는 동남아시아에서의 지역협력에 대한 새로운 시도를 가능케 하였다.

1967년 4월 인도네시아의 아담 말리크(Adam Malik) 외무장관은 새로운 지역협력기구의 창설을 제안하였다.[21] 그로부터 3개월 후인 1967년 7월 말리크는 방콕을 방문하여 태국의 타낫 코만 외무장관과 새로운 지역협력기구의 창설에 대하여 구체적으로 협의했다.[22] 인도네시아의 이러한 노력은 우호협력관계를 희망했던 말레이시아와 싱가포르에 의해 쉽게 받아 들여졌고, 미국 등 서방 측에의 의존에 대한 한계를 인식한 필리핀과 태국에 의해서도 호의적인 반응을 얻게 되었다. 마침내 1967년 8월 8일 방콕에서 인도네시아, 필리핀, 싱가포르, 태국의

---

21) Yoshiyui Hagiwara, "The Formation of ASEAN," in K. S. Sandhu, Sharon Siddique Chandran Jeshurun, Ananda Rgjan, Joseph L. H. Tan and Pushpa Thambipillai Compiled, *The ASEAN Reader*(Singapore: Institute of Southeast Asian Studies, 1992), p. 35.

22) *Ibid.*, p. 36.

외무장관들과 말레이시아의 부총리 등 동남아 5개국의 대표들이 참석한 가운데 역사적인 '방콕선언'을 채택함으로써 동남아국가연합, 즉 아세안이 공식적으로 출범하게 되었다.

아세안의 출범은 동남아시아의 지역개념을 한층 더 명백하고 확고하게 하는 중요한 계기가 되었다는 사실을 간과할 수 없다. 특히 아세안 지도자들은 출범 당시부터 아세안이라는 지역협력기구를 통하여 단일동남아시아(One Southeast Asia) 또는 동남아공동체(Southeast Asian Community)라는 원대한 비전을 가지고 동남아시아의 아세안화(ASEANization of Southeast Asian Region)를 실현시키려고 부단히 노력해 왔다. 그 실천적 의지가 처음으로 표출되기 시작한 것은 1984년 1월 1일 영국으로부터 완전 독립한 동남아시아에서 유일한 절대군주형의 정치적 유형을 띠고 있는 브루나이가 그해 1월 7일 자카르타에서 개최된 간단한 식전의식을 통하여 아세안의 여섯 번째 정회원국이 되었다는 사실이다. 이로 인해 「아세안-6」가 형성되었으며, 그 후 냉전의 종식과 함께 나타난 국제적인 환경의 변화와 맞물려 동남아시아의 아세안화는 구체적이고 체계적인 후속조치들이 빠르게 진행되었다.[23] 특히 동남아시아의 아세안화에서 괄목할 만한 성과는 아세안 창립 28년 만인 1995년 7월 브루나이에서 열렸던 제28차 AMM에서 적대관계로 일관해온 사회주의국가 베트남을 아세안의 일곱 번째 정회원국으로 받아들였다는 사실이다. 결국 동남아시아는 베트남의 아세안 가입으로 인해 「아세안-7」이

---

23) 1992년 7월 마닐라에서 개최된 제25차 아세안외무장관회담(AMM)에서 베트남과 라오스가 평화·자유·중립의 지대(ZOPFAN)라는 아이디어에 기초를 두고 동남아시아 지역질서를 위한 법적 근거인 1976년의 동남아우호협력조약에의 승인절차 직후 아세안의 옵서버 자격을 얻게 되었고, 그 1년 후인 1993년 7월 싱가포르에서 개최되었던 제26차 AMM에서는 국내적으로 정치적 불안을 지니고 있던 캄보디아가 아세안의 객원국가(Guest-state) 자격으로 참석하게 되었다. 그런가 하면 제27차 AMM이 방콕에서 열렸던 1994년 7월에는 동남아시아 지역에서 유일하게도 권위주의적 군사정부 형태의 정치적 유형을 띠고 있는 미얀마가 태국의 이니셔티브에 의해 아세안의 초청을 받게 되었다. 동남아시아의 아세안화에서 괄목할 만한 성과는 아세안 창립 28년 만인 지난 1995년 7월 브루나이에서 열렸던 제28차 AMM에서 적대관계로 일관해온 사회주의국가 베트남을 아세안의 일곱 번째 정회원국으로 받아들였다는 사실이다. 이는 동서 양 진영 간의 이데올로기시대가 막을 내리고 탈냉전시대가 도래했음을 웅변하는 역사적 사건이었다. 이제 인도차이나 반도를 중심으로 한 공산세력과 아세안을 중심으로 한 중립적 민주세력이라는 동남아지역 질서의 양분법은 과거사로 묻히게 된 것이다. 결국 동남아시아는 베트남의 아세안 가입으로 인해 아세안-7이 형성되었으며, 1997년 7월 말레이시아의 수방자야에서 열렸던 제30차 AMM에서 미얀마와 라오스를 아세안의 정회원국으로 가입시킬 것을 결정함으로서 아세안-9 현실화되었다. 게다가 1999년 4월 30일 캄보디아가 아세안에 합류함으로서 아세안-10의 동남아공동체가 실현되었다. 박광섭, "동남아시아의 아세안화", 『사회과학연구』, (호서대 사회과학연구소, 제15집, 1996), 483-484쪽.

형성되었으며, 1997년 7월 말레이시아의 수방자야에서 열린 제30차 AMM에서 미얀마와 라오스를 아세안의 정회원국으로 가입시킬 것을 결정함으로써 「아세안-9」이 현실화되었다. 그런가 하면 1999년 4월 그동안 내정의 불안으로 아세안 가입이 유보되었던 캄보디아가 베트남에서 이루어진 간단한 의식절차를 통하여 아세안에 합류함으로써 아세안 창립 32년 만에 아세안의 원대한 비전이었던 「아세안-10」의 단일동남아시아(One Southeast Asia)가 완전히 실현되었다. 이는 곧 언어, 종교, 문화적인 다양성이 인정되고 있는 동남아시아라는 지역을 아세안이라는 정치·경제적 목적이 일치하여 조직된 지역협력기구를 통하여 하나의 지역으로 묶게되는 결과를 초래하게 된 것이다.

이상에서 살펴본 동남아시아의 지역 개념은 16세기부터 20세기 중반까지 이 지역을 식민지배하고 있었던 유럽제국과 미국이 그들의 세력을 팽창 또는 공고히 하기 위하여 전체적으로 파악하고 올바르게 규정한다는 입장에서 생긴 것이라고 말할 수 있다. 이는 역설적으로 다양한 문화와 다양한 역사적 경험을 지녀온 동남아시아 토착민들에게는 사실 어떤 집단적 지역 개념이 존재하지도 그리고 존재할 수도 없었다는 것을 의미한다. 따라서 동남아시아의 지역 개념은 이 당시까지만 하더라도 서구중심주의적 관점에서 매우 편의적으로 만들어진 개념이라고 볼 수 있다. 그러다가 1960년대 이후 동남아 국가들의 역사적 형성 과정에서 지역적 일체감의 형성이 국제사회에서 그들의 발언권과 협상력을 강화할 수 있다는 판단 아래 대동남아지역주의(Greater-Southeast Asian Regionalism)를 시도한다는 것은 동남아시아의 지역 개념을 설명하는 데 매우 고무적인 일이 아닐 수 없다. 비록 동남아시아를 언어, 종교, 문화적인 일체감이 존재하는 하나의 실체로서 이해하기는 쉽지 않지만 정치·경제적 목적이 일치하여 조직된 동남아국가연합(아세안-10)을 통하여 단일동남아시아(One Southeast Asia) 또는 동남아공동체(Southeast Asian Community)가 이루어졌다는 사실은 세계 속의 동남아 지역 개념을 명확히 하는 데 크게 기여한 부분이 있다고 볼 수 있다. 따라서 동남아지역연구의 거시적 접근방법에서 동남아지역의 정치, 경제, 사회, 문화적인 협력관계를 중심으로 공동의 틀을 마련하여 평화와 안정을 추구해 나아가려는 지역협력체(regional cooperation group)의 활동 및 대응 방향은 중요한 연구의 주제가 될 수 있을 것이다.

한편, 세계 속의 동남아 지역개념을 올바르게 인식함에 특히 학제적(Interdiscipline) 종합성을 강조하지 않을 수 없다. 학제적 종합성에 입각한 동남아지역연구는 동남아의 지역현상(⑩ 정치, 경제, 사회, 문화, 역사 등)을 각 분과학문(⑩ 정치학, 경제학, 사회학, 문화인류학, 역사학 등)으로 접근하여 분석하고, 이 분과학문의 분석 결과를 토대로 하여 연구에 참여했던 분과영역별 전공자들 간의 충분한 토론을 거친 후 나타나는 하나의 결정체인 동남아지역의 개별성(독자성)과 특수성을 발견하는 작업이다. 물론 여기에서 말하는 동남아지역의 개별성과 특수성은 지역으로서의 세계적 시각에서 본 보편성의 상대적 개념이다.

또한 지역연구방법론에서 강조하는 비교연구의 관점에서 동남아지역을 분석한다면 다음과 같은 두 가지 점에서 유의해야 할 것이다. 먼저, 비교의 기준이 동남아지역의 외적 논리와 내적 논리가 갈등을 일으킬 때 내적 논리를 중시하여 총체성을 규명해야 한다는 점이다. 왜냐하면 외적 논리 위주로 분석이 시도된다면 이는 동남아지역 자체가 지니고 있는 독자성이 무시될 수 있기 때문이다. 두 번째로는 동남아지역보다 강한 공간이기 때문에 객관성을 지닌다는 식의 논리전개는 반드시 피해야 할 것이다. 왜냐하면 그것은 진정한 객관성을 띤다고 볼 수 없기 때문이다.

(2) 미시적 접근방법(Micro-Approach)

미시적 접근방법이란 지역으로서의 단위적 시각에서 본 동남아지역연구의 접근방법을 말한다. 다시 말해서 동남아지역을 하나의 지역단위로 볼 수 있다는 점에서 출발하여, '지역단위로서 동남아시아(Southeast Asia as a regional unit)' 속에 존재하는 여러 개의 소지역(sub-region) 중에서 특정 지역, 이를테면 도서부 동남아시아, 대륙부 동남아시아를 비롯하여 각 개별국가 등을 선정하여 연구함으로써 이 소지역의 보편성과 특수성을 올바르게 인식하고자 하는 것이다(〈그림 1-2〉 참조).

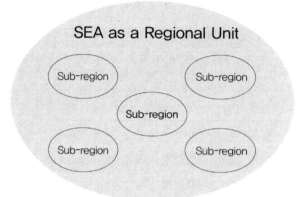

〈그림 1-2〉 미시적 접근방법(Micro-Approach)

그렇다면 미시적 접근방법에 의한 동남아지역연구에서 '지역단위로서 동남아시아' 내에 존재하는 소지역의 구분은 구체적으로 어떻게 해야 할까? 다시 말해서 소지역 단위를 분석하는 방법을 객관화하는 이론적 틀(Framework)은 어떻게 구축해야 할 것인가? 이 질문에 대한 대답을 필자는 교토대학 동남아연구센터의 학자들이 제시한 객관적 방법론의 시론, 특히 "동남아시아 내의 소지역 단위를 분석하는 방법을 객관화하는 이론적 틀"을 이용하여 〈그림 1-3〉과 같이 여섯 단계로 재구성해 보았다.24)

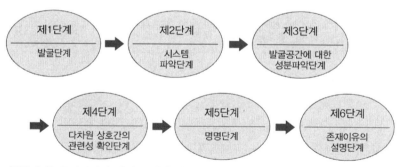

〈그림 1-3〉 동남아시아 내의 소지역 단위를 분석하는 방법을 객관화하는 이론적 틀

---

24) 야노토루, 『지역연구와 세계단위론』, 부산외대 아시아지역연구소 역 (서울: 전예원, 1999), 29-35쪽. 부산외국어대학교 박장식 교수는 교토대학 동남아시아연구센터의 학자들이 제시한 세계단위론의 객관적 방법론의 시론을 「현대 지역연구의 문제와 과제」라는 제목의 논문에서 소개하고 있다. 박장식, "현대 지역연구의 문제와 과제," 「아시아 지역연구」, (부산외국어대학교 아시아지역연구소, 제1호, 1998), 363쪽 참조.

첫째, 제1단계는 발굴단계로서 유일한 개성을 지닐 수 있는 공간으로 보이는 소지역 단위를 발굴하는 단계를 말한다.

둘째, 제2단계는 시스템파악단계로서 소지역 단위로 발굴한 공간이 어떠한 시스템을 갖추고 있는지를 확인하고 파악하는 단계를 말한다. 이를 위해 5개의 주요 변수를 설정하고, 이 주요 변수의 특성을 몇 가지로 분류하여 이를 확인하고 파악하는 것이 필요하다.[25] 예를 들어, 소지역 단위의 발굴공간이 정치적인 측면에서 자유민주주의체제를 갖추고 있는지 아니면 사회주의체제를 구축하고 있는지, 또는 경제적 측면에서 자유시장경제체제가 가동되고 있는지 아니면 계획통제경제체제가 작동되고 있는지 등을 확인하고 파악하는 단계를 말한다<표 1-1>.

〈표 1-1〉 5개 주요변수의 시스템적 특성

5개 주요변수	시스템적 특성
정치(P)	자유민주주의체제(P1), 사회주의체제(P2)
경제(E)	자유시장경제체제(E1), 계획통제경제체제(E2), 혼합경제체제(E3)
사회(S)	전통사회구조(S1), 현대사회구조(S2)
문화(C)	언어체계(C1), 종교제도(C2), 종족체계(C3)
생태환경(*E*)	지형형태(*E1*), 기후형태(*E2*)

셋째, 제3단계는 소지역 단위의 발굴공간에 대한 성분을 파악하는 단계를 말한다. 이를테면 발굴공간의 규모(크기)와 경계, 개방성과 폐쇄성 여부, 통합을 위한 정치사회적 역학관계, 자연생태환경의 정도, 문명 및 국가 건립의 가능성 등을 파악하는 단계를 말한다.

넷째, 제4단계는 다차원 상호 간의 관련성을 확인하는 단계를 말한다. 이를테면 소지역 단위로 발굴한 공간이 그 공간을 둘러싸고 있는 대범위적 권역(세계)과는 어떠한 상호관련성이 있는지, 또한 중범위적 권역, 최소단위범위적 권역(최소단위의 사회)과는 어떠한 상호관련성이 있는지 등을 확인하는 단계이다.

---

25) 일본의 교토대학 동남아시아연구센터의 학자들이 제기한 '세계단위론'에 의하면, 미시적 접근방법에 의한 동남아연구의 대상으로서 선정하고자 하는 소지역에 대하여 세 가지의 주요변수 —생태환경, 사회제도, 문화상징— 를 활용하고, 이 주요변수 내에 구체적인 항목을 설정하여 제시함으로써 그것에 따라 소지역의 개성을 발굴하는 절차를 밟고 있다. 특히 주목을 끄는 부분은 자연과학적 요소인 '생태환경'을 포함시켜 동남아지역연구가 분과학문의 종합성을 강조하는 학제적 연구를 지향한다는 점을 충분히 고려하고 있다는 점이다. 야노토루, 『지역연구와 세계단위론』, 부산외대 아시아지역연구소 역 (서울: 전예원, 1999), 29-35쪽 참조.

다섯째, 제5단계는 명명단계로서 소지역 단위로 발굴한 공간에 대해 명칭을 고안하는 단계를 말한다. 물론 이때 다차원 상호 간의 관련성을 충분히 고려하여 가장 잘 어울리는 간결한 지명으로 명명하는 것이 좋다.

마지막으로, 제6단계는 존재 이유의 설명 단계를 말한다. 즉, 소지역 단위로 발굴한 공간이 세계단위의 틀 속에서 존재할 수밖에 없는 당위성을 마지막으로 설명하는 단계이다.

지금까지 살펴본 "소지역 단위를 분석하는 방법을 객관화하는 이론적 틀"을 "미시적 접근방법에 의한 동남아지역연구"에서 적극적으로 활용하여 향후 동남아학의 학문적 발전에 기여할 수 있도록 해야 할 것이다.

Ⅳ. 동남아지역연구의 문제점과 과제

1. 동남아지역연구의 문제점

동남아지역연구는 현실적으로 학문 내에서의 위상, 즉 학문으로서의 존엄성과 정통성을 충분히 갖추었다고 보기에는 어려운 실정이다. 특히 동남아지역연구가 지역학의 하위개념이라는 관점에서 볼 때 지역학 자체가 안고 있는 불충분한 학문체계는 동남아지역연구의 학문 내에서의 위상을 확립시켜 나아가려는 과정에서의 어려움을 가중시키고 있다고 볼 수 있다. 사실상 지역학의 역사적 생성배경을 보게 되면, 지역연구가 강한 공간에서 약한 공간을 조명하는 전략적 수단으로 활용되었던 측면이 있으며, 특정 학문 분야의 이론적 검증을 위한 방편으로 이용되었던 측면도 또한 부인하기 어렵다.

이와 같은 지역학의 학문 내에서의 취약한 위상과 함께 동남아지역연구의 문제점을 크게 두 가지 측면에서 지적하고자 한다. 첫 번째로서 '지역'이라는 개념 자체가 안고 있는 모호성(ambiguousness)의 문제, 즉 이는 공간의 설정이 곧 '지역'을 의미할 수 있다는 매우 포괄적인 개념에서 기인하는 문제이다. 본래 지역학에서의 '지역'이란 인식은 오랜 세계사의 전개 과정에서 매우 자의적인 구획의 절차를 밟아 왔다. 이를테면 16세기 이후 유럽의 약한 공간을 향한 식민지 전략과

제2차 세계대전 전후의 국제관계 전체에서 나타나는 미국의 세계전략적 구상 등 세계를 그들의 시각에서 지극히 자의적으로 분할해 왔다. '동남아시아'라는 '지역' 역시 16세기부터 20세기 중반까지 이 공간을 식민지배했던 유럽제국과 미국이 그들의 세력을 팽창 또는 공고히 하는 과정에서, 또한 이 공간을 그들이 전체적으로 파악하고 그들의 영향력을 유지하려는 과정에서 생겨난 것이다. 이와 같은 강한 공간의 약한 공간을 향한 지배전략적인 관점에서의 자의적인 분할방식에 의해 생겨난 '동남아시아'라는 지역의 개념이 확실성을 띤다고 볼 수 있는 것인가의 문제가 존재한다. 더욱이 현재의 국제지역학이 지향하는 연구의 방향, 즉 ①지배・전략적인 입장에서가 아닌 순수 학문적인 지역연구, ②서구적 가치체계가 아닌 탈서구적 가치체계에 입각한 지역연구, ③자기민족중심주의(ethnocentrism) 에 입각한 외부적 시각이 아닌 연구대상지역의 내부적 시각에서의 지역연구에 온전히 합당한 것인가의 문제가 제기될 수 있는 것이다. 또한 동남아시아 지역의 정체성(Identity)을 확보하는 데 통일된 언어체계와 역사적인 배경과 함께 나타나는 문화상징이 동질성을 유지하지 못함에 따라 동남아지역연구가 학문 내에 새로운 위상을 정립시키는 데 어려움이 존재하는 것이 사실이다.

두 번째로는 동남아지역연구가 갖는 학문의 성격이 기존 과학(science)이 설정해 놓은 테두리 안에 들어가 있지 않다는 인식상의 문제이다. 즉 동남아지역연구는 사회과학, 인문과학, 자연과학 등으로 분류되는 기존 과학의 범주를 벗어나 있다는 인식이 존재함에 따라 현재 새로운 학문적 체계를 형성해 가는 과정에서 하나의 걸림돌로 작용할 수 있다는 점이다. 본래 지역학은 앞서 여러 차례 언급한 것처럼 독립적인 영역을 구축해 온 기존의 과학이 설정하고 규정한 체계 혹은 방법으로만 현상을 파악하려는 것이 아니고, 새로운 이론적/실용적인 접근방법을 시도하여 제시함으로써 역동적으로 변화하는 현실을 기존의 과학체계보다는 좀 더 명확하고 적절히 설명하고 효율적으로 응용하고자 하는 것이다. 결국 이와 같은 지역학의 새로운 학문적 목표의 지향은 기존 과학체계와의 충돌현상을 불가피하게 만들어내고 있으며, 이로 인하여 기존 과학이 설정해 놓은 테두리 밖에 지역학이 존재하고 있다는 인식상의 문제가 대두되고 있는 것이다. 같은 맥락에서 동남아지역연구는 기존의 과학체계와는 어떠한 관계설정을 유지하고 있는 것인가? 만약 동남아지역연구가 동남아시아의 사회라는 영역에 한정하여 인간의 행위나 행동의 인과관계를 중점적으로 분석하고 설명하는 형식을 취한다면, 이는 사회과학적 시각에 우선하여 연구를 시도함으로써 사회과학과 밀접한 관계를 유지함에 따라 동남아지역연구를 사회과학의 범주 안에 속하는 것으로 인식할 수도 있으며 또한 동남아시아의 문화라는 영역에 한정하여 인간의 종족관계나 종교문제에 중점을 두어 분석을 시도하고 설명하려 한다면, 이는 인문과학적 시각에 우선하여 연구를 시도함으로써 인문과학과 밀접한 관계를 설정함에 따라 동남아지역연구를 인문과학의 범주 안에서 인식하려 할 것이며 동남아시아의 자연현상이라는 영역에 한정하여 생태적 환경에 중점을 두어 분석을 시도하고 설명하려 한다면, 이는 자연과학적 시각이 우세하여 자연과학과 밀접한 관계를 설정함에 따라 동남아지역연구를 자연과학의 범주 안에 속하는 것으로 인식하려 할 것이다. 결국 이와 같은 인식상의 방법론 문제로 인하여 역설적으로 동남아지역연구가 기존의 어느 과학체계의 범주에도 속하지 않고 있다는 논리 전개가 가능할 수 있다는 것이다. 따라서 새로운 학문의 성격을 지니고 있는 동남아지역연구는 기존의 과학체계와의 관계 설정에서 매우 어려운 문제가 존재하고 있는 것이 사실이다. 과연 동남아지역연구가 기존의 과학과 어떻게 연결시켜 새로운 학문체계를 정립해 나아갈 것인가의 문제는 현실적으로 동남아지역연구가 풀어야 할 시급한 과제이기도 하다.

| 동남아지역연구의 문제점은 무엇인가?

☞ 첫째, '지역'개념에 대한 모호성(ambiguousness)의 문제

- 이는 공간의 설정이 곧 '지역'을 의미할 수 있다는 매우 포괄적인 개념에서 기인하는 문제이다. 이를테면 '동남아시아'라는 '지역'은 16세기부터 20세기 중반까지 이 공간을 식민지배했던 유럽제국과 미국이 그들의 세력을 팽창 또는 공고히 하는 과정에서, 또한 이 공간을 그들이 전체적으로 파악하고 그들의 영향력을 유지하려는 과정에서 생겨난 것이다. 이와 같이 강대국의 약소국을 향한 지배전략적인 관점에서의 자의적인 분할방식에 의해 생겨난 '동남아시아'라는 지역 개념이 확실성을 띤다고 볼 수 있는 것인가의 문제가 존재한다.

- 더욱이 현재의 지역연구가 지향하는 연구의 방향, 즉 ①지배·전략적인 입장에서가 아닌 순수 학문적인 지역연구, ②서구적 가치체계가 아닌 탈서구적 가치체계에 입각한 지역연구, ③자기민족중심주의(ethnocentrism)에 입각한

외부적 시각이 아닌 연구대상지역의 내부적 시각에서의 지역연구에 온전히 합당한 문제가 제기될 수 있는 것이다.

- 또한 동남아시아 지역의 정체성(Identity)을 확보하는 데 통일된 언어체계와 역사적인 배경과 함께 나타나는 문화상징이 동질성을 유지하지 못함에 따라 동남아지역연구가 학문 내에 새로운 위상을 정립시키는 데 어려움이 존재하는 것이 사실이다.

☞ 둘째, 기존과학의 테두리 밖에 존재한다는 인식상의 문제

- 이는 동남아지역연구가 갖는 학문의 성격이 기존과학(science)이 설정해 놓은 테두리 안에 들어가 있지 않다는 인식상의 문제이다.
- 즉 동남아지역연구는 사회과학, 인문과학, 자연과학 등으로 분류되는 기존 과학의 범주를 벗어나 있다는 인식이 존재함에 따라 현재 새로운 학문적 체계를 형성해 가는 과정에서 하나의 걸림돌로 작용할 수 있다는 점이다.

2. 동남아지역연구의 과제

지역학의 발전과 전반적으로 맥을 같이해 온 동남아지역연구는 1990년대 이후 세계화 시대와 맞물려 새로운 도약을 시도할 수 있는 기회를 맞이하고 있다. 이러한 시점에서 현재까지 진행되어 온 동남아지역연구의 발달 과정에 주목하여 몇 가지 면에서의 시급한 과제를 집어 보고자 한다.

첫째, 동남아지역연구의 발달과정에서 1990년대 이후 정치경제적 목적이 일치하여 조직된 동남아국가연합(아세안-10)을 통하여 단일동남아시아(One SEA)를 형성함으로써 동남아연구에 대한 거시적 접근, 즉 세계 속의 동남아 지역개념은 한층 더 명확해지는 추세이다. 그러나 이러한 거시적 접근이 보다 확고한 신빙성을 갖기 위해서는 이 지역이 지닌 다양한 문화와 역사에 대한 연구가 좀더 깊이 있게 연구됨에 따라 그 정체성을 새롭게 조망하는 작업이 우선되어야 한다는 점이다.

둘째, 동남아지역연구의 연구 대상인 '지역단위로서 동남아시아' 속에 존재하는 소지역 발굴을 새로운 의미로 모색해 나아가야 한다. 이 문제와 관련하여 우선 시급히 해결해야 할 과제는 기존의 소지역 설정에 대한 편의적 발상에서 탈피하여

좀더 객관적이고 체계적인 접근을 시도함으로써, 그 소지역에 대한 개별성을 정확히 발굴하는 것이다.

셋째, 제2차 세계대전 이후의 동남아지역연구의 발달과정을 보게 되면 동남아지역연구는 상대적으로 인문사회과학 영역에서의 연구가 자연과학 영역에서의 연구보다 훨씬 더 진행되어 왔다는 사실을 알게 된다. 이 같은 영역 간 연구의 불균형 현상은 동남아지역연구가 종합학문의 성격을 지니고 있으면서 동남아 지역에 대한 보편성과 특수성을 파악한다는 본래의 목적에 부합하지 못하고 있다는 사실이다. 특히 최근에 이르러 생태환경을 둘러싼 문제에 관심이 고조되고 있다는 점을 고려해 볼 때 동남아지역연구의 학제간 수렴의 범위를 생태환경 연구와 관련된 자연과학 영역에까지 확대해 나아가야 한다.

넷째, 동남아지역연구에서 독특한 현지조사 방법과 체계를 구축해 나아가는 일이 무엇보다 시급한 과제가 아닐 수 없다. 이것은 연구자가 현지에서 발생하고 있는 모든 상황을 직접적으로 경험을 통하여 얻게 됨으로써 현상에 대한 정확한 분석이 가능하기 때문이다. 물론 현지조사의 방법이 연구자 개인의 능력과 생각에 따라 자의적으로 수행될 수 있다는 우려도 있지만 이는 객관성을 지닐 수 있는 독특한 현지조사 방법을 개발해 냄으로써 극복할 수 있다고 본다.

다섯째, 동남아지역연구에 관한 한국적 상황은 1990년대 세계화의 흐름에 편승하기 시작하면서 몇몇 연구기관과 대학에서 동남아연구 프로그램을 개설하여 운영하고 있기는 하지만, 그 대부분의 연구 수준은 세계의 연구동향과 비교해 볼 때 그리 높은 수준이 아닌 상황이다. 따라서 이를 극복하기 위해서는 무엇보다도 국내의 동남아 관련 여러 학계의 보다 깊은 관심은 물론, 동남아 전문 연구기관의 확충을 통한 동남아 전문 연구인력의 양성이 요구되는 과제라고 할 수 있다.

마지막으로, 21세기의 새로운 세계환경, 즉 지구촌(global village) 시대를 올바르게 인식하고 분석하는 패러다임(paradigm)의 개발이 무엇보다도 필요한 시점에서 지역학에 거는 기대는 그 어느 기존의 분과학문보다도 매우 크다고 본다. 이러한 관점에서 동남아지역연구는 동남아 지역의 역동적인 변화의 현실을 정확히 설명하고 효율적으로 응용할 수 있는 학문적 체계를 좀더 확고히 구축해야 하는 과제를 안고 있다.

| **동남아지역연구의 과제**

☞ 첫째, 동남아지역연구는 시대의 변화 속에서 동남아시아의 정체성을 새롭게 조망하는 작업이 우선되어야 하는 과제를 안고 있다.

☞ 둘째, 동남아지역연구는 동남아시아 내 기존의 소지역 설정에 대한 편의적 발상에서 탈피하여 좀더 객관적이고 체계적인 접근을 시도함으로써 그 소지역이 안고 있는 독자성을 정확히 규명해 나아가야 하는 과제를 안고 있다.

☞ 셋째, 동남아지역연구는 영역 간 연구의 불균형 현상을 해결해 나아가야 할 과제를 안고 있다.

☞ 넷째, 동남아지역연구는 객관적인 동남아 현지조사 방법과 체계를 구축해 나아가야 하는 과제를 안고 있다.

☞ 다섯째, 동남아지역연구와 관련하여 국내의 여러 학계의 보다 깊은 관심은 물론, 동남아 전문 연구기관의 확충을 통한 동남아 전문 연구인력을 지속적으로 양성해 나아가야 할 과제를 안고 있다.

☞ 마지막으로, 동남아지역연구는 동남아 지역의 역동적인 변화의 현실을 정확히 설명하고 효율적으로 응용할 수 있는 학문적 체계를 좀더 확고히 구축해야 하는 과제를 안고 있다.

제 2 장

지역으로서의 동남아시아
(Southeast Asia as a Region)

Ⅰ. 동남아시아의 지리적 위치와 크기

1. 동남아시아의 지리적 위치

〈그림 2-1〉 동남아시아 지도

출처: Wikipedia. 2021. "Southeast Asia." https://en.wikipedia.org/wiki/Southeast_Asia (검색일: 2021. 1. 29).

한국의 남서쪽에 위치한 동남아시아는 서쪽의 미얀마(동경 92°20')로부터 동쪽의 뉴기니아섬 파푸아(New Guinea, Papua 동경 140°43')까지[26], 북쪽의 미얀마 북부(북위 28°30')로부터 남쪽의 티모르섬 남서부(남위 11°)까지 포함하는 지역으로 남북 5,200km와 동서 5,000km의 광대한 범위를 가리킨다.

또한 지리적으로 동남아시아는 대륙부와 도서부로 분류할 수 있다. 대륙부 동남아시아는 인도차이나반도 3개국(베트남, 캄보디아, 라오스)과 미얀마, 태국 등 5개국으로 이루어져 있으며, 도서부 동남아시아는 브루나이, 말레이시아, 필리핀, 싱가포르, 인도네시아, 동티모르 등 6개국으로 구성되어 있다.

사실상 동남아시아의 지리적 위치는 아시아와 오세아니아 대륙을 연결하는 육교 구실을 하고 있으며, 태평양과 인도양을 연결하는 해상교통의 요지이기도 하다. 이러한 위치 조건 때문에 역사적으로 민족 이동이나 외세 침투의 목표가 되기도 하였다.

---

26) 뉴기니아섬 파푸아(New Guinea, Papua 동경 140°43')는 현재 인도네시아령으로서 2개의 provinces(도/주), 즉 Papua와 West Papua로 구성되어 있다. Suharto 정권 당시 Papua와 West Papua를 커버하는 전체 지역을 Irian Jaya 주로 명명하기도 하였으나, 2002년 Irian Jaya 주를 Papua 주로 변경하였으며, 2003년에는 West Papua 주를 분리하였다. 그러다가 2007년 West Papua는 다시 Papua Barat으로 지명을 재확정하였다. Papua Barat의 주도(capital)는 Manokwari이며, Papua의 주도는 Jayapura이다. 한편, Irian Jaya(현재의 Papua와 West Papua를 모두 포함)는 1949년 12월 인도네시아가 네덜란드로부터 완전 독립할 당시 네덜란드 식민지로 남아 있었으며, 1962년 유엔의 위임을 받은 인도네시아 정부의 통치를 받다가 1969년 무력으로 합병된 케이스이다. Irian Jaya의 종교분포도 인도네시아(이슬람교)와는 다르게 protestant(기독교) 약 51.2%, 가톨릭 25.4%, 이슬람교 23%, 기타 2.5%로서 주민 대부분이 기독교인이며, 인종적으로도 인도네시아 자바족과는 다르게 Melanesian이다. 이러한 배경하에서 Irian Jaya는 인도네시아로부터의 분리독립을 지속적으로 요구해 왔던 것이다.

29

2. 동남아시아의 지리적 특징과 크기

〈그림 2-2〉 동남아시아 국가의 지리적 구분

출처: http://www.seamission.net/sub06.htm?page=bdview&no=8&startnum=220&rtsrh=&keyword = (검색일: 2021. 2. 1)

동남아시아 지역에 존재하는 국가들은 2002년 국제사회에서 새로운 독립국가로 탄생한 동티모르를 비롯하여 브루나이, 인도네시아, 말레이시아, 필리핀, 싱가포르, 태국, 베트남, 캄보디아, 라오스, 미얀마 등 총 11개국으로 이루어져 있다. 이들 국가를 모두 합한 총면적은 454만 5,792㎢로서 한반도(220,903㎢)의 약 21배, 그리고 한국(100,363㎢)의 약 45배에 달한다. 가장 큰 국가로는 면적이 192만 ㎢이고 인구가 약 2억 6천만 명(2020년 기준)이 넘는 인도네시아이다. 가장 작은 국가(면적)는 서울 면적(605㎢)보다 약간 큰 682㎢를 나타내는 싱가포르(인구: 약 620만 명/2020년 기준, The World Factbook-CIA)이며, 가장 인구가 적은 국가는 약 46만 명(2020년 기준, The World Factbook-CIA) 정도의 인구를 지닌 브루나이(면적: 5,765㎢: 제주도의 3배 정도)이다. 〈참고〉 동티모르: 면적/14,609㎢, 인구/138만 명/2020년 기준(The World Factbook-CIA).

동남아시아의 지리적 특징

☞ 첫째, 동남아시아는 아시아대륙과 오세아니아대륙을 연결하는 육교 구실을 하는 지역이다.

☞ 둘째, 동남아시아는 태평양과 인도양을 잇는 해상교통의 요충지이다.

☞ 셋째, 동남아시아는 동북아시아와 서남아시아, 서아시아, 유럽을 연결하는 징검다리의 역할을 하는 지역이다.

☞ 넷째, 동남아시아는 인도인, 서아시아인(중동인), 유럽인이 동북아시아로 들어오는 관문이기도 하다.

동남아시아는 대륙부와 도서부로 나누어지고, 그 두 지역 간의 지형적 차이가 존재하기도 한다. 대륙부 동남아시아는 지형적으로 히말라야 산맥의 동쪽 연장선에서 뻗은 산맥들, 이를테면 팟카이산맥, 아라칸산맥, 안남산맥, 원구이고원 등으로 인하여(대륙부 동남아와 중국과의 사이를 가로 막고 있음에 따라) 중국과의 접촉이 육상을 통해서는 활발하게 이루어지지 않았다. 특히 높고 험준한 산맥들이 발달하여 국가 간의 자연적인 경계, 즉 베트남/라오스, 미얀마/태국, 미얀마/인도 사이에 거대한 산맥이 북에서 남으로 발달되어 있다. 그리고 그 산맥을 사이에 두고 강들이 흐른다. 이를테면 이라와디강(미얀마), 살윈강(미얀마), 짜오프라야강(태국), 송코이강(베트남), 메콩강 등이 있다. 메콩강의 경우 동남아시아에서 가장 긴 강으로 중국 윈난성에서부터 미얀마, 라오스, 태국, 캄보디아, 베트남까지 흐름으로써 이 강과 인접한 국가들의 많은 농민들에게 중요한 경제적 젖줄이 되고 있다. 도서부 동남아시아는 주민들의 활발한 해상활동 및 무역의 중심역할을 했던 곳으로 다양한 문화가 존재하기도 한다.

Ⅱ. 동남아시아의 자연환경과 천연자원

1. 동남아시아의 자연환경

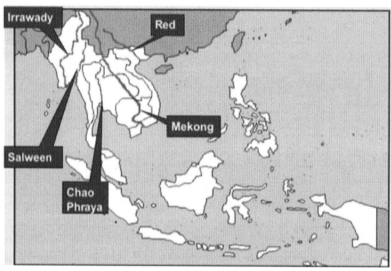

〈그림 2-3〉 동남아시아의 주요 하천/강(Rivers)

출처: https://image.slidesharecdn.com/southeastasiaregional-160618125918/95/south-east-asia-
regional-14-638.jpg?cb=1466254777 (검색일: 2021. 1. 29)

동남아시아의 자연환경, 특히 지형은 매우 복잡하게 이루어져 있다. 세계의
지붕 격인 히말라야 산맥과 동부의 티베트 산지가 남쪽으로 만곡(彎曲)하여 인도
차이나반도의 주축을 이루는 몇 줄기의 산맥으로 분기하며, 그 여세는 말레이반
도(Malaysia Peninsula), 안다만제도(Andaman Islands), 니코바르제도(Nicobar Islands)
등을 거쳐 수마트라(Sumatera), 자바(Java/Jawa) 및 그 동쪽의 제도(諸島; Islands)로
연결된다. 뿐만 아니라 인도차이나반도와 수마트라, 보르네오 등 여러 섬들 사이
는 수심이 얕은 순다(sunda) 대륙붕(大陸棚)으로 연결되어 있어서 해면을 50m 정
도만 낮추어도 전부 하나의 육지로 연결된다.[27] 한편 신생대 제3~4기에 일어난

---

27) 순다(Sunda) 대륙붕(大陸棚)이란 동남아시아 대륙 남쪽으로 연결되어 있는 안정된 대륙붕을 말한
다. 대부분 얕은 바다로 덮여 있으며, 평균 깊이는 100m 안쪽이다. 남중국해 남부, 타이만, 자바
해 등을 포함한다. 보르네오섬, 자바섬 일부, 수마트라섬 및 주변의 여러 부속 섬들은 해수면 위에
남아 있는 순다 대륙붕의 침식된 변형 부분들이다. 참고적으로 순다열도(Sunda Islands)는 말레이
반도에서 아시아 대륙 남동쪽의 몰루카스 제도(Moluccas Islands)까지 뻗어 있는 열도를 말한다.
그리고 대순다 열도(수마트라·자바·보르네오·셀레베스 섬들 및 인접한 작은 섬들)와 소순다 열
도(발리·롬보크·숨바와·숨바·플로레스·티모르·알로르 섬들 및 인접한 작은 섬들)가 있다.

지반운동은 다수의 섬을 형성시킨 반면, 그에 따른 화산활동도 활발하다.[28] 특히 수마트라 섬과 자바 섬, 필리핀 섬 등은 지진과 화산활동이 많은 지역으로 알려져 있다. 또한 대륙에는 큰 하천들이 많아 하류에 넓은 삼각주를 형성하고, 도서에서는 비옥한 화산성 토양을 형성하여 인간 활동에 유리한 무대를 제공한다. 특히 이라와디강(Irrawaddy River; 미얀마), 살윈강(Salween Rriver; 미얀마), 짜오프라야강(Chao Phraya River; 태국), 송코이강(Songcoi River; 베트남), 메콩강(Mekong River) 등 주요 하천 유역에 비옥한 충적평야(沖積平野)가 넓게 펼쳐져 있으며, 덥고 비가 많아 벼농사 지역으로 안성맞춤이다.[29]

│ 동남아시아의 자연환경

☞ 첫째, 세계의 지붕 격인 히말라야 산맥(Himalaya Mountains) 산맥과 티베트(Tibet) 산지가 남쪽으로 만곡하여 인도차이나반도의 주축을 이루어, 그 여세는 말레이반도(Malaysia Peninsula)와 안다만제도(Andaman Islands), 니코바르제도(Nicobar Islands) 등을 거쳐 수마트라(Sumatra), 자바(Java/Jawa) 및 그 동쪽의 제도(諸島; Islands)로 연결된다.

  *히말라야 산맥: 인도와 중국 사이에 있는 산맥

☞ 둘째, 인도차이나반도와 수마트라, 보르네오 등 여러 섬들 사이는 수심이 얕은 순다(sunda) 대륙붕으로 연결되어 있어서 해면을 50m 정도만 낮추어도 전부 하나의 육지로 연결된다.

  *대륙붕: 대륙 주위의 해저지역으로서 평균 깊이가 약 200m정도이며, 어족자원과 광물자원이 많아 경제성이 높은 지역이다.

☞ 셋째, 불안정한 지반: 수마트라섬과 자바섬, 그리고 필리핀섬 등은 지진과 화산활동이 많다.

또한 대륙붕이란 대륙이나 큰 섬 주변을 둘러싸고 있는 깊이 약 200m까지의 경사가 완만한 해저를 말한다.

28) 신생대는 약 6,500만 년 전에 시작되었으며 국제협약에 따라 제3기와 제4기로 나누어진다. 제3기는 조산운동의 시대, 즉 지각의 주요한 구조운동이 일어난 시대로서 안데스 산맥, 알프스 산맥, 카프카스 산맥, 히말라야 산맥 등과 같은 거대한 산맥이 이 시대에 만들어 진 것으로 알려져 있다. 제4기는 250만 년 전부터 시작된 것으로 포유동물이 직립 자세를 취하고 팔 다리의 비율이 현대적인, 즉 인류의 선조가 최초로 나타난 시대로 알려져 있다.

29) 충적평야(沖積平野)란 흐르는 물에 흙, 모래, 자갈 따위가 실려 내려와 쌓여서 이루어진 평야를 말한다.

☞ 넷째, 동남아지역의 주요 하천으로는 이라와디강(Irrawaddy River; 미얀마), 살윈강(Salween Rriver; 미얀마), 짜오프라야강(Chao Phraya River; 태국), 송코이강(Songcoi River; 베트남), 메콩강(Mekong River; 대륙부 동남아 전역) 등이 있으며, 이러한 하천 유역에 비옥한 충적평야가 넓게 펼쳐져 있어 덥고 비가 많아 벼농사를 짓기에 안성마춤이다.

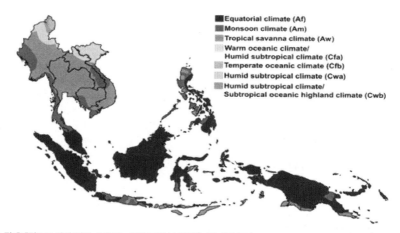

Southeast Asia map of Köppen climate classification

설명: 전세계적으로 가장 널리 사용되는 기후분류시스템인 '쾨펜기후분류(Köppen climate classification)'에 의하면, 동남아시아 기후는 7개로 세분화된다. 즉, 적도기후, 몬순기후, 열대사바나기후, 따뜻한(warm)해양기후, 온대(temperate) 해양기후, 습한 아열대기후, 아열대/해양성 고원 기후 등이다.

〈그림 2-4〉 동남아시아의 기후 분류

출처: https://upload.wikimedia.org/wikipedia/commons/thumb/b/b8/Southeast_Asia_map_of_K%C3%B6ppen_climate_classification.svg/780px-Southeast_Asia_map_of_K%C3%B6ppen_climate_classification.svg.png (검색일: 2021. 1. 29)

동남아시아는 적도를 중심으로 하여 남북으로 펼쳐져 있으므로 기후에서도 특수한 성격을 지니고 있다. 즉 대륙을 주축으로 하는 북부지역은 아시아 대륙의 몬순 영향을 받으므로 5~9월의 우기와 10~4월의 건기로 구분되는 열대몬순기후를 나타내며, 도서를 주축으로 하는 적도 부근은 열대우림기후를 이루어 연중 강수량이 많다. 적도 부근의 연강수량은 항상 다우지역이어서 4,000㎜ 이상, 기타 적도에서 떨어진 지역에서는 많게는 2,000㎜를 넘는 곳이 있지만 계절풍(몬순)에 영향을 받아 우기와 건기로 명확히 구분된다.

일반적으로 말해 동남아시아는 고온다습한 기후로 인해 식물 숲으로 뒤덮여 있고, 말레이제도에만 약 4만 5천 종의 각기 다른 식물이 있는 것으로 알려져 있다. 그러나 식생은 지역에 따라 현저히 차이가 있어 적도 부근 지역에서는 열대 밀림(정글)을 이루고 있고, 건기가 현저한 지역에서는 열대 낙엽림 또는 사바나의 식물 경관을 이루고 있다.[30] 또한 해발고도에 따른 차이도 현저하여 해안 저지대에는 망그로브(mangrove; 해안을 따라 형성된 잡목림) 수림이 무성하나, 3,000m 이상의 산지에는 냉대 식물이 나타난다. 복잡한 자연의 다양성이 동남아시아의 최대의 풍토적 특색이다.

| 동남아시아의 기후

☞ 열대우림기후
- 적도 부근의 동남아시아 지역에서 많이 나타난다(인도네시아 수마트라, 말레이반도 남부(싱가포르 포함), 보르네오섬을 관통).
- 연중 강우량이 많고 후텁지근한 기후가 계속된다.
- 열대밀림이 무성하다.

☞ 열대몬순기후
- 대륙부 동남아시아 국가들, 특히 인도차이나반도의 대부분에서 많이 나타난다.
- 우기와 건기가 뚜렷하게 구분된다.
- 열대초원이 넓게 나타나며 농경지로 이용된다.

☞ 태풍: 여름철 필리핀 북동부 해상에서 주로 발생하여 아시아 전역에 피해를 준다.

---

2. 동남아시아의 천연자원(경제자원)

동남아시아는 풍부한 천연자원을 지니고 있다. 특히 대부분의 동남아시아 국가들은 덥고 비가 많아 열대 삼림 자원이 풍부하다. 이를테면 가구와 건축 재료로 쓰이는 나왕, 티크를 비롯하여 흑단, 자단 등 목재류(timber)가 많이 생산된다. 그러나 최근 무단 벌채, 무분별한 삼림 개발 등으로 인하여 삼림의 파괴가 심각해지고 있다는 문제점을 지니고 있기도 하다.

---

30) 사바나(savanna)는 열대의 비가 적은 지대의 초원을 말한다. 따라서 키 큰 풀이 밀생하고, 관목이 무성하다.

또한 〈표 2-1〉에서 보는 바와 같이 대부분의 대륙부 동남아시아 국가들의 경우 수력발전을 통한 수력전기(hydropower)를 사용하고 있는 것으로 파악된다 (베트남, 캄보디아, 라오스, 미얀마 등). 그런가 하면 대부분의 도서부 동남아시아 국가들의 경우에는 석유(petroleum)와 천연가스(natural gas) 등 동력자원을 생산하고 있는 것으로 파악된다. 특히 브루나이, 인도네시아, 말레이시아, 동티모르 등이 석유와 천연가스를 생산하여 수출함으로써 국가 경제발전에 중요한 동력으로 활용하고 있다.

동남아시아는 지하자원도 풍부한 것으로 확인된다. 석탄은 베트남, 미얀마, 인도네시아 등이 생산하고 있으며, 주석은 태국, 인도네시아, 말레이시아 등이 주로 생산하며, 그 밖에 철광석, 구리, 망간, 보크사이트 등이 많이 생산된다.

동남아시아는 경제자원으로서 관광자원도 풍부하여 많은 관광객들이 이곳을 찾고 있다. 특히 태국과 필리핀은 관광 상품을 새롭게 개발하여 유럽 및 아시아권의 여타 국가들에서 수익을 올리고 있다.

〈표 2-1〉 동남아시아의 천연자원 현황

국가		동남아시아의 천연자원(Natural Resources) 현황
대륙부	베트남	인산비료(인산염), 석탄, 망간, 보크사이트[1], 크롬산염(chromate), 목재(timber), 수력전기(hydropower), 오일/가스(해양오일 및 가스 매장; offshore oil and gas deposits)
	캄보디아	오일/가스, 목재(timber), 보석(원석), 철광석, 망간, 인산비료(인산염), 수력전기
	라오스	목재, 수력전기, 석고, 주석, 금, 보석(원석; gemstones)
	미얀마	석유, 목재, 주석, 안티모니[2], 아연, 구리, 텅스텐, 납, 석탄, 대리석, 석회암, 천연가스(natural gas), 수력전기
	태국	주석, 고무, 천연가스(natural gas), 텅스텐, 탄탈럼[3], 목재, 납, 생선(fish), 석고, 갈탄, 형석[4]
도서부	브루나이	석유, 천연가스, 목재
	인도네시아	석유, 주석, 천연가스(natural gas), 니켈, 목재(timber), 보크사이트, 구리, 석탄, 금, 은
	말레이시아	주석, 석유, 목재, 구리, 철광석, 천연가스, 보크사이트
	필리핀	목재, 석유, 니켈, 코발트[5], 은, 금, 소금, 구리
	싱가포르	생선, 심해항만(deepwater ports)
	동티모르	금, 석유), 천연가스, 망간, 대리석

1) 보크사이트(bauxite): 알루미늄의 주성분
2) 안티모니(Antimony): 백색광택의 금속원소
3) 탄탈럼(tantalum): 회색광택의 금속원소
4) 형석(fluorite): 광물로서 돌의 일종
5) 코발트(cobalt): 짙은 청색의 금속원소
* 오일과 석유의 차이: 오일은 동식물, 광물 등에서 나오는 가연성 물질로서 식물성오일, 동물성오일, 광물성오일(석유) 등이 있다. 반면에 석유는 광물에서 나오는 휘발성 물질로서 경유, 등유 등이 있다.
자료: The World Factbook-CIA(2019)

| 동남아시아의 천연자원

☞ 첫째, 대부분의 동남아시아 국가들은 덥고 비가 많아 열대 삼림자원이 풍부하다. 특히 가구와 건축 재료로 쓰이는 나왕, 티크를 비롯하여 흑단, 자단 등 목재류가 많이 생산된다. 우리나라도 동남아시아로부터 목재를 수입하고 있다. 특히 인도네시아의 보르네오섬 등에서 직접 삼림을 개발하여 국내로 들여오고 있다.

☞ 둘째, 대부분의 대륙부 동남아시아 국가들은 수력발전을 통한 수력전기(hydropower)를 사용하고 있는 것으로 파악된다(베트남, 캄보디아, 라오스, 미얀마 등).

☞ 셋째, 대부분의 도서부 동남아시아 국가들은 석유와 천연가스 등 동력자원을 생산하고 있는 것으로 파악된다. 특히 브루나이, 인도네시아, 말레이시아, 동티모르 등이 석유와 천연가스를 생산하여 수출함으로써 국가경제발전에 중요한 동력으로 활용하고 있다.

☞ 넷째, 동남아시아는 지하자원도 풍부한 것으로 확인된다. 석탄은 베트남, 미얀마, 인도네시아 등이 생산하고 있으며, 주석은 태국, 인도네시아, 말레이시아 등이 주로 생산하며, 그 밖에 철광석, 구리, 망간, 보크사이트 등이 많이 생산된다.

☞ 다섯째, 동남아시아는 경제자원으로서 관광자원도 풍부하여 많은 관광객들이 이곳을 찾고 있다. 특히 태국과 필리핀은 관광 상품을 새롭게 개발하여 유럽 및 아시아권의 여타 국가들에서 수익을 올리고 있다.

✔ 주목: 동남아시아는 기술과 자본이 부족하고 무더운 기후로 말미암아 농업 분야보다는 공업 분야 수준이 낮은 상태이기는 하지만, 값싼 원자재와 노동력이 풍부하다는 장점을 지고 있는 지역이기도 하다. 특히 최근 동남아시아 국가(정부)들은 산업화 정책의 일환으로 선진국들로부터 자본과 기술을 도입하여 제2차 산업의 공업 분야와 제3차 산업의 서비스 분야의 발전을 위해 노력하고 있는 상황이기도 하다.

Ⅲ. 동남아시아의 민족 구성과 언어 및 종교

1. 동남아시아의 민족 구성

동남아시아의 민족 구성은 매우 이질적이다. 스탠퍼드 유전학 연구(Stanford Genetic Study)에 의하면 도서부 동남아시아 민족은 오스트로네시아인(Austronesian)의 후예이며, 대륙부 동남아시아 민족은 청동기시대(기원전 1500년대) 중국 남부지역에서 이주해 왔던 타이족(Thai), 크메르족(Khmer), 몬족(Mon)의 자손들이라고 한다. 또한 이들은 그 이후 아랍인, 중국인, 인도인, 폴리네시아인[31], 멜라네시아인[32] 등의 유전자가 섞인다는 것이다.

이와 같이 스탠퍼드 유전학 연구를 토대로 한 동남아시아의 민족구성을 추론해 보면 다음과 같다.

도서부 동남아시아 브루나이와 말레이시아는 말레이족 등 인도네시아는 자바인, 순다인 등, 필리핀은 타갈로그인, 씨부인 등으로 표현하고 있지만, 이는 각국이 종족적(Tribal Group) 관점과 민족언어학적(Ethnolinguistic Group) 관점에서 그들의 종족과 민족을 다양하게 표현하고 있을 뿐 사실은 모두가 오스트로네시아인(Austronesian), 즉 폴리네시아 말레이인(Malayo-Polynesian)의 후예들로 볼 수 있다.

한편 대륙부 동남아시아의 경우 중국의 다수족인 한족과 그 이외의 중국 소수민족에 쫓겨 현재의 인도차이나반도에 정착한 민족(종족)이 태국의 타이족 등, 베트남의 킨족(Kinh) 등, 캄보디아의 크메르족 등, 라오스의 라오족(Lao) 등, 미얀마의 버마족 등으로 볼 수 있다. 그리고 이들은 현재 대륙부 동남아시아의 주류 민족/종족세력으로 자리를 잡은 것으로 볼 수 있다.

동남아시아의 민족 구성은 이러한 여러 민족/종족에다가 외부인이 섞이게 되는데, 대표적으로 아랍인, 중국인, 인도인 등을 들 수 있다. 특히 이들은 현재에도 동남아시아 대부분의 국가에 포진되어 있기도 하다. 게다가 16세기 유럽인들이 이 지역에 들어오면서 동남아시아의 민족 구성은 더욱 복잡한 양상을 띠게 된다.

---

31) Polynesia(폴리네시아)는 태평양 중남부 지역에 흩어져 있는 섬들을 말한다.
32) Melanesia(멜라네시아)는 남태평양 섬들의 총칭을 말한다. 특히 오스트레일리아의 북동쪽까지 포함한다.

유럽인들이 동남아시아 지역을 식민지배하는 동안 외부에서 이주해 왔던 사람들, 이를테면 중국인과 인도인을 산업발전의 노동력으로 활용하기도 했는데, 현재는 이들 중 중국인의 경우에는 공업, 상업, 금융업 등에서 활발한 역할을 담당하는 중요한 인재로 부상되어 있기도 하다. 예를 들면 태국, 말레이시아, 싱가포르 등에서는 중국계의 경제적 역할이 매우 활발하며, 이 밖에 필리핀, 베트남, 인도네시아, 미얀마 등에서도 상업 및 금융업 분야에서 경제활동의 중심적 역할을 담당하고 있다. 반면에 인도인들은 중국인들에 비해 상대적으로 덜 성공한 것으로 평가할 수 있다.

좀더 자세한 동남아시아의 민족/종족집단의 현황은 〈표 2-2〉을 참조하여 이해하길 바란다.

〈표 2-2〉 동남아시아의 민족/종족집단 현황

국가		민족/종족집단(Ethnic Group)
대륙부	베트남[1]	킨족(Kinh) 85.7%, 타이족(Thai) 1.9%, 크메르족(Khmer) 1.5%, 무옹족(Muong) 1.5%, 몽족(Mong) 1.2%, 눙족(Nung) 1.1%, 하오족(Hoa) 1.0% 기타 4.3% (2009 기준) 54 ethnic groups are recognized by the Vietnamese Government.
	캄보디아	크메르족(Khmer) 97.6%, 참족(Cham) 1.2%, 중국인(Chinese) 0.1%, 베트남인 0.1% 기타 0.9% (2013 기준)
	라오스[2]	라오족(Lao) 53.2%, 크메르족(Khmer) 11%, 몽족(Mong) 9.2%, 표타이족(Phouthay) 3.4%, 타이족(Tai) 3.1%, 마콩족(Makong) 2.5%, 카통족(Katong) 2.2%, 루에족(Lue) 2%, 아카족(Akha) 1.8%, 기타(other) 11.6% (2015 기준) The Laos Government officially recognizes 49 ethnic groups, but the total number of ethnic groups is estimated to be well over 200.
	미얀마[3]	버마족(Burma) 68%, 샨족(Shan) 9%, 카렌족(Karen) 7%, 라킨족(Rakhine) 4%, 중국인(Chinese) 3%, 인도인(Indian) 2%, 몬족(Mon) 2%, 기타 5% Government recognizes 135 indigenous ethnic groups.
	태국	타이족(Thai) 97.5%, 버마족(Burmese) 1.3%, 기타 1.1% (2015 est.)
도서부	브루나이[4]	말레이족(Malay) 65.7%, 중국인(Chinese) 10.3%, 토착원주민(Indigenous) 3.4%[2], 기타 19.1%[4] (2016 기준)

도서부	인도네시아[5]	자바인(Javanese) 40.1%[6], 순다인(Sundanese) 15.5%[7], 말레이인(Malay) 3.7%, 바탁족(Batak) 3.6%, 마둘인(Madurese) 3.0%[8], 부기스족(Bugis) 2.7%, 반테인(Bantenese) 2%, 반자인(Banjarese) 1.7%, 발리인(Balinese) 1.7%, 아쩨인(Acehnese) 1.4%, 다약족(Dayak) 1.4%, 사삭족(Sasak) 1.3%, 중국인(Chinese) 1.2%, 기타 15%[9] (2010 기준)
	말레이시아	Bumiputera(부미푸트라; 말레이인; 본토인) 61.7%, 중국인(Chinese) 20.8%, 인도인(Indian) 6.2%, 기타(네팔인, 베트남인 등 포함) 0.9%, 비시민권자(non-citizens) 10.4% (2017 est.)
	필리핀[10]	타갈로그인(Tagalog) 28.1%, 씨부인(Cebuano) 13.1%, 일로카인(Ilocano) 9%, 비사야인(Visaya) 7.6%, 비콜인(Bikol) 6%, 와레이인(Waray) 3.4%, 기타(스페인인, 미국인, 중국인, 아랍인, 인도인, 일본인, 한국인 등 포함) 25.3% (2000 기준)
	싱가포르	중국인 74.3%, 말레이인 13.4%, 인도인 9.1%, 기타 3.2% (2016 기준)
	동티모르[11]	오스트로네시아인(Austronesian; 폴리네시아의 말레이인; Malayo-Polynesian), 파푸아인(Papuan), 포르투갈계 등

1) 베트남 정부는 2009년 기준 54개의 소수민족(ethnic groups)을 인정하고 있다.

2) 라오스 정부는 2015년 기준 공식적으로 49개의 소수민족을 인정하고 있으나 전체의 소수민족은 200개 이상으로 추정되고 있다.

3) 미얀마 정부는 135개의 토착적 소수민족을 인정하고 있다.

4) 브루나이에는 기타 민족집단으로 인도인(Indian), 필리핀인(Filipino), 유럽인(European) 등이 있다.

5) 인도네시아는 적어도 300여 개의 민족(종족)집단이 거주하고 있으며, 그들 중 약 95%가 토착적 인도네시아인들의 조상들이라고 볼 수 있다. 인도네시아의 가장 큰 규모의 민족(종족)집단은 전체 인구의 약 40.1%를 차지하고 있는 자바인이다.

6) 자바인(Javanese)은 주로 자바섬의 중부지역과 동부지역, 욕야카르타(Yokyakarta), 람풍(Lampung), 자카르타(Jakarta) 등에 주로 거주하고 있음.

7) 순다인(Sundanese)은 주로 자바섬의 서부지역, 반텐(Banten), 람풍, 자카르타 등에 주로 거주하고 있음.

8) 마둘인(Madurese)은 주로 마둘라섬(Madura island), 자바섬의 동부지역 등에 주로 거주하고 있음.

9) 기타 인도네시아에는 비토착적 민족집단으로 중국인, 아랍인, 인도인, 일본인, 한국인 등이 거주하고 있음.

10) 민족언어학적 집단(ethnolinguistic groups)의 관점에서 보면, 대부분의 필리핀인들(Filipinos)은 오스트로네시아인계(Austronesian descent)이다. 여기서 오스트로네시아인이란 태평양 중남부(중앙태평양 및 남태평양; Central and South Pacific) 섬에 살고 있었던 사람들로서 사실상 폴리네시아의 말레이인(Malayo-Polynesian)을 말한다(Malayo-Polynesian은 말레이-폴리네시아어로도 해석되기도 하는데, 이것은 민족언어학적으로 오스트로네시아인들이 사용했던 언어, 즉 정확히 말해서 Austronesian Language의 하위집단들(sub-groups)이 사용했던 언어이다). 따라서 민족언어학적 집단으로 필리핀의 토착적 민족집단(indigenous ethnic groups)을 분류해 보면 약 12개의 민족집단(ethnic groups)으로 구성되어 있다. 그중에서 주요집단을 살펴보면, 타갈로그인, 씨부인, 일로카인, 비사야인, 비콜인, 빵가시인(Pangasinense), 까빰파가인(Kapampangan), 와레이인(Waray) 등

을 들 수 있다. 그 밖에 비토착적 민족집단으로는 스페인인, 미국인, 중국인, 아랍인, 인도인, 일본인, 한국인(2015년 기준 약 89,000명) 등이 거주하고 있다. 한편, 토착적 종족집단(Indigenous Tribal Groups)의 관점에서 바라보면(토착적 종족집단은 약 13개로 파악되고 있음, Wikipedia 참조), 가장 오래된 필리핀인들의 조상은 네그리토(Negrito)로 볼 수 있다. 네그리토는 약 3만 년 전에 이 지역에 정착했던 사람들로서 아시아대륙으로부터 이주해왔던 몽골인종 이전(pre-Mongoloid people)의 사람들이었다. 네그리토 종족집단들은 아티족(Ati)과 아에타족(Aeta)을 포함한다. 아티족은 비사야스(Visayas)의 서쪽 부근에 위치해 있는 파나이(Panay)지역의 네그리토 종족집단이며, 반면에 아에타족은 필리핀 루손(Luzon)지역의 고립된 산지에 주로 흩어져 살고 있는 원주민(토착민, indigenous people)이다. 특히 아에타족은 중앙태평양 및 남태평양(Central and South Pacific) 섬에 살고 있던 오스트로네시아인(Austronesian)이 이주해 오기 이전에 이 지역(필리핀섬)에 거주하고 있던 원주민으로 추정된다. 북루손(Northern Luzon)에 거주하고 있는 아에타족은 뿌구트(Pugut) 또는 뿌고트(Pugot)으로 알려져 있기도 하다. 뿌구트와 뿌고트는 일로가노(Ilocano) 말로 도깨비/악마(goblin) 또는 산속의 유령(Forest Spirit)라는 의미이다(Wikipedia).

11) 동티모르의 공식 국명은 티모르 레스테(Timor-Leste)이며, 구체적인 민족집단 분포율이 확인 안됨. 단, 대부분의 동티모르인은 오스트로네시아인(폴리네이시아의 말레이인)으로 볼 수 있으며, 소수의 파퓨아인과 포르투갈계가 혼재해 있는 것으로 볼 수 있음.

자료: The World Factbook-CIA(2019)

- ☞ ethnic(ethnical): n.a. 민족적인/인종적인, race(racial)에 비해 언어, 문화, 종교 등의 동질성을 강조.
- ☞ race(racial): n.a. 인종적인, ethnic(ethnical)에 비해 인간의 골격, 피부색, 모발 등 신체적인 조건에서의 동질성 강조. 예) 황인종, 백인종, 흑인종
- ☞ tribe(tribal) n.a. 종족(동족)적인, 부족적인, 조상이 같고, 같은 계통의 언어, 문화 등을 가지는 사회집단이며, (공통의 풍습·전통을 지닌) 부족, 종족을 말한다. 보통 동일 지배자 밑에서 작은 집단을 이루고 살며, 문명이 그다지 진보하지 않은 부족에 대하여 사용.
- ☞ ethnic group은 주로 정치, 사회적인 의미로 tribe는 혈연적 동질성을 의미하는 것.

2. 동남아시아의 언어 및 종교

　　동남아시아의 언어는 대륙부보다 도서부가 지리적인 여건으로 인해 그 개수가 상당히 많으며 다양한 편이다. 이를테면 인도네시아는 700개 이상, 말레이시아는 약 134개, 필리핀은 120~175개의 언어가 있는 것으로 파악되고 있다(The World Factbook-CIA, 2018). 국가별로 살펴보면 대륙부 동남아시아의 베트남은 베트남어(Vietnamese), 캄보디아는 크메르어(Khmer), 라오스는 라오어(Lao), 미얀마는 버마어(Burmese), 태국은 타이어(Thai) 등으로 주로 다수를 점유하고 있는 민족이나 종족 위주의 언어가 공식어로 지정되어 있으며, 반면에 도서부 동남아시아의 브루나이, 인도네시아, 말레이시아 등은 말레이어(Malay)나 말레이어에서 수정된(modified) 언어(Bahasa Melay Language, Bahasa Indonesia Language, Bahasa Malaysia Language)를 공식어로 사용하고 있으며, 필리핀은 루손(Luzon) 지역의 다수를 점유하고 있는 타갈로그인들이 사용하고 있는 타갈로그어를 공식어로 하고 있다. 특히 필리핀은 지리적인 여건상 영어를 공식어로 사용하고 있기도 하다. 또한 싱가포르는 중국어(만다린 36.3%), 영어(29.8%), 말레이어(11.9%)를 섞어서 사용하고 있으며, 동티모르는 과거 포르투갈의 지배를 받음에 따라 그 유산으로 포르투갈어(Portuguese)와 토착어인 테툰어(Tetun)를 공식어로 사용하고 있다. 동티모르의 경우 공식어로서 테툰어와 포르투갈어 제외하고도 노동현장에서 사용되는 인도네시아어와 영어, 그 외에도 32개의 토착어가 있다.

　　동남아시아는 종교적으로도 매우 다양하고 독특한 특징을 지니고 있다. 대륙부 동남아시아는 베트남을 제외하고 대부분의 국가들이 불교(소승불교)가 주 종교이다. 동남아시아에서 불교신자는 약 1억5천~1억9천만 명 정도이며, 이 규모는 세계 전체 불교신자들의 약 35~38%에 해당된다(Wikipedia). 반면에 도서부 동남아시아의 경우에는 이슬람교와 가톨릭이 주 종교이다. 특히 이슬람교는 도서부 동남아시아의 전체에 널리 퍼져 있는 종교로서(동남아시아 전체 인구의 약 40%에 해당되는 약 2억4천만 명 정도의 무슬림(Muslim; 이슬람교도)이 있음) 주로 브루나이, 인도네시아, 말레이시아에 분포해 있다. 가톨릭은 필리핀과 동티모르에 주로 많으며 이는 식민모국, 즉 스페인과 포르투갈의 영향 때문인 것으로 보인다. The World Factbook-CIA에 의하면 베트남은 전체 국민의 다수(약 82%)가 무교인 것으로 파악되었으며, 싱가포르는 불교의 분포도가 다른 종교에 비해 상대적으로 높긴 하지만, 전체 국민의 다수는 점유하고 있지 못하며 그 이외의 다른 종교와 섞여 있다. 그 외에도 동남아시아에는 소수종교가 다양하게 혼재되어 있다.

〈표 2-3〉 **동남아시아의 언어 및 종교 현황**

국가		언어	종교
대륙부	베트남	베트남어 (Vietnamese; 공식어)	Buddhist 7.9%, Catholic 6.6%, Hoa Hao 1.7%, Cao Dai 0.9%, Protestant 0.9%, Muslim 0.1%, none 81.8% (2009 est.)
	캄보디아	크메르어 (Khmer; 공식어)	Buddhist (official) 96.9%, Muslim 1.9%, Christian 0.4%, other 0.8% (2008 est.)
	라오스	라오어 (Lao; 공식어)	Buddhist 64.7%, Christian 1.7%, none 31.4%, other/not stated 2.1% (2015 est.)
	미얀마	미얀마어 (Burmese; 공식어)	Buddhist 87.9%, Christian 6.2%, Muslim 4.3%, Animist 0.8%, Hindu 0.5%, other 0.2%, none 0.1% (2014 est.)
	태국	타이어 (Thai ; 공식어)	Buddhist 94.6%, Muslim 4.3%, Christian 1%, other <.1%, none <.1% (2015 est.)
도서부	브루나이	말레이어 (Malay; Bahasa Melayu; 공식어)	Muslim (official) 78.8%, Christian 8.7%, Buddhist 7.8%, other (includes indigenous beliefs) 4.7% (2011 est.)
	인도네시아[1]	인도네시아어 (Bahasa Indonesia; modified form of Malay; 공식어) More than 700 languages are used in Indonesia.	Muslim 87.2%, Protestant 7%, Roman Catholic 2.9%, Hindu 1.7%, other 0.9% (includes Buddhist and Confucian), unspecified 0.4% (2010 est.)
	말레이시아[2]	말레이시아어 (Bahasa Malaysia; 공식어) Malaysia has 134 living languages-112 indigenous languages and 22 non-indigenous languages.	Muslim (official) 61.3%, Buddhist 19.8%, Christian 9.2%, Hindu 6.3%, Confucianism, Taoism, other traditional Chinese religions 1.3%, other 0.4%, none 0.8%, unspecified 1% (2010 est.)
도서부	필리핀[3]	공식어 2개, 영어, 타갈로그(Tagalog)	Catholic 82.9% (Roman Catholic 80.9%, Aglipayan 2%), Muslim 5%, Evangelical 2.8%, Iglesia ni Kristo 2.3%, other Christian 4.5%, other 1.8%, unspecified 0.6%, none 0.1% (2000 census)

싱가포르	공식어 3개, 중국어(만다린; Mandarin) 36.3%, 영어 29.8%, 말레이어(Malay) 11.9%	Buddhist 33.9%, Muslim 14.3%, Taoist 11.3%, Catholic 7.1%, Hindu 5.2%, other Christian 11%, other 0.7%, none 16.4% (2010 est.)
동티모르[4]	공식어 2개, 테툰어(Tetun), 포르투갈어(Portuguese) Indonesian and English are working languages; there are about 32 indigenous languages.	Roman Catholic 97.6%, Protestant/ Evangelical 2%, Muslim 0.2%, other 0.2% (2015 est.)

1) 인도네시아는 700개 이상의 언어가 사용 중이다.
2) 말레이시아는 134개의 언어가 있으며, 이 중에서 112개는 토착어이며 22개는 비토착어이다.
3) 필리핀의 언어는 120~175개가 있다. 그중에서 2개가 공식어인데, 그것이 영어와 타갈로그이다. 그리고 공식적으로 7~12개 정도의 보조언어가 있다. 이를테면 씨부어, 일로카노어, 비콜어, 와레이어 등 매우 다양하다.
4) 동티모르의 언어는 공식어로서 테툰어와 포르투갈어를 제외하고도 노동현장에서 사용되는 인도네시아어와 영어, 그리고 그 이외에도 32개의 토착어가 있다.
자료: The World Factbook-CIA(2019)

IV. 동남아시아 문화의 특징적 양상

동남아시아의 문화적 양상(특징)은 중층적 문화구조를 형성하고 있다. 즉 토착문화를 바탕으로 중국문화, 인도문화, 이슬람문화, 유럽문화 등이 함께 섞여 있다. 다시 말해서 이것은 동남아시아라는 지역이 지리적인 특수성과 역사적인 배경이 함께 맞물려 토착문화가 존재하긴 하지만 그 위에 외래문화의 영향을 받아 그 문화의 구조가 중층적으로 형성되어 있다는 것을 의미한다.

1. 동남아시아의 토착문화

토착문화로는 자급적이며 전통적인 촌락생활을 주축으로 이루어져 있으며, 이들 촌락에는 혈연적/지연적 결합관계를 바탕으로 상호부조적인 제도의 전통이 강하게 남아 있다. 이를테면 민족언어학적 접근(ethnolinguistic approach)으로 이해하려고 할 때 오스트로네시아인(Austronesian; Malayo-Polynesian)의 언어가 주류를 이루었으며, 종교적으로 이해하려고 할 때 애니미즘/샤머니즘적인 원시신앙에 뿌리를 두고 각종 의식이나 범절이 행해졌던 토착문화의 흔적은 지역 또는 국가마다 얼마든지 찾아 볼 수 있다. 뿐만 아니라 의식주, 특히 동남아시아의 간장문화(생선간장 발달/반면에 동북아시아의 경우 콩간장문화 발달), 고상가옥문화, 문신(유행)문화 등은 대표적인 것들이며, 여성의 적극적인 활동(양성평등문화, 동북아시아: 남성중심문화〈가부장문화〉)도 들 수 있다. 그러나 이러한 토착문화의 흔적은 역사적인 흐름과 함께 외세에 의해 크게 위축되어 왔으며 또한 본래의 모습이 퇴색되고 있는 것도 사실이다.

2. 동남아시아의 외래문화

문화적인 측면에서 동남아시아에 크게 영향은 준 나라는 역사적으로 중국과 인도를 들 수 있다. 중국의 한(漢)족은 인도차이나반도, 특히 베트남을 기원전 2세기에서 기원후 9세기경까지 지배하면서 한자나 유교주의 사상(베트남 하노이에 있는 공자사당: 문묘)을 전파하였으며, 태국의 타이족도 역사적으로 볼 때 중국의 남서부에 살았던 민족으로 언어와 그 밖의 문화적인 면에서 중국문화의 영향을 받은 흔적이 짙다. 한편 인도(13~14세기)의 종교, 예술, 건축 등이 동남아시아 전 지역에 걸쳐 영향을 주었던 것도 사실이다. 특히 인도에서 전파된 종교 중에서 힌두교는 말레이반도, 인도네시아(특히 쁘람바난 힌두교사원), 캄보디아(앙코르바꽁 힌두교사원) 등에 넓게 퍼져 있었으며, 불교는 인도차이나반도 국가들에게 전파되어 현재까지도 그 영향력이 대단하다.

또한 동남아시아는 아랍의 이슬람문화(14~16세기)에 의해 영향을 받기도 하였다. 현재 인도네시아, 말레이시아, 브루나이 등에 이슬람교의 활동이 활발한 것은 역사적으로 말레이반도 남부지역이 아랍세력에 점령되면서 이슬람교가 이곳에 전파되었기 때문이다. 그런가 하면 16세기 이후에는 포르투갈이 이슬람세력을 누르고 말라카지역을 점령(1511년 4월)하면서 유럽문화가 전파되기 시작했으며, 그 뒤를 이어 스페인, 네덜란드, 영국, 프랑스 등 유럽제국이 이곳에 경쟁적으로 진출하여 식민지화함에 따라 유럽문화가 동남아시아에 본격적으로 전파되었던 것이다.

| 동남아시아 문화의 특징적 양상: 중층적 문화구조 형성

☞ 첫째, 동남아시아의 중층적 문화구조의 의미: 동남아시아는 지리적인 특수성과 역사적인 배경이 맞물려 토착문화를 바탕으로 외래문화, 즉 중국문화 인도문화 이슬람문화 유럽문화 등의 영향을 받아 그 문화구조가 중층적으로 형성되어 있다는 의미이다.

☞ 둘째, 토착문화의 흔적: 민족언어학적 접근(ethno-linguistic approach)으로 이해하려고 할 때 대륙부 동남아시아의 경우 전통적 종족/민족(tribal or ethnic) 중심의 언어(태국: 타이족 중심의 타이어, 베트남: 킨족 중심의 베트남어, 캄보디아: 크메르족 중심의 크메르어, 라오스: 라오족 중심의 라오어, 미얀마: 버마족 중심의 버마어 등)로 구성되어 있지만, 도서부 동남아시아의 경우 오스트로네시아인(Austronesian: Malayo-Polynesian)의 언어가 그 원천이 되고 있으며, 종교적 접근(religious approach)으로 이해하려고 할 때 애니미즘(animism) 샤머니즘(shamanism) 등 원시신앙(정령신앙)이 각종 의식이나 범절에서 여전히 작동되고 있다는 점이다. 그 이외에도 의식주(衣食住)의 형태에서 衣: 문신(유행)문화 食: 간장문화(생선간장발달/반면에 동북아의 경우 콩간장문화발달) 住: 고상가옥문화(동북아의 경우 단층가옥문화발달) 등이 대표적이라고 할 수 있다.

☞ 셋째, 외래문화의 흔적:

✓ (1) 중국문화(9~12세기): 중국의 한족은 인도차이나반도, 특히 베트남을 기원전 2세기~기원후 9세기경까지 지배하면서 한자나 유교주의 사상을 전파하였다. 특히 베트남의 하노이에는 공자사당인 문묘의 흔적이 아직도 있는 것으로 알려져 있다. 뿐만 아니라 태국의 타이족 역시 역사적으로 중국의 남서부에서 이주해 온 민족으로 중국문화의 영향권 내에 있었던 것으로 해석된다.

✓ (2) 인도문화(13~14세기): 인도에서 전파된 힌두교는 말레이반도을 비롯한 인도네시아(쁘람바난 힌두교사원), 캄보디아(앙코르바꽁 힌두교사원) 등에서 그 흔적을 찾을 수 있으며, 불교는 대륙부 동남아시아 국가들에게 전파되어 현재까지도 그 영향력이 대단하다.

✓ (3) 이슬람문화(14~16세기): 현재 인도네시아·말레이시아·브루나이 등에서 이슬람교의 활동이 활발한 것은 역사적으로 말레이반도 남부지역이 아랍세력에 점령되면서 그 (이슬람교) 세력이 도서부 동남아시아까지 확장되었기 때문인 것으로 해석된다.

✓ (4) 유럽문화(16세기 이후): 16세기 이후에는 포르투갈이 이슬람세력을 제압하고 말라카해협을 점령(1511년 4월)하면서 유럽문화가 동남아시아에 전파되기 시작했다. 또한 포르투갈의 동남아시아 진출에 이어 스페인 네덜란드 영국 프랑스 등 유럽제국이 경쟁적으로 진출하였으며, 이것은 곧 동남아시아에 유럽문화가 전파되는 역사적인 배경이 되었다.

| 유럽인들의 동남아 진출 목적과 전개 과정

1. 유럽인들의 동남아 진출 목적

☞ 첫째, 향료무역의 이해관계가 있었기 때문

☞ 둘째, 크리스천 멘털리티(Christian Mentality: 크리스천정신)의 전파를 위해, 예컨대 스페인(전체 국민의 94%, 포르투갈: 84.5%, 프랑스: 83~88% Roman Catholic)

✓ 당시 유럽인에게 향료는 약재 혹은 고기 변질을 막고 저장용 식품의 맛을 다양하게 하는 유용한 상품이었다. 그중에서도 육두구, 정향, 후추 등에 관심이 많았다. 육두구와 정향은 말라카군도에서 주로 생산되었으며, 후추는 수마트라와 자바섬에서 주로 생산되었다. 포르투갈은 금보다 더 비싼 값으로 거래되었던 향료시장 독점을 위해 노력하였다.

- 육두구: 고기 냄새를 없애주고 미각을 자극하는 향료로서 인도네시아, 말레이반도 등 열대지방에 분포
- 정향: 정향의 꽃봉오리를 말려서 만든 향료로서 향기가 좋고, 부패 방지와 살균력이 뛰어남.
- 후추: 음식의 양념이나 위, 구토 등 따위에 약재로 활용되기도 한다.

2. 유럽인의 동남아 진출의 전개 과정: 대륙부와 도서부의 경우 서로 다르게 나타난다.

☞ 첫째, 도서부 동남아시아: 향료생산지(육두구, 정향, 후추 등)로서 유럽인에게 많은 영향을 받았다.

✓ 인도네시아: 1521년 유럽(포르투갈)과 첫 번째 접촉, 1602년 네덜란드 동인도회사 설립, 1945년 8월 17일 네덜란드로부터 공식적으로 독립, 1949년 12월 27일 네덜란드로부터 완전독립

✓ 필리핀: 1521~1898(6.12) 스페인, 1898~1946(7.4) 미국

☞ 둘째, 대륙부 동남아시아: 경제적 이해관계가 도서부에 비해 약했기 때문에 유럽인들의 진출이 비교적 늦게 이루어졌다. 따라서 대륙부의 식민역사는 19세기 이후에 진행되었다.

✓ 베트남: 1884~1945 프랑스 지배, 1945년 세계대전 직후 호치민 주석을 중심으로 '베트남민주공화국' 수립하에 독립 선언, 그러나 프랑스는 인도차이나반도를 프랑스 소유의 영토라고 주장하였고, 두 나라는 8년간 '인도차이나 전쟁'을 하게 됨. 8년간 전쟁 끝에 1954년 '제네바협정'으로 공식적인 독립을 이루지만 다시 북베트남과 남베트남으로 분할된다.

✓ 캄보디아: 1863~1953 프랑스 지배

✓ 라오스: 1893~1949 프랑스 지배, 완전독립은 1953년 10월 22일

✓ 미얀마: 1824~1948 영국 지배

1. 육두구

(1) 원산지

✓ 육두구는 인도네시아의 몰루카섬이 원산지이다.

(2) 활용 및 효능

✓ 서양에서는 육두구를 주로 요리에 향신료로 사용한다. 특히 육두구를 비벼 갈아서 요리에 강한 풍미와 향을 내는데, 생선요리 · 소스 · 피클 · 케첩에 많이 쓴다.

✓ 동양에서는 육두구를 한약재(지사약)로 쓰기도 하며, 설사와 이질을 멈추게 하는 효능이 있다고 한다.

출처: 다음백과: 약이 되는 열대과일

2. 정향

(1) 원산지

✓ 정향(丁香)은 정향나무과의 꽃봉오리로서 원산지는 인도네시아말루쿠 (Maluku) 섬이다.

(2) 활용 및 효능

✓ 서양에서는 정향을 향신료로 사용하며 강한 향기가 나서 백리향(百里香) 이란 별명도 붙어있다.

✓ 동양에서는 정향을 한약제로 쓰기도 하며, 소화불량, 위장염, 국소마취 등에 효능이 있다고 한다.

출처: 다음백과: 약이 되는 열대과일

3. 후추

(1) 원산지

✓ 인도네시아, 말레이시아 등에서 주로 재배되는 후추의 원산지는 인도 남부 이다.

(2) 활용 및 효능

✓ 서양, 특히 유럽에서는 후추를 불로장수의 정력제로 믿고 음식의 양념 으로 사용한다.

✓ 동양에서는 후추를 한약제로 쓰기도 하며, 속을 따뜻하게 하며 담을 삭 이게 하는 효능이 있다고 한다.

출처: 다음백과: 약이 되는 열대과일

V. 동남아시아의 정치적 흐름과 현황파악

1. 정치사적 관점에서의 동남아시아

동남아시아에 정착한 여러 민족은 각지에서 호족들에 이끌려 크고 작은 정치 집단을 형성하여 인도네시아, 캄보디아, 태국, 미얀마, 베트남 등에서는 왕국이 세워졌다. 각국 내에서의 왕조의 흥망, 왕국 간의 전쟁도 거듭되었다.

그러나 이러한 동남아시아의 왕조나 지방호족국가는 16세기 이후 이 지역에 진출한 유럽제국에 점차로 정복당해 식민지가 되어 갔다. 미얀마, 말레이시아, 싱가포르, 브루나이 지역은 영국, 인도네시아는 네덜란드, 베트남, 라오스, 캄보디아는 프랑스, 필리핀은 스페인(19세기 말부터는 미국)의 식민지가 되었다. 독립을 유지해 온 곳은 태국뿐이었다.

| 16세기 이후 유럽제국의 동남아시아 국가 식민지 지배 현황

☞ 프랑스의 식민지배를 받은 국가: 베트남, 캄보디아, 라오스

☞ 영국의 식민지배를 받은 국가: 말레이시아, 싱가포르, 브루나이, 미얀마

☞ 네덜란드의 식민지배를 받은 국가: 인도네시아

☞ 포르투갈의 식민지배를 받은 국가: 동티모르

☞ 스페인과 미국의 식민지배를 받은 국가: 필리핀

✔ 동남아시아 국가 중에서 독립을 유지했던 국가: 태국

유럽제국은 향료 등 동남아시아의 특산물을 획득하기 위해 이 지역에 진출해 왔지만 영국에서 산업혁명이 일어나고부터는 각국의 공장에서 사용하는 원자재, 이를테면 고무·주석·면화 등을 전문으로 생산하는 식민지로 개발하기 시작하였으며 또한 도시주민이 필요로 하는 설탕, 차 등의 식품 생산지로, 부족한 식량을 공급하기 위해 쌀을 주로 생산하는 식민지로도 개발하였다. 예를 들면 인도네시아는 고무, 주석, 석유, 설탕, 차 등 말레이반도는 고무와 주석 등, 필리핀은 설탕, 동, 마 등을 생산하는 원초기지로 활용하였으며 결국 생산된 물품을 구미제국이나 일본에 수출하기도 하였다. 뿐만 아니라 미얀마, 베트남 등에서는 쌀을 생산하여 인접 동남아 국가, 인도, 아프리카 등의 서구 식민모국에게 수출하는

시스템도 갖추고 있었다. 따라서 이 당시 유럽제국은 동남아시아 지역을 식민지형 경제시스템화하여 원주민을 착취하고 지배하는 특징적 양상을 보였던 것이다.

한편 동남아시아 각지에서는 식민지 해방과 독립을 추구하는 정치운동도 점증했다. 1898년 필리핀에서는 민족주의자 아기날도(Emilio Aguinaldo)가 스페인으로부터 독립을 선언하고, 동년 스페인을 대신하여 새로운 지배자가 된 미국과 격전을 치르기도 하였다. 그 후 베트남, 인도네시아 등에서도 독립투쟁이 계속되었다. 그러다가 제1차 세계대전 이후에는 독립투쟁의 방식이 좀더 조직적으로 진행되기 시작하여 전 국민적 지지와 함께 식민지배자들을 곤혹스럽게 만들기도 하였다. 1930년대에는 세계대공황의 여파로 인해 동남아시아 역시 대불황을 겪게 되면서 각지에서 농민 등의 폭동이나 반란이 격화되기도 하였다.

세계대공황으로 인한 세계적 정치위기는 제2차 세계대전으로 발전되고, 일본군의 동남아시아 침공의 빌미를 제공하는 결과로 이어진다. 일본군의 지배하에서 동남아시아의 민족주의자들은 일본군과 싸우는 세력이 있는가 하면 협력하는 세력도 있어 다양한 대응을 보이지만 대부분 대전하에서 정치적 힘을 강화하여 대전이 끝난 이후 각국 정치의 주역으로 부상한다.

제2차 세계대전 이후 1946년 7월 14일 필리핀이 미국으로부터 완전히 독립함으로써 동남아시아에서는 태국에 이어 두 번째로 독립국이 된다. 그리고 1948년 1월 미얀마의 민족주의자가 영국과의 대화를 통해 독립을 하게 되고, 1949년 12월 인도네시아의 수카르노가 이끄는 민족주의자들이 네덜란드와의 무력투쟁을 거쳐 완전 독립을 달성한다. 사실상 인도네시아의 경우에는 1945년 8월 17일 네덜란드로부터 독립을 선언하고 난 후 약 4년간의 대네덜란드의 무력항쟁을 시작하여 완전 독립을 쟁취하게 되었던 것이다.

한편 인도차이나반도에서는 베트남 공산주의자들의 독립 요구를 프랑스가 거부하고 라오스, 캄보디아를 포함한 독립투쟁이 시작된다. 라오스와 캄보디아는 1953년 독립하지만 베트남에서는 항불전쟁이 계속된다.

베트남은 1954년 제네바협정에 의거 북의 공산정권과 남의 친서방정권으로 나눠지지만 1960년부터 1970년대 초 미국과의 소위 베트남전쟁을 거쳐 1976년 마침내 통일베트남 정부를 실현하게 된다.

말레이반도가 말레이연방(Federation of Malaya)으로서 영국으로부터 독립한 것은 1957년이다. 이 말레이연방이 북보르네오섬의 영국령 식민지였던 사바(Sabah)와 사라와크(Sarawak)를 합하여 말레이시아연방(Federation of Malaysia)으로 재출발한 것은 1963년 9월이다. 그러나 싱가포르는 1965년 8월 말레이인이 주도하는 말레이시아에 반대하여 화교 중심의 새로운 독립국가를 수립하였다. 브루나이가 영국으로부터 독립한 것은 1984년 1월 1일이다.

이와 같이 제2차 세계대전 이후의 동남아시아는 신생독립국시대가 된다.

동남아시아는 제2차 세계대전 이후 대부분 독립국이 되어 갔지만 베트남처럼 오랫동안 독립투쟁을 계속해야만 했던 국가도 있었다. 그러나 독립국에도 많은 정치적 어려움이 닥쳐 왔다. 공산주의자나 소수민족의 반정부 무력투쟁이 이제 막 독립을 시도한 미얀마, 필리핀, 영국령 시대의 말레이 등을 괴롭혔으며, 1950년대 후반에는 경제적 어려움까지 그 국가들을 가중시켰다. 경제위기와 불안이 연속되는 가운데 태국, 미얀마에서는 군부가 정권을 쥐고 정치안정에 힘을 쏟았고, 인도네시아는 수카르노 대통령이 독재적 권력을 쥐고 식민모국이던 네덜란드가 국내에서 가지고 있던 경제적 자산을 국유화하여 많은 네덜란드인을 국외로 추방했다. 이 때문에 1957~58년경부터 인도네시아는 수카르노 정권과 친네덜란드 세력이 내전을 하여 1962년경에는 수카르노 정권이 승리하지만 혼란이 계속된다. 필리핀에서는 1950년대 후반에는 공산반란은 거의 진압되고 친미적인 자산가들의 정권이 확립된다.

1960년대 이후 미얀마의 군정은 공산군이나 소수민족군과 내전을 치르는 한편 인도인이나 중국인이 지배하던 경제를 전면적으로 국유화하고 외자 도입도 금지함에 따라 경제가 침체되기에 이른다. 그러나 태국의 군부는 외자를 적극적으로 도입하고 국내 화교도 활용하여 경제의 활성화에 성공한다. 말레이연방은 1957년 영국으로부터 독립하지만 정치 군사를 장악한 말레이인과 경제를 움직이는 화교와의 분업체제가 잘 되어 경제는 성장한다. 말레이연방은 1963년 8월 말레이인 주도의 말레이시아에 반대하여 화교 중심의 싱가포르가 이탈하고 독립하여 리콴유의 지도 아래 독자적인 발전을 열어간다.

이때 인도네시아에서는 수카르노 대통령이 말레이시아에 대해 영제국주의의 유물이라는 비판적 외교노선을 견지함에 따라 말레이시아와 투쟁을 시작하고 있었지만 국내에서는 반네덜란드 투쟁에서 힘을 기른 공산당과 육군의 대립이 점차 심해진다. 그것은 1965년 9월 30일의 공산당 쿠데타와 육군에 의한 진압, 공산당 붕괴라는 사태를 일으킨다. 수카르노 대통령은 친공산당적이었기 때문에 힘을 잃어 1966년 3월 육군의 실력자 수하르토 장군이 대통령 대행이 된다. 수하르토 정권은 반제국주의 기치를 든 수카르노와는 대조적으로 말레이시아와의 대결을 중지하고 구미 일본으로부터 경제지원을 도입하고 화교의 경제력도 활용하여 경제개발에 성공한다. 한편 필리핀에는 1965년 마르코스가 대통령에 당선되어 마르코스시대가 시작된다.

이와 같은 정치적 흐름 속에서 1960년대 후반부터 동남아시아에서는 태국, 말레이시아, 싱가포르, 인도네시아, 필리핀 등이 대체로 안정된 정치를 기반으로 국가경제 발전을 도모하려는 움직임이 지속된다. 이 5개국은 1967년 8월 8일 아세안(동남아국가연합)을 결성하여 경제 외교협력도 발전시켜 간다. 그러나 미얀마의 내전과 경제 부진은 계속되고 인도차이나반도에서는 1965년부터 미군이 본격 개입한 베트남전쟁이 확대, 동남아시아의 명암이 분명히 나누어진다. 베트남전쟁은 1975년에 공산세력이 남베트남, 캄보디아, 라오스에서 승리하면서 일단 매듭지어진다. 그러나 1976년 남북이 통일한 베트남과 캄보디아의 폴포트 정권이 마침내 대립하여 1978년부터 양자의 전면 전쟁이 시작되고, 소련과 중국이 각각 베트남과 캄보디아를 지원하여 인도차이나반도의 정치적 불안정은 계속된다.

그러나 1980년대 후반 미소 간의 냉전이 종결되고, 소련과 중국 간의 화해무드가 조성되는 국제적 분위기 쇄신은 베트남군의 캄보디아 철수로 이어진다. 이때 필리핀에서는 독재적 지배로 비판받은 마르코스 정권이 1986년 2월 민중봉기로 붕괴되고 아키노 정권이 수립된다. 태국에서는 1980년대를 통하여 의회정치가 정착하기 시작한 것에 불만이던 군부가 1991년 2월에 쿠데타로 정권을 잡는 사건이 있었다. 그러나 태국 군정의 부활은 결국 민중의 저항으로 저지되고 1992년 9월 총선거를 통해 민정이 재확립되었다.

1990년대 이후 동남아시아의 정치적 흐름은 대체적으로 안정되게 이어지고 있으나 민주화라는 관점에서 아직도 부족함이 많다. 특히 군부정치의 대표적인 사례인 미얀마를 비롯한 인도차이나반도에 있는 국가들인 경우에는 더욱 더 그러하다.

| 동남아시아의 정치적 흐름

(1) 유럽제국의 동남아시아 지배시대– 식민지형 경제시스템의 형성

유럽제국은 향료 등 동남아시아의 특산물을 획득하기 위해 이 지역에 진출해 왔지만 영국에서 산업혁명이 일어나고부터는 각국의 공장에서 사용하는 원자재, 이를테면 고무, 주석, 면화 등을 전문으로 생산하는 식민지로 개발하기 시작하였으며 또한 도시주민이 필요로 하는 설탕, 차 등의 식품 생산지로, 부족한 식량을 공급하기 위해 쌀을 주로 생산하는 식민지로도 개발하였다. 따라서 이 당시 유럽제국은 동남아시아 지역을 식민지형 경제시스템화하여 원주민을 착취하고 지배하는 특징적 양상을 보였던 것이다.

(2) 제2차 세계대전 이후의 동남아시아 독립국시대 도래

- 1946년 7월 4일 필리핀이 미국으로부터 완전히 독립
- 1948년 1월 미얀마의 민족주의자가 영국과의 대화를 통해 독립
- 1949년 12월 인도네시아의 수카르노가 이끄는 민족주의자들이 네덜란드와의 무력투쟁을 거쳐 완전 독립(사실상 인도네시아의 경우에는 1945년 8월 17일 네덜란드로부터 독립을 선언하고 난 후, 약 4년간의 대네덜란드의 무력항쟁을 시작하여 완전 독립을 쟁취하게 되었음)
- 1953년 라오스와 캄보디아 독립
- 베트남은 1954년 제네바협정에 의거 북의 공산정권과 남의 친서방정권으로 나눠지지만 1960년부터 1970년대 초 미국과의 소위 베트남전쟁을 거쳐 1976년 마침내 통일베트남 정부 수립
- 말레이반도가 말레이연방(Federation of Malaya)으로서 영국으로부터 독립한 것은 1957년
- 말레이연방이 북보르네오 섬의 영국령 식민지였던 사바(Sabah)와 사라와크(Sarawak)를 합하여 말레이시아연방(Federation of Malaysia)으로 재출발한 것은 1963년 9월
- 싱가포르는 1965년 8월 말레이인이 주도하는 말레이시아에 반대하여 화교 중심의 새로운 독립국가 수립
  * 1964년 7월 싱가포르에서 발생한 인종폭동: 말레이 민족주의자들이 말레이족의 우선권을 주장하며 행진하다가 중국계와 충돌하며 폭동화되었고 결국 23명이 살해된 사건이다. 폭동을 주도한 말레이 민족주의자들은 말레이시아 최대 정당인 UMNO 소속이었고, 말레이연방은 이 폭동을 문제 삼아 싱가포르 말레이연방 축출을 결정한 것이었다.
- 브루나이가 영국으로부터 독립한 것은 1984년 1월 1일

(3) 독립 이후 동남아시아의 정치적 흐름

▷ 1950년대 후반

- 태국, 미얀마: 군부정권 탄생
- 인도네시아: 수카르노 대통령이 독재적 권력을 쥐고 식민모국이던 네덜란드가 국내에서 가지고 있던 경제적 자산을 국유화하여 많은 네덜란드인들을 국외로 추방함. 이로 인해 1957~58년경부터 인도네시아는 수카르노 정권과 친네덜란드 세력이 내전을 하여 1962년경에는 수카르노 정권이 승리하지만 혼란이 계속됨
- 필리핀: 공산반란은 거의 진압되고 친미적인 자산가들의 정권이 확립됨.

▷ 1960년대

- 미얀마 군정: 공산군이나 소수민족군과 내전을 치르는 한편 인도인이나 중국인이 지배하던 경제를 전면적으로 국유화하고 외자의 도입도 금지함에 따라 결과적으로는 경제가 침체되기에 이른다.
- 태국 군정: 외자를 적극적으로 도입, 국내 화교도 활용하여 경제의 활성화에 성공한다.
- 말레이연방: 1957년 영국으로부터 독립하지만 여기서도 정치 군사를 장악한 말레이인과 경제를 움직이는 화교와의 분업체제가 잘 되어 경제는 성장한다.
- 싱가포르의 독립: 말레이연방은 1965년 8월 말레이인 주도의 말레이시아에 반대하여 화교 중심의 싱가포르가 이탈, 독립하여 리콴유의 지도 아래 독자적인 발전을 열어간다.
- 인도네시아: 수카르노 대통령은 말레이시아에 대해 영제국주의의 유물로 반발하여 Konfrontasi Policy(대결정책)을 펼침으로써 양국 간의 외교관계가 위기를 맞게 된다. 친공산주의 성향이 짙던 수카르노는 1966년 3월 육군의 실력자 수하르토 장군에게 권좌를 내준다. 수하르토 정권은 말레이시아와의 대결을 중지하고 미국 일본으로부터 경제지원을 도입, 화교의 경제력도 활용하여 경제를 활성화하려고 노력한다.
- 필리핀: 1965년 마르코스가 대통령에 당선, 마르코스시대가 시작된다.
- 아세안(동남아국가연합) 설립: 동남아시아 5개국, 즉 태국, 말레이시아, 싱가포르, 인도네시아, 필리핀 등이 1967년 8월 8일 아세안을 결성, 경제 외교협력도 발전시켜 간다.

▷ 1970년대

- 베트남전쟁의 종식: 1975년 베트남전쟁이 종식되고, 공산세력이 통일베트남을 수립한다.

- 베트남과 캄보디아 간의 전면전: 1976년 남북이 통일한 베트남과 캄보디아의 폴포트 정권이 마침내 대립, 1978년부터 양자의 전면전쟁이 시작되고, 소련과 중국이 각각 베트남과 캄보디아를 지원하여 인도차이나반도의 정치적 불안정은 계속된다.

▷ 1980년대 후반~1990년대 중후반
- 베트남군의 캄보디아 철수: 미소 간의 냉전이 종결되고, 이와 더불어 소련과 중국 간의 화해 무드가 조성되고, 이러한 국제적 분위기 쇄신은 결국 베트남군의 캄보디아 철수로 이어진다.
- 미얀마 민주화항쟁 및 군사정부 등장:
  ✔ 1) 1988년 민주화항쟁(학생과 정부관리 충돌, 군경 무력진압: 학생 수십 명 사망)
  ✔ 2) 1988년 9월 Saw Maung(소우 마웅) 쿠데타로 정권장악: SLORC(State Law and Order Restoration Council) 최고권력기관으로 국가운영 SLORC는 1989년 계엄령(Martial Law)을 선포하고, 버마연방사회주의공화국(Socialist Republic of the Union of Burma)이라는 국명을 미얀마연방(Union of Myanmar)으로 개명하였다.
  ✔ 3) 1990년 5월 미얀마정부는 30년 만에 처음으로 자유선거를 실시하게 되었는데, Aaung San Suu Kyi 지도자가 이끄는 National League for Democracy(NLD; 민주주의민족동맹)가 압승함: 총 489석 중에서 392석(약 80%) 차지. 그런데 Saw Maung이 이끄는 군사정부는 이를 인정하지 않았음.
  ✔ 4) 1992년 소우 마웅 장군이 건강상의 이유로 퇴진하자 Than Shwe(탄쉐) 장군이 군사정부의 새로운 최고지도자로 등장함.
  ✔ 5) 1997년 SLORC를 SPDC(국가평화발전위원회: State Peace and Development Council)로 체제 개편함.
- 필리핀 EDSA 혁명(People's Power): 필리핀에서는 독재적 지배로 비판받은 마르코스 정권이 1986년 2월 민중봉기로 붕괴되고 아키노 정권이 수립된다.
- 태국에서의 군부 쿠데타와 민정의 재확립: 태국에서는 1980년대를 통하여 의회정치가 정착하기 시작한 것에 불만을 가진 군부가 1991년 2월에 쿠데타로 정권을 잡는 사건이 있었다. 그러나 태국 군정의 부활은 결국 민중의 저항으로 저지되고 1992년 9월 총선거를 통해 민정이 재확립되었다.

▷ 1990년대 이후
- 동남아시아의 정치적 흐름은 대체적으로 안정되게 이어지고 있으나, 민주화 관점에서 볼 때에는 아직도 부족함이 많다. 특히 최근 군정으로부터 민정으로 권력을 이양하기는 했지만 정치적 불안이 지속되고 있는 대표적인 사례인 미얀마를 비롯한 인도차이나반도에 있는 국가들은 더욱 더 그러하다.

2. 2000년대의 동남아시아 정치현황: 동남아시아 각국의 정치체제를 중심으로

2000년대 들어 동남아시아의 정치상황이 어떻게 전개되고 있는지를 파악해 보기 위해 동남아시아 각국의 정체체제를 현재적 관점에서 살펴보고자 한다. 사실상 동남아시아의 정치체제는 크게 세 가지, 즉 입헌군주제(Constitutional Monarchy), 공화제(Republic), 일원적 공산주의 일당체제(Unitary Marxist-Leninist Single(One)-Party State System)로 분류된다. 입헌군주제를 채택하고 있는 국가로는 브루나이, 말레이시아, 태국, 캄보디아, 특히 브루나이는 입헌술탄제(Constitutional Sultanate)를 채택하고 있으며, 말레이시아, 태국, 캄보디아는 의원내각제의 성격을 지니고 있다. 공화제를 채택하고 있는 국가로는 싱가포르, 동티모르, 필리핀, 인도네시아, 미얀마, 특히 싱가포르와 동티모르는 내각책임제를, 필리핀, 인도네시아, 미얀마는 대통령중심제를 채택하고 있다. 마지막으로 일원적 공산주의 일당체로는 베트남과 라오스가 있으며 이들은 사실상 사회주의제를 채택하고 있다.

그러면 동남아시아 각국의 정치체제를 하나씩 세밀하게 검토해 보고자 한다.

(1) 브루나이의 정치체제: 입헌군주제(Constitutional Monarchy)/입헌술탄제 (Constitutional Sultanate)

❖ Sultan: 이슬람교국의 군주를 의미
❖ 입헌술탄제: 헌법(constitution)에 근간을 둔 말레이 이슬람교의 군주제 (Malay Islamic Monarchy)로서 세 가지의 주요 핵심내용을 포함하고 있다.

첫째, 말레이문화(Malay Culture) 강조, 둘째, 종교로서의 이슬람교(Islamic Religion)강조, 셋째, 군주제하에서의 정치구조(political framework under the Monarchy)

❖ 브루나이 군주(Sultan of Brunei): Hassanal Bolkiah: 13세기 이래 지속된 브루나이 왕조의 29번째 통치자. 1,788개의 방과 256개의 화장실을 갖춘 궁전에서 살고 있으며 사실상 전통적 전제군주 스타일로 통치하고 있다. 물론 형식적으로는 전제군주제는 아니다. 즉 전제군주제(절대군주제)는 Absolute Monarchy를 말하는 것으로써 헌법에 상관없이 군주가 권력을 행사하는 제도, 즉 군주의 권력이 헌법에 의해 제한을 받는 입헌군주제(Constitutional Monarchy)와는 구별된다. 국가의 부와 술탄 개인의 부는 동일하다. 따라서 브루나이의 술탄은 전 세계에서 가장 부유한 사람으로 정평이 나 있다. 국가의 모든 수입과 외환보유고는 술탄 개인의 소유이며, 국가의 지출 규모도 술탄 혼자서 결정한다(Clark D. Neher, Southeast Asia in the New International Era). 술탄은 모든 국사에 책임을 지고 있으며, 수상직과 더불어 국방상직도 겸하고 있다.

(2) 말레이시아의 정치체제: 연방입헌선거군주제(Federal Constitutional Elective Monarchy)/내각책임제(Parliamentary Form of Government)

❖ 연방입헌선거군주제는 영국 식민지배의 유산이라고 볼 수 있는 영국의회제(Westminster Parliamentary System)를 모델로 삼은 것이다.

❖ 국가수반(Head of State)은 국왕을 의미하는 양디-쁘르뚜안 아공(Yang di-Pertuan Agong)이라고 부른다.

❖ 말레이시아 국왕(아공) 선출 방식은 매우 독특하다. 9개의 주에는 술탄으로 알려진 세습통치자가 있고, 국왕은 이들 9명의 술탄 중에서 5년 임기로 선출된다(비공식적으로 9명의 술탄 가운데 로테이션으로 국왕이 선출된다, 2019년 1월 31일 이래 압둘라(Abdullah)가 국왕의 직위를 현재까지 수행하고 있다). 국왕은 의식과 종교적 의무, 공직임명권, 의회해산권 등을 지닌다. 여기서 공직임명권이란 수상임명재량권, 상원의원임명권 등을 말한다. *수상임명재량권이란 국왕이 수상을 임명하되 의회로부터 다수의 지지를 확보해야 한다는

것을 의미한다. 단, 말레이시아 국왕은 태국 국왕처럼 모든 국민으로부터 추앙받는 존재는 아니다. 그럼에도 국왕은 말레이시아 국가수반으로서 중요한 상징적 역할을 수행한다.

❖ 실질적인 정부수반(Head of Government: 실질적인 행정권을 지닌 사람)은 내각의 대표격인 수상(2018년 5월 이래 Mahathir Mohamad가 수상직을 맡고 있음. Mahathir Mohamad는 1981년부터 2003년까지 약 22년 수상/총리직 수행한 바 있음)이 맡고 있다(이는 포괄적으로 다시 표현하면 의회를 책임지고 있는 내각 전체가 실질적인 행정권을 지니고 있다고 볼 수 있다. 따라서 수상이 사퇴하면 내각 전체도 함께 사퇴하게 되어 있다). 결국 말레이시아는 내각책임제의 정부형태(Parliamentary form of government)의 성격을 지니고 있다고 볼 수 있다.

(3) 태국의 정치체제: 입헌군주제(Constitutional Monarchy)/내각책임제 (Parliamentary Form of Government)

❖ 태국은 입헌군주제로서 국왕의 지위는 거의 절대적이다. 태국의 국왕은 세습되는 군주이다. 2016년 10월 푸미폰(Bhumibol Adulyadej) 국왕이 사망함으로써 그의 아들 마하 와치랄롱꼰(Maha Vajiralongkorn) 그 뒤를 잇고 있다.

❖ 태국 헌법은 국왕을 "추앙받는 숭배자"로서 "그 어떤 종류의 비난 또는 그러한 행동"의 대상이 될 수 없음을 분명히 하고 있다. 국왕은 불교도이어야 하지만, 모든 종교의 후원자이며 의회, 내각, 사법부, 군부를 대표한다. 국왕은 국회의 개원권 및 폐회권을 가지고 있으며 모든 법률에 대한 승인권도 가지고 있다. 뿐만 아니라 긴급조치권을 발동할 수 있으며 각 부처 장관을 임명하고, 대법관을 임명하며, 사면권을 행사할 수 있다. 간단히 말해서 태국 국왕의 지위는 거의 절대적이며, 그의 서명 없이는 그 어떤 일도 하기 어렵다는 것을 의미한다고 할 수 있다.

❖ 실질적인 정치권력의 중심은 의회를 공동으로 책임지고 있는 수상을 비롯하여 각 부처의 각료급, 즉 내각에 있다. 이런 측면에서 태국의 정치제도는 의원내각제(내각책임제)의 성격을 지니고 있는 셈이다. 태국의 수상은 2014년 8월부터 프라윳 찬 오차(Prayuth Chanocha; 군인 출신)가 맡고 있다.

(4) 캄보디아의 정치체제: 입헌군주제(Constitutional Monarchy)/내각책임제
(Parliamentary Form of Government)

❖ 캄보디아의 정치체제는 공식적으로는 입헌군주제를 취하고 있다. 그런데 사실상 캄보디아의 실권자는 훈센(Hun Sen) 총리라고 볼 수 있다. 훈센은 1979년 크메르루즈(Khmer Rouge)의 몰락 이후 캄보디아를 지배해 왔던 캄보디아인민당(Cambodian People's Party)의 지도자이기도 하다.

❖ 크메르루즈는 폴포트(Pol Pot)를 지도자로 1975년부터 1979년까지 캄보디아를 지배했던 조직이다. 이 당시의 캄보디아의 국명은 캄푸치아(Kampuchea)였으며, 사실상 크메르루즈는 캄푸치아공산당원들로 구성되어 있었다.

❖ 폴포트는 중국의 마오쩌둥사상을 기초로 하여 농촌지상주의를 표방하던 인물이었다. 그는 1975년 크메르루즈를 이끌고 친미성향이 짙었던 론놀(Lon Nol)정권을 붕괴시킨 후 '자력갱생'으로 이상주의적 사회주의 건설을 추구하였다. 따라서 자본주의와 물질문명을 파괴하기 시작, 즉 중앙은행 파괴, 자유경제체제 말살, 자동차, TV 등 자본주의화되어 있는 물질을 쓰레기로 취급하였으며, 의료시설(양약/양의)을 파괴하였다. 또한 도시인을 농촌으로 강제 이주시켰으며(도시인은 농민의 잉여가치를 착취하는 송충이로 취급), 집단노동을 동원하였다. 뿐만 아니라 예술인을 썩은 문화로 취급하기도 하였다. 폴포트 정권 동안 200만 명 정도의 무고한 사람들이 학살되었다(이로 인해 당시의 캄보디아는 Killing Field로 알려짐). 결국 폴포트는 이상주의적 공산주의를 맹신하면서 '인간백정'으로 살았던 것이다. 한때 농민의 상당수가 폴포트가 이끄는 크메르루즈를 추종했던 이유는 캄보디아인들이 싫어하는 베트남을 상대로 민족적인 전쟁을 벌였기 때문이었다. 그러나 폴포트 정권은 1979년 베트남의 침공으로 무너지고 말았다.

❖ 1979년부터 베트남은 캄보디아를 무력으로 침공하여 지배하기 시작하였으며, 베트남의 캄보디아 지배는 1989년까지 이어졌다. 베트남의 캄보디아 철수 이후, 즉 1989년부터 평화 정착을 위한 노력이 유엔을 중심으로 이루어졌으며(이 당시 유엔캄보디아과도기구〈UN Transitional Authority in Cambodia〉 설립), 결국 1993년 시하누크(Norodom Sihanouk) 캄보디아 국왕(King of Cambodia)이 복귀하게 되었다. 시하누크 국왕의 복귀 이후 새로운 캄보디

아헌법이 만들어지고 캄보디아 정치체제는 군주제로 복원되어 정치안정을 찾는 듯하였다. 국왕의 자리는 사하누크가 다시 맡았고, 공동 총리제를 채택하여 제1총리(the 1st Prime Minister)에는 시하누크의 둘째 아들인 노로돔 라나리드(Norodom Ranariddh)가, 제2총리(the 2nd Prime Minister)에는 시하누크와의 정치적 라이벌 관계에 있었던 훈센이 맡게 되었다.

❖ 그런데 불행하게도 1997년 훈센은 쿠데타를 통해 제1총리직에 있었던 라나리드를 강제로 축출하고 캄보디아 권력의 중심에 서게 됨으로써 캄보디아 국내정치가 또다시 혼돈 속에 빠져들게 되었다. 본래 라나리드는 베트남의 캄보디아 점령기간(1979~1989) 동안 로열리스트 정당(Royalist Political Party)이었던 FUNCINPEC을 이끌던 인물이었다.[33] FUNCINPEC은 1993년 군주제가 복원되고 나서 치른 캄보디아 사상 첫 번째 자유선거에서 승리하였다. 그래서 시하누크 국왕은 제1총리로 FUNCINPEC을 이끌던 자신의 두 번째 아들 라나리드를 지명했으며, 1993년 선거에서 패배했던 캄보디아 인민당의 지도자 훈센을 정치연합 차원에서 제2총리로 지명했던 것이다. 그리고 난 후 제1총리로서 라나리드는 캄보디아 정치개혁을 시도했고, 이 과정에서 훈센은 쿠데타를 일으켜 라나리드를 비롯한 지지 세력을 무력으로 축출했던 것이다. 축출된 라나리드는 해외를 떠돌다가 1998년 총선에 참여하기 위해 자국으로 돌아왔고 총선에서 라나리드 세력은 결국 훈센 세력에 참패하고 말았다. 훈센은 새로운 연립정부를 구성하는 과정에서 라나리드에게 캄보디아 국회의장직을 허용하기도 했었다.

❖ 2004년 10월 노로돔 시하누크 국왕이 공식적으로 퇴위하고 난 후 그 자리를 노로돔 라나리드가 노렸지만, 결국은 정치권력 관계 속에서 그 자리를 포기했어야만 했고 그 자리는 첫째 아들인 노로돔 시하모니(Norodom Sihamoni)에게 돌아갔다.

❖ 2018년 총선 결과 캄보디아 집권당은 훈센이 이끄는 캄보디아인민당(the Cambodian People's Party)이며, 이 집권당은 의회를 장악하고 있다. 즉 상하 양원의 의장을 CPP출신들이 현재 맡고 있다.

---

33) FUNCINPEC는 프랑스어의 두 문자로서 "독립적 · 중립적 · 평화적 · 협력적 캄보디아를 위한 민족연합전선(National United Front for an Independent, Neutral, Peaceful, and cooperative Cambodia)"을 의미한다.

❖ 훈센 총리의 통치스타일은 공산주의적 혹은 파시즘적 요소가 남아 있다는 비판을 받기도 한다. 대부분의 전문가들은 훈센을 캄보디아의 실권자로 보고 있으며 따라서 캄보디아는 한 사람의 권위적 지도자에 의해 가혹하게 통치되는 국가유형으로 간주되기도 한다.

❖ 그러나 1993년 헌법을 제정하고, 그 법적/제도적 틀과 함께 정치체제로서의 입헌군주제를 명시하고 있으며, 그 위에서 처음으로 자유선거가 치러졌다는 점은 주목할 만하다.

❖ 대부분의 입헌군주제의 정치체제를 갖추고 있는 국가들이 그렇듯이 캄보디아도 (권력을 기준으로 정부의 형태를 분류할 경우) 의원내각제(parliamentary form of government)를 채택하고 있는 것으로 볼 수 있다. 단, 캄보디아는 법적/제도적인 틀은 마련해 놓고 있지만 실제적으로는 미숙한 파벌정치로 인해 취약한 상태에 있으며, 반민주적 관행에 노출되어 있는 것은 분명하다. 이를테면 현 정부의 권력구도가 쿠데타를 통해 이루어졌다는 점에서 민주적 정통성이 확보되어 있지 못하다는 점은 주지의 사실이다.

(5) 인도네시아의 정치체제: 공화제(Republic)/대통령중심제(Presidential Form of Government)

❖ 권력이 대통령을 중심으로 중앙집권화되어 있다. 1998년 수하르토(Suharto) 대통령 사임 이후 정치적 민주화 과정이 차분하게 진행되고 있는 것으로 보인다. 이를테면 권력분산을 위해 지역자치프로그램(regional autonomy program)이 점진적으로 가동되기 시작했으며, 2004년에는 직접선거를 통해 국민이 최초로 대통령을 선출하기도 하였다(수실로 밤방 유도요노; Susilo Bambang Yudhoyono, 2004.10.20. 취임, 2009. 10. 20. 재선에 성공), 인도네시아의 대통령 임기는 5년이며 1회에 한에 연임할 수 있다. 2014년 10월부터는 자카르타 주지사 출신인 조코 위도도(Joko Widodo)가 제7대 인도네시아 대통령을 재임 중이다.

❖ 인도네시아 의회는 2019년 현재 통상적인 입법권을 행사하는 국회의원 560명과 상원 132명으로 구성되어 있다. 이는 양원제와 유사한 시스템으로 상/하원 총 692명의 국민평의회가 총괄기구로 기능을 하고 있는 것이다.

❖ 인도네시아는 대통령을 국가원수로 하는 민주공화국으로서 1945년 헌법을 제정하였고 동 헌법 전문에 5대 건국이념인 판차실라(Pancasila)를 명문화하고 있다. 5대 건국이념인 판차실라: 첫째, 유일신에 대한 믿음(Belief in the One and Only God), 둘째 공정하고 문명화된 인본주의(Just and Civilized Humanity), 셋째 인도네시아의 통합(The Unity of Indonesia), 넷째, 합의제와 대의제를 통한 민주주의의 실현(Democracy guided by the Inner Wisdom in the Unanimity arising out of Deliberations amongst Representative), 다섯째 사회정의 구현(Social Justice for the Whole of the People of Indonesia)

(6) 필리핀의 정치체제: 공화제(Republic)/대통령중심제(Presidential Form of Government)

❖ 필리핀 대통령은 국가수반인 동시에 정부수반이다. 대통령의 임기는 6년이다. 2010년부터 베니그노 노이노이 아키노(Benigno "Noynoy" Aquino III)가 대통령직을 수행하다가, 2016년 6월부터는 두테르테(Rodrigo Duterte) 대통령이 수행하고 있다.

❖ 필리핀 의회는 양원제를 채택하고 있으며 상원은 공식적으로 24명으로 구성되어 있다. 필리핀 상원의원 선출 및 구성방식은 독특하다. 1987년 선거에서 전국 득표순위로 상위 12명은 6년, 하위 12명은 3년 임기를 정하여, 그 후 매 3년마다 선거에서 12명씩 선출하여 기존의 12명과 함께 24명으로 구성하고 있다(상원의원은 2회 이상 연임할 수 없도록 되어 있다). 하원은 250명 이내로 구성된다. 하원의 임기는 3년으로 하되 3회 이상 연임할 수 없도록 되어 있다. *연임금지제도 채택

❖ 상원과 하원의 주요 권한의 차이: 상원은 국가최고위직(예 대통령 및 대법원장 탄핵심사결정권)과 외교문제 처리(예 선전포고 동의권, 조약체결권) 등에서 하원에 비해 상대적으로 강한 권한을 지니고 있으며, 하원은 서민경제문제 처리(예 예산안 및 공공채무 관련 법안 심의권)에서 상원보다 권한이 강하다고 볼 수 있다.

(7) 미얀마의 정치체제: 공화제(Republic)/대통령중심제(Presidential Form of Government)

❖ 미얀마의 정치체제를 논하기에 앞서 2000년대 들어 주목을 끌었던 정치적 사건을 살펴볼 필요가 있다.

❖ 2007년 8월 제2의 민주화항쟁으로 일컬어지는 반정부저항운동: 2007년 8월 미얀마정부의 디젤/가솔린 가격 인상은 반정부 저항운동을 이끄는 계기가 되었다. 당시 반정부운동은 승려들이 주도했는데 점차 시민저항운동으로 확산되었으며, 특히 미얀마에서 민주화의 상징으로 알려진 아웅산 수치(Aung San Suu Kyi) 여사의 가택연금까지 반대하는 캠페인으로 이어지기도 했다. 결국 미얀마 군사정부는 그 저항운동을 무력으로 진압하였고, 그 과정에서 200여 명의 사상자를 냈던 사건이었다.

❖ 2011~2012 미얀마 정치개혁: 2011~2012 미얀마 정치개혁은 군사정부의 지원을 받는 연합단결발전당(Union Solidarity and Development Party; USDP)에 의해 진행되는 일련의 정치/경제/행정적 개혁을 말한다. 이 개혁은 민주지도자 아웅산 수치 여사의 가택연금해제 및 대화, 인권위원회 설치, 200여 명 이상의 정치사범 석방, 노동조합과 노동운동을 인정하는 신노동법 마련, 언론통제 및 금융통화 규제완화 등을 포함하고 있다. 그 결과로서 아세안은 2014년 아세안의장국 지위를 승인하였으며, 약 50년 만에 미국 국무장관 힐러리 클린턴이 미얀마를 공식 방문하는 계기가 되기도 하였다.

❖ 미얀마는 2012년 4월 1일 민주화의 시금석이 될 보궐선거를 치렀다. 미얀마 정부는 애초 48개 선거구에서 보궐선거를 치를 예정이었으나 소수민족 반군이 활동하고 있는 북부 카친주의 선거구 3곳은 치안 문제로 선거 일정이 연기됐다. 48개의 보궐의석 수가 전체 의석의 7%도 채 되지 않아 의회에서 군부가 지배하는 여당의 세를 꺾지 못하겠지만, 미얀마 정부는 이번 보궐선거가 자유롭고 공정하게 치러졌다고 평가를 받으면 미얀마에 대한 제재가 해제될 것으로 기대하고 있다. 미얀마 선거관리위원회는 보궐선거 이틀 후인 4월 3일 미얀마 민주화 운동 지도자 아웅산 수치 여사가 이끄는 야당 민족민주동맹(NLD)이 선거구 45개 중 43개에서 승리했다고 공식적으로 확인했다. 특히 NLD 소속 후보들이 군사정부 거점 지역인 미얀마 행정

수도 네피도의 4개 선거구에서도 승리를 거둔 것이 주목할 만하다.

❖ 노벨평화상 수상자로 20년 간 미얀마 군사독재에 항거하며 장외투쟁을 벌인 아웅산 수치 여사는 옛 수도 양곤의 빈민층 지역인 카우무에서 여당 USDP의 후보 우소민을 제치고 85%의 압도적 득표율로 당선되면서 제도권 정치에 참여하게 됐다. 이번 보궐선거는 수십 년 간 군사독재에 억압됐던 미얀마에 놀라운 변화인 민간정부가 출범한 지 1년 만에 치른 선거이다. 특히 이번 선거를 계기로 미얀마에서의 정치적 민주화 과정이 제대로 진행된다면 서방의 미얀마 제재도 풀릴 가능성이 있다. 실제로 미국과 유럽연합은 미얀마의 이번 보궐선거가 자유롭고 공정하게 치러진다면 미얀마 정부의 인권 침해를 이유로 지난 20년 간 미얀마에 내렸던 정치와 무역 제재를 해제할 수 있음을 시사한 바 있다. 그러나 국제사회는 미얀마 정부의 지속적인 개혁을 장려할 필요가 있으며, 특히 모든 정치범을 석방하고 소수민족에 대한 유혈탄압을 막을 필요가 있다. 즉, 국제사회가 서둘러 미얀마에 대한 제재를 해제하는 것은 시기상조이기도 하다.

❖ 미얀마의 정치체제는 대통령공화제(Presidential Republic; 사실상의 대통령중심제)로서 2011년 3월 30일 테인 세인(Thein Sein)이 대통령으로 취임하였다. 테인 세인은 군인 출신이지만 온건적이며 개혁적인 성향이 강한 인물로 알려져 있다.

❖ 테인 세인의 대통령 취임으로 인해 그동안 미얀마 국가운영의 최고권력기관이었던 국가평화발전위원회(SPDC: State Peace and Development Council)는 공식적으로 해체되었다.

❖ 한편 2015년 11월 8일 미얀마총선이 개최되었다. 이 총선에서 아웅산 수치(Aung San Suu Kyi) 여사가 이끄는 NLD(민족민주동맹)가 압승함으로써 미얀마의 군부독재를 완전히 종식시킬 수 있었다. 그런데 외국인을 배우자로 둔 경우 대통령이 될 수 없다는 미얀마 헌법 조항으로 인해 2016년 3월 아웅산 수치 여사의 운전자 출신이자 측근인 틴초(Htin Kyaw)가 대통령으로 취임하였다. 그 이후 2018년 2월 아웅산 수치 여사는 외교부장관과 대통령 자문역을 맡으면서 실질적인 대통령직을 수행하고 있다.

(8) 싱가포르의 정치체제: 공화제(Republic)/내각책임제(Parliamentary Form of Government)

❖ 싱가포르의 의원내각제는 영국의회제(Westminster Parliamentary System)를 모델로 하고 있지만(싱가포르의 정치체제도 영국의 식민지배의 유산이라고 볼 수 있다) 싱가포르의 조건에 맞게 변형된 '통제된 민주정부체제(controlled democratic system)'를 갖추고 있다.

❖ 영국의회와 싱가포르의회의 주요 차이점은 크게 세 가지로 요약된다. 첫째, 헌법의 성격에서 영국은 불문법인 반면에 싱가포르는 성문법이라는 점이다. 둘째, 영국은 의회를 양원제로 운영하고 있는 반면에 싱가포르는 단원제로 운영하고 있다는 점이다. 셋째, 영국은 입원군주제(현재 the British Monarch는 Elizabeth(II) 여왕이다)인 반면에 싱가포르는 군주제가 아닌 공화제라는 점이다.

❖ 싱가포르는 국가수반을 대통령으로 하되 정치적인 실권은 매우 미약하다(2017년 9월부터 할리마 야콥Halimah Yacob이 대통령직 수행). 싱가포르 대통령의 주요 권한은 대표적으로 국가예산권과 판사임명권에 대한 거부권을 지니고 있을 뿐이다. 대부분의 정치적 실권은 수상이 지니고 있다. 2004년 8월 이후 과거 싱가포르 수상이었던 리콴유의 장남인 리센룽이 싱가포르 수상직을 수행하고 있다. 리센룽은 싱가포르의 세 번째 수상이다(두 번째는 고촉통).

(9) 동티모르의 정치체제: 공화제(Republic)/이원집정제(Dual Form of Government)/내각책임제(Parliamentary Form of Government)

❖ 동티모르의 정치체제는 국가수반인 대통령과 정부수반인 총리가 권력을 나누어 행사하는 이원집정제적인 성격을 띠고 있긴 하지만 총리가 의회에서 선출되고, 총리가 실질적인 각료임명제청권을 행사하는 관계로 의원내각제적인(내각책임제적인) 성격이 짙다.

❖ 총리는 의회의 과반수에 의해 선출되어야 함에도 2007년 6월 총선 결과 과반수를 확보한 정당이 없자 오르따(José Ramos-Horta; 1996년 벨루 주교와 공동으로 노벨평화상 수상) 대통령은 제2당인(18석 확보) 티모르재건국민회의

(CNRT)를 이끈 샤나나 구스마웅(Xanana Gusmão)이 21석(29%)을 획득하여 다수당인 동티모르독립혁명전선(Fretilin)을 제외한 여타 소수 군소정당과 연합하여 총리가 될 수 있도록 역할을 했던 것은 순수 의원내각제(내각책임제)의 성격을 뛰어넘는 정치적 행위였다. 이러한 대통령의 역할을 고려해 볼 때 순수 의원내각제(내각책임제)가 아닌 대통령중심제가 혼합되어 있는 것이 아닌가라는 점에서 이원집정제(Dual Form of Government)의 성격이 있다고도 볼 수 있다. 따라서 동티모르는 3권분립제라고 하기보다는 4권분립제, 즉 대통령, 국회, 정부, 법원으로 그 권한이 나누어져 있다고도 볼 수 있다.

❖ 대통령은 국가원수로서 대외적으로 국가를 대표하나 그 권한은 안보, 외교 등 업무와 연관되어 있으며 상징적, 의전적, 형식적인 것이 많다. 그러나 법률안거부권, 국민투표 부의권, 국회해산권 등으로 정부와 국회를 견제할 수 있는 권한이 있다. 반면에 총리는 헌법상 정부수반으로서 국무회의를 주재하고, 실질적으로 각료임명, 예산편성 및 집행, 정책수립 및 시행 권한을 행사한다.

❖ 2017년 5월부터 프란시스코 구테레스(Francisco Guterres)가 대통령직을 수행하고 있으며, 2018년 6월부터 타우르 마탄 루악(Taur Matan Ruak)이 총리직을 수행하고 있다.

(10) 베트남(Vietnam)의 정치체제: 일원적 공산주의 일당체제(Unitary Marxist-Leninist Single-Party State)

❖ 베트남의 정치체제는 일원적 공산주의 일당체제이다. 그러나 1986년 채택된 도이모이(Doi-Moi) 이후 베트남은 정치적으로는 사회주의적 거버넌스의 형태를 띠고 있으며, 경제적으로는 자본주의 경제를 받아들이고 있는 추세이다. 사회주의적 거버넌스(Socialistic Governance)란 정치적 개념으로서 마르크스-레닌주의에 토대를 둔 통치형태를 의미하며, 자본주의 경제(Capitalistic Economy)란 시장경제제도에 토대를 둔 경제의 운영방식을 말한다.

❖ 도이모이(Doi-Moi)란 영어로 Renovation을 말하는 것으로서 '혁신/쇄신' 등을 의미한다. 본래 도이모이는 1986년 베트남 공산당 제6차 대회에서 제기

된 슬로건이며, 주로 경제(가격의 자유화, 국제분업형 산업구조, 생산성의 향상), 사회사상 면에서 새로운 방향 전환을 목표로 하는 것이다. 당시 베트남 공산당 총서기였던 응엔 반 린(Nguyen Van Linh)을 비롯한 개혁주의자들이 베트남전쟁 이후 지속되었던 경제적 낙후성을 탈피하기 위해 계획경제로부터 사회주의동향시장경제(a socialist-oriented market economy)로 조심스럽게 전환을 시도했던 것이 도이모이의 출발이었다.

❖ 1986년 공산당 지도부가 도이모이 정책을 승인한 후 만들어진 1992년 베트남 헌법은 골격은 과거의 헌법체계를 유지하고 있지만 정치철학에서 중요한 변화를 내포하고 있다. 첫째, 1992년 헌법은 베트남 공산당이 국가를 영도하는 유일한 주체이긴 하지만 그 주체적 성격이 과거와 같이 경직된 모습이 아닌 유연한 모습을 보인다는 것이다. 즉, 베트남 공산당 이외의 또 다른 정치기관이 권력을 공유할 수 있다는 것을 의미한다. 둘째, 1992년 헌법은 공산당 정권의 기반이 노동자, 농민 이외에도 지식인 동맹에 기초한다고 명시하고 있다. 특히 지식인이 과거 어느 때에도 공식적으로 인정받지 못했다는 점을 고려하면 이 집단동맹의 명시는 베트남 통치철학의 중요한 변화라고 하지 않을 수 없다. 셋째, 1992년 헌법은 사유재산과 경제활동에 관한 권리를 어느 정도 인정하고 있다는 점이다.

❖ 이러한 점을 전반적으로 고려해 볼 때 베트남은 도이모이정책을 채택한 이후 상당한 변화의 길을 걷고 있다고 할 수 있다. (한 가지 더 예를 들면 도이모이정책 이후 공산당의 영향력은 여전하지만 그 외의 정치기관에서의 역할, 이를테면 각 부처 장관과 관료들의 자율성이 과거에 비해 상당 부분 커졌으며, 이러한 관점에서 베트남의 정치는 획일적인 것으로만 보기에는 한계가 있다고 볼 수 있다.)

(11) 라오스의 정치체제: 일원적 공산주의 일당체제(Unitary Communist Single-Party State)

❖ 라오스의 정치체제는 일원적 공산주의 일당체제로서 라오인민혁명당(Lao People's Revolutionary Party; LPRP)이 정치권력을 완전히 독점하고 있다.

❖ 라오스는 경제자유화를 향한 변화를 조심스럽게 시도하고 있는 베트남(또는 중국)에 비해 체제의 경직성이 더욱더 강한 나라이다.

❖ 라오스의 국가수반은 국회가 임명한다. 그러나 국회의 임명은 라오인민혁명당(LPRP)이 추천한 후보 가운데 이루어지기 때문에 형식에 불과하다. 주석의 임기는 5년이다.

❖ 라오스의 정부수반은 수상이다. 과거 1975년 라오인민민주공화국이 건립된 이후 수상이 주석보다 더 많은 정치권력을 누려왔다. 그러나 수상 역시 라오인민혁명당(LPRP)의 총서기에게는 상대가 되지 않는다. 수상의 임기 역시 5년이다.

❖ 라오스의 실제적 권력의 정점은 라오인민혁명당(LPRP)의 최고지도부 격인 정치국(Politburo)의 총서기이다. 2012년 현재 라오인민혁명당의 총서기는 초우말리 사야손(Choummaly Sayasone)으로 국가주석(President of Laos; Head of State)을 겸하고 있다. 또한 정부수반인 수상 역시 라오인민혁명당(LPRP)의 고위관료 중의 하나이다. 정부의 주요정책은 최고지도부 격인 정치국(Politburo; Political Bureau)에 의해 결정된다.

❖ 2012년 4월 선거를 통해 5년 임기의 의원(132명)이 선출되어 의회가 구성되기는 했지만, 이들 역시 라오인민혁명당(LPRP)의 고무도장(rubber stamp)의 역할을 할 뿐이다. rubber stamp란 de jure Power(법적인 힘)는 있지만 de facto Power(사실상의 힘)는 없는 정치은어(political metaphor)이다.

3. 동남아시아 개별국가의 민주화 수준

앞서 언급한 바와 같이 동남아시아 국가들의 정치체제를 살펴봄으로써 2000년대 들어 동남아시아의 정치적 상황을 어느 정도 이해할 수 있었다. 그렇다면 동남아시아 국가들의 정치적 민주화의 수준은 어느 정도일까?

영국 시사주간지 이코노미스트(The Economist) 산하 연구기관 이코노미스트 인텔리전스 유닛(Economist Intelligence Unit; EIU)은 전 세계 167개국을 대상으로 민주주의 발전 척도를 2017년도에 발표하였다(Democracy Index 2017).

EIU가 발표한 자료는 세부평가의 항목으로 5개 분야를 제시하고 있다. 즉 선거과정과 다원주의(electoral process and pluralism), 정부기능(functioning of government), 정치참여(political participation), 정치문화(political culture), 시민의 자유

(civil liberties; human right) 등이다. 이들 항목을 기준으로 최고점은 10점을 주고 최하점은 0점으로 처리하는 방식으로 개별국가를 종합평가하여 민주주의 지수를 따져 그 수준의 정도를 평가하였다.

〈표 2-4〉 정부형(Regime Type)에 의한 2017 민주주의 지수(Democracy Index)

정부형	국가 수	국가분포율(%)	세계인구분포율(%)
완전민주정부형	19	11.4	4.5
준민주정부형	57	34.1	44.8
혼합정부형	39	23.4	16.7
독재정부형	52	31.1	34.0

자료: The Economist Intelligence Unit(2017)

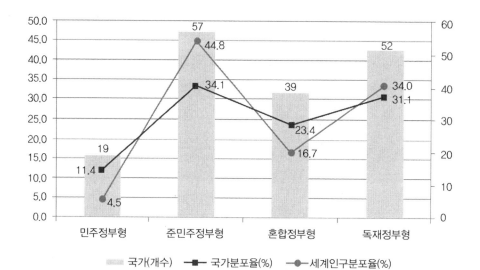

〈그림 2-5〉 전 세계 국가들의 민주주의 수준(2017)
자료: Economist Intelligence Unit(2017)

평가 결과 〈표 2-4〉와 〈그림 2-5〉에서 보는 바와 같이 완전민주정부형은 19개국으로서 참여국 분포율 11.4%, 세계인구분포율 4.5%, 준민주정부형(Flawed Democracies)은 57개국으로서 참여국 분포율 34.1%, 세계인구분포율 44.8%를 보였다. 또한 민주와 독재 혼합정부형(Hybrid Regimes)은 39개국으로서 참여국 분포율이 23.4%이며 세계인구분포율은 16.7%이었으며, 권위주의적 독재정부형(Authoritarian Regimes)은 52개국으로서 참여국 분포율 31.1%, 세계인구분율

34.0%를 보였다. 결국 완전한 민주주의 국가는 167개국 중 11.4% 정도밖에 되지 않으며, 이러한 국가는 전체 세계인구로 보면 더욱 더 낮은 4.5%를 마크하여 소수의 국가들만이 민주주의를 실현하고 소수의 사람들만이 민주화를 향유하고 있는 것으로 평가되었다. 또한 주목을 끄는 부분은 준민주정부형 국가들과 권위주의적 독재정부형 국가들의 경우 전체 참여국 중 57.5%를 차지하여 가장 많은 것으로 나타났다. 이것은 전 세계에는 아직도 많은 국가들이 민주주의를 실현하지 못하고 있는 상태이며, 특히 권위주의적 독재정부형이 전 세계 인구분포율로 볼 때 34.0%를 차지하여 많은 국가들이 민주주의와는 대립적 개념인 독재체제하에 놓여 있음을 보여주고 있다.

⟨표 2-5⟩ 동남아시아의 민주주의 수준

연도	국가 대상국¹	민주주의 평균지수	완전민주 정부형	준민주 정부형	혼합 정부형	독재 정부형
2017	10(11)	5.07	0	5	1	4
2012	10(11)	5.16	0	5	2	3

¹EIU는 조사대상국에서 브루나이(Brunei) 제외
자료: Economist Intelligence Unit(2017, 2012)

한편, ⟨표 2-5⟩는 동남아시아의 민주주의 수준을 보여주고 있다. 특히 ⟨표 2-5⟩는 2017년도와 2012년도를 조사대상국, 민주주의 평균지수, 완전민주정부형, 준민주정부형, 혼합정부형, 독재정부형으로 분류하여 비교 이해할 수 있도록 하였다. EIU는 동남아시아 11개국 중에서 브루나이를 제외한 10개국을 대상으로 조사했으며, 그 결과 2017년도는 2012년도에 비해 민주주의 지수가 0.09 낮아진 것으로 나타났다. 정부형의 경우, 완전민주정부형은 동남아시아 조사대상국 10개국 중 해당 국가가 하나도 없는 것으로 조사되었으며, 준민주정부형은 2017년도와 2012년도 모두 5개국이 포함되어 동남아시아에서는 가장 많은 국가가 이에 속하는 것으로 나타났다. 민주와 독재의 혼합정부형은 2012년도 2개국이었으나 2017년도 1개국으로 줄어든 상태이며, 권위주의적 독재정부형은 2012년도 3개국이었으나 2017년도 4개국으로 늘어난 상태이다. 좀더 구체적인 것은 ⟨표 2-6⟩을 참조해서 파악할 수 있다.

〈표 2-6〉 동남아시아 민주주의 순위 및 정부형 비교(2017/2012)

국가	2017				2012			
	세계 순위	동남아 순위	총점	정부형	세계 순위	동남아 순위	총점	정부형
동티모르	43	1	7.19	준민주 정부형	43	1	7.16	준민주 정부형
필리핀	51	2	6.71	준민주 정부형	69	5	6.30	준민주 정부형
말레이시아	59	3	6.54	준민주 정부형	64	4	6.41	준민주 정부형
인도네시아	68	4	6.39	준민주 정부형	53	2	6.76	준민주 정부형
싱가포르	69	5	6.32	준민주 정부형	81	6	5.88	혼합 정부형
태국	107	6	4.63	혼합 정부형	58	3	6.55	준민주 정부형
미얀마	120	7	3.83	독재 정부형	155	9	2.35	독재 정부형
캄보디아	124	8	3.63	독재 정부형	100	7	4.96	혼합 정부형
베트남	140	9	3.08	독재 정부형	144	8	2.89	독재 정부형
라오스	151	10	2.37	독재 정부형	156	10	2.32	독재 정부형

[1]국가에서 브루나이(Brunei) 제외

자료: Economist Intelligence Unit(2017, 2012)

〈표 2-6〉은 EIU가 2017년도와 2012년도에 조사한 세계 167개국 중 동남아시아 10개국(브루나이 제외)을 추출하여 세계순위, 동남아순위, 총점, 정부형으로 분류하여 정리한 것이다. 2017년도 동남아시아 조사대상 10개국의 순위를 살펴보면, 1위는 총점 10점 만점에 7.19를 마크한 동티모르(세계순위 43위)이며, 2위는 6.71를 마크한 필리핀(″ 51위), 3위는 6.54를 마크한 말레이시아(″ 59위) 순으로 나타났다. 한편 2012년도는 1위 역시 동티모르(총점 7.16, 세계순위 43위)였으며, 2위는 인도네시아(총점 6.76, 세계순위 53위), 3위는 태국(총점 6.55, 세계순위 58위)

순으로 조사되었다. 2002년 5월 신생독립국으로 출발한 동티모르가 동남아 10개국 중에서 가장 좋은 성적을 냈다는 것이 주목을 끈다. 이것은 동티모르가 독립한 직후 국민들의 자발적 노력도 있었겠지만 그보다는 UN을 비롯한 국제사회가 국가 재건을 비롯한 치안 및 법질서 유지를 위해 적극적으로 도와 준 결과로 해석된다. 또한 동티모르는 권력의 집중을 막기 위해 4권 분립제(대통령, 정부, 입법부, 사법부)를 취하여 이원집정제와 의원내각제의 성격을 고루 갖춘 정치체제를 구축한 결과라고도 볼 수 있다.

또한 〈표 2-6〉에서 주목해야 할 부분은 동남아시아 국가별 민주주의 순위가 2017년도와 2012년도를 비교해 볼 때 두 단계 이상 상승한 국가와 두 단계 이상 하락한 국가가 있다는 점이며, 하위권을 머무는 국가는 여전히 하위권을 벗어나지 못하고 있다는 점이다. 이를테면 2012년도 5위였던 필리핀은 2017년도 세 단계 상승하여 2위를 마크했으며, 2012년 9위였던 미얀마는 2017년도 두 단계 상승하여 7위를 마크했다.[34] 반면에 2012년도 2위였던 인도네시아가 2017년도 조사 결과 4위로 두 단계 하락했으며, 2012년도 3위였던 태국이 2017년도 6위로 세 단계 떨어졌다.[35] 또한 하위권에 머물고 있는 국가 중 라오스는 여전히 최하위인

---

[34] 필리핀은 2016년 5월 대선에서 두테르테(Rodrigo Duterte) 후보가 약 39%의 득표율로 당선되면서 안정적으로 정권을 운영 중인 것으로 파악되며, 특히 '마약과의 전쟁(Drug War)' 등 부정부패 척결, 빈곤퇴치 등을 추진하여 2017년 1월 기준 지지율이 83%를 기록한 바 있는데, 이러한 국내정치 상황이 고려되어 2017년도 민주주의 순위(동남아 순위 2위; 6.71)가 상승된 것으로 분석된다. 다만 '마약과의 전쟁' 선포 후 약 6천여 명이 살해되는 등 인권 문제가 발생함에 따라 국제사회 및 인권단체를 중심으로 두테르테 대통령에 대한 비난 여론이 조성되고 있음을 감안할 때 2018년도 EIU 민주주의 지수가 낮아질 가능성을 배제하기 어렵다. 한편, 미얀마는 민주주의의 순위가 2011년도 EIU 조사결과(161위/총점1.77)보다 2012년도에는 상승한 상태(155위/총점2.35)로 파악되는데, 이는 과거 군부의 철권통치하에 놓여 있던 미얀마가 2011~2012 정치개혁을 통해 대통령중심제(2011년 3월 30일 Thein Sein 대통령 취임)를 채택하고 변화의 의지를 보였다는 점이 고려된 것으로 분석된다. 뿐만 아니라 2012년도보다 2017년도는 세계순위가 120위까지 껑충 뛰었는데 그 이유로는 2015년 11월 총선에서 아웅산 수치 여사가 이끄는 NLD(민족민주동맹)가 압승을 거둠으로써 미얀마의 군부독재를 완전히 종식시킬 수 있었기 때문인 것으로 분석된다. 아웅산 수치 여사는 2018년 2월 현재 외교부장관과 대통령 자문역을 맡으면서 실질적인 대통령직을 수행하고 있으며, 형식적으로는 아웅산 수치 여사의 운전사 출신이자 측근인 틴초가 2016년 3월부터 미얀마 대통령으로 취임한 상태이다.

[35] 이슬람교 국가인 인도네시아에서 수도 자카르타의 첫 기독교인 수장에 오른 중국계 바수끼 짜하야 뿌르나마(Basuki Tjahaja Purnama; 일명 아혹/Ahok/Chinise Nickname) 자카르타 주지사의 '표현의 자유(freedom of expression)'가 인도네시아의 엄격한 신성모독법(blasphemy law)에 의해 억압받으면서 EIU의 민주주의 지수평가에서 낮은 점수를 받는 결과를 초래한 것으로 분석된다. 아혹 주지사는 2016년 9월 27일 주민을 대상으로 연설 중 "유대인과 기독교도를 지도자로 삼지 말라"는 이슬람 경전인 '꾸란' 구절을 정치적으로 악용하는 이에게 속지 말라는 취지의 발언을 했다가 신성모독 논란에 휘말려 2017년 5월 9일 이슬람의 유일신 알라를 모독한 혐의로 법원으로부터 징역 2년형을 선고 받고 법정 구속되었다. 이 사건으로 인해 일각에서는 전 세계에서 무슬림 인구가 가장

10위를 마크했으며, 베트남, 캄보디아 등도 하위권을 벗어나지 못하고 있는 것으로 파악된다. 동남아시아 국가들의 민주주의 순위변화는 국내정치적 움직임에 따라 영향을 받는 것으로 해석된다. 이를테면 EIU가 제시한 세부평가 항목 다섯 가지(선거과정과 다원주의, 정부기능, 정치참여, 정치문화, 시민의 자유/인권)의 변화에 따라 민주주의의 순위 또한 변하는 것으로 보인다.

한편, 네 가지의 정부(유)형의 경우에도 변화가 있다. 싱가포르는 2012년도 조사 결과 민주와 독재의 혼합정부형이었으나 2017년도에는 준민주정부형으로 한 단계 업그레이드되어 평가되었다.[36] 태국은 2012년도 준민주정부형에서 2017년도에는 민주와 독재의 혼합정부형으로 한 단계 떨어진 평가를 받았으며, 캄보디아 역시 2012년도 민주와 독재의 혼합정부형에서 2017년도 권위주의적 독재정부형으로 추락하는 평가를 받았다.[37] 그 외에 베트남·라오스·미얀마는 여전히 권위주의적 독재정부형으로 평가됨으로써 낮은 민주주의 수준을 벗어나지 못하는 국가로 확인되었다.[38] 민주주의 정부형으로 동남아시아를 전체적으로

많지만 세속주의를 표방하고 있는 인도네시아마저 중동 국가들처럼 원리주의 이슬람국가로 가는 것이 아닌가라는 우려를 나타내기도 한다. 한편 태국은 2014년 5월 군사 쿠데타가 발생된 이후(이로 인해 잉락 친나왓/총리 축출) 2018년 2월 현재까지 군부정권이 지속되고 있는 나라이다. 태국의 군부정권은 쿠데타 선언 이후 극심한 정치적 혼란에서 벗어나 안정과 평화를 누린다고 자평하지만 비판적 시각에서의 일반론은 군부의 강압에 의한 평화는 일시적일 뿐 오히려 군부 집권기에 인권과 경제 상황이 악화되었다는 것이다. 이를테면 쿠데타를 일으킨 군부는 특별 보안조치에 해당하는 임시헌법 44조를 동원해 정치집회를 금지하고 군부에 대한 비판을 억누르는 등 국민의 기본권을 제한해 왔다. 덕분에 외견상 태국은 과거의 극심한 정치혼란과 폭력사태에서 벗어났지만 이 과정에서 수백 명이 체포돼 구금되는 등 인권이 유린당했다는 비판도 끊이지 않고 있다. 특히 지난 2015년 8월 20여 명이 사망한 방콕 시내 에라완 사원 폭발을 포함해 수도 방콕은 물론 남부 지역 등지에서 끊이지 않는 테러 추정 폭발사고는 이런 정치적 불만의 표출로 분석된다.

36) 싱가포르는 영국의회제(Westminster Parliamentary System)를 모델로 의원내각제를 채택하고 있지만, 인민행동당(People's Action Party) 중심의 '통제된 민주정부체제(controlled democratic system)'를 구축하고 있어서 서구식 민주주의 관점에서 볼 때 권위주의적 통치스타일이 접목되어 있는 것으로 그동안 평가받았다. 그러나 최근 (과거 Benevolent Authoritarian으로 지목되었던) 리콴유 수상의 장남인 리센룽이 싱가포르 행정부(정부수반)를 맡으면서 과거에 비해 상대적으로 입법부(의회) 및 사법부의 역할이 좀더 활성화되고 있는 추세이다. 따라서 이러한 변화의 움직임에 따라 싱가포르가 최근(2017년도) 민주와 독재의 혼합정부형에서 준민주정부형으로 평가받은 것으로 해석된다.

37) 캄보디아의 경우에는 공식적으로는 입헌군주제의 정치체제를 구축하고 있긴 하지만, 1997년 쿠데타를 통해 훈센 총리가 정권을 잡았으며, 그의 통치스타일 또한 권위적이고 파시즘적이라는 비판적 시각이 우세한 것이 일반론이다.

38) 베트남과 라오스는 전형적인 일원적 공산주의 일당체제를 구축하고 있는 국가들로서 독재정부형 국가들로 분류함은 마땅하다고 여겨진다. 그런데 베트남의 경우에는 1986년 도이모이 이후 정치적으로는 사회주의적 거버넌스의 형태를 띠고 있으며, 경제적으로는 자본주의 경제를 받아들이고 있는 추세이지만, 라오스의 경우에는 라오인민혁명당(Lao People's Revolutionary Party)이 정치권력을 완전히 독점하고 있어 그 체제의 경직성이 더욱 강한 나라이다.

파악해 볼 때 2012년도보다 2017년도가 더 나빠진 것으로 파악된다. 이를테면 2012년도에는 준민주정부형 5개국, 혼합정부형 2개국, 독재정부형 3개국이었으나 2017년도에는 준민주정부형 5개국, 혼합정부형 1개국, 독재정부형 4개국으로 파악됨으로써 혼합정부형이 1개국 줄고 독재정부형이 1개국 늘어났다. 이는 동남아시아의 민주주의 수준이 더욱 악화되었다는 것을 의미한다.

　참고로, EIU의 민주주의 지수 평가결과 상위에 해당되는 국가들과 우리가 주목해야 할 국가들은 다음과 같다. 즉 노르웨이 1위(9.87), 아이슬란드 2위(9.58), 스웨덴 3위(9.39), 뉴질랜드 4위(9.26), 덴마크 5위(9.22), 영국 14위(8.53), 한국 20위(8.00), 미국 21위(7.98), 일본 23위(7.88), 러시아 135위(3.17), 중국 139위(3.10), 북한 167위(1.08).

Ⅵ. 동남아시아의 경제적 실력

1. 동남아시아 시장의 경제규모:
인구규모, GDP규모, 1인당GDP규모, GDP실질성장률 기준

거시적 관점에서 동남아시아 시장의 경제규모를 인구(인적 잠재력)규모, 명목
GDP규모, 국민1인당 명목GDP규모, GDP실질성장률 등을 기준으로 살펴보면
〈표 2-7〉과 같다.[39]

---

[39] 명목GDP 규모와 국민1인당 명목GDP 규모는 Nominal GDP 규모를 의미하며, GDP실질성장률은
GDP Real Growth Rate를 의미한다.

※명목GDP와 실질GDP의 차이

명목GDP: (그 해의) 물가가 반영된 GDP

실질GDP: 기준년도의 물가를 반영한, 즉 그 해의 물가가 반영되지 않은 GDP

예) 특정한 나라가 2016년도 배와 사과만을 생산한다고 할 때 배 1개당 2,000원짜리 5개, 사과 1개당
1,000원짜리 10개를 생산했다고 하자. 그런데 2017년도에는 배와 사과를 생산했는데 가격이 올
랐다. 즉 배는 1개당 3,000원, 사과는 1개당 2,000원으로 물가가 상승한 것이다. 그리고 생산량은
2016년도 같다. 즉 배 5개, 사과 10개를 생산했다. 이때 2016년도 명목GDP와 2017년도 명목
GDP는 얼마이며 또한 2016년도 실질GDP와 2017년도 실질GDP는 얼마인가? 명목GDP는 단순
히 생산한 총금액을 계산하면 된다. 2016년도 명목GDP는 배 5개 × 2,000원 = 10,000원, 사과
10개 × 1,000원 = 10,000원으로서 10,000원 + 10,000원 = 20,000원이다(2016년도 명목GDP
20,000원). 그리고 2017년도 명목GDP는 배 5개 × 3,000원 = 15,000원, 사과 10개 × 2,000원
= 20,000원, 따라서 15000원 + 20000원 = 35,000원이다(2017년도 명목GDP 35,000원). 그런
데 실질GDP는 물가변동 가능성을 고려해서 기준연도를 설정한다. 이를테면 2016년도를 기준연
도로 설정할 때 2016년도 물가를 기준으로 계산한다. 2016년도 실질GDP는 배 5개 × 2,000원
= 10,000원, 사과 10개 × 1,000원 = 10,000원으로서 10,000원 + 10,000원 = 20,000원이며,
2017년도 실질GDP도 배 5개 × 2,000원 = 10,000원, 사과 10개 × 1,000원 = 10,000원으로서
10,000원 + 10,000원 = 20,000원이다. 따라서 실질GDP는 2016년도와 2017년도가 같다. 이는
실질적으로 경제성장 일어나지 않았음에도 물가 상승으로 경제지표가 오른 것처럼 보이는 명목
GDP의 한계를 해결하기 위하여 만들어진 것이 실질GDP임을 알 수 있다. 실질GDP는 실제적인
생활수준을 보여 주는 것으로 사실상 2016년도와 2017년도는 생활수준이 나아진 것이 아니라
같다는 것을 의미한다. 다시 정리하면 아래와 같다. 명목GDP는 그 해의 가격에 생산량을 곱해서
계산하기 때문에 실제 생산량은 변하지 않더라도 물가가 상승하면 명목GDP는 증가하게 된다.
이와 같은 문제를 해소하기 위하여 특정연도를 기준연도로 정해놓고 그 해의 생산량에다 기준연
도의 가격을 곱하여 계산한 것을 실질GDP라고 한다. 가격의 변화(물가변동)를 뺀 실질적인 생산
의 변화만을 고려하기 때문에 명목GDP보다 실질GDP를 중요하게 여기는 것이다. 이 두 가지는
각각 용도가 다르다. 산업구조, 1인당 국민소득 등과 같이 국민경제의 구조나 구성요소의 변화를
알아보기 위해서는 명목GDP가 쓰이고, 실질GDP는 국민경제의 장기적인 변화를 알아보는 데 쓰
인다. 즉, 신문이나 방송에서 경제성장률(예 GDP)를 얘기할 때는 실질GDP를 이용하고 있다.

〈표 2-7〉 동남아시아 시장의 경제규모: 인구, 명목GDP, 국민1인당 명목GDP, GDP 실질성장률 기준

국가	*인구[1] (백만 명/2020)	**명목GDP[2] (억 달러/2019)	*1인당 명목GDP[2] (달러/2019)	GDP 실질성장률[3] (%/2019)
브루나이	0.46	124(134)	27,871(31)	3.9
인도네시아	267.02(4)	11,117(16)	4,163(109)	5.0
말레이시아	32.65	3,653(33)	11,136(62)	4.3
필리핀	109.18(12)	3,568(36)	3,294(123)	5.9
싱가포르	6.20	3,628(33)	63,987(8)	0.7
태국	68.97	5,291(22)	7,791(80)	2.4
베트남	98.72	2,616(44)	2,740(130)	7.0
캄보디아	16.92	267(103)	1,620(146)	7.0
라오스	7.44	191(112)	2,670(131)	4.7
미얀마	56.59	660(73)	1,244(156)	6.5
아세안 10개국	645.54	33,170(5)**	5,017(100)**	4.7
동티모르	1.38	29(160)	2,262(135)	3.1
동남아 11개국	646.92	33,199(5)	–	4.6
미국	332.63(3)	214,394(1)	65,111(7)	2.3
중국	1,394.01(1)	141,401(2)	10,098(65)	6.1
일본	125.50(11)	51,544(3)	40,846(22)	0.7
한국	51.83(28)	16,295(12)	31,430(27)	2.0

[1]출처: CIA-The World FACT Book(2020)

[2]출처: IMF(2019); 참고: 명목 GDP의 경우 세계 1위 미국(21조 4,394억 달러), <EU(2위권; 18조 7,051억 달러)>, 2위 중국(14조 1,401억 달러), 3위 일본(5조 1,544억 달러), 4위 독일(3조 8,633억 달러), 5위 인도(2조 9,355억 달러), 한국 12위(1조 6,295억 달러)이며, 1인당 명목 GDP의 경우 세계 1위는 인구 약 50만 명의 룩셈부르크(113,196달러), 세계 2위는 인구 약 823만 명의 스위스 (83,716달러)로 파악된다.

[3] "World Economic Outlook Database, April 2020." IMF.org. International Monetary Fund. Retrieved 23 May 2020.

*( ) 안의 숫자는 세계순위를 의미한다.

**ASEAN. Wikipedia(2020)

    먼저 인적 잠재력을 의미하는 인구규모를 기준으로 보면 2020년 기준 동남아시아의 인구가 6억4,692만 명으로 1억2,550만 명의 일본 시장에 비해 약 5배 이상, 3억3,263만 명의 미국 시장에 비해 거의 2배, 5,183만 명의 한국 시장에 비해 약 12배 이상 큰 시장이다. 물론 값싼 원자재와 노동력을 기준으로 라이벌 관계인 13억9,401만 명의 중국 시장에 비해서는 약 46%밖에 되지 않는 시장이기도 하다. 개별국가 중에는 세계 4위인 2억6,702만 명의 인도네시아가 미국 시장 규모에는 미치지 못하지만 일본 시장 규모를 훨씬 앞서고 있다는 점에서 주목을 끈다. 또한 필리핀과 베트남은 1억 명 내외의 인구를 지니고 있어서 결코 작은 시장이 아니라는 사실도 알 수 있다.

    명목GDP 규모를 기준으로 보면 2019년 동남아시아 11개국 전체의 경제규모는 3조3,199억 달러로서 세계 3위인 일본(5조 1,544억 달러)의 약 64%에 달하는 경제규모이지만, 세계 5위인 인도(2조 9,355억 달러)에 비해서는 앞서는 것으로 파악됨으로써 사실상 국제기구의 성격을 띠고 있는 EU(세계 2위 18조 7,051억 달러)를 제외하고 세계 5위인 셈이다(〈표 2-7〉 참조). 또한 동남아시아의 경제규모는 세계 12위의 한국(1조 6,295억 달러)과 비교해 보면 2배 정도 크다고 볼 수 있지만, 비교 대상국이 세계 1위의 미국(동남아시아는 미국에 비해 약 15%의 경제규모)과 세계 2위의 중국(동남아시아는 중국에 비해 약 23%의 경제규모)인 경우에는 작은 시장이라고 볼 수 있기도 하다. 동남아시아의 개별국가 중에는 역시 인도네시아가 1조 1,117억 달러(세계 16위)로서 한국을 추격하는 것으로 파악되며, 싱가포르는 인구가 620만 명밖에 되지 않는 도시국가임에도 불구하고 3,628억 달러의 명목GDP를 마크함으로써 인구가 1억 명 이상인 필리핀(3,568억 달러)과 별 차이 없다는 점과 1억 명의 인구에 가까운 베트남(2,616억 달러)보다 오히려 많다는 점이 주목을 끈다. 또한 동남아시아에는 인구에 비해 경제규모가 빈약한 국가도 있다. 이를테면 미얀마(660억 달러), 캄보디아(267억 달러), 라오스(191억 달러), 동티모르(29억 달러) 등이 그렇다. 특히 인구가 5,659만 명이나 되는 미얀마는 명목GDP 규모가 660억 달러(세계 73위)밖에 되지 않으며, 동티모르도 29억 달러(세계 160위)로서 경제규모가 그야말로 매우 빈약하다는 사실을 알 수 있다. 한편 기존 아세안 5개국(인구 44만 명인 브루나이는 예외적인 경우임)의 경제규모가 최근 약진을 보이고 있는 베트남을 제외한 여타 동남아시아 국가에 비해 월등히 크다는 사실도 알 수 있다.

1인당 명목GDP 규모를 기준으로 보면 2019년 아세안 10개국의 1인당 명목 GDP 규모는 5,017달러로서 세계 100위권인 것으로 파악된다(리비아의 1인당 GDP(명목) 규모가 5,019 달러로서 세계 99위). 특히 싱가포르의 경우 63,987달러로서 세계 8위, 브루나이 27,871달러로서 세계 31위를 기록했다. 또한 기존 아세안 6개 국이 여타 동남아시아 국가에 비해 1인당 명목GDP 규모가 상대적으로 높다는 사실도 알 수 있다. 한편 1인당 명목GDP가 매우 낮은 국가도 있다. 이를테면 캄보디아(1,642달러/세계 146위), 미얀마(1,244달러/세계 156위) 등이 이에 속한다. 특히 미얀마는 1인당 명목GDP가 1,244달러로서 세계 156위인데, 이는 그동안 군부 통치로 인해 국제사회에서 오랫동안 고립되어 있었으며, 그로 인해 국가경제의 침체현상이 지속된 결과인 것으로 해석된다.

신종 코로나바이러스 감염병(코로나19)의 세계적 대유행(팬데믹)이 오기 직전 동남아시아 11개국의 2019년도 GDP 실질성장률은 4.6%를 마크하여 대체로 이 지역의 성장 속도가 빠른 것으로 나타난다. 특히 동남아시아는 신진국인 미국 (2.3%)이나 일본(0.7%)에 비해 GDP 실질성장률이 높게 나타나고 있다. 이것은 개발도상국들이 선진국들에 비해 높은 연간 실질성장률을 보인다는 일반적인 현 상으로 이해된다. 또한 동남아시아 국가 가운데에서도 후발주자로서 개발 붐이 일어나고 있는 베트남(7.0%)를 비롯한 캄보디아(7.0%), 미얀마(6.5%), 라오스 (4.7%)의 2019년도 GDP실질성장률이 높게 나타났으며, 최근 성장 위주의 국정운 영을 하고 있는 필리핀(5.9%)과 인도네시아(5.0%)도 2019년도 GDP 실질성장률이 높게 나타났다.

2. 동남아시아 시장의 경제규모:
산업구조, 주요수출품, 주요수입품, 주요부존자원, 국제신인도 기준

동남아시아 시장의 경제규모를 국가별 산업구조, 주요수출품, 주요수입품, 주 요 부존자원, 국제신인도 등을 기준으로 살펴보면 〈표 2-8〉과 같다.

먼저 동남아시아 국가별 산업구조를 기준으로 보면 대부분의 국가들이 서비 스업의 분포율이 제조업이나 농업의 분포율보다 높게 나타나고 있다. 특히 서비 스 분야가 50% 이상의 분포율을 보이는 국가로는 싱가포르(74%), 필리핀(59%),

〈표 2-8〉 동남아시아 시장의 경제규모: 산업구조, 주요수출품, 주요수입품, 주요부존자원, 국제신인도 기준

국가	산업구조	주요 수출품	주요 수입품	주요 부존자원	국제 신인도*
브루나이	제조업 57%, 서비스업 42%, 농업 1%	광물연료, 유기화학물	기계류 및 부품, 자동차, 전기기기	원유, 천연가스, 목재	–
인도네시아	서비스업 45%, 제조업 41%, 농업 14%	광물연료, 팜오일, 전기기기, 고무	광물연료, 보일러, 기계류, 전기기기, 철강, 식료품	석유, 주석, 천연가스, 니켈, 목재, 보크사이트, 구리	Moody's Baa3, Fitch BBB-
말레이시아	서비스업 54%, 제조업 37%, 농업 9%	반도체 및 전자제품, 팜오일, 석유 및 천연가스, 목재류, 고무	전기전자제품, 기계장비, 석유제품, 플라스틱류, 자동차, 철강제품	주석, 석유, 목재, 철광석, 천연가스, 보크사이트	Moody's A3, Fitch A-
필리핀	서비스업 59%, 제조업 31%, 농업 10%	반도체, 전자제품, 운송장비, 목재류, 화학약품	전자제품, 광물연료, 기계 및 운송장비, 철강제품	목재, 석유, 니켈, 코발트, 금, 은	Moody's Baa2, Fitch BBB-
싱가포르	서비스업 74%, 제조업 26%	기계 및 장비(전자제품 포함), 제약 및 화학제품	기계 및 장비, 연료, 화학제품, 식료품, 소비재	수산물	Moody's Aaa, Fitch AAA
태국	서비스업 56%, 제조업 36%, 농업 8%	자동차 및 자동차 부품, 컴퓨터 및 컴퓨터 부품, 보석류, 석유화학제품	기계류 및 부품, 원유, 전기기계류 및 부품, 화학제품, 철강제품	주석, 고무, 천연가스, 텅스텐, 탄탈룸, 목재, 납, 어류, 석고, 갈탄	Moody's Baa1, Fitch BBB+
베트남	서비스업 41%, 제조업 33%, 농업 16%	의류, 신발, 전자제품, 수산물, 원유, 쌀, 커피, 목재제품	기계 및 장비, 석유제품, 철강제품, 원자재, 전자제품, 플라스틱류, 자동차	인산염, 석탄, 망간, 희토류, 보크사이트, 크롬산염, 해양석유 및 가스, 목재, 수력자원	Moody's B1, Fitch BB-

캄보디아	서비스업 42%, 제조업 32%, 농업 26%	의류, 목재, 천연고무, 쌀, 어류, 담배, 신발	석유제품, 담배, 금, 건설자재, 기계류, 자동차, 의약품	석유, 가스, 목재, 원석, 철광석, 망간, 인산염	Moody's B2
라오스	서비스업 39%, 제조업 33%, 농업 22%	목공품, 커피, 전력, 주석, 구리, 금	기계 및 장비, 운송장비, 연료, 소비재	목재, 수력전기, 석고, 주석, 금, 원석	–
미안마	서비스업 40%, 제조업 35%, 농업 25%	천연가스, 목재류, 콩류, 어류, 쌀, 의류	직물, 석유제품, 비료, 플라스틱류, 기계류, 운송장비, 건설자재	석유, 목재, 주석, 안티몬, 아연, 구리, 텅스텐, 납, 석탄, 대리석, 석회석	–
동티모르	제조업 58%, 서비스업 32%, 농업 10%	커피, 식료품(쌀, 옥수수, 콩, 바닐라, 바나나), 대리석	식료품, 휘발유, 등유, 기계류	금, 석유, 천연가스, 망간, 대리석	–
미국	서비스업 80%, 제조업 19%, 농업 1%	자본재, 농산품, 소비재, 자동차 및 부품	자본재, 소비재, 자동차 및 부품, 농산품	석탄, 구리, 납, 우라늄, 금, 철, 석유, 천연가스, 목재	Moody's Aaa, Fitch AAA
중국	서비스업 43%, 제조업 29%, 농업 28%	전기기기 및 설비, 의류, 섬유	전기기기 및 설비, 석유 및 광물연료, 의료장비	석탄, 석유, 천연가스, 철광석, 수은, 우라늄, 텅스텐, 수자원	OECD 2등급, Moody's A1, Fitch A+
일본	서비스업 71%, 제조업 26%, 농업 3%	자동차 및 자동차 부품, 철강제품, 반도체, 발전기계류	석유, 액체천연가스, 의류, 반도체, 석탄, 음향영상기기	소량의 광물자원, 어류	Moody's A1, Fitch A

한국	서비스업 59%, 제조업 39%, 농업 2%	반도체, 석유제품, 자동차 및 부품, 선박, 무선통신기기	원유, 반도체, 천연가스, 석탄, 철강판, 컴퓨터, 무선통신기기	석탄, 텅스텐, 흑연, 납, 수력자원	Moody's Aa2, Fitch AA-

*광물연료(Mineral Fuels)는 천연광물자원에서 추출된 고체연료, 액체연료, 화석연료, 핵연료 등을 포함하는 개념이다. 특히 화석연료(Fossil Fuels)에는 석탄, 석유, 천연가스, 오일샌드 등이 있다(지식경제용어사전).
*세계 3대 신용평가사: 무디스(Moody's), 피치(Fitch), S&P(Standard & Poor's)
*국제신인도의 경우 2016년 자료
출처: 한국수출입은행 세계국가편람(2018)

태국(56%), 말레이시아(54%) 등이다. 반면 브루나이와 동티모르는 제조업 분야가 각각 57%, 58%로서 서비스업이나 농업 분야보다 높게 나타나고 있는 부분이 눈길을 끈다. 그 외에 인도네시아는 서비스업 분야와 제조업 분야가 각각 45%, 41%로서 거의 비슷한 분포율을 보이고 있으며, 캄보디아·라오스·미얀마는 농업 분야가 각각 26%, 22%, 25%를 보여 여타 동남아시아 국가들에 비해 높은 편이다. 한편 미국이나 일본은 서비스업 분야가 각각 80%, 71%로 매우 발달해 있으며, 한국도 59%에 달하고 있다. 이것은 선진화된 국가들의 경우 제1차 또는 제2차 산업에 비해 제3차 산업이 국가 경제발전의 주요 엔진으로 작동되고 있음을 의미한다고 볼 수 있다.

동남아시아 국가별 주요 수출입 품목은 매우 다양하다. 주목을 끄는 부분을 정리해 보면 〈표 2-8〉과 같다.

첫째, 브루나이, 인도네시아, 말레이시아는 화석연료(석유, 천연가스 등)를 포함하는 개념인 광물연료를 수출하고 있다.

둘째, 말레이시아, 필리핀, 베트남, 캄보디아, 라오스(목공품), 미얀마 등 다수의 동남아시아 국가들이 목재류를 수출하고 있다.

셋째, 태국은 자동차 및 자동차 부품을 수출하고 있는 것으로 나타난다. 실제로 태국은 2015년 기준 완성차를 연 240만대 이상 생산하여 세계 9위의 자동차 생산국이다. 특이한 것은 태국 고유브랜드의 자동차는 없으며 대부분 일본 자동차회사의 브랜드를 사용하고 있다. 이를테면 태국 내수시장의 약 90%가 일본 업체가 투자해서 만든 일본 브랜드 차량이다. 특히 1톤 픽업 등 소형 상용차 세계

최대 생산국이기도 하다. 태국에서 한국산 자동차를 보기 힘든 것은 일본 자동차 업계가 태국정부를 향해 적극적인 로비와 지원을 하고 있기 때문인 것으로 보인다.

넷째, 싱가포르는 각종 기계와 장비(전자제품 포함)를 수출입 품목으로 하고 있으며, 이는 서비스업과 제조업 중심의 산업구조 형태이기 때문인 것으로 보인다.

다섯째, 대부분의 동남아시아 국가들은 자동차, 운송장비, 기계류, 전자·전기제품, 소비재 등을 수입하고 있다.

주요 부존자원을 기준으로 살펴보면 동남아시아는 경제적 목적으로 활용할 수 있는 각종 천연자원을 풍부하게 지니고 있다. 특히 브루나이, 인도네시아, 말레이시아, 필리핀, 태국, 베트남, 캄보디아, 미얀마, 동티모르 등 다수의 동남아시아 국가들이 석유, 석탄, 천연가스 등 화석연료를 주요 부존자원으로 지니고 있는 것으로 나타난다(〈표 2-8〉 참조). 또한 동남아시아 국가들은 목재를 비롯하여 주석, 니켈, 아연, 구리, 고무, 망간, 텅스텐, 납, 금, 은, 원석, 철광석, 대리석, 보크사이트, 안티몬, 코발트, 크롬산염, 인산염 등 다양한 천연자원을 지니고 있는 것으로 파악된다.

동남아시아 국가들의 국제신인도는 싱가포르와 말레이시아를 제외하고는 대부분 B그룹에 속한다. 이는 대부분의 동남아시아 국가들이 저개발국가이기 때문인 것으로 보이며, 이로 인해 아세안의 협력구조 또한 남남협력(South-South Cooperation)의 특징을 지닌다고 볼 수 있다.

제 3 장

지역협력체로서 아세안
(ASEAN as a Regional Cooperation Group)[40]

Ⅰ. 아세안의 회원국/면적/인구/GDP규모

1. 아세안 회원국

2021년 현재 아세안은 10개국으로 구성되어 있다. 즉, 브루나이, 인도네시아, 말레이시아, 필리핀, 싱가포르, 태국, 베트남, 캄보디아, 라오스, 미얀마이다. 동티모르는 2011년 5월 자카르타에서 개최된 제18차 아세안정상회담에서 아세안의 11번째 정회원국이 되기 위한 절차상의 가입신청서를 아세안사무국에 제출한 상태이긴 하지만 아직은(2021년 현재) 정회원국 자격을 부여받은 상태는 아니다.

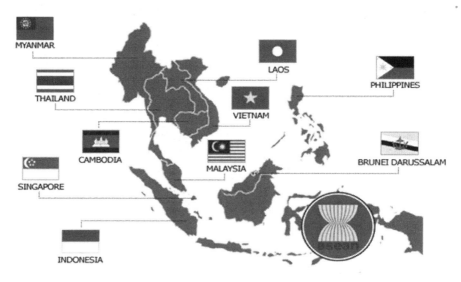

〈그림 3-1〉 아세안회원국

출처: https://nuevosclientes.files.wordpress.com/2017/10/54.png(검색일: 2021. 1. 29)

---

40) The motto of ASEAN is "One Vision, One Identity, One Community."

2. 아세안의 면적/인구/GDP규모

아세안의 면적은 약 444만 km²로 한반도의 약 20배이며, 인구는 2020년 기준 약 6억 6,100만 명으로 세계 3위권(중국, 인도, 아세안 순)이다.

또한 아세안은 명목 GDP(2020년 기준) 규모가 약 3조 3,170억 달러로 세계 6위(미국, EU, 중국, 일본, 독일, 아세안, 인도 순)의 시장을 형성하고 있다. 그리고 아세안의 1인당 명목 GDP는 5,017 달러로서 세계 100위권에 해당된다.

> ☞ 참고: IMF(2019) 자료에 의하면 1위 미국(21조 4,394억 달러), 2위 EU(18조 7,051억 달러), 3위 중국(14조 1,401억 달러), 4위 일본(5조 1,544억 달러), 5위 독일(3조 8,633억 달러), 6위 아세안(3조 3,170억 달러), 7위 인도(2조 9,355억 달러); 한국(1조 6,295억 달러): 단일국가 순위 12위, EU포함 순위 13위이다.
>
> ☞ 참고: IMF(2019) 자료에 의하면 국민 1인당 GDP(명목) 세계 1위는 인구 약 50만 명인 룩셈부르크(113,196달러)이며, 세계 2위는 인구 약 823만 명인 스위스(83,716달러)이다. 그리고 리비아의 국민 1인당 GDP(명목)가 5,019달러로서 세계 99위이다.

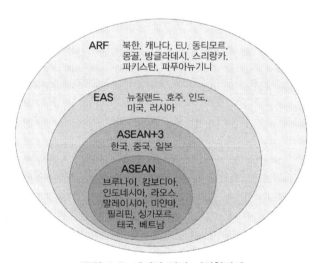

〈그림 3-2〉 아세안 관련 지역협력체

출처: 외교부 남아시아태평양국 아세안협력과. 2017. 「아세안 개황」, 서울: 출판디자인.

Ⅱ. 아세안의 출범배경 및 그 목적

1. 아세안의 출범배경

제2차 세계대전 이후 구미열강의 식민통치 퇴조는 동남아시아에서 새로운 국가연합을 위한 길을 열어 준 셈이 되었다. 그러나 이 당시 지역협력에 대한 동남아 국가들의 관심은 그다지 크지 않았던 것이 사실이다. 특히 역내 주요 세력인 인도네시아와 베트남이 종전 이후 반식민투쟁에 몰입하게 됨으로써 지역협력에 대한 인식의 제고가 그만큼 늦어졌기 때문이다. 더욱이 전후 20여 년 동안 시도된 지역협력의 유형은 대부분 냉전의 국제적 환경에서 자국의 이익을 이 지역에서 관철시키려는 역외 강대국에 의해 고무된 것이었다. 이를테면 1954년 설립된 SEATO(Southeast Asian Treaty Organization)와 1966년 조직된 ASPAC(Asian Pacific Council)이 대표적인 기구들이었다. SEATO는 구성멤버들이 미국을 비롯한 영국, 프랑스, 호주, 뉴질랜드 등 서구국가들이 포함되어 있었으며, 동남아시아의 국가로는 필리핀, 태국, 서남아시아국가로는 파키스탄이 창립멤버 국가들이었다. 이 기구는 반공주의에 입각한 포괄적인 군사방어 지역협력체로서 이해될 수 있으며 인도차이나 반도의 공산화에 대한 우려에 따라 미국이 주도한 지역협력기구였다. ASPAC은 역시 멤버 구성이 포괄적이었다. 즉 서태평양지역에 있는 반공산주의 국가로서 호주, 뉴질랜드, 일본, 한국, 타이완, 말레이시아, 필리핀, 태국, 남베트남 등의 9개국으로 이루어져 있었다. 이 기구 또한 SEATO와 비슷한 친서방주의 성향이 매우 강한 포괄적 지역안보 협력체로서 동남아국가들의 광범위한 지지를 얻는 데 실패했으며 1972년에 해체되었다.

동남아지역의 평화적 협력을 위한 틀을 강화하려는 의미 있는 지역협력의 노력은 1960년대 초부터 시도되었다. 1961년 6월 방콕에서 필리핀, 태국, 말레이연방 대표가 만남으로써 공식적으로 출범된 ASA(Association of Southeast Asia)와 1963년 8월 말레이시아, 필리핀, 인도네시아가 결성한 MAPHILINDO가 대표적인 기구들이었다. ASA는 당시 복잡한 국제관계를 고려해서 표면적으로는 경제·사회·문화적인 협력과 증진을 목적으로 내세우며 동남아시아 인접 국가들로 하여금 호의적인 반응을 끌어내려고 노력하였다. 그러나 중립주의를 표방하던 인도네시아와 버마는 이 토착적 지역협력체에 가입하는 것을 원치 않았다. 왜냐하

면 필리핀과 태국이 ASA의 이미지를 서방의 외세와 결탁하여 매우 정치적인 것
으로 몰아가는 성향이 있었기 때문이었다.[41] ASA는 내면적으로 동남아지역에서
의 공산주의 운동을 저지하기 위한 것이었고 이 목적을 달성하기 위해서 경제적
복지를 향상시키고 지역협력을 증진시키는 방법론적 측면에서 서방에 의존하였다.

ASA의 암시적인 친서방주의는 이 지역의 인접국가들을 포함시키는 멤버십의
확장을 어렵게 했으며 조직의 효과성을 위한 한계 또한 있었다. 1964~1965년
사이에 말레이시아연방에 속한 사바(Sabah) 지역에 대한 필리핀과 말레이시아 간
의 영유권 분쟁이 일어났을 때 양국의 외교관계가 깨지고 말았다. 이 사건이 터지
고 난 후 태국의 외무장관이던 타낫 코만(Thanat Khoman)은 이 문제를 ASA의 위
원회를 통하여 해결해 보려고 노력했지만 실패하고 말았다.[42] 노르만 팔머
(Norman Palmer)는 소논문 "SEATO, ASA, MAPHILINDO와 ASPAC"에서 "ASA는
사바 영유권 분쟁으로 인한 희생의 제물이었다"라고 표현하고 있다.[43]

MAPHILINDO는 인도네시아가 처음으로 연합했던 동남아지역의 토착적 지
역협력체였다. 그러나 불행하게도 이 기구는 발족된 지 한 달 후인 1963년 9월에
말라야가 말레이시아연방으로 국명을 바꾸며 새롭게 탄생함으로써 치명적인 타
격을 받게 되었다. 인도네시아 대통령 수카르노는 곧 대말레이시아연방을 향한
대결(konfrontasi)정책을 채택함으로써 마필란도는 파국을 맞게 되었다. 사실상 마
필란도는 말레이시아 수립에 관한 3개국 간의 이견 조정을 위한 매우 완만한 자
문기관의 성격을 띠는 협력기구였다. 그러나 회원국 간의 관계 설정이 원만하지
못하였고 협력체제를 구축하기 전 이미 기능을 잃고 말았다. 이 기구 역시 정치적
이고 군사적인 성격이 강하게 내포되어 있었으며 역내국가, 즉 태국을 비롯한
인접국가로부터 호의적인 반응을 얻는 데 실패하였다. 더욱이 미래의 협력기구
라기보다는 현존하는 문제점을 해결해 보려는 잠정적인 협력체의 기능이 강하였다.

41) Bernard Gordon, "Regionalism in Southeast Asia," in Robert Tilman, ed., Man, State and Society in Southeast Asia(New York: Prager, 1971), p. 508.

42) Marjorie Leemhuis Sutiyamongkol, "The Politics and Economic Cooperation in the Association of Southeast Asian Nations" unpublished PH.D. Dissertation submitted to the Graduate School of Illinois University, 1982, p. 95.

43) Norman D. Palmer, "SEATO, ASA, MAPHILINDO, AND ASPAC," in K. S. Sandhu, Sharon iddique Chandran Jeshurun, Ananda Rgjan, Joseph L.H. Tan, and Pushpa Thambipillai Compiled, The ASEAN Reader(Singapore: Institute of Southeast Asian Studies, 1992), p. 27.

ASA와 MAPHILINDO가 토착적인 지역협력체로서 제 기능을 발휘하는 데 실패함으로써 동남아시아에서의 효율적인 지역협력체의 탄생은 극히 어려운 듯하였다. 그러나 동남아국가들은 협력기구를 구성하는 현실적인 어려움을 실감하면서 지역의 특수성에 맞는 새로운 방법과 목적을 설정할 수 있는 안목을 가지게 되었으며, 공식·비공식 접촉과 대화의 채널을 통하여 지역분쟁을 평화적으로 해결할 수 있는 경험을 축적할 수 있었다. 이른바 아세안 이전의 두 번에 걸친 토착적 지역기구 결성의 시도는 이후의 아세안 창출에 중요한 밑거름이 되었다고 볼 수 있다.

한편, 1960년대의 동남아지역의 정치적 상황은 중대한 변화를 겪고 있었다. 베트남전쟁 격화와 중국의 문화대혁명 진전, 이에 따른 동남아 각지의 공산세력의 준동에 대한 심각한 우려가 제기되고 있었다. 게다가 ASA와 MAPHILINDO를 무력하게 만든 말레이시아와 필리핀 그리고 인도네시아와 말레이시아와의 분쟁은 역설적으로 동남아국가 간의 지역협력의 필요성을 더욱 절실히 요구하게 되었다. 1965년 8월 싱가포르의 말레이시아연방으로부터의 독립은 또 다른 국가 간의 긴장을 야기했다. 그러나 1965년 9월 쿠데타로 인한 수카르노정권의 실각과 수하르토정권의 등장은 인도네시아와 말레이시아 간의 적대관계를 화해로 해결하는 계기를 마련했으며, 이는 동남아시아에서의 지역협력에 대한 새로운 시도를 가능하게 하였다.

1967년 4월 인도네시아의 아담 말리크(Adam Malik) 외무장관은 새로운 지역협력기구의 창설을 제안하였다.[44] 그로부터 3개월 후인 1967년 7월 말리크는 방콕을 방문하여 태국의 타낫 코만 외무장관과 새로운 지역협력기구 창설에 대한 구체적인 협의를 했다.[45] 인도네시아의 노력은 우호협력 관계를 희망했던 말레이시아 싱가포르에 의해 쉽게 받아들여졌고, 미국 등 서방 측에의 의존에 대한 한계를 인식한 필리핀과 태국에 의해서도 호의적인 반응을 얻게 되었다. 마침내 1967년 8월 8일 방콕에서 인도네시아 필리핀 싱가포르 태국의 외무장관과 말레이시아의 부총리 등 동남아 5개국의 대표들이 참석한 가운데 역사적인 "방콕선언"을 채택함으로써 아세안이 공식적으로 출범하게 되었다.

---

44) Yoshiyui Hagiwara, "The Formation of ASEAN," in K. S. Sandhu, sharon Siddique Chandran Jeshurun, Ananda Rgjan, Joseph L. H. Tan and Pushpa Thambipillai Compiled, The ASEAN Reader(Singapore: Institute of Southeast Asian Studies, 1992), p. 35.

45) Ibid., p. 36.

| 아세안 출범 이전 동남아시아에서의 지역주의 시도

(1) SEATO(Southeast Asian Treaty Organization)
   ▷ 설립연도: 1954년
   ▷ 회원국(8개국): 미국, 영국, 프랑스, 호주, 뉴질랜드, 필리핀, 태국, 파키스탄
   ▷ 기구의 성격: 반공주의에 입각한 포괄적인 군사방어 지역협력체의 성격을 지니고 있으며, 당시의 동남아 지역의 국제관계에서 인도차이나 반도의 공산화를 우려하여 발족된 지역협력기구

(2) ASPAC(Asian Pacific Council)
   ▷ 설립연도: 1966년
   ▷ 회원국(9개국): 서태평양 지역의 반공주의 국가로서 호주, 뉴질랜드, 타이완, 말레이시아, 필리핀, 태국, 남베트남, 일본, 한국 등
   ▷ 기구의 성격: 친서방주의 성향이 강한 포괄적 지역안보 협력기구

(3) ASA(Association of Southeast Asia)
   ▷ 설립연도: 1961년
   ▷ 회원국(3개국): 필리핀, 태국, 말레이연방(Federation of Malaya) (말레이연방)
   ▷ 1957년 영국으로부터 독립, 1963년 9월 사바와 사라와크를 합하여 말레이시아 연방으로 재출발, 1965년 8월 말레이시아로부터 싱가포르 독립
   ▷ 기구의 성격: 동남아시아의 토착적 지역협력기구의 성격을 띠었으나 서방의 외세와 결탁하여 매우 정치적인 것으로 몰아가는 성향을 보였으며, 따라서 중립주의를 표방하던 인접 국가들의 호의적인 반응을 얻는데 실패함
   ▷ 전개 과정: 1964~65년 말레이시아와 필리핀 간의 사바영유권 분쟁으로 인해 사실상 기능 상실

(4) MAPHILINDO
   ▷ 설립연도: 1963년 8월
   ▷ 회원국(3개국): 말레이연방, 필리핀, 인도네시아
   ▷ 기구의 성격: 동남아시아의 토착적 지역협력기구의 성격
   ▷ 전개 과정: 중립주의를 표방하던 인도네시아가 처음으로 연합한 지역협력기구였음에도 한 달 후인 1963년 9월 말라야가 말레이시아 연방으로 국명을 바꾸며 새롭게 탄생함으로써 치명타를 입게 되었음. 게다가 인도네시아의 수카르노는 말레이시아연방을 영제국주의 유물이라고 비판하면서 대 말레이아연방 대결정책(Konfrontasi Policy)을 채택, 사실상 그 기능이 상실됨

| 아세안의 출범배경

❖ ASA와 MAPHILINDO가 토착적인 지역협력체로서 제 기능을 발휘하는 데 실패함으로써 동남아시아에서의 효율적인 지역협력체의 탄생은 극히 어려운 듯하였다. 그러나 동남아국가들은 협력기구를 구성하는 현실적인 어려움을 실감하면서 지역의 특수성에 맞는 새로운 방법과 목적을 설정할 수 있는 안목을 가지게 되었으며, 공식·비공식접촉과 대화의 채널을 통하여 지역분쟁을 평화적으로 해결할 수 있는 경험을 축적할 수 있었다. 이른바 아세안 이전의 두 번에 걸친 토착적 지역기구 결성의 시도는 이후의 아세안 창출에 중요한 밑거름이 되었다고 볼 수 있다.

| 아세안의 출범시기 및 출범국

❖ 1967년 4월 인도네시아의 아담 말리크(Adam Malik) 외무장관은 새로운 지역협력기구의 창설을 제안하였다.[46] 그로부터 3개월 후인 1967년 7월 말리크는 방콕을 방문하여 태국의 타낫 코만 외무장관과 새로운 지역협력기구의 창설에 대한 구체적인 협의를 가졌다.[47] 인도네시아의 이러한 노력은 우호협력관계를 희망했던 말레이시아 싱가포르에 의해 쉽게 받아 들여졌고, 미국 등 서방측에의 의존에 대한 한계를 인식한 필리핀과 태국에 의해서도 호의적인 반응을 얻게 되었다. 마침내 **1967년 8월 8일 방콕에서 인도네시아, 필리핀, 싱가포르, 태국의 외무장관과 말레이시아의 부총리 등 동남아 5개국의 대표들이 참석한 가운데 역사적인 "방콕선언"을 채택함으로써 아세안이 공식적으로 출범하게 되었다.**

---

46) Yoshiyui Hagiwara, "The Formation of ASEAN," in K. S. Sandhu, sharon Siddique Chandran Jeshurun, Ananda Rgjan, Joseph L. H. Tan and Pushpa Thambipillai Compiled, The ASEAN Reader(Singapore: Institute of Southeast Asian Studies, 1992), p. 35.

47) Ibid., p. 36.

2. 아세안 출범의 주요 목적

아세안 출범의 중요한 목표는 평등과 동료의식에 입각하여 동남아시아에서 지역적인 협력을 촉진하는 공동행동을 위한 확고한 기초를 세우고 그것에 의하여 평화·진보·번영에 기여하는 것이다. 이러한 목표를 달성하기 위하여 아세안은 "방콕선언"에서 다음과 같은 목적을 제시하였다.[48]

(1) 협력적인 프로그램을 통하여 동남아시아 지역의 경제성장, 사회진보, 문화발달을 증진시키기 위한 것이다.

(2) 동남아시아 지역에서의 평화와 안정을 확보하기 위한 것이다.

(3) 이해가 공통되는 모든 문제에 관하여 상호원조와 상호협력을 적극적으로 추진하기 위한 것이다.

(4) 교육, 전문직, 기술, 행정의 각 분야에서 훈련과 연구시설의 형식을 통하여 상호 보조하기 위한 것이다.

(5) 국민의 생활수준 향상을 위한 보다 효과적인 협력을 추진하려는 것이다.

(6) 동남아시아연구를 활성화하기 위한 것이다.

(7) 유사한 목적을 갖는 기존의 국제기구 및 지역기구와 긴밀한 관계를 유지하기 위한 것이다.

(1) To accelerate the economic growth, social progress and cultural development in the region through joint endeavours in the spirit of equality and partnership in order to strengthen the foundation for a prosperous and peaceful community of Southeast Asian Nations;

(2) To promote regional peace and stability through abiding respect for justice and the rule of law in the relationship among countries of the region and adherence to the principles of the United Nations Charter;

(3) To promote active collaboration and mutual assistance on matters of common interest in the economic, social, cultural, technical, scientific and administrative fields;

---

48) From the text of the Bangkok Declaration in ASEAN Documents Series 1967~1988(Jakarta: ASEAN Secretariat, 1988), p. 27.

(4) To provide assistance to each other in the form of training and research facilities in the educational, professional, technical and administrative spheres;

(5) To collaborate more effectively for the greater utilization of their agriculture and industries, the expansion of their trade, including the study of the problems of international commodity trade, the improvement of their transportation and communications facilities and the raising of the living standards of their peoples;

(6) To promote Southeast Asian studies; and

(7) To maintain close and beneficial cooperation with existing international and regional organizations with similar aims and purposes.

☞ ASEAN's main objectives are: (1) To accelerate the economic growth, social progress and cultural development in the region through cooperative programs; (2) To promote regional peace and stability; and (3) To serve as a forum for the resolution of intra-regional differences.

위에 언급한 아세안의 목적에서 아세안은 경제·사회·문화적인 발달의 증진을 첫 번째 목적으로 내세우고 있다는 사실이 주목을 끈다. 이것은 아세안이 복잡한 국제관계에서 지나치게 정치적 이미지를 띠게 될 경우 이에 따른 반향(反向)을 고려한 조치로 해석된다. 즉 아세안은 정치적 색채를 강하게 띠고 있지 않다는 점을 표면적으로 부각함으로써 인접국가(아세안의 비회원국)로 하여금 이 지역협력체에 대한 비판을 희석시키고 호의적인 반응을 끌어내려는 의도가 엿보인다고 볼 수 있다. 사실상 동남아시아에서의 과거의 지역주의의 시도가 친서방주의 성향을 강하게 보이며 정치적 색채를 띠게 됨으로써 중립주의 또는 반외세적 투쟁을 견지하던 인접 국가들의 광범위한 지지를 얻는 데 실패했던 경험이 있다. 그렇다고 해서 아세안이 정치적 이미지를 띠고 있지 않다는 점은 아니다. 이를테면 아세안의 두 번째 목적에서 '평화'와 '안정'을 강조하였으며, 방콕선언의 전문에서는 "어떠한 형태 또는 어떠한 종류이든지 외부로부터의 간섭에 대해서는…

그 안정과 안전을 확보하여야 한다…"라고 제시하고 있으며, 더 나아가 모든 외국군 기지는 한시적 성격을 띠는 것이라고 강조함으로써 정치적 목적도 갖고 있음을 시사해 주고 있다.[49]

Ⅲ. 아세안의 정체성과 기본원칙

1. 아세안의 정체성

아세안의 정체성을 규명하는 것은 시대적 흐름 속에서 이해될 필요가 있다. 아세안은 1967년 출범시기부터 약 10여 년간(1976년 제1차 정상회담이 인도네시아 발리에서 개최되기 전까지만 하더라도) 비정치 분야 중심의 협력을 조성했던 지역그룹(regional grouping)으로서 엄격히 보면 국제기구(International Organization)라고 하기보다는 국제레짐(International Regime)의 성격을 지니고 있었다. 그 대표적인 근거 이유는 아세안의 경우 출범 이후부터 1976년 제1차 아세안정상회담이 열리기 전까지만 하더라도 물적 실체(예 물리적 위치, 사무실, 직원, 예산 등을 의미), 즉 '아세안사무국(ASEAN Secretariat; 인도네시아 자카르타 위치)'이 존재하지 않았기 때문이다.[50]

그 이후부터 1990년대 탈냉전시대로 접어들기 전까지 아세안은 정치 분야까지 포함하여 포괄적 지역협력을 강화하는 국제기구의 성격을 띠었다. 그런데 이때까지만 하더라도 아세안은 NATO나 CSCE(Conference on Security and Cooperation in Europe)처럼 집단안보기구로 창설된 것이 아니었으며, EU와 같은 유럽의 지역통합을 염두에 두고 결성된 것도 아니었다는 사실에 주목할 필요가 있다. 다시 말해서 아세안은 단순히 군사안보 위주의 국제기구가 아니었으며, 또한 회원국 각자의 주권을 양도해야 하는 지역통합 위주의 국제기구로 보기도 어려웠다. 물론 아세안은 자국의 주권을 유지하는 가운데 이루어지는 협력 위주의 국제기구로 일종의 지역협력체(Regional Cooperation Group)의 성격을 띠고 있는 것은 분명하다.

---

49) Ibid.
50) 아세안사무국(ASEAN Secretariat)은 제1차 아세안정상회담 이후 인도네시아 자카르타에 설치되어 운영되고 있다.

그러나 냉전종식 이후 세계적 변화의 도전에 능동적이고 적극적으로 대응한다는 차원에서 아세안은 지역공동체로서의 확대발전을 추구하고 있으며, 특히 2000년대로 접어들면서는 '아세안공동체' 실현이라는 목표를 구체적으로 설정하고, 이를 달성하기 위해 '아세안통합 이니셔티브(IAI; Initiatives for ASEAN Integration)'을 추진하고 있으며, '아세안헌장'을 발효시켜 법적 지위 및 제도적 틀을 마련하기도 하였다. 이러한 아세안의 움직임을 감안해 볼 때 아세안은 전통적으로 '지역협력 지향적 스타일(regional cooperaton-oriented style)'을 고수해 왔지만 최근 EU식 '지역통합 지향적 스타일(regional integration-oriented style)'로의 선회 가능성을 높이고 있는 국제기구로도 이해할 수 있다. 단, '아세안공동체', 특히 아세안경제공동체(AEC)는 상품, 서비스, 인력, 자본의 역내 이동 자유화를 목표로 하고 있지만, 단일통화 실현을 통한 EU식 경제통합과는 달리 개별 회원국의 주권과 독립성을 유지하는 방식으로 통합을 추진 중이라고 할 수 있다.

2. 아세안의 기본원칙

아세안 회원국들은 1976년 채택한 동남아우호협력조약(TAC)에 포함된 것처럼 다음과 같은 기본원칙을 강조한다.

첫째, 상호존중원칙: 아세안 회원국들은 독립(independence) · 주권(sovereignty) · 평등(equality) · 영토보존(territorial integrity) · 국가정체성(national identity) 등을 위한 상호존중(mutual respect)을 강조한다.

둘째, 외세개입 거부 및 국가생존원칙: 아세안 회원국들은 외부의 간섭(interference) · 전복(subversion) · 강압(coercion)으로부터 국가생존(national existence)을 자유롭게 이끌어갈 권한을 강조한다.

셋째, 내정불간섭원칙: 아세안 회원국들은 상호 간 내정(internal affairs)에서 불간섭한다는 점을 강조한다.

넷째, 평화적 분쟁해결원칙: 아세안 회원국들은 평화적인 방법(peaceful manner)으로 갈등 및 분쟁을 해결한다는 점을 강조한다.

다섯째, 무력사용 및 위협포기원칙: 아세안 회원국들은 무력사용이나 위협에 대한 포기를 강조한다.

마지막으로, 효과적인 협력원칙: 아세안 회원국들은 그들 간 효과적인 협력을 한다는 점을 강조한다.

아세안이 상호존중원칙을 강조하는 배경에는 과거 역사적으로 구미 세력의 식민지를 경험했기 때문으로 분석된다.

아세안이 외세개입 거부 및 국가생존 원칙과 내정 불간섭 원칙을 강조하는 배경에는 동남아지역이 열강의 각축장으로 전락될 가능성이 있기 때문인 것으로 분석된다.

아세안이 평화적 분쟁해결원칙과 무력사용 및 위협포기원칙, 효과적인 협력 원칙을 강조하는 배경에는 아세안 출범 이전의 지역주의의 실패 경험 때문인 것으로 분석된다.

Ⅳ. 아세안헌장

1. 아세안헌장의 채택 및 발효 시점

2007년 11월 싱가포르에서 개최된 제13차 아세안정상회담에서 아세안헌장이 채택되었으며, 그 발효 시점은 2008년 12월 15일부터이다.

2. 아세안헌장 채택 및 발효가 갖는 성격 및 전망

지역그룹로서 아세안이 '아세안헌장(ASEAN Charter)'을 공식 발효시킴으로써 아세안의 법적 지위 및 제도적 틀을 마련한 것으로 해석되며, 특히 그동안 협력 위주의 성격이 강했던 아세안이 통합위주의 'EU식 공동체'로 선회할 가능성을 높이는데 중요한 토대를 구축했다고 볼 수 있다.

구체적으로 '아세안헌장'의 채택 및 발효가 갖는 성격 및 전망은 다음과 같다.

첫째, 최고수준의 새로운 정치적 공약(new political commitment)의 성격을 지닌다.

둘째, 새로운 법적 틀(legal framework)이며, 법인격(legal personality)의 성격을 지닌다.

셋째, 새로운 아세안 기구(new ASEAN bodies)의 성격을 지닌다.

넷째, 아세안 외무장관의 역할이 더 강화될 것으로 보인다.

다섯째, 아세안 사무총장의 역할이 더 중요해 질 것으로 보인다.

마지막으로, 아세안 주도의 새로운 이니셔티브와 변화의 가능성이 있을 것으로 보인다.

| 아세안헌장의 주요 내용

(1) 지역협력에서 아세안의 중심성(the centrality of ASEAN) 강조

(2) 아세안 회원국의 영토보존, 주권, 비간섭 및 국가정체성 원칙 존중

(3) 대화와 협의를 통한 분쟁의 평화적 해결, 침략포기, 지역의 평화와 정체성 증진

(4) 인권, 사회정의 및 다자간 무역에 관한 국제법 준수

(5) 무역의 지역통합 장려(Encouraging regional integration of trade)

(6) 아세안 사무총장 및 상임대표 임명

(7) 아세안 정상회의에서 공식화될 인권기구(human rights body)와 미해결분쟁 메커니즘 구축

(8) 우호적인 대외관계 및 (EU처럼) 유엔에서의 위상 구축

(9) 아세안 정상회의 횟수를 1년에 두 번으로 정례화하고, 비상시 소집능력 강화 필요

(10) 8월 8일 '아세안의 날' 확정

---

3. 아세안헌장 채택 및 발효 이후의 실제 변화

'아세안헌장' 채택 및 발효 이후 2009년 10월 '아세안정부간인권위원회(ASEAN Inter-governmental Commission on Human Right)'라는 인권기구를 출범시켰으며, '독립적인 분쟁해결기구'도 도입하였다. 뿐만 아니라 아세안정상회담을 매년 2회 개최하기로 하였으며 사무국 조직도 확대하였다.

그리고 인도네시아에 주ASEAN 상주대표위원회(CPR; Committee of Permanent Representatives)를 설치하고 상주 아세안대사를 파견하기로 하였다. 특히 아세안 내부 운영방식이 '아세안상주대표위원회' 중심으로 변경됨에 따라 아세안 회원국들은 '아세안헌장' 발효와 함께 (UN과 마찬가지로) 상주 아세안대사를 임명하기로 하였다. 따라서 아세안대사는 자카르타에 머물면서 아세안공동체이사회(ASEAN Community Councils), 아세안분야별장관급회의(ASEAN Sectoral Ministerial Bodies)의 업무지원 및 아세안 역외 대화대상국(ASEAN External Dialogue Partners)들과의 협력 활성화 역할을 수행한다.

☞ 아세안헌장 제12조: 아세안 회원국들은 자카르타에 위치한 대사급 아세안상주대표들을 임명할 것이다. 상주대표들로 위원회가 구성되며, 그것이 바로 상주대표위원회(CPR)이다. 그 상주대표위원회는 주로 아세안공동체이사회와 아세안분야별장관급협의체의 업무를 지원하며, 아세안 역외 대화대상국들과의 협력 활성화 역할을 수행한다.

V. 아세안의 주요 협의체 및 조직 구성

1. 아세안의 주요 협의체

Summit (정상회의)	• 최고의사결정기구 • 1976년 2월 제1차 아세안정상회의 개최 • 2008년 12월 15일 아세안헌장 발효 이후 연 2회 개최
Coordinating Council (조정이사회)	• 아세안 회원국 외교장관들로 구성되며, 주요정책결정 등 아세안의 전반적인 활동 조정 • 매년 2회 개최
Community Councils (공동체이사회)	• 아래의 3개 공동체이사회로 구성 ① 정치안보공동체이사회 ② 경제공체이사회 ③ 사회문화공동체이사회
Sectoral Ministerial Bodies (부문별장관급회의)	• 각 공동체이사회 산하의 장관급회의로 구성 ① 정치안보공동체이사회 산하 외교장관회의(AMM), ARF 등 6개 회의체 ② 경제공동체이사회 산하 경제장관회의(AEM), 관광장관회의 등 12개 회의체 ③ 사회문화공동체이사회 산하 환경장관회의, 보건장관회의 등 12개 회의체 ✓ 총 30개 부문별 회의체 존재, 부문별 회의 개최 빈도 상이
Committee of Permanent Representatives, CPR (상주대표위원회)	• 공동체이사회 및 부문별 장관급회의 업무지원 등의 역할 수행 • 정례회의 개최 및 필요 시 수시 개최
National Secretariats (국별사무국)	• 회원국 각각의 외교부에 사무국을 설치 운영 • 회원국 간 접촉창구 및 아세안 관련 정보 종합 등 기능 수행
Committee Abroad (해외아세안위원회)	• 대화대상국을 포함한 총 21개국에 설치되어 있으며, 아세안 10개 회원국 대사들로 구성 예 ASEAN Committee in Seoul: a committee consisting of Ambassadors of the 10 ASEAN Member States in Korea.
ASEAN Secretariat (아세안사무국)	• 아세안의 중심적 행정조직으로서 아세안에 모든 조직을 조정하고 정책입안의 효율성 제고를 도모 • 1992년 싱가포르 정상회담의 결과에 따라 각료급으로 격상된 임기 5년의 사무총장은 모든 아세안 관련 회의에 출석하여 아세안과 관련된 제반 활동의 조정 및 감독기능을 수행 • 아세안사무총장은 아세안 회원국 관리 또는 학자들 중 외무장관회의의 추천을 받아 아세안정상회담에서 최종 임명

2. 아세안의 조직 구성

현재 아세안의 조직 구성을 보면 다음과 같다.

첫째, 아세안의 최고위급 의사결정기관은 아세안정상회담(the ASEAN Summit)이다. 과거에는 정상회담이 중대한 국제정세의 변화에 따라 필요할 때마다 비정기적으로 이루어졌으나, 1992년 1월 싱가포르에서 열렸던 제4차 정상회담에서 향후 3년마다 정기적으로 개최하기로 결정하기도 하였다.[51] 그러나 아세안 지도자들은 또다시 2007년 아세안헌장 채택 이후 아세안정상회담을 매년 2회 개최하기로 합의하였다.

둘째, 조정이사회(Coordinating Council)이다. 조정이사회는 회원국 외무장관들로 구성되며, 주요 정책결정 등 아세안의 전반적 활동을 조정하는 역할을 담당한다. 조정이사회도 아세안정상회담과 마찬가지로 매년 2회 개최된다.

〈그림 3-3〉 아세안의 주요 조직구도

---

51) 제5차 아세안정상회담은 1995년 12월 방콕에서, 제6차 아세안정상회담은 1998년에 베트남에서 개최되었다.

셋째, 공동체이사회(Community Councils)이다. 공동체이사회는 정치안보공동체이사회, 경제공동체이사회, 사회문화공동체이사회로 구성된다.

넷째, 부문별 장관급회의(Sectoral Ministerial Bodies)이다. 부문별 장관급회의는 각 공동체이사회 산하의 관련 장관급회의로 년 1회 개최된다.

섯째, 상주대표위원회(Committee of Permanent Representatives; CPR)이다. CPR은 주로 공동체이사회 및 부문별 장관급회의 업무를 지원하는 역할을 수행한다. 회의는 인도네시아 자카르타에 파견된 아세안대사들로 구성되어 정례적으로 개최되며 필요시 수시로 개최되기도 한다.

여섯째, 아세안사무국(ASEAN Secretariat)이다. 아세안사무국은 1972년 제5차 외무장관회담에서 필요성(아세안이 사무국을 갖지 않았던 부분이 조직상의 최대 약점으로 지적되었기 때문에)이 제기되어 1974년 제7차 외무장관회담에서 사무국을 자카르타에 설치하기로 결정하였으며, 1976년 제1차 아세안정상회담에서 이를 공식 인정하였다. 아세안사무국은 아세안의 중심적 행정조직으로서 아세안에 모든 조직을 조정하고 정책입안의 효율성 제고를 도모하기 위한 것이다. 1992년 싱가포르 정상회담의 결과에 따라 각료급으로 격상된 임기 5년의 사무총장은 모든 아세안 관련 회의에 출석하여 아세안과 관련된 제반활동의 조정 및 감독기능을 수행한다.[52] 아세안사무총장은 아세안 회원국 관리 또는 학자들 중 외무장관회의의 추천을 받아 아세안정상회담에서 최종 임명된다.

일곱째, 회원국별 사무국; 아세안 회원국들은 각각 외무부 산하에 사무국을 설치하여 운영하고 있으며, 이는 회원국 간 접촉창구 및 아세안 관련 정보종합 등의 기능을 수행한다.

여덟째, 해외아세안위원회(Committee Abroad): 아세안 완전대화대상국 11개국에 설치 운영되고 있다. 한국의 경우 ASEAN Committee in Seoul(ACS)가 구성되어 있다.

그 외에도 외무장관회의의 운영을 보좌하기 위한 고위관리회담(SOM), 경제장관회의의 운영을 보좌하기 위한 고위경제관리회담(Senior Economic Officials Meeting), 재무장관회의의 운영을 보좌하기 위한 고위재무관리회담(ASFOM) 등 각종의 장

---

52) The Secretary-General of ASEAN is appointed by the ASEAN Summit for a non-renewable term of office of five years, selected from among nationals of the ASEAN Member States based on alphabetical rotation.

관급회의를 보좌하기 위해서 고위급회의가 소위원회로 구성되어 열리고 있으며, 또한 그 하부구조로 실무회담이 가동되고 있다. 특히 이러한 회담의 위원회 구성은 주로 차관 또는 차관보급으로 이루어지고 있다.

Ⅵ. 아세안의 발전 요인과 주요 발전 과정 및 지역협력의 이정표

1. 아세안의 발전 요인

아세안은 오늘날 제3세계 지역에서 가장 성공적인 지역협력(Regional Cooperation)의 모델이 되어 국제사회에서 주목을 받고 있다. 사실상 아세안은 설립 당시만 하더라도 국제기구의 일반적인 법적 기반이라고 할 수 있는 조약이나 협정도 없이 단순한 선언으로 출발하여 존립 자체에 대한 의구심을 일으키게 하기도 하였다. 그러나 거의 반세기 이상 숱한 대내외적 도전을 극복하고 정치, 경제, 안보, 외교 등 다차원적인 역내협력을 통하여 국제사회에서 객체가 아닌 주체로서 행동하고 있다.

아세안이 성공적인 지역협력체로 발전할 수 있었던 주된 요인은 무엇일까?

첫째, 외부의 압력과 위협으로 인한 아세안의 내적 결속력 강화를 들 수 있다. 냉전시대 아세안은 '방콕선언'을 통해 군사적이며 정치적인 색채를 드러내지 않으려는 노력을 보였지만 실제적으로는 인근 인도차이나반도 공산국가들의 위협에 적절히 대처하기 위한 자유민주(중립)세력으로 결성되었던 것이 사실이다. 특히 1975년 베트남의 공산화와 1978년 베트남의 캄보디아 침공으로 인한 도미노의 위협은 아세안의 결속력을 내부적으로 강화시켰던 것이다. 또한 소련연방 붕괴와 냉전종식에 따른 아태지역에서의 미군 감축은 힘의 공백을 생성시켰으며, 특히 이러한 안보환경의 변화 속에서 새로운 지역 강대국으로 부상하는 중국에 대한 적절한 견제의 필요성이 동남아 지역협력체로서의 아세안으로 하여금 다각적인 대응전략을 모색하도록 하였으며, 이는 결국 아세안 내 회원국 간의 결속력을 강화하는 결과로 이어졌다. 경제적인 측면에서도 아세안은 아태지역의 APEC, 유럽지역의 EU, 북미지역의 NAFTA 등 탈냉전시대로 접어들면서 가속화되었던 지역블록화 현상에 대한 적절한 대응전략 차원에서 역내 경제협력을 강화했으며, 이는 아세안 내 회원국 간의 결속을 통해 선진국에 대한 교섭 능력을 증대시키고, 종국적으로는 국제적 위상을 확고히 하는 계기가 되었다. 또한 WTO의 출범과 지역경제 블록화의 심화현상이 아세안자유무역지대(AFTA)를 더욱 가속화하고 있다는 사실은 외적 압력이 아세안의 지역협력과정에서 내적 결속을 강화하는 촉매제 역할을 담당하고 있다는 단적인 예가 될 수 있을 것이다.

둘째, 아세안 지도자들의 협력 의지와 역할을 들 수 있다. 언어, 인종, 종교, 문화, 식민지 경험, 경제발전 단계 등에서 동질성보다는 이질성이 더 강한 아세안이 성공적인 지역협력체로 평가받는 주요 요인은 지도자들의 강력한 협력 의지와 역할이다. 아세안의 발전사를 돌이켜 볼 때 협력 과정이 반드시 순탄했던 것은 아니며, 특히 정치 경제적인 이해관계의 차이와 갈등으로 협력이 교착상태에 빠지거나 파국으로 치달아 위기에 몰렸던 적도 많았다. 그러나 이때마다 아세안 지도자들은 빈번한 대화와 접촉을 통해 강력한 협력 의지를 보여 왔으며, 더욱이 위기 시에는 왕복외교(Shuttle Diplomacy)를 활발하게 시도함에 따라 지도자로서의 역할을 다하는 모습을 보여 왔다. 아세안 지도자들의 협력의지와 역할은 오늘날 정례적으로 개최되는 정상회담, 외무장관 회담을 비롯한 각종 각료급 회담, 다양한 고위관료 회담 등 매년 아세안 지도자 간에 이루어지고 있는 공식·비공식 회담이 수십 수백 차례에 이르고 있다는 사실이 잘 입증해 주고 있다.

셋째, 아세안의 독특한 운영방식을 들 수 있다. 아세안 회원국 간 이질성의 차이를 극복하고 지역협력을 하기 위해서는 무엇보다도 협력체의 갈등조정 능력이 매우 중요하다. 아세안은 이러한 점에서 매우 유용성 있는 협력의 원칙과 정책결정 방식을 채택하고 운영함으로써 회원국 간의 갈등을 극복하고 합의하에 지역협력을 추진할 수 있었다. 아세안이 채택하고 있는 협력의 3대 기본원칙은 자제(restraint), 존중(respect), 책임(responsibility)이며, 이를 바탕으로 순회규칙, 분담규칙, 효율성규칙 등을 관행으로 정립해 왔다.53) 이러한 협력의 원칙과 규칙은

---

53) 순회규칙이란 아세안의 정책결정과 집행은 정상회담, 연례외무장관회담 및 연례경제장관회담을 비롯한 각종의 각료급 회담에 의해서 이루어지는데, 이 회의들은 영어국명의 알파벳 순서로 순회의 규칙에 따라 개최는 것을 말한다.
분담규칙이란 아세안의 각종 활동은 각 회원국들이 철저히 분담해서 추진한다는 것을 말한다. 예를 들면 5개의 경제위원회를 회원국별로 분담하여 개최하는데, 구체적으로 인도네시아는 식량/농업/임업위원회, 말레이시아는 운수/통신위원회, 필리핀은 공업/광업/에너지위원회, 싱가포르는 무역/관

이 지역에 강한 민족주의와 주권의식을 반영하여 회원국들의 평등성을 보장하고 상호존중을 유도함으로써 협력이 원활하게 이루어 질 수 있도록 한 것이었다. 또한 아세안의 정책결정 방식은 합의제(consensus)에 입각하여 회원국의 의견을 최대한 존중하여 대화를 통한 의견일치에 접근해 가는 방식이다.

넷째, 아세안 회원국 각자의 정치안정과 경제발전을 들 수 있다. 아세안 회원국들의 정치체제는 정도의 차이는 있었으나 대체적으로 권위주의적 강권정치를 해 왔다는 점에서 공통점이 있다. 물론 이러한 정치체제는 세계적 민주화 추세와 더불어 극복 대상이 되어 왔지만, 한편으로는 국내 공산주의자들의 소요와 반란에 효율적으로 대처하여 정치안정을 그런대로 확보해 왔다는 점에서 아세안 지역협력의 지속성을 가능하게 만들었던 것이다. 또한 1970년대 이후 아세안 회원국은 저마다 경제발전을 꾸준히 이룩해 옴으로써 아세안 차원에서의 지역협력이 보다 더 탄력을 받을 수 있었던 것이다.

마지막으로, 아세안과 강대국과의 갈등관계를 최소화할 수 있었던 것을 들 수 있다. 아세안은 1971년 평화자유중립지대(ZOPFAN)를 선언함으로써 외세의 개입을 거부해 왔으며, 또한 1995년 동남아비핵지대화(SEA-NWFZ)를 공식적으로 체결 협정하여 선포함으로써 역내 국가들의 핵무기 개발과 생산 반입 등을 금지하여 왔다. 이것은 일종의 냉전과 탈냉전시대의 아세안 대외정책 기조이기도 하다. ZOPFAN은 동서 간의 첨예한 이념적 갈등을 토대로 구축되어 있던 냉전시대에 동남아시아 지역만큼은 평화롭고 자유로운 중립의 지대임을 대외적으로 천명하여 강대국의 이권에 휘말리지 않겠다는 것이었다. 따라서 아세안 지도자들은 냉전시대 동안 외세의 개입과 간섭을 배제함으로써 강대국과의 갈등을 최소화할 수 있었던 것이다. 또한 SEA-NWFZ는 탈냉전시대를 맞이하여 아세안이 지속적인 경제발전을 위해서는 평화적인 여건 조성이 무엇보다 중요하다는 점을 강조한 것이었지만, 이면에는 핵문제로 인해 강대국들과 갈등을 일으킬 의사가 전혀

광위원회, 태국은 재정/금융위원회를 각기 담당한다.

효율성원칙이란 순회 및 분담규칙을 보완하여 운영한다는 차원에서 시도되고 있는 제3의 규칙을 말한다. 즉 효율성을 위해 순회 및 분담규칙을 위배하지 않으면 안 되었던 것들이 있다. 예를 들면 아세안사무국(ASEAN Secretariat)의 위치 설정 문제이다. 즉 아세안사무국을 회원국 중 어느 한 국가에 설치하여 운영한다는 것은 순회 및 분담원칙에 어긋나는 것이다. 그럼에도 운영상의 효율성을 위해 1976년 인도네시아 자카르타에 아세안사무국을 설치하고 운영한다는 것이다. 단 아세안 사무총장의 경우 임기 5년으로 알파벳순서에 따라 각국 정부에서 지명되고, 아세안 외무장관회담에서 임명되게 되어 있다. 이것은 효율성원칙이 순회 및 분담원칙을 보완하는 대표적인 예이다.

없음을 암시함으로써 성공적인 지역협력체의 이미지를 국제사회에서 계속 이어
가겠다는 의지도 포함되어 있었다고 볼 수 있다.

2. 아세안의 주요 발전 과정

(1) 비정치분야 중심의 협력 조성 및 ZOPFAN 선언(출범~1970년대 전반)

아세안은 출범 초기 1967년 8월 8월 채택된 '방콕선언'에서도 알 수 있듯이
비정치적 분야를 중심으로 협력하였다. 이것은 아세안이 복잡한 국제관계에서
지나치게 정치적 이미지를 띠게 될 경우, 이에 따른 반향을 고려한 조치로 해석된
다. 이를테면 아세안은 정치적 색채를 강하게 띠고 있지 않다는 점을 표면적으로
부각함으로써 인접국가들(아세안의 비회원국들)로 하여금 지역협력체에 대한 비판
을 희석시키고 호의적인 반응을 끌어내려는 의도가 엿보인다고 볼 수 있다. 사실
상 과거 동남아시아 지역주의의 시도가 친서방주의 성향을 강하게 보이며 정치
적 색채를 띠게 됨으로써 중립주의 또는 반외세적 투쟁을 견지하던 인접 국가들
의 광범위한 지지를 얻는 데 실패했던 경험이 있다.

1967년 8월 아세안 창립 이후 처음으로 동남아시아의 평화와 안정을 위한
아세안 5개국 외무장관회담이 1971년 11월 쿠알라룸푸르에서 열렸다. 이 회담을
통하여 아세안은 선언문을 채택하게 되는데, 이것이 바로 쿠알라룸푸르 선언으
로 알려진 ZOPFAN(Zone of Peace, Freedom, and Neutrality)이다. ZOPFAN은 동남
아지역이 자유롭고, 평화로운 중립의 지대가 될 수 있도록 아세안회원국들 간의
공동의 노력이 요구된다는 점을 강조함으로써 일체의 외세개입을 원치 않고 있
다. 이것은 당시의 국제정치 상황에 비추어 강대국들의 동남아지역에 대한 개입
을 미연에 방지하고, 또한 동서 간의 이념적 갈등에 휘말리지 않으려는 아세안의
의도로 분석된다. 그러나 실제적으로 이 공식선언이 채택된 이래 아세안회원국
간 동남아시아의 중립화 방안에 기초를 둔 안보협력에 대한 내부적 의견의 차이
로 말미암아 어떠한 조직적인 노력도 이루어지지 않았다.[54] 이런 관점에서 볼

---

[54] 동남아지역 최대국가로서 지도력을 발휘하고자 했던 인도네시아는 중국이 강대국의 일원으로 관여
하게 될 말레이시아의 중립화 방안(1970년 말레이시아는 미국, 소련, 중국에 의해 보장되는 동남아
지역의 중립화 방안을 제안하였다)에 회의적 반응을 보이며 국가적 탄력성을 강화함으로써 궁극적
으로 지역적 탄력성을 증대시킬 수 있다는 자신들의 국가전략에 보다 더 집착하고 있었으며, 필리핀

때 ZOPFAN은 단지 선언적 차원을 벗어나지 못했던 것도 사실이다. 따라서 1971년 쿠알라룸푸르 선언은 아세안 창립 이후 약 4년 간 지역협력체로서의 존속 자체를 확인하는 자리였으며, 이러한 협의 패턴을 지닌 공식채널을 통하여 회원국 간 마찰과 갈등을 줄여 나갈 수 있는 가능성을 보여 주었다는 데에 더 큰 의미가 있었다고 볼 수 있다.

(2) 정치분야 포함 지역협력 강화 단계(1970년대 후반~1980년대)

1973년 베트남으로부터 미군 철수, 그로 인한 베트남전쟁의 종식, 캄보디아와 라오스의 공산화 등 동남아 지역의 국제정세의 변화는 아세안 지도자들에게 새로운 정치상황을 재점검할 필요성을 느끼게 함으로써 1976년 2월 인도네시아의 발리에서 제1차 아세안정상회담을 개최하게 하였다. 이 회담은 아세안회원국들 간 두 가지의 중요한 합의를 이끌어 낼 수 있었는데, 아세안협약선언 I과 동남아우호협력조약(TAC)이 바로 그것이었다. 아세안협약선언 I은 회원국들이 아세안의 역할을 강화하고 지역협력의 범위를 경제, 사회, 문화, 정치 등의 분야에까지 확대해 나갈 것과 동남아지역의 안정은 국제평화와 안보에 필수적이며 각 회원국은 그들과 아세안의 연계를 강화함으로써 자국의 안정을 해치는 위협을 제거한다고 명시하고 있다. 특히 후자의 경우 1967년 방콕선언보다 훨씬 더 정치적 이미지를 띠고 있다는 점이 주목을 끈다. 더욱이 이 선언은 ZOPFAN의 조기실현을 위한 회원국들 간의 공동노력을 강조하여 일반적 사항으로 명기하고 있다는 점과 안보와 관련하여 비록 비아세안적 바탕 위에서의 협력을 지속시켜 나아갈 것을 요구했지만 아세안이 분명히 지역안보에 대한 관심을 공식회담을 통하여 보였다는 점에서 지역협력체로서 아세안의 정치안보적 성격을 드러내는 계기가 되었다.

과 태국은 미국과의 전통적인 안보협력이 중립화 방안보다 실효성을 거두는 데 더 나은 보장책으로 판단하고 있었는가 하면, 싱가포르는 강대국들과의 균형적인 개입을 통한 세력균형이 안보협력방안으로 가장 현실적인 것으로 보고 있었다. Frank Frost, "Introduction: ASEAN since 1967 — Origions, Evolution and Rrecent Development," in Alison Broinowski, ed., ASEAN into 1990s (New York: St. Martin's Press, 1990), p. 6.

동남아우호협력조약은 항구적인 평화와 단결 그리고 협력증진을 통하여 동남아시아인들의 친선유대를 도모하기 위한 것이라는 목적을 담고 있어서 공산주의 세력인 베트남, 라오스, 캄보디아, 버마 등의 아세안에의 참여 가능성을 배제하지 않고 있다.[55] 이 조약은 또한 동남아시아의 경제발전을 위한 식량, 에너지 등의 기초상품과 대규모 산업공동프로젝트, 역내 무역 자유화 등 경제협력을 강화해 나아갈 것도 제시하였다. 게다가 아세안의 제도적 발전을 위하여 상설 사무국을 인도네시아의 자카르타에 설치하기로 회원국들 간에 이 조약을 통하여 합의하였다.

제1차 아세안정상회담이 열린 지 1년 6개월 만인 1977년 8월 아세안 지도자들은 다시 쿠알라룸푸르에서 만났다. 제2차 아세안정상회담이 짧은 기간 내에 다시 열리게 되었던 가장 큰 이유는 두 가지가 있다. 하나는 아세안 창립 10주년을 기념하기 위해서이며, 또 다른 하나는 발리에서 발의된 프로그램의 진행 과정을 점검하기 위하여 개최되었다. 제2차 아세안정상회담은 결과적으로 두 가지의 중요한 합의를 이끌어 냈다. 첫째, 모든 분야에서 아세안 협력을 용이하게 할 수 있도록 아세안위원회를 재구성하였다는 점이었다. 이를테면 11개의 상임위원회(① 민간항공·수송분야, ② 통신항공·교통분야, ③ 식량 및 농업분야, ④ 해운분야, ⑤ 상업 및 산업분야, ⑥ 재무분야, ⑦ 대중전달매체분야, ⑧ 관광분야, ⑨ 육상교통 및 정보통신분야, ⑩ 과학 및 기술분야, ⑪ 사회·문화활동분야)로 구성되었던 것을 5개의 경제위원회(① 무역 및 관광분야, ② 산업·광물 및 에너지분야, ③ 재정 및 은행분야, ④ 식량·농업 및 임업분야, ⑤ 교통 및 통신분야)와 3개의 비경제위원회(① 과학 및 기술분야, ② 사회발달분야, ③ 문화 및 정보분야)로 축소·조정하였다. 둘째, 아세안 경제협력을 촉진하며 국제적인 위상을 높이기 위한 대외관계의 강화, 즉 선진국들과의 '대화채널'을 열 수 있는 길을 터놓았다. 따라서 처음으로 비회원국들과 함께 아세안확대외무장관회의를 개최하였다. 당시 미국, 캐나다, 뉴질랜드, 호주, 일본, EC 등이 ASEAN-PMC에 아세안의 '완전대화대상국(Full Dialogue Partner)'의 자격으로 참여하였다.

---

55) 동남아우호협력조약은 아세안의 유일한 법적 효력을 지니고 있는 것으로서 동남아시아의 비아세안 회원국들이 아세안에 정식으로 가입하기 위해서는 먼저 이 조약에 서명하여야 한다.

1984년 1월 1일에 영국으로부터 독립한 브루나이56)는 그 해 1월 7일 자카르타에서 개최된 간단한 식전의식을 통하여 아세안의 정회원국으로 가입하였다. 따라서 당초 5개국으로 시작했던 아세안은 6개국으로 확대 개편되었다. 브루나이의 아세안 가입은 지리적으로 인접한 독립국가들끼리 하나의 지역협력체를 구성하겠다는 아세안의 의지가 담겨 있다는 데 의의가 있었다.

아세안정상회담이 쿠알라룸푸르에서 개최된지 10년이 지난 후인 1987년 12월 제3차 아세안정상회담이 마닐라에서 개최되었다. 개최된 동기는, 첫째 아세안 창립 20주년을 기념하기 위해서 였으며, 둘째는 아세안이 이룩한 성과를 평가하여 미래의 방향 설정을 재검토하기 위함이었다. 셋째로는 1980년대의 국제환경의 변화, 이를테면 캄보디아 이슈의 교착상태, 산업경제의 경기침체 등이 마닐라 회담이 열리도록 한 중요한 이유었다. 정치협력분야에 대한 마닐라회담은 새로운 것이 없었으나 캄보디아 사태의 정치적 해결을 위한 국제사회에서의 노력을 배가할 것이라는 점을 강조했다. 그러나 경제협력분야에 대한 방안이 마닐라회담에서 검토되었다. ①아세안 내의 투자보장을 상호조정하는 문제, ②아세안 역내무역의 활성화 문제, ③산업공동출자의 확대 문제, ④비관세장벽을 점진적으로 허물어 가는 문제 등이 거론되었다. 이러한 아세안의 거시적 경제협력 문제들은 동남아지역의 국가 간 무역증진을 촉진시켜 나아가겠다는 지역협력체의 의지가 포함되어져 있었다.

(3) 지역공동체로서의 확대발전 추구(1990년대 이후)

아세안 발전의 본격기로 볼 수 있는 제4차 아세안정상회담으로부터 아세안은 세계적인 냉전종식으로 인한 국제정치 및 국제경제의 환경 변화에 적극적으로 대응하기 위하여 역내 협력의 강화를 통하여 지역공동체로서의 확대 발전을 추구하였다.

---

56) 브루나이의 영국으로부터의 독립이 늦어졌던 이유는, 첫째 브루나이의 술탄은 인접국가인 인도네시아와 말레이시아로부터 침략을 받을지 모른다는 우려 때문에 영국으로부터의 독립을 반대했었다. 둘째, 외부 지원을 받고 있었던 것으로 믿었던 무장폭도(실제로 1962년 Azahari가 이끄는 폭도가 왕권을 위협했던 적이 있었다)이 왕권을 위협할 수 있다는 우려 때문이었다. Clark D.Neher, Southeast Asia in the New International Era, (Boulder: West View Prss, 1991), p. 36.

1992년 1월 제4차 아세안정상회담이 싱가포르에서 개최되었다. 개최된 동기는 한마디로 냉전의 종식으로 인한 세계적·지역적 변화의 도전에 적절히 대응하기 위한 것이었다. 이 회담을 통하여 아세안 정상들은 싱가포르선언을 채택하게 되는데 그 주요 내용은, 첫째 탈냉전시대에서의 동남아 지역안보 강화를 위한 역내외 국가들과의 대화를 확대해 나갈 것임을 천명했다는 점이다. 이를테면 아세안은 동남아시아 전체를 포용하는 폭넓은 지역협력을 위한 공동의 틀을 공급하는 동남아우호협력조약에 의거 이 지역 모든 국가 —베트남, 캄보디아, 라오스, 버마 등을 포함— 의 아세안 가입을 환영한다고 명시하였으며, 또한 미국을 비롯한 일본, 캐나다, 뉴질랜드, 호주, 한국, 유럽공동체(유럽연합) 등 주요 교역파트너(완전대화대상국)들과의 연례회담을 통해 안보문제에 관한 대화의 폭을 보다 확대할 것을 밝혔다. 둘째, 아세안 자유무역지대를 창설, 무역투자 분야에서 상호협력을 강화한다는 아세안 6개국 정상들의 의지를 표명하였고, 구체적인 방법에서는 AFTA의 토대를 형성할 공동효과특혜관세계획(the Common Effective Preferential Tariff Scheme: CEPT)에 서명하였다. AFTA의 창설 협정은 탈냉전 시대에 따른 경제안보 분야의 중요성, 즉 유럽, 북미 등에서의 무역블록화 추세에 대한 아세안 회원국들의 점증하는 우려를 반영한 것이었다. 셋째, 제도상의 문제로서 아세안 정상회담을 3년마다 규칙적으로 개최하며 그 기간 사이에도 필요하다면 비공식정상회담을 가질 수 있다는 것을 결정하였다. 또한 5개분야의 아세안 경제위원회(무역 및 관광분야, 산업·광물 및 에너지 분야, 재무 및 은행분야, 식량·농업·임업분야, 교통 및 통신분야)를 해체하고 이 업무를 고위경제간부회의(SEOM)가 신속하게 처리할 수 있도록 아세안 구조를 재구성하였다. 이와 같이 아세안 제도상의 재구성은 냉전의 종식과 함께 일어났던 근본적인 변화에 아세안이 빠르게 적응하고 대응하려는 의도에서 취해진 조치라고 볼 수 있다.

아세안은 창립 28년 만인 1995년 7월 브루나이에서 개최되었던 아세안외무장관회담(AMM)에서 적대관계로 일관해 온 사회주의국가 베트남을 아세안의 7번째 정회원국으로 받아 들였다. 베트남의 아세안 가입으로 인하여 옵서버 국가였던 라오스, 캄보디아, 미얀마 등이 아세안에 합류할 것이라는 전망과 함께「아세안-10」의 동남아공동체가 가시화되기 시작했다. 특히 베트남의 아세안 가입은 동서 양 진영 간의 이데올로기 경쟁시대가 막을 내리고 탈냉전시대가 도래했음을 웅변하는 역사적 사건이었다. 이제 인도차이나 반도를 중심으로 한 공산세력과 아세안을 중심으로 중립적 민주세력57)이라는 동남아 지역질서의 양분법은 의미를 상실하게 되었다.

1995년 12월 제5차 아세안정상회담이 방콕에서 개최되어 '1995년 방콕정상선언'을 채택하였다. 이 선언의 주요한 내용으로는, 첫째 아세안은 아세안지역포럼(ARF)을 아태지역의 평화와 안보를 유지하기 위한 유효한 과정으로 발전시켜나가는 데 아세안이 중심적 역할을 수행할 것임을 천명하였고, 둘째 남지나해 영유권 분쟁의 평화적 해결을 위해 아세안이 지속적인 역할과 기여를 해야 한다는 점을 재확인하였으며, 셋째 역외 국가들의 동남아우호협력조약 가입을 촉구하고 2000년까지 미가입국인 캄보디아, 라오스, 미얀마의 아세안 정회원국 가입을 촉진하기로 결정하였다. 또한 제5차 아세안정상회담은 동남아비핵지대화(SEA-NWFZ)를 공식적으로 체결·협정하여 선포하였다. 여기에는 미가입국인 캄보디아, 라오스, 미얀마도 서명하였다. 이는 역내 국가의 핵무기 개발과 생산·반입 등을 금지하는 내용을 담고 있어서 아세안이 지속적인 경제발전을 위해서는 평화적인 여건 조성이 무엇보다도 중요하다는 점을 강조하는 것이었다. 단, 아세안은 이 협정에서 평화적인 핵이용은 허용하며 동시에 외국군함의 무해통항권도 보장하기로 명문화하였다. 또한 아세안은 이 협정이 핵확산금지조약(NPT)에도 적합한 것인 만큼 세계 5대 핵강국(미국, 중국, 프랑스, 러시아, 영국)도 이를 지지하는 의정서에 서명하여야 한다고 요구하였다. 그러나 실제적으로 미국은 이 협정에 따라 핵추진함정이 동남아 해역을 통과하기 어려워질 수 있다는 우려 때문에 반대의사를 표명했으며, 중국 역시 남지나해의 남사군도 영유권 주장에 타격을 받을 수 있다는 우려 때문에 찬성하지 않았다.58) 프랑스 또한 서명을 거부했으며 러시아, 영국도 유보의사를 표명했다.59) 따라서 아세안의 동남아비핵지대화의

---

57) 아세안 회원국들은 내부적으로 지역안보에 대한 미묘한 의견의 차이를 보였지만 1971년 공식적으로 ZOPFAN선언을 채택하여 동남아지역의 중립화 방안을 견지하였다. 또한 아세안은 기본적으로 반공산주의적 성격을 분명히 하였다. 아세안 창립 당시 5개국의 회원국 가운데 4개국이 서방의 군 기지를 유치하고 있었다. 이를테면 필리핀과 태국은 영토 내에 미군기지를 두고 인도차이나 전쟁에서 미국이 역할을 수행하는 데 도움을 주었으며, 싱가포르와 말레이시아는 영국-말레이시아 방위조약의 회원국들로서 뒤이어 5개국 방위조약의 일원이 되었다. 이들 4개국은 결국 미국의 월남 개입을 전적으로 지지하였다. Lau Teik Soon, "ASEAN and the Bali Summit," Pacific Community, 7, 1976, pp. 536-537.

58) 「조선일보」, 1995. 12. 15, p. 6.

협정 체결은 아직까지는 선언적 의미만을 가질 수밖에 없는 상황이다. 그러나 아세안은 이들 국가들이 부속의정서에 서명하도록 계속 설득해 나간다는 입장을 밝히고 있다. 또한 제5차 아세안정상회담을 통해 아세안 7개국은 AFTA의 창설을 당초 계획보다 앞당겨 실현할 것을 합의하였다. 즉 1992년 제4차 아세안정상회담에서 합의했던 2008년까지 아세안 역내관세를 0~5% 수준으로 낮추려던 계획을 1994년 9월 방콕에서 열렸던 아세안경제장관회담(AEM)에서 2003년까지 아세안 역내관세를 0~5% 수준으로 낮춘다는 계획이 세워져 1995년 9월 브루나이의 AEM에서 2000년까지 아세안 역내관세를 0~5% 수준으로 앞당겨 낮추고 2003년에는 관세 0%의 완전개방시장을 창출한다는 실무협의에 따라 제5차 아세안정상회담은 이를 공식적으로 확인하여 인정하였다. 이와 같이 최근 아세안은 역내 경제협력 강화를 위한 노력을 가속화하고 있음을 잘 나타내 주고 있다.

1995년 7월 베트남의 아세안 가입이 이루어진 이후 라오스와 미얀마가 제30차 아세안외무장관회담(AMM)이 개최되기 하루 전날인 1997년 7월 23일 말레이시아의 수방자야에서 간단한 의식을 통해 아세안의 정회원국으로 가입하였다. 라오스와 미얀마의 아세안 가입으로 인해 아세안은 캄보디아를 제외한 '아세안-9'이 형성된 것이다.

1998년 12월 베트남의 하노이에서 제6차 아세안정상회담이 개최되었다. 이 회담에서 9개 회원국 지도자들은 역내 경제회복을 위해 공동 노력하기로 결의하는 한편, 1999년 초 캄보디아를 아세안의 10번째 정회원국으로 받아들일 것을 합의하였다. 특히 아세안 정상들은 이틀 간의 정상회담을 폐막한 뒤 발표한 공동 성명을 통해 동남아 금융위기 이후 축소되고 있는 역내 해외투자를 확대하기 위해 앞으로 2년간 해외투자자들에게 인센티브를 제공한다는 내용을 담은 '하노이 행동계획'을 발표했다.

1999~2004년까지 아세안의 중기적 목표를 담고 있는 하노이행동계획에는 회원국 간 무역확대를 위한 관세인하 촉진, 무역 및 금융부문 개혁, 외국인 토지 소유 규제완화 등의 조치를 담고 있다. 회원국 정상들은 이 행동계획에서 오는 2002년까지 역내에서 거래되는 상품 대부분의 관세를 5% 이하로 낮추기로 합의하였는데, 이는 당초 2003년이던 역내 관세인하 시한을 1년 앞당긴 것이다. 그리

---

59) Ibid.

고 후발 개도국인 베트남은 2003년, 라오스와 미얀마는 2005년까지 관세인하 유예기간을 주기로 합의하였다. 이와 같은 조치는 전체 무역의 절반이 역내에서 이루어지고 있는 만큼 관세인하로 회원국 간 무역을 활성화하자는 취지로 보인다. 투자활성화를 위해서는 역내 투자자에 대한 내국인 대우, 제조업 등에 대한 외국인투자 개방, 외국인 부동산 소유 등을 허용하기로 하였다. 또한 외국인 투자 기업에 대한 법인세 면제와 자본재 수입 면세 등 2년 시한부 특례조치도 도입되었다. 이는 1997년 7월 금융위기 이후 33.6%가 줄어든 외국인 투자확대를 겨냥한 것이었다. 그런가 하면 역내 경제위기의 재발을 막기 위해 회원국 간 거시경제지표 및 통화공급량을 비롯해 동남아 금융위기의 원인이 되었던 중요 사안에 대한 정보공개를 골자로 하는 조기경보시스템을 설치, 역내 거시경제 및 금융부분의 안정을 꾀하기로 합의하였다. 회원국 정상들은 조기경보체제 설치와 관련하여 공개자료의 범위를 놓고 일부 논란을 벌인 것으로 알려졌으나 막판 아세안이 공개해야 할 정보를 의무적 공개자료와 자발적 공개자료 등으로 나누어 공개하기로 합의하였다.

사실상 '하노이행동계획'은 '아세안비전 2020'의 실현을 위한 중기계획으로 1999~2004년까지 아세안 회원국 간 무역확대, 투자활성화 등에 관한 이행방안을 모색한 것이다. 여기서 '아세안비전 2020'은 1997년 제2차 비공식 아세안정상회담에서 채택된 것인데, 이것은 아세안의 장기 발전계획으로 4대 목표를 제시하고 있다. 첫째, 아세안 회원국 간의 협조 강화, 둘째 역동적 발전을 위한 파트너십 구축, 셋째 아세안 공동체 구현, 넷째 대외지향적 아세안 실현 등이다.

1999년 4월 그동안 내정의 불안으로 아세안 가입이 유보되었던 캄보디아가 베트남에서 이루어진 간단한 의식절차를 통하여 아세안에 합류함으로써 아세안 창립 32년 만에 아세안의 원대한 비전이었던 '아세안-10'의 동남아공동체가 현실화되었다.

(4) 아세안공동체(ASEAN Community) 실현 모색(2000년대 이후)

제7차 아세안정상회담이 2001년 11월 브루나이에서 개최되었다. 이 회담에서 10개 회원국 정상들은 국제테러를 강력한 용어로 비난하는 공동성명을 채택하고, 국제테러에 대한 투쟁에 협력하기로 합의하였다. 이 공동성명은 이슬람이

다수 종교인 인도네시아와 말레이시아가 비판해 온 미국의 대아프가니스탄 보복공격에 대해서는 언급하지 않았다. 또한 이 성명은 회원국들이 일선 법집행 기관 간 협력 증진을 통해 각국의 테러척결 시스템을 재검토, 강화해야 할 것을 지적하고, 테러척결 활동에 관해 유엔이 주요 역할을 맡아줄 것을 촉구했다. 성명을 준비하는 과정에서 인도네시아와 말레이시아는 미국이 주도하는 대아프가니스탄 보복공격에 대해 반대의견을 피력한 반면, 싱가포르와 필리핀은 이를 지지한다는 입장을 보였다.

한편, 제7차 아세안정상회담은 에이즈 및 에이즈 바이러스인 HIV와의 전쟁을 위한 4개년 계획을 채택했다. 아세안은 또한 약물 복용이 성행위보다 더 큰 위협이 될 수 있다고 경고하면서 허용 가능한 약품 규명, 콘돔 사용 촉진, 모체에서 아이로의 에이즈 전염예방 등을 위한 14가지 계획을 채택했다. 정상들은 이 날 공개된 51쪽짜리 '2002~2005년 아세안 에이즈/HIV 계획'을 통해 에이즈 확산을 막기 위한 조치들이 취해지지 않을 경우, 역내 정치·경제·사회적 요인으로 인해 감염자 수가 더욱 늘어날 것이라고 경고했다. 유엔은 지난 1999년 말 5억 1천만 인구의 아세안 역내에 163만 명의 에이즈 및 HIV보균자가 있는 것으로 평가했다. '2002~2005년 아세안 에이즈/HIV 계획'은 HIV 감염예방 및 이의 사회, 경제적 영향 완화를 위한 아세안의 공동 전략을 규정하고 있다. 이 계획은 아세안 역내 국가들의 에이즈 및 HIV 상황은 초기 단계에서 파괴적인 영향을 줄 수 있는 재앙 수준에 이르기까지 다양하다면서 이 질병이 경제성장을 둔화시키는 것은 물론 인간 및 국가안보에도 위협이 되고 있다고 지적했다. 또한 이 계획은 현재 에이즈 및 HIV의 주된 요인은 많은 수의 성 파트너와 콘돔 사용률 저하 등을 동반한 성행위라고 지적하고, 그러나 약물 주사가 성행위를 능가하는 에이즈 및 HIV 확산 수단이 될 수 있다고 경고했다. 세계보건기구(WHO)는 앞서 지난 2001년 8월 아시아 지역 성인들의 사망률이 앞으로 10년 동안 에이즈 문제로 인해 40%까지 높아질 것이라고 경고한 바 있다. 특히 아시아 국가 중 캄보디아, 미얀마, 태국 등 3국은 전체 인구의 1%가 에이즈 환자이거나 HIV 보균자인 것으로 보고되고 있다.

제8차 아세안정상회담이 2002년 11월 프놈펜에서 개최되었다. 사실상 이 회담은 캄보디아 내란(1970~1991) 이후 프놈펜이 주최한 최초의 중요한 국제적 회의이기도 하였다. 더욱이 이 회담은 캄보디아의 정치적 상황에 대한 국제적인 안목에 변화를 주었을 뿐만 아니라, 캄보디아 입장에서 외국인의 투자 기회를 만드는 계기가 되기도 하였다. 그러나 이러한 기회가 있었음에도 캄보디아는 아직도 최저 수준의 삶을 꾸려가며 외국의 원조에 매달려 있으며, 대부분의 국민은 하루하루 일용할 양식을 구하기에 온갖 노력을 다하고 있는 실정이다.

제8차 아세안정상회담은 9.11테러 이후 변화하는 국제정세 속에서 아세안 통합을 위한 이니셔티브를 가속화하고, 회원국 간 결속력을 강화하여 동남아 지역의 정치 경제적 발전을 꾸준히 추구해 나아간다는 점에 초점이 맞추어져 있었다. 특히 프놈펜의 주요 의제는 네 가지로 축약된다. 즉 성공적인 메콩강개발계획을 위한 협력추진, 단일 관광 목적지로서의 아세안공동체 확보, 평화와 안보를 위한 아세안 반테러리즘 협력 강화, 지구온난화를 막기 위한 아세안의 과감한 노력 등이었다.

제9차 아세안정상회담은 2003년 10월 발리에서 개최되었다. 이 회담은 급변하는 국제정세에 아세안 국가들이 능동적으로 대처할 필요성이 있음을 재확인하는 자리였으며, 특히 북한 핵문제를 포함한 한반도 이슈, 이라크전쟁을 포함한 중동 이슈, 테러리스트들의 준동에 대한 적절한 대비 등을 주요 의제로 다루었다. 또한 아세안 지도자들은 이 회담을 통해 2020년까지 아세안공동체를 실현시키기 위한 세 가지의 기조, 즉 아세안안보공동체, 아세안경제공동체, 아세안사회문화공동체의 실현을 재천명하였다.

☞ 아세안안보공동체(ASEAN Security Community): 안보협력 확대를 지향하며 '동남아우호협력조약'을 실현 수단으로 활용
☞ 아세안경제공동체(ASEAN Economic Community): 상품 · 서비스 · 자본 이동이 자유로운 단일시장 형성을 지향하며 인적자원개발 · 금융정책협력도 확대
☞ 아세안사회문화공동체(ASEAN Socio-cultural Community): 인구 · 교육 · 전염병예방 등 제 분야에서의 공동협력을 강화

제10차 아세안정상회담은 2004년 11월 라오스의 수도 비엔티엔에서 "대(大) 결속력, 경제통합, 사회발전을 통한 안정적이며 역동적인 아세안 패밀리(ASEAN Family)를 선진화하기"라는 대주제로 개최되었다. 특히 이 회담에서 아세안지도 자들은 포괄적인 통합을 통해서 아세안공동체 실현을 위한 구체적인 수단을 제시하는 비엔티엔 행동 프로그램(VAP)을 채택하였다. VAP는 아세안이 2004년부터 2010년까지 아세안공동체 실현을 위한 동남아 지역의 평화와 안정, 사회적 번영을 목표로 구체적인 아세안안보공동체 행동계획과 아세안사회문화공동체 행동계획을 포함하고 있으며, 또한 경제통합을 가속화하는 구체적인 접근방식까지 포함하여 종국적으로는 아세안경제공동체 실현을 위한 중요한 발판으로 삼아보겠다는 것이다.

2007년 제12차 아세안정상회담에서는 아세안공동체 실현 가속화에 대한 세부선언(Cebu Declaration)을 채택하였다. 세부선언은 당초 2020년까지 '3개의 아세안공동체' 실현목표를 2015년으로 조기 실현목표를 세워 추진하기로 결정한 것이었다.

2007년 11월 싱가포르에서 개최되었던 제13차 아세안정상회담에서는 '아세안헌장'이 채택되었으며, 발효 시점은 2008년 12월 15일이다. 지역그룹로서 아세안이 '아세안헌장(ASEAN Charter)'을 공식 발효시킴으로써 아세안의 법적 지위 및 제도적 틀을 마련한 것으로 해석되며, 특히 그동안 협력위주의 성격이 강했던 아세안이 통합위주의 'EU식 공동체'로 선회할 가능성을 높이는 데 중요한 토대를 구축했다고 볼 수 있다. 단, 아세안공동체, 특히 아세안경제공동체(AEC)는 상품, 서비스, 인력, 자본의 역내 이동 자유화를 목표로 하고 있지만, 단일통화 실현을 통한 EU식 경제통합과는 달리 개별 회원국의 주권과 독립성을 유지하는 방식으로 통합을 추진 중이라고 할 수 있다.

2009년 10월 아세안 회원국들은 '아세안인권선언'을 채택하게 되는데, 이는 아세안 회원국들의 인권을 증진시키기 위해 설치 운영되어 온 '아세안정부간인권위원회(ASEAN Inter-governmental Commission on Human Right)'에 의해 초안이 작성되었으며, 그것이 2012년 11월 프놈펜에서 개최된 제21차 아세안정상회담에서 채택된 것이다. 사실상 '아세안인권선언'은 약 6억 명 이상의 '아세안 국민들의 인권에 대한 공약'을 구체적으로 담아내고 있는 것이다.

아세안은 '아세안헌장' 채택 및 발효 이후 인도네시아에 주ASEAN 상주대표위원회(CPR)를 설치하고 상주 아세안대사(ASEAN Ambassador)를 파견키로 하였다. 특히 아세안 내부 운영방식이 '아세안상주대표위원회' 중심으로 변경됨에 따라 아세안 회원국들은 '아세안헌장' 발효와 함께 (UN과 마찬가지로) 상주 아세안대사를 임명하기로 하였다. 따라서 아세안대사는 자카르타에 머물면서 아세안공동체이사회, 아세안분야별장관급회의의 업무지원 및 아세안 역외 대화대상국들과의 협력 활성화 역할을 수행한다.[60]

2009년 3월 태국의 차암에서 개최된 제14차 아세안정상회담에서 '아세안공동체를 위한 로드맵(2009~2015)'이 채택되었다. 이 로드맵은 정치안보공동체 청사진, 경제공동체 청사진, 사회문화공동체 청사진, 아세안통합이니셔티브 2단계 실행계획(2009~2015)으로 구성되어 있으며, 2004년 채택되었던 비엔티엔행동계획(VAP)을 대체하는 것이다.

2014년 5월 11일 미얀마의 네피도에서 개최된 제24차 아세안정상회담에서 아세안 지도자들은 '아세안공동체 실현을 위한 네피도 선언(Nay Pyi Taw Declaration on Realisation of the ASEAN Community by 2015)'을 채택했다. 이 선언의 주요 내용은 당초 2015년 1월 1일까지 아세안공동체 실현 계획을 세웠으나 그 계획을 2015년 12월 31일로 재조정하는 것이었다. 특히 아세안 지도자들은 정치안보 분야에서 단결, 지역평화, 안정유지 등에서 중심적 역할을 수행할 것이며, 그 외에도 법치, 인권증진, 분쟁의 평화적 해결 등에 대한 주요 원칙을 재확인했다. 경제 분야에서는 아세안공동체 실현에 필요한 제반 이니셔티브, 이를테면 아세안 단일시장 및 생산기지화, 아세안 항공시장협정 이행, 아세안 해운시장 추진 등을 이행할 것이며, 그 외에도 대화상대국과의 FTA 및 RCEP(역내포괄적 경제파트너십) 체결을 통한 외부 경제와의 통합 가속화 의지 등을 표명했다. 사회문화 분야에서 아세안 지도자들은 아세안공동체 의식 증진, 여성·청소년·아동·장애인 등 취약 그룹에 대한 권한 강화, 환경문제, 재난관리 및 긴급대응역량 강화 등의 필요성을 강조했다.

---

[60] 실제로 아세안헌장 제12조는 다음과 같이 명문화하고 있다. 즉, 아세안 회원국들은 자카르타에 위치한 대사급 아세안상주대표들(ASEAN Permanent Representatives)을 임명할 것이다. 상주대표들로 위원회가 구성되며, 그것이 바로 상주대표위원회(CPR)이다. 그 상주대표위원회는 주로 아세안공동체이사회(ASEAN Community Councils)와 아세안분야별장관급협의체(ASEAN Sectoral Ministerial Bodies)의 업무를 지원하며, 아세안 역외 대화대상국(ASEAN External Dialogue Partners)들과의 협력 활성화 역할을 수행한다.

2015년 11월 22일 말레이시아의 쿠알라룸푸르에서 개최된 제27차 아세안정상회담에서 '아세안 2025에 관한 쿠알라룸푸르 선언: 함께 앞으로 나아가자(Kuala Lumpur Declaration on ASEAN 2025: Forging Ahead Together)'가 채택되었다. 이 선언은 아세안정치안보공동체(APSC), 아세안경제공동체(AEC), 아세안사회문화공동체(ASCC)로 구성되는 '2015 아세안공동체'의 공식 출범(2015년 12월 31일부로 '아세안공동체'의 공식 출범을 의미함)을 선언하고 있으며, 2025년까지의 '아세안공동체'의 발전 방향과 이행 청사진(blueprint)을 재정비하고 있다.

〈표 3-1〉 아세안정상회담(ASEAN Summit) 개최 현황[61]

순차	날짜	의장국 (개최도시)	주요 내용
1	1976. 2. 23~24	Indonesia (Bali)	「ASEAN 협력선언」, 「동남아우호협력조약」 체결, ASEAN사무국 설립
2	1977. 8. 4~5	Malaysia (Kuala Lumpur)	ASEAN 창립 10주년 기념
3	1987. 12. 14~15	Philippines (Manila)	「마닐라 선언」 및 경협 강화를 위한 4개 협정 서명
4	1992. 1. 27~29	Singapore (Singapore)	정상회의정례화(매 3년), 「공동유효특혜관세협정」 체결
5	1995. 12. 14~15	Thailand (Bangkok)	「동남아 비핵지대 조약」 체결, 동남아 10개국 정상회의 최초 개최
비공식 (1)	1996. 11. 30	Indonesia (Jakarta)	라오스·미얀마의 ASEAN 가입 허용
비공식 (2)	1997.12. 14~16	Malaysia (Kuala Lumpur)	한·중·일정상초청, 「ASEAN Vision 2020」 채택
6	1998. 12. 15~16	Vietnam (Hanoi)	「하노이선언」, 「하노이행동계획」 채택, 캄보디아의 가입 승인
비공식 (3)	1999. 11. 27~28	Philippines (Manila)	AFTA 가속화, 「ASEAN 트로이카체제」 도입, 한·중·일과의 협력강화 희망 천명
비공식 (4)	2000. 11. 22~25	Singapore (Singapore)	「ASEAN 통합계획」 추진 합의, e-ASEAN 협정 조인, 공식·비공식 회의 구분 없이 연례적으로 정상회의 개최 결정
7	2001. 11. 5~6	Brunei (Bandar Seri Begawan)	「반테러선언」, 「HIV-AIDS에관한선언」 채택

61) 외교부 아세안국 아세안협력과. 2020. 「아세안 개황」, 서울: 한국장애인단체총연합회 인쇄사업소.

8	2002. 11. 4~5	Cambodia (Phnom Penh)	「대테러공동선언」채택, 「관광진흥협력협정」서명
9	2003. 10. 7~8	Indonesia (Bali)	「ASEAN 협력선언 II」채택
10	2004. 11. 29~30	Laos (Vientiane)	「비엔티안 행동계획」채택
11	2005. 12. 12~14	Malaysia (Kuala Lumpur)	「ASEAN 헌장 제정에 관한 선언」채택
12	2007. 1. 11~14⟨1⟩	Philippines (Cebu)⟨2⟩	「2015년 ASEAN 공동체 설립 가속화 선언」및 「ASEAN 헌장 청사진에 관한 세부 선언」채택
13	2007. 11. 18~22	Singapore (Singapore)	「ASEAN 헌장」서명/「경제공동체 구상에 관한 청사진」채택
14 ⟨3⟩	2009. 2. 26~3. 1	Thailand (Cha Am)	「ASEAN 공동체 로드맵에 관한 후아힌 선언」 「정치·안보공동체」및 「사회·문화공동체」청사진 채택
15	2009. 10. 23~25	Thailand (Cha Am, Hua Hln)	ASEAN 정부 간 인권위원회 설립
16	2010. 4. 8~9	Vietnam (Hanoi)	「기후변화 및 지속적인 경제회복과 발전에 관한 ASEAN 정상 공동성명」채택
17	2010. 10. 28~31	Vietnam (Hanoi)	「ASEAN 연계성에 대한 마스터플랜」채택
18 ⟨4⟩	2011. 5. 7~8	Indonesia (Jakarta)	「범세계적공동체속의 ASEAN공동체에 관한 공동선언」및 「ASEAN 평화화해기구(IPR) 설립에 관한 공동선언」채택
19 ⟨4⟩	2011. 11. 14~19	Indonesia (Bali)	「ASEAN 공동체 구축 관련 발리선언III」채택
20	2012. 4. 3~4	Cambodia (Phnom Penh)	「ASEAN: One Community, One Destiny」제하의 의장성명 발표
21	2012. 11. 17~20	Cambodia (Phnom Penh)	「ASEAN 인권선언」채택
22	2013. 4. 24~25	Brunei (Bandar Seri Begawan)	「ASEAN: Our People, Our Future Together」제하의 의장성명 발표
23	2013. 10. 9~10	Brunei (Bandar Seri Begawan)	「아세안 공동체의 Post-2015 비전에 관한 선언」채택
24	2014. 5. 10~11	Myanmar (Nay Pyi Taw)	「Moving forward in Unity to a Peaceful and Prosperous Community」제하의 의장성명 발표
25	2014. 11. 11~13	Myanmar (Nay Pyi Taw)	「ASEAN 공동체 Post 2015 비전에 관한 네피도 선언(Nay Pyi Taw Declaration on the ASEAN Community's Post-2015 Vision)」및 「ASEAN사무국 역량강화 및 ASEAN 메커니즘 점검에 관한 선언」채택

26	2015. 4.26~28	Malaysia (Kuala Lumpur & Langkawi)	「온건주의 운동 관련 랑카위 선언」, 「기후변화 및 재난대응 관련 선언」 및 「사람 중심의 아세안을 위한 쿠알라룸푸르 선언」 채택
27	2015. 11. 18~22	Malaysia (Kuala Lumpur)	「ASEAN 공동체 비전 2025에 관한 쿠알라룸푸르 선언」, 「ASEAN 공동체 비전 2025」, 「ASEAN 공동체 산하 3개 공동체 부속문서」 채택
28/29	2016. 9. 6~9	Laos (Vientiane)	「하나의 ASEAN, 하나의 대응에 관한 ASEAN 선언: 역내외 재난에 대한 ASEAN의 대응」, 「IAI 3차 작업계획(WP) 채택에 관한 비엔티엔 선언」, 「ASEAN 연계성 2025 마스터플랜(MPAC)의 채택에 관한 비엔티엔 선언」, 「ASEAN 비취학 아동 및 청소년 교육 강화 선언」, 「ASEAN 문화 유산 협력 강화를 위한 비엔티엔 선언」 등 채택
30	2017. 4. 26~27	Philippines (Manila)	ASEAN Declaration on the Role of Civil Service as a Catalyst for Achieving the ASEAN Community Vision 2025
31	2017. 11. 13~14	Philippines (Manila)	ASEAN Launches ASEAN Connectivity 2025 Video Series, ASEAN Leaders commit to safeguard the rights of Migrant workers
32	2018. 4	싱가포르	「회복력 있고 혁신적인 아세안을 위한 아세안 정상 비전」, 「사이버 안보 협력에 관한 아세안 정상 성명」 채택
33	2018. 11	싱가포르	「제14차 아세안 생물다양성 협약 이해당사국 총회 및 생물다양성 보존에 관한 공동 성명」, 「아세안 스마트시티 프레임워크」, 「아세안 청년 기후변화 대응 및 재난복원의 날 채택에 관한 선언」, 「아세안 회원국 간 제3국 영사 서비스 제공 가이드라인 선언」, 「아세안 장애인 권리 주류화 마스터플랜 2025」, 「아세안 공동체의 포용적 성장 및 평등을 위한 친환경 일자리 증진 선언」 채택
34	2019. 6	태국	「지속가능성을 위한 파트너십 관련 아세안 정상 비전 성명」, 「아세안 역내 해양 폐기물 대응 방콕 선언」, 「아세안 문화의 해 2019 정상 선언」, 「아세안의 인도 태평양 관점」 채택
35	2019. 11	태국	「RCEP 정상공동성명」, 「아세안 백신안보 정상 선언」, 「아세안내 아동권리 증진 공약 재확인 공동성명」, 「2030 지속가능개발을 위한 교육 협력 증진에 관한 방콕 선언」, 「이민 맥락에서 아동 권리에 관한 아세안 선언」, 「온라인 착취 및 학대로부터 아동 보호 선언」, 「4차 산업혁명에 대한 아세안 선언」 채택, 지속가능개발 관련 아세안 센터 출범, 아세안군의학센터 강화
36	2020. 6	화상회의	「단결하고 대응하는 아세안에 관한 아세안 정상 비전성명: 도전 극복 및 성장 유지」, 「일자리 변화에 대응하기 위한 인적자원개발 관련 아세안 선언」, 「디지털 시대 여성 역량 강화에 관한 의장 언론성명」 채택

〈1〉제12차 아세안정상회담이 2006년 12월 10~14일 개최 예정이었으나, 태풍 우토르로 인하여 2007년 1월 11~14일로 연기되었다.

〈2〉본래 알파벳순으로 볼 때 제12차 아세안정상회담은 미얀마가 개최하기로 되어 있었으나, 당시 미얀마가 미국과 유럽연합(EU)으로부터 상당한 압력을 받고 있던 상황이었기 때문에 아세안정상회담 개최를 자진 취소함으로써 다음 순번인 필리핀이 개최하게 되었던 것이다.

〈3〉제14차 아세안정상회담은 두 번에 걸쳐 이루어졌다. 첫 번째는 2008년 태국의 정치혼란으로 인해 2008년 12월 12~17일까지 개최예정이던 것이 2009년 2월 27~3월 1일로 연기되어 개최되었으며, 두 번째로는 정상회담장 입구를 시위대가 장악함으로써 2009년 4월 11일 중단되었다.

〈4〉제18차와 19차, 두 차례에 걸쳐 아세안정상회담을 인도네시아가 개최하게 된 배경은 2013년 APEC을 개최하기로 되어 있던 브루나이와 순번을 바꾸어서 개최하다 보니 그렇게 되었다.

※ 1995년 태국의 방콕에 개최되었던 제5차 아세안정상회담에서 필요 시 공식적인 정상회담이 열리는 해를 피해 비공식적인 정상회담을 개최할 수 있다는 결정을 봄에 따라 비공식적인 정상회담이 4차에 걸쳐 개최되었다(〈표 3-1〉 참조).

☞ 일반적으로 공식적인 아세안정상회담(The formal ASEAN summit)이 다음과 같은 일정으로 진행된다.

✓ 첫째, 아세안 지도자들은 아세안 내부적으로 회담을 개최한다(ASEAN-10 회담).

✓ 둘째, 아세안 지도자들은 ARF의 외무장관들과 함께 회의를 개최를 한다(아세안 확대외무장관회의: ARF/아세안지역안보포럼).

✓ 셋째, 아세안 지도자들은 3 ASEAN Dialogue Partners인 한국, 중국, 일본과 함께 회담을 개최한다(ASEAN+3 정상회담)

✓ 넷째, 그 외에도 별도의 회담 형식으로 2 ASEAN Dialogue Partners인 호주와 뉴질랜드와 함께 회담을 개최하는데, 여기에는 아세안 회원국 및 호주와 뉴질랜드 경제장관들이 참여한다(ASEAN+CER/Closer Economic Relations 회담).

☞ 아세안정상회담은 1976년 인도네시아 발리에서 최초로 개최되었으며, 이때만 하더라도 아세안정상회담은 불규칙적으로 열렸다.

☞ 그러다가 1987년 필리핀 마닐라에서 개최되었던 제3차 아세안정상회담에서 아세안 지도자들은 정상회담을 매 5년마다 개최하기로 결정하였다.

☞ 그리고 다시 1992년 싱가포르에서 개최된 제4차 아세안정상회담에서 매 3년 마다 정상회담을 개최한다고 재결정하였다.

☞ 그리고 2001년 제7차 아세안정상회담(브루나이)에서는 정상회담을 매년 개최 하며 긴급한 이슈가 있을 때에는 언제든 만날 수 있다고 결정하였다.

☞ 실제로 2009년부터는 아세안정상회담이 연 2회에 걸쳐 개최되었다.

✔ 참고로 개최순서는 알파벳 순서로 돌아간다. 아세안정상회담 개최의 횟수가 늘어나게 된 배경에는 세계적 그리고 지역적 변화의 속도가 그마 만큼 빠르게 일어나고 있다는 반증이며, 이러한 변화의 속도에 능동적이고 적극적으로 대 응해 보려는 아세안 지도자들의 의도가 있는 것으로 해석할 수 있다.

| 2015 아세안공동체(ASEAN Community)」 출범(2015. 12. 31)

☞ 2015년 12월 31일 공식 출범된 '아세안공동체'는 3개의 하부 공동체, 즉 아세안 정치안보공동체(ASEAN Political-Security Community: APSC), 아세안경제공동 체(ASEAN Economic Community: AEC), 아세안사회문화공동체(ASEAN Socio-Cultural Community; ASCC)로 구성되어 있다.

☞ '아세안공동체'는 2015년 기준 인구 약 6억 3천만 명으로 세계 3위(중국, 인도, 아세안), GDP 약 2조 7천억 달러 규모로 세계 7위(미국, 중국, 일본, 독일, 프랑 스, 영국, 아세안 순, 단, EU와 같은 지역공동체 제외)의 시장을 형성하고 있다.

☞ 최근 수년 간 지속되고 있는 세계적인 경제 불황 속에서도 아세안의 연 평균 경제성장률은 약 5%(2015년 기준 4.7%)에 이르러 다른 선진국들(약 2.0%대) 에 비해 역동성을 보여 주고 있다. 그리고 아세안은 한국, 일본, 중국, 인도 등 주요국과 FTA 네트워크를 구축하고 있으며, 특히 아세안경제공동체 출범으로 세계경제와의 통합을 추진하면서 지구촌의 성장엔진으로 부상하고 있다.

☞ 아세안은 2015년 기준 인구의 약 60%가 35세 이하인 젊은 인구 구성으로 두 꺼운 노동력과 소비력을 보여주고 있으며, 지난 10년 간 중산층이 2배로 증가 하는(2020년 약 4억 명 예상) 등 내수시장도 잠재력이 높은 지역으로 세계의 관심을 집중시키고 있다.

☞ '아세안공동체' 출범은 한국의 새로운 미래성장의 동력이 될 가능성이 크다. 이를테면 아세안은 최근 한국의 핵심적 경제파트너로 부상하고 있으며(2015년 기준 제2의 교역대상지역, 제2의 투자대상지역), 한국의 주요 자원공급지(목재, 석유, 천연가스, 석탄 등)이기도 하다. 뿐만 아니라 '아세안공동체' 발전의 핵심 과제 중의 하나인 연계성(connectivity) 강화는 전력, 도로, 철도, 통신, 에너지 분야를 포함한 대규모 인프라 사업의 창출로 한국기업에게 새로운 기회를 제공하게 되며, 동남아에서의 한류 효과로 말미암아 한국기업들의 진출에 유리한 환경이 조성되고 있다는 점이다.

| 「아세안공동체」 비전 2025 주요 내용

☞ 공통요소
  • 아세안은 규칙 기반적이며, 인간 지향적이고, 인간 중심적 공동체를 지향한다.
  • 아세안공동체는 아세안헌장에 명시하고 있는 아세안 국민들의 인권과 기본 자유, 높은 삶의 질, 공동체 구축의 혜택 등을 보장한다.
  • 아세안공동체는 평화적이며, 안정적이며, 탄력적인 공동체를 지향하며, 글로벌민족공동체의 일원으로서 대외 지향적 공동체를 추구한다.
☞ 정치안보공동체(APSC)는 아래와 같은 공동체를 실현시키려고 노력한다.
  • 규칙 기반 공동체
  • 포용적 대응 공동체
  • 관용과 중용 공동체
  • 포괄적 안보 공동체
  • 분쟁 해결 공동체
  • 비핵지대 공동체
  • 해양 안보 협력 공동체
  • 아세안 중심성, 단결, 결속력 공동체
  • 역외 협력 상생 공동체
☞ 경제공동체(AEC)는 아래와 같은 공동체를 실현시키려고 노력한다.
  • 높은 수준의 통합과 결속력 있는 지역 경제
  • 경쟁력 있고, 혁신적이며, 역동적인 공동체
  • 연계성 및 부문별 협력 강화
  • 탄력적이고 포용적인 인간 중심의 공동체
  • 글로벌 아세안 지향

☞ 사회문화공동체(ASCC)는 아래와 같은 공동체를 실현시키려고 노력한다.
- 실행적이고, 참여적이며, 사회적으로 책임감 있는 공동체
- 포괄적 공동체
- 지속가능한 공동체
- 탄력적인 공동체
- 역동적이고 조화로운 공동체

❖ 아세안의 미래 방향(Moving Forward)은 2025년까지 더 강한 화합력을 보이는 공동체 추구한다.

Ⅶ. 아세안의 주요 협력분야

1. 정치안보협력 분야

(1) 동남아우호협력조약(TAC)

TAC은 1976년 제1차 아세안정상회담에서 아세안 회원국들이 ZOPFAN의 실현 수단으로 동남아시아 국가들 간의 우호 및 협력의 증진을 강조한 것이며, 더 나아가 분쟁의 평화적 해결을 약속하는 일종의 행동강령의 성격도 지닌다고 볼 수 있다.

1992년 UN총회는 TAC 지지결의안을 채택하였으며, 이에 힘입어 아세안은 국제적 지지확보에 주력하면서 TAC 가입을 '동아시아정상회의(EAS)' 참가 조건 중 하나로 제시하는 등 역외국들에게도 참여를 권유하고 있다. 당시 한국은 UN총회에서 TAC지지결의안 공동 제안국으로 참여하기도 하였다.

2018년 현재 TAC의 참여국은 총 35개국이다. 즉 아세안 10개국, 파퓨아뉴기니(1989), 중국/인도(2003), 일본/파키스탄/한국/러시아(2004), 뉴질랜드/몽골/호주(2005), 프랑스(2006), 동티모르(2007), 방글라데시/스리랑카(2007), 북한(2008), 미국/캐나다/터키(2009), EU/영국/브라질(2012), 노르웨이(2013), 칠레/모로코/이집트(2016) *이란 및 아르헨티나 TAC 가입 관심 표명

(2) 동남아비핵지대화(SEA-NWFZ) 선언

1995년 12월 제5차 아세안정상회담은 동남아비핵지대화(SEA-NWFZ)를 공식적으로 체결·협정하여 선포하였다. 여기에는 미가입국인 캄보디아, 라오스, 미얀마도 서명하였다. 이는 역내 국가들의 핵무기 개발과 생산·반입 등을 금지하는 내용을 담고 있어서 아세안이 지속적인 경제발전을 위해서는 평화적인 여건 조성이 무엇보다도 중요하다는 점을 강조하는 것이었다. 단, 아세안은 이 협정에서 평화적인 핵이용은 허용하며 동시에 외국군함들의 무해통항권도 보장하기로 명문화하였다. 또한 아세안은 이 협정이 핵확산금지조약(NPT)에도 적합한 것인 만큼 세계 5대 핵강국(미국, 중국, 프랑스, 러시아, 영국)도 이를 지지하는 의정서에 서명하여야 한다고 요구하였다. 그러나 실제적으로 미국은 이 협정에 따라 핵추진함정이 동남아 해역을 통과하기 어려워질 수 있다는 우려 때문에 반대의사를 표명했으며, 중국 역시 남지나해의 남사군도 영유권 주장에 타격을 받을 수 있다는 우려 때문에 찬성하지 않았다.[62] 프랑스 또한 서명을 거부했으며, 러시아, 영국도 유보의사를 표명했다.[63] 따라서 아세안의 동남아비핵지대화의 협정체결은 아직까지는 선언적 의미만을 가질 수밖에 없는 상황이다. 그러나 아세안은 이들 국가들이 부속의정서에 서명토록 계속 설득해 나간다는 입장을 밝히고 있다.

| 동남아비핵지대화(SEA-NWFZ) 조약 주요 내용

☞ 핵무기의 개발, 생산, 획득, 보유, 통제권 보유, 주둔(배치·부착·장착·저장·비축 등), 수송, 실험 및 사용금지(제3조 1항)
  ✓ 여타 국가의 핵무기 개발, 생산, 획득, 보유, 통제권 보유, 주둔, 실험 및 사용을 허용하지 않을 의무(제3조 2항)
☞ 외국항공기나 함선의 통항(통과) 혹은 기착(기항)(제2조 2항)
  ✓ 공해자유, 무해통항, 군도수역 통항에 관한 국제법 존중
☞ 무해통항, 군도수역 통항 및 통과통항 이외의 외국함선, 항공기의 통항(통과) 및 기착(기항)은 각 당사국이 결정(제7조)
☞ 핵물질 및 핵폐기물 투기 및 처분 금지(제3조 3항)

---

62) 「조선일보」, 1995. 12. 15, p. 6.
63) Ibid.

2. 경제통상협력 분야

(1) AFTA(ASEAN Free Trade Area): 창설 및 목표, CEPT Scheme, 관세 철폐계획 재결정

1) AFTA의 창설 및 목표

1992년 1월 싱가포르에서 개최되었던 제4차 아세안정상회담은 세계적인 지역통합의 움직임(⑩ 유럽지역의 EC의 확대재편, 북미지역의 NAFTA 출범, 아태지역의 APEC 출범 등)에 능동적이고 적극적으로 대응해 나아가야 한다는 입장에서 향후 15년을 목표로 아세안자유무역지대를 창설하기로 합의하였다. 구체적으로는 1993년 1월부터 15년(2008년) 이내에 15개 분야의 우선품목[64]에 관해서 각국 간 관세를 0~5%로 인하할 것을 목표를 설정하였으며, 이를 달성하기 위한 구체적인 방법상 공동효과특혜관세계획(the Common Effective Preferential Tariff Scheme: CEPT Scheme)을 세워 추진하기로 하였다.

> ☞ AFTA의 궁극적인 목표는 아세안 지역 내에서 관세 및 비관세 장벽을 철폐함으로써 세계시장의 주요 생산기지로 발돋움하고, 매력적인 외국인 직접투자가 이루어질 수 있도록 하여 종국적으로는 세계수준의 경쟁력을 갖춘 공간으로 만들어 보겠다는 것이다.
> ✓ 비관세 장벽(Non-Tariff Barriers): Government measures other than tariffs that restrict imports.(수입을 제한하는 관세 이외의 정부 조치들: 무역에서의 수량제한 및 각종 수입과징금, 쿼터제 등을 의미함).

2) 공동효과특혜관세계획(CEPT Scheme)이란?

당초 CEPT계획에 의하면 제4차 아세안정상회담에서 결정되었던 우선품목 15개 분야 가운데 현행 관세율이 20% 이상인 것은 10년 이내에, 20% 이하 품목은 7년 이내에 관세를 0~5%로 인하하고 (이들 품목은 Fast Track 프로그램이라고 분류함), 이 15분야 이외의 일반품목에 관해서는 현행 관세율 20% 이하는 10년 이내에

---

64) 제4차 아세안정상회담에서 결정하였던 우선품목 15개 분야는 1)식물류 2)시멘트 3)약품 4)화학제품 5)비료 6)플라스틱 7)고무제품 8)피혁제품 9)펄프 10)섬유 11)세라믹유리 12)귀금속 및 보석 13)도기제품 14)전자제품 15)목재제품을 말한다.

〈표 3-2〉 CEPT계획변경: 관세인하 완료시기 단축

구분/현행관세율	20% 초과	20% 이하
신속관세인하 프로그램 (Fast Track Program)	10년 이내(2003년 1월 1일 관세를 0~5% 수준으로 인하)에서 7년 이내(2000년 1월 1일 관세를 0~5% 수준으로 인하)	7년 이내(2000년 1월 1일 관세를 0~5% 수준으로 인하)에서 5년 이내(1998년 1월 1일 관세를 0~5% 수준으로 인하)
일반관세인하 프로그램 (Normal Track Program)	15년 이내(2008년 1월 1일 관세를 0~5% 수준으로 인하)에서 10년 이내(2003년 1월 1일 관세를 0~5% 수준으로 인하)	10년 이내(2003년 1월 1일 관세를 0~5% 수준으로 인하)에서 7년 이내(2000년 1월 1일 관세를 0~5% 수준으로 인하)

0~5%로, 20% 이상은 5~8년 이내에 20%로, 그 후 7년 이내에 0~5%로 인하한다 (이들 품목은 Normal Track 프로그램이라고 분류함)는 것이었다. 그런데 1994년 9월 태국 치앙마이에서 개최된 제26차 아세안경제장관회의(AEM)에서는 AFTA를 본격적으로 추진하기 위해 역내무역에 대한 관세인하 완료시기를 조기에 단축하기로 하였다. 즉 관세인하 완료시기를 종전의 CEPT 계획 발효 후 15년(2008년)에서 10년(2003년)으로 5년간 단축하고, 이 중 일반인하품목(Normal Track 프로그램)에 관해서는 현행 관세율 20% 이상은 2003년(종전 2008년)까지 관세를 0~5%로 인하하고, 현행 관세율이 20% 이하는 2000년(종전 2003년)까지 관세를 0~5%로 인하한다는 것이었다. 또한 신속인하품목(Fast Track 프로그램)에 관해서는 현행 관세율 20% 이상은 2000년(종전 2003년)까지 관세를 0~5%로 인하하고, 현행 관세율이 20% 이하는 1998년(종전 2000년)까지 관세를 0~5%로 인하한다는 것이었다(〈표 3-2〉 참조).

3) 관세철폐계획 재결정

AFTA는 기존 아세안-6(브루나이, 인도네시아, 말레이시아, 필리핀, 싱가포르, 태국)와 신규 아세안-4(베트남, 캄보디아, 라오스, 미얀마)로 구성되어 추진되었으나, 뒤늦게 합류한 신규 아세안-4로 인해 AFTA의 관세인하계획이 지지부진하게 추진되기도 하였다. 그러다가 1999년 제3차 비공식 아세안정상회담에서 기존 아세안-6는 2010년까지 신규 아세안-4는 2015년까지 각각 관세를 철폐하기로 재결정하였다. 그러나 이와 같은 관세철폐 결정 이후, 2002년 1월 아세안-6의 관세인하가 재개시되었고, 2006년 8월까지 0~5% 이하 관세 인하율이 99.7%에 이르는 등

사실상 ASEAN-6의 경우 AFTA가 출범된 상태이다(한국 외교부 자료에 근거함).

(2) AFTA Plus 정책 추진

아세안은 AFTA(자유무역지대)를 기반으로 경제통합효과를 극대화하기 위해서 '아세안포괄적투자협정(ASEAN Comprehensive Investment Agreement; ACIA)'과 'e-아세안구조협정(e-ASEAN Framework Agreement)' 등을 포함하는 AFTA-Plus 정책을 추진하고 있다.

1) 아세안포괄적투자협정(ACIA)

아세안포괄적투자협정은 아세안 내 투자의 자유로운 순환을 조성한다는 목적으로 2012년 3월 29일부로 발효되기 시작했다. ACIA의 주요 원칙은 다음과 같다.

첫째, 개방원칙: 아세안 회원국들의 모든 산업은 투자를 위해 (일정에 따라 단계적으로 제거되는 제외품목 이외에는) 개방된다는 것이다.

둘째, 내국인대우원칙: 아세안 회원국들은 (몇몇 소수의 제외품목 이외에는) 아세안투자자들에게 내국인대우를 부여한다는 것이다.

셋째, 투자방해제거원칙: 아세안 회원국들은 아세안 내 투자를 방해하는 모든 조치는 제거한다는 것이다.

넷째, 투자절차합리화(간소화)원칙: 아세안 회원국들은 투자절차를 간결하고도 합리적으로 추진한다는 것이다.

다섯째, 투자투명성강화원칙: 아세안 회원국들은 아세안 내 투자과정에서 투명하게 진행하고 이를 강화한다는 것이다.

마지막으로, 투자촉진조치원칙: 아세안 회원국들은 아세안 내 투자촉진조치를 취한다는 것이다.

2) e-아세안구조협정(e-ASEAN Framework Agreement)

한편 e-아세안구조협정은 아세안을 하나로 묶는 종합적인 정보인프라 구축 및 전자상거래 개발 등을 목적으로 2000년 11월 제4차 비공식 아세안정상회담에서 아세안지도자들에 의해 채택된 것이다. e-아세안구조협정의 주요 내용은 다음과 같다.

첫째, ICT(정보통신기술)[65] 관세를 기존 아세안회원국들은 2005년까지, 신규 아세안회원국들은 2010년까지 철폐한다는 것이다.

둘째, 아세안 회원국 간 정보격차를 완화한다는 것이다.

셋째, e-ASEAN 실현을 위해 민간부문 협력을 촉진하고, ICT 상품 및 서비스 거래 및 투자를 원활하게 한다는 것이다.

(3) 아세안통합이니셔티브(Initiatives for ASEAN Integration: IAI) 추진

1) IAI 추진 합의

아세안은 2000년대로 접어들면서 통합(Integration), 특히 경제통합(Economic Integration)을 위한 이니셔티브를 추진하고 있다. 2000년 11월 싱가포르에서 개최되었던 제4차 비공식 아세안정상회담에서 아세안 지도자들은 기존 아세안회원국들과 신규아세안회원국 간의 경제적 격차를 해소한다는 내용을 골자로 '아세안통합이니셔티브(IAI)'를 추진하기로 합의하였으며, 2002년 프놈펜에서 개최되었던 제8차 아세안정상회담에서는 아세안통합이니셔티브(IAI)의 실행계획, 즉 2002~2008년까지 인프라·인적자원개발·ICT(정보통신기술)·지역경제통합 등 4개 분야 총 134개의 사업을 추진하기로 합의하기도 하였다. 그런가 하면 2009년 3월 태국의 차암에서 개최되었던 제14차 아세안정상회담에서 아세안지도자들은 2009~2015년간 아세안통합이니셔티브(IAI)의 2단계 실행계획을 승인하였다. 특히 이 회담에서는 2015년 아세안공동체 실현을 위해 기존 아세안회원국과 신규 아세안회원국 간의 개발격차 해소의 중요성을 재강조하기도 하였다. 그런가 하면 2016년 9월 제28차 정상회의에서 2016~2020년간 IAI 3차 작업계획을 승인하였다. 여기에서 2015년 채택된 ASEAN 공동체 청사진 2025 및 여타 ASEAN 부문별 작업계획들과의 조율의 중요성을 강조하기도 하였다.

---

65) ICT는 Information & Communication Technology의 약자이며 '정보통신기술'을 말한다. 더 단순하게 IT: Information Technology 라고도 한다. ※ICT 와 IT의 차이: 첫째, IT는 인터넷, 휴대전화 등에 사용되는 전반적인 기술을 말하는 것으로 광의적 개념이다. 둘째, ICT는 IT라는 광의적 개념 속에서 통신(Communication)에 관련된 사업만을 지칭하며, IT의 속에 포함되는 개념이다. ICT 산업의 예: ①소셜네트워크, 플래폼, 모바일 콘텐츠 등, ②스마트폰, 태블릿 PC용 앱 등, ③크라우드, 전사적 모바일 프로그램 등, ④e러닝, 원격수업 등.

2) 아세안경제공동체(AEC), 그 의미는 무엇인가?

아세안은 아세안통합이니셔티브(IAI)를 추진하면서 2015년까지 아세안공동체(ASEAN Community)를 실현하기 위한 세 가지의 기조 －아세안안보공동체, 아세안경제공동체, 아세안사회문화공동체－ 를 강조해 왔다. 특히 그중에서도 EU식 지역통합을 지향하면서 아세안경제공동체의 실현을 최우선 목표로 설정하고 있다. 그렇다면 아세안경제공동체(ASEAN Economic Community)의 실현은 구체적으로 무엇을 의미하는가?

첫째, 아세안을 중심으로 한 동남아지역을 "단일시장 및 생산기지"로 만든다는 것이다.

둘째, 아세안을 중심으로 한 동남아지역을 "고도로 경쟁력 있는 경제권역"으로 만든다는 것이다.

셋째, 아세안을 중심으로 한 동남아지역을 "평등한 경제발전 권역"으로 만든다는 것이다.

넷째, 아세안을 중심으로 한 동남아지역을 "세계경제에 완전히 녹아드는 권역"으로 만든다는 것이다.

3. 국제협력 분야

(1) 아세안의 대화대상자 지정

1977년 8월 제2차 아세안 정상회담에서 아세안의 경제협력 강화를 위해 선진국들과의 '대화채널' 오픈, 즉 아세안의 완전대화대상자(Full Dialogue Partner; ASEAN Dialogue Coordination-ship이라고도 함)가 지정되었다. 당시만 하더라도 이것은 아세안확대외무장관회담(PMC)으로 진행되었으며, 특히 미국(1977), 캐나다(1977), 뉴질랜드(1975), 호주(1974), 일본(1977), EC/EU(1977), UNDP(1977) 등이 ASEAN-PMC에 아세안의 '완전대화대상자'의 자격으로 참여하였다. 훗날 한국(1991), 인도(1995), 중국(1996), 러시아(1996)가 '완전대화대상자' 자격으로 참여하였다.

아세안의 완전대화대상자는 2020년 현재 10개의 대화대상국(호주 1974, 뉴질랜드 1975, 일본 1977, 미국 1977, 캐나다 1977, EU 1977, 한국 1991, 인도 1995, 중국 1996, 러시아 1996)과 1개의 비국가대상자(UNDP 1977)로 구성되어 있다. 특히 UNDP(유엔개발계획)는 다국적 구호단체로서 아세안 회원국들의 국가개발계획이나 빈곤퇴치를 위한 국제적인 지원금을 보조해 주고 있다. 또한 아세안의 부문별 대화대상국은 4개국(파키스탄 1997, 노르웨이 2015, 스위스 2016, 터키 2017)이며, 개발파트너는 4개국(독일 2016, 칠레 2019, 프랑스 2020, 이탈리아 2020)이다. (*괄호 안은 완전대화대상국, 부문별대화대상국, 개발파트너와의 관계를 수립한 연도임).

(2) ARF(ASEAN Regional Forum): 설립 및 회원국, 설립목적 및 추진방법

1) ARF의 설립

1993년 7월 23~25일 싱가포르에서 개최되었던 제26차 아세안외무장관회의(AMM)와 아세안확대장관회의(ASEAN PMC)는 ARF를 설립하기로 합의를 보았다. 이 합의 내용에 따라 그 이듬해인 1994년 7월 25일 방콕에서 ARF가 공식적으로 창립회의를 개최하여 설립되었다.

2) ARF 회원국

설립 당시에는 18개국, 즉 아세안-6(브루나이, 인도네시아, 말레이시아, 싱가포르, 필리핀, 태국), 아세안의 완전대화대상국-7(미국, 캐나다, 뉴질랜드, 호주, EU, 일본, 한국), 아세안의 협의파트너-2(중국, 러시아), 3개의 옵서버국(베트남, 라오스, 파퓨아뉴기니아) 등이었다. 1995년 8월 브루나이에서 열린 제2차 ARF에서 캄보디아가 참여함으로서 19개국으로 늘어났으며, 1996년 7월 자카르타에서 열린 제3차 ARF에서 아세안의 여덟 번째 완전대화대상국이 된 인도와 신규 옵서버 자격을 얻은 미얀마가 참여함으로써 21개국으로 확대되었다. 동티모르, 북한, 몽골, 파키스탄, 방글라데시, 스리랑카 등이 합류하여 2021년 현재 27개국의 회원국으로 이루어져 있다.

3) ARF의 설립 목적

ARF의 설립 목적은 1994년 창립회의에서 나타나는데, 크게 두 가지로 정리할 수 있다. 하나는 공통의 관심사가 되는 정치 및 안보 문제에 관한 건설적인 대화와 협의를 촉진시켜 나아간다는 것이며, 또 다른 하나는 아태지역에서의 신뢰구축 및 예방외교를 위한 중요한 역할을 담당한다는 것이다.

4) ARF의 추진방법

ARF의 추진방법은 모든 회원국이 동등한 자격으로 참여하되 아세안이 일차적 추진세력으로 그 역할을 수행한다는 것이다. 그리고 ARF의 점진적 발전방안으로서 제1단계는 신뢰구축의 증진, 제2단계는 예방외교의 발전, 제3단계는 분쟁해결의 추진 등 3단계 방식에 의해 접근하기로 했으며, 의사결정은 모든 회원국 간의 논의를 거친 후 결정하는 컨센서스 방식을[66] 채택하였다.

(3) ASEAN+3체제

1) EAEG/EAEC 구상과 ASEAN+3의 제도화

ASEAN＋3의 모체가 되었던 것은 1990년 12월 말레이시아의 수상 마하티르(Mohamad Mahathir)가 지역경제협력 분야에서 동아시아국가들의 발언권을 강화하고 역내 무역 및 투자 부문에서 협력을 강화하기 위하여 ASEAN을 중심으로 한국, 중국, 일본 등 동아시아국가들로만 구성된 동아시아경제그룹(EAEG) 창설을 제안한 것에서 기초한다. 마하티르의 EAEG 구상은 당시 국제 정치경제 환경의 변화를 고려한 동아시아국가들의 적절한 대응전략의 일환으로서 제안된 것이었다. 즉, 유럽의 EC(당시)와 북미의 NAFTA 등 지역블록화의 현상에 대응하여 동아시아 국가들의 안전장치로서 독자적인 경제협력 메커니즘의 구축이 필요하다는 것이었다. 이는 국제 정치경제 환경, 특히 국제적 무역환경이 더욱 악화되어 관리무역을 통한 보호주의와 배타적 지역경제블록의 형성이 가일층 공고화될 경우를 대비해서라도 EAEG 구상은 동아시아국가들의 자구적 메커니즘으로 만들어져야 한다는 것이었다.[67]

그러나 이 구상은 당초부터 제외되었던 미국의 극심한 반발과 ASEAN 내부에서조차 EAEG의 발족은 미국과 불필요한 마찰을 일으킬 수 있다는 이유로 현실화

---

66) 컨센서스방식의 장점은 ① 이 방식에 의한 결의안 채택을 공식 반대 없이 통과된 것이므로 근소한 차이의 다수표로 채택된 것 보다는 큰 잠재적 효력을 갖는다. ② 이 방식은 타협(compromise)을 가능하게 하며 광범위하게 수락될 수 있는 결의안을 채택하는데 도움이 된다. ③ 이 방식은 극한 대결을 피할 수 있다. ④ 이 방식은 보다 큰 합의와 지지를 가능하게 한다. ⑤ 이 방식은 어떤 이슈에 관련하여 정치적 곤경에 봉착하는 것을 미연에 예방할 수 있다. 단점은 ① 결의안에 담겨 있는 합의는 흔히 본질적 의미보다는 외형적 의미에 그 비중을 두게 된다. ② 유보는 실제로 그 결의안의 집행(execution; performance)을 어렵게 만들 수 있다.

67) 배긍찬(1994), "EAEC 구상의 추진 전망," 「주요국제문제분석」94-16., p. 3.

되지 못했다. 결국 말레이시아는 원래의 구상을 완화하여 보다 느슨한 형태의 동아시아경제간부회의(EAEC)라는 새로운 제안을 하게 되었다.[68]

마하티르 수상의 EAEC 제안은 당초 제안했던 EAEG보다는 상당 부분 후퇴한 느슨한 자문기구의 형태를 띠는 아이디어이지만 그 맥은 EAEG와 함께한다고 볼 수 있다. 당시 EC의 확대발전에 의해 유럽이 통합되어 가고 있었으며, NAFTA 의 확대와 더불어 세계경제는 구미질서에 의해 지배되는 분위기였다. 따라서 이러한 구미형 질서의 아시아지배를 미연에 예방하고 동향정책(東向政策; Look East Policy)의 시각에서 동양적 국제질서를 형성할 수 있는 장을 마련할 필요가 있다는 것이었다. 특히 동아시아국가들은 일본과 한국에서 경험한 성장의 성과와 같은 동양적 논리와 업적을 활용하여 지역이 보유하고 있는 성장잠재력을 발휘하도록 하자는 것이었다.

동아시아 지역블록화를 주창했던 마하티르는 또한 APEC에 대해서는 미온적인 태도를 취하고 있었다. 왜냐하면 APEC의 미국 주도에 대한 마하티르의 반감 때문이었다. 사실상 당시 미국은 이미 유럽의 EU 체제에 대응해 NAFTA를 결성하여 1차적인 안전장치를 마련하고 있으면서도 APEC을 통해 아·태 지역에 대한 경제적 주도권을 계속 확보, 유지해 나아가려는 이중의 안전장치를 구축해 나아가고 있었다. 결국 이 같은 미국의 이중적 태도는 마하티르의 APEC에 대한 적극참여를 끌어내지 못했던 것이다.[69]

동아시아 지역의 경우 지역협력체 구성 노력이 미진한 실정이었으나 ASEAN이 이니셔티브를 쥐고 1997년 ASEAN 창설 30주년을 기념한 비공식 정상회담에 한국, 중국, 일본을 초청함으로써 ASEAN＋3 정상회담이 개최되었고, 향후 이를 정례화하기로 합의하였다. 이는 곧 동아시아 지역협력의 발전을 적극적으로 모색해 나가고자 ASEAN＋3의 제도화를 추진하는 신호탄이 되었던 것이다.

---

68) 마하티르의 EAEC 제안은 1993년 9월 싱가포르에서 열렸던 제24차 아세안외무장관회담(AMM)에서 아시아태평양경제협력체(APEC) 내 "느슨한 자문기구(Loose Consultative Forum)"로서 기능할 수 있다는 아세안의 공식 입장이 밝혀진 바 있으나 실제적으로는 그 기능을 제대로 수행하고 있지는 못하다는 비판을 받고 있다.
69) 마하티르는 1993년 11월 시애틀에서 미국의 클린턴 정부가 주재했던 제1차 APEC 정상회담에 불참한 바가 있다.

2) ASEAN+3체제 운영

아세안＋3체제는 정상회의, 외무장관회의, 여타 각료회의(경제장관회의, 재무장관회의, 농림장관회의, 노동장관회의 등), 고위관리급회의(SOM), 「CPR＋3회의(CPR: 상주대표위원회)」 등으로 운영되고 있다.

아세안＋3 정상회의는 1997년 제1차 회의 이후 매년 정례적으로 개최되고 있으며, 주요 의제는 ASEAN＋3 협력현황 점검 및 미래방향, 주요 지역 및 국제정세에 대한 의견 교환 등이다. 의장국은 아세안 10개국이 매년 돌아가면서 수임하고 있다(예 2012년 캄보디아, 2013년 브루나이, 2014년 미얀마, 2015년 말레이시아).

아세안＋3 외무장관회의는 2000년부터 매년 7월 개최하며, 아세안＋3 정상회의 개최 전 주요 협력 사안을 점검하고, 국제정세에 대한 의견을 교환한다.

여타 각료회의는 분야별 장관급들이 참석하여 개최한다. 특히 아세안＋3 경제장관회의는 외무장관회의와 마찬가지로 매년 1회 개최하며, 아세안＋3 재무장관회의는 1999년부터 매년 1회 개최한다. 그 외의 농림장관회의와 노동장관회의는 2001년에 개최된 바 있다.

아세안＋3 SOM은 2000년 5월 이래 상·하반기 각 1회씩 개최되고, 7월경 외무장관회의 직전에 동 회의 준비를 위해 비공식 SOM이 1회 개최된다.

CPR＋3회의는 2008년 12월 아세안헌장이 발효됨에 따라 설립된 인도네시아 자카르타 소재 아세안 10개국의 상주대표위원회(CPR)와 한·중·일의 아세안대사들 간의 회의를 말한다. 이 회의는 필요시 수시로 개최된다.

3) ASEAN+3체제의 주요협력 성과

ASEAN＋3체제는 다음과 같은 주요협력의 성과를 거두기도 하였다. 즉, 치앙마이 이니셔티브(CMI), 거시경제조사기구 설립, 비상쌀 비축협정 등을 들 수 있다.

첫째, 치앙마이 이니셔티브(CMI): CMI란 ASEAN＋3, 즉 아세안 10개국과 중국·일본·한국 등 13개국 간의 양자간통화스와프조정계획(bilateral currency swap arrangement scheme)을 주도적으로 만들어 간다는 것을 의미한다. 본래 이 아이디어는 1997년 아시아금융위기가 왔을 때 일본 측이 IMF를 모델로 AMF 설립을 제안하면서 논의되기 시작하였으나 미국의 강력한 반대에 부딪혀 제도화에 실패한 것이었다. 그러다가 1999년 11월 필리핀에서 개최되었던 ASEAN+3 정상회담시 역내 외환위기 재발방지를 위해 ASEAN+3체제를 통한 금융지원메커니즘을 강화키로 약속하였고, 그 이듬해인 2000년 5월 태국의 치앙마이에서 개최되었던 ASEAN+3 재무장관회의에서 양자간통화스와프조정의 네트워크 설립에 합의하게 되었던 것이다. 이것이 바로 일명 '치앙마이 이니셔티브(CMI)'로 일컬어지고 있는 것이다. 따라서 치앙마이 이니셔티브(CMI), 즉 ASEAN+3라는 13개국 간의 양자간통화스와프조정계획은 재발가능성이 있는 아시아금융위기를 극복해보려는 차원에서 설립된 것이다.

> ☞ 치앙마이 이니셔티브 다자화(CMIM: Chiang Mai Initiative Multilateralization) 발효: ASEAN+3는 2010년 3월 24일부터 양자간통화스와프조정을 위해 13개 참여국 간 다자화하여 외환보유고를 1,200억 달러까지 확보한다는 치앙마이 이니셔티브 다자화(CMIM)를 발효시켰다.[70]
> ✓ 이를 위해 2010년 5월 ASEAN+3 재무장관회의는 '비용부담원칙'을 정하여 다자화를 실행으로 옮겼다. 즉 한·중·일 대 아세안 = 80 : 20으로 부담하고, 한·중·일 = 1 : 2 : 2로 부담하기로 하였다. 이 '비용부담원칙'에 따라 한국은 총 1200억 달러 중 16%에 해당되는 192억 달러를 부담하기로 하였으며, 중국과 일본은 각각 32%에 해당되는 384억 달러를 부담하기로 하였다.[71]
> ✓ 더 나아가 2012년 ASEAN+3 재무장관회의에서는 CMIM의 규모를 1,200억 달러에서 2,400억 달러로 확대하기로 합의하였다(2400억 달러를 기준으로 하면 한국은 384억 달러를 부담하게 되며, 중국과 일본은 각각 32%에 해당하는 768억 달러를 부담하게 된다).

둘째, ASEAN+3 거시경제조사기구 설립: ASEAN+3는 2011년 5월부터 ASEAN+3 거시경제조사기구(AMRO)를 싱가포르에 설치 운영하기로 하였다. AMRO는 2010년 3월 24일부터 양자간통화스와프조정을 위해 13개 참여국 간 다자화하여 외환보유고를 1,200억 달러까지 확보하기로 한 치앙마이 이니셔티브 다자화(CMIM)가 제대로 발효되고 있는지의 여부를 감시하는 기능을 주로 담당한다.

---

70) "Chiang Mai Initiative" in Wikipedia.
71) 외교부 남아시아태평양국 아세안협력과. 「아세안 개황」, 서울: 출판디자인, 2013. 10, p. 85.

셋째, ASEAN+3 비상쌀 비축협정(APTERR): 2011년 10월 ASEAN+3 농림장 관회의 시 ASEAN+3 비상쌀 비축협정(APTERR)에 서명하고, 2012년 7월부터 발 효시켰다(사무국은 방콕에 설치). APRERR은 동아시아 지역 내 비상사태 발생시 참 여국간 식량위기에 대한 효과적인 대응을 위해 쌀의 안정적 공급 및 쌀 가격 안정 등을 위한 쌀 비축시스템을 구축한 것이다. 총 비축량은 78만 톤으로 참여국이 자율적으로 정한 약정물량이다. 한 : 중 : 일 : 아세안의 비중(%) = 20 : 38 : 32 : 10 으로 한국은 15만 톤을 부담하게 되었다.72)

(4) 동아시아정상회담(EAS; East Asia Summit)

1) EAS의 설립 및 설립배경

EAS는 2002년 11월 제6차 ASEAN+3 정상회담에서 동아시아공동체 형성을 위해 동아시아비전그룹(EAVG)과 동아시아연구그룹(EASG)이 권고한 사항으로 ASEAN+3 체제를 확대한 별도의 대화 포럼으로 2005년 11월 쿠알라룸푸르에서 처음으로 16개국(아세안 10개국, 한국, 중국, 일본, 호주, 뉴질랜드, 인도) 정상들이 만나 출범되었다. 그리고 2010년 10월 미국과 러시아가 EAS 정회원국 자격을 얻게 됨으로써 2017년 현재 18개국으로 구성되어 매년 개최되고 있다.

EAS는 1997년 출범된 ASEAN+3 체제와 함께 동아시아공동체 형성을 목표로 활동 중에 있다. ASEAN+3 체제가 정치·경제·사회·문화 등 다양한 기능적 부분에서의 협력체로서 역할을 수행한다면 EAS는 역내 전략적·정치적 현안에 대해 각국 정상들이 자유롭게 의견을 개진하는 정책대화의 장을 제공하는 성격 을 지닌다고 볼 수 있다.

| EAS의 설립 제안

☞ 제안 배경
- 아세안 주도로 개최되는 ASEAN+3 체제는 한·중·일이 강한 소속감을 갖 기가 어렵다는 판단하에 3국이 동등한 자격으로 참여할 수 있는 장을 마련 하는 차원에서 EAS 설립의 필요성이 제기되었다.

---

72) Ibid., p. 86.

☞ EAVG(East Asia Vision Group) 보고서
- 본 보고서는 ASEAN+3 협력 체제를 바탕으로 하는 동아시아 지역협력의 궁극적 목표가 동아시아공동체 형성이라는 점을 강조하고, 이를 위해 기존 ASEAN+3 체제를 EAS 체제로 전환해 나아가야 한다고 제안하였다.

☞ EASG(East Asia Study Group) 보고서
- 본 보고서는 ASEAN+3 체제에서 EAS 체제로의 전환문제는 동아시아 협력의 중요한 중장기 과제 중 하나라는 점을 재확인하고, 이를 점진적으로 추진해 나아갈 것을 권고하였다.

2) EAS의 운영체제

EAS는 정상회의, 외교장관회의, 여타 각료회의, 고위관리회의 등으로 운영된다. EAS 정상회의는 매년 ASEAN+3 정상회의와 연계하여 개최되며, 동아시아 협력을 점검할 뿐만 아니라 미래 방향에 대한 의견을 교환하고, 더 나아가 지역 및 국제정세에 대한 긴밀한 공조를 시도한다. *EAS는 아세안 의장국이 회의를 주재하며, 아세안이 주도적 역할을 담당한다.

EAS 외교장관회의는 2005년부터 2007년까지는 업무 오찬 형식으로 진행되었으나 2008년 7월 싱가포르 회의부터는 별도의 회의로 개최되고 있다. 그리고 여타 EAS 각료회의는 각 분야별 장관들이 참석하는 형태로 이루어진다. 이를테면 에너지, 환경, 재무 등의 분야에서 관련 장관급들이 모여 회의를 개최한다.

EAS 고위관리회의(SOM)는 ASEAN+3 SOM과 연계하여 거의 정기적으로 개최되었음에도 불구하고 'ad hoc(특별)'이라는 명칭이 붙어서 운영되었다. 그런데 2012년부터는 EAS 고위관리회의가 사실상 공식화되어 개최되고 있다. EAS 고위관리회의는 EAS 외교장관회의 등 각료급 회의의 하부구조라고 할 수 있다.

3) EAS의 주요 협력 사업

EAS 협력사업은 다양하게 이루어지고 있다. 대표적으로 환경·기후변화 및 지속가능 개발 사업, 에너지협력 사업, 교육협력 연구사업, 보건협력 사업, 재난관리 및 대응 사업 등을 들 수 있다. 환경·기후변화 및 지속가능 개발 사업의 경우 환경장관급들이 참여하여 환경·기후변화의 적응에 대한 역량을 구축하려

는 노력을 하고 있으며, 에너지협력 사업의 경우 신에너지 개발을 위한 각종 세미나를 개최하고 새로운 아이디어를 함께 공유하는 작업을 하고 있다. 그 외에 교육협력 연구사업, 보건협력 사업, 재난 관리 및 대응 사업의 경우 각각 분야별 논의 거쳐 동아시아의 발전을 모색하고 있다.

Ⅷ. 아세안 협력의 성과

1. 동남아의 아세안화를 통한 외형적 동남아공동체의 실현

지역협력체로서 아세안의 성과 중 가장 괄목할 만한 것으로는 창립 이래 원대한 비전이었던 동남아의 아세안화를 통하여 아세안-10의 동남아공동체(Southeast Asian Community)를 외형적으로나마 실현시켰다는 것이다. 이것은 아세안이 정치안보 및 경제안보의 협력적인 이니셔티브를 가지고 대동남아지역주의(Greater-Southeast Asian Regionalism)의 모습을 여실히 보여준 것이다. 특히 자유민주중립세력이었던 아세안 대공산세력이었던 인도차이나와의 대결구도를 과감히 해소하고 서로 협력하여 보다 큰 규모의 다자중심적 현상을 나타냄으로써 국제사회에서의 그들의 독자성을 확립하고, 국제적 발언권과 협상력을 강화하였다는 점이다.

| 동남아의 아세안화가 갖는 함의

☞ 정치안보적 측면
- 동남아시아의 아세안화, 즉 동남아시아 지역에서의 아세안 회원국의 확대는 아태지역의 정치안보협력에서 역외국가들에 대한 그들의 발언권과 협상력을 강화하려는 의도가 포함되어져 있다고 볼 수 있다. 다시 말해서 동남아시아의 아세안화는 더욱 폭넓은 지역협력체로서 정치안보적 지렛대 역할을 강화 도모하고자 하는 것이다. 이것은 물론 아세안회원국들 간의 합의가 이루어져 한목소리를 낼 때만 가능하다.

☞ 경제안보적 측면
  • 동남아시아 지역의 아세안화는 잠재적 시장의 확대를 함축적으로 의미한다.
    즉 아세안은 역내적으로 상당한 시장잠재력을 가진 인접 미얀마와 인도차이
    나 국가들의 시장을 선점·통합하는 이점을 누릴 수 있고, 상대적으로 경제
    발전이 뒤처진 신규회원국들은 기존 회원국들의 자본과 기술을 쉽게 끌어들
    여 경제개발을 가속화할 수 있는 것을 말한다.

정치·경제체제가 전혀 다르고 냉전기에는 적대적인 관계였던 베트남을 아
세안에 가입시키고 이어서 라오스, 미얀마, 캄보디아를 아세안에 합류시킴으로
써 명실공히 동남아공동체를 형성했다는 것은 아세안의 발전 과정에서 가장 획
기적인 성과가 아닐 수 없다. 일반적으로 제3세계의 지역협력기구들은 강대국들
이 같이 참여하는 경우 막강한 정치·경제력을 보유한 강대국의 입김에 지역협
력기구의 운영이 좌우되고 따라서 개도국은 별다른 역할을 행사하지 못한다. 그
리고 개도국들만으로 구성된 지역기구는 국가 내의 정치·사회적 불안과 경제적
취약성으로 인한 구조적 문제점과 운영을 둘러싼 구성국 간의 대립과 이질성 등
갈등에 의해 제대로 기능을 발휘하지 못해서 실패하거나 설사 존재하더라도 유
명무실한 경우가 많았다. 그러나 아세안은 체제와 이데올로기가 완전히 상이하
고 적대적인 관계에 놓여 있던 인도차이나 공산국가들을 구성국으로 포용함으로
써 바람직한 지역협력의 모델이 되고 있다. 베트남은 캄보디아 문제가 발생하기
이전부터 아세안이라는 지역기구를 자국의 이익에 부합되지 않는 것으로 간주하
였다. 1967년 아세안이 결성되었을 때 월맹은 이 기구를 동남아에서 미제국주의
의 앞잡이로 강력히 비판함과 동시에 제2의 SEATO로 여겼다. 1975년 인도차이
나의 공산화 이후에도 베트남과 아세안은 상호 불신이 존재하였는데, 아세안은
베트남이 동남아의 비공산국들에게 적대적인 자세를 강화할 것이라고 우려하였
고, 특히 1978년 베트남의 캄보디아 침공 이후 베트남이 지역적인 패권을 추구하
는 것이 아닌가 하는 불안이 강하게 남아 있었다.[73] 그러나 베트남이 1986년부터
경제개혁을 실시하고 캄보디아에서 철수함으로써 아세안과 베트남 간의 관계가

---

73) スティーブン·レオン, "ASEANとインドジナ," 『國際問題』, 1988년 8월, p. 36.

크게 개선되었고 양측의 무역 규모도 급증하였다.[74] 베트남은 1992년 7월 22일 마닐라에서 열린 아세안외무장관회담(AMM)에서 아세안과 친선협력조약을 체결하고,[75] 1995년 7월 아세안에 가입하였다. 미얀마도 당초에는 아세안의 회원가입 제의를 거부하였는데, 이는 친서방기구에의 가입이 중국을 불필요하게 자극시킬 수 있다는 우려가 있었기 때문이었다. 그러나 인도차이나의 경제개혁이 미얀마에게 큰 영향을 끼쳤는데, 특히 미얀마는 국내의 민주화운동을 탄압함에 따라 국제사회에서 비난을 받고 고립되었기 때문에 경제파탄을 극복하기 위하여 대외개방 등 새로운 경제개혁정책을 추진하여 태국과의 관계 개선과 교역의 확대가 이루어졌고, 중국과의 관계도 개선되었다.[76] 1992년 8월 27일 미얀마 외무장관이 아세안 가입에 의욕을 보이면서 독자적인 민주화를 강조하였고,[77] 아세안의 기존회원국들도 미얀마를 더이상 중국에 기울게 해서는 안 된다는 안전보장상의 판단, 경제이익을 추구하는 현실적인 목적으로 1994년 7월 아세안 회의에서 태국의 강력한 의지와 함께 미얀마를 정식 초청하였다.[78]

아세안 기존 회원국들이 인도차이나 국가들을 아세안에 가입시키려고 하는 이유는 원래 아세안은 베트남의 공산주의 팽창에 대항하기 위해 설립된 것이나 이제 인도차이나는 더이상 공산주의와 전쟁, 정치적 격동의 조합으로 위협을 주지 않고 있으며, 이들 국가들에게 회원자격을 부여하여 경제발전의 조류에 합류시켜 이 지역의 안정과 지역경제에 기여하고 인도차이나 국가들도 아세안에 가입함으로서 정치·경제적 이익을 얻을 수 있기 때문이다.[79]

---

74) Mya Than, "ASEAN, Indo-China and Myanmar," *ASEAN Economic Bulletin*, November 1991, pp. 179-180.

75) *Economist*, July 25, 1992, p. 25.

76) Khatharya UM, "Thailand and the Dynamics of Economic and Security Complex in Mainland Southeast Asia," *Contemporary Southeast Asia*, December 1991, pp. 256-259.

77) 『日本經濟新聞』, 1992년 8월 28일.

78) Mya Than, *op. cit.*, pp. 187-190.

79) *Newsweek*, February 21, 1994, p. 6.

2. ARF를 통한 다자안보협력 강화

과거 냉전기간 중 역외국가들, 특히 강대국들과의 안보협력이나 안보대화에 소극적·유보적 태도를 취했던 아세안이 최근 ASEAN-PMC 메커니즘을 본뜬 ARF(ASEAN Regional Forum)를 통하여 아태지역의 다자안보대화의 채널을 주도적으로 이끌고 있다는 점은 결코 과소평가할 수 없는 협력의 성과이다. 특히 이것은 지역협력체로서 아세안이 탈냉전 시대의 불확실한 안보환경에 대하여 능동적이고 적극적인 태도를 취함에 따라 얻어진 결과라고 볼 수 있다.

> **| ARF설립이 갖는 의의**
>
> ☞ ARF가 갖는 가장 큰 의의는 무엇보다도 아·태지역 최초의 공식적 다자정치 안보협의체로서 역내 평화와 안정을 위한 새로운 틀을 마련했다는 것이라고 할 수 있다.

냉전기 아세안의 안보전략은 '비아세안의 틀 위에서(Non-ASEAN Basis)'라는 원칙하에서 이루어졌다. 이것은 아세안이라는 지역협력체가 인도차이나 반도를 중심으로 한 공산세력을 자극하지 않는다는 입장에서 취해진 지역안보전략이었다. 더욱이 당시 아세안 회원국들은 각각 처해 있는 지정학적 성격과 현실적 여건, 국가적 전략방향 등을 반영하여 지역안보전략을 추구해 나아갔다. 이를테면 말레이시아는 아세안의 ZOPFAN선언을 주도하여 지역의 중립화 전략을 강구했으며, 인도네시아는 탄력성 개념을 개발하여 중립화의 전제조건으로서 국가적·지역적 탄력성 강화를 추구했다. 한편 싱가포르는 강대국의 균형적 개입을 통한 세력균형을 모색했으며, 필리핀과 태국은 미국과의 전통적 안보협력을 강조했다. 1970년대 지역협력체로서 아세안의 안보협력은 1971년 11월 쿠알라룸푸르에서 채택한 ZOPFAN선언과 1976년 2월 발리에서 개최된 제1차 아세안 정상회담에서 합의한 아세안협약선언(The Declaration of ASEAN Concord)과 동남아우호협력조약(The Treatyof Amity and Cooperation in SEA) 등에서 그 근거를 찾을 수 있다. 동남아를 어떤 형태의 외세로부터도 자유롭고, 평화로운, 중립적인 지대로 만들자는 아세안의 ZOPFAN선언의 채택은 1970년대 초반 동남아 지역에 대한 구소련의 점증하는 관심과 닉슨 독트린으로 인한 미국의 후퇴 가능성 그리고 전통적인 중국의 위협 등으로 말미암아 장기적으로 이 지역을 열강정치의 인질로부터 벗어나게 할 필요성이 제기되었기 때문이었다. 또한 1975년 4월 인도차이나의 공산화는 아세안에게는 큰 충격으로 받아들여졌으며, 그 결과 1976년 2월 발리에서 아세안 최초의 정상회담이 개최되었는데, 이 회담에서 아세안 지도자들은 아세안화합선언과 동남아우호협력조약을 채택하였다. 특히 아세안화합선언은 "상호 간의 필요성과 이익에 따라 안전보장 문제에서 아세안의 틀 밖에서 회원국 간의 협력을 계속한다"는 문구를 포함시킴으로써 아세안의 지역안보전략을 담고 있다. 그리고 동남아우호협력조약은 "동남아시아인들 간의 친선도모 확대"를 명문화함으로써 이 지역의 비아세안 회원국들인 베트남, 캄보디아, 라오스, 미얀마와의 우호적인 협력 가능성을 열어 놓음으로써 당시의 이데올로기적 대결구도로 인한 지역안보의 불안정을 조금이나마 순화시켜 보자는 아세안의 노력을 담고 있다. 그러나 1978년 베트남은 캄보디아를 침공하였으며, 이에 따라 캄보디아 내전은 장기화되기 시작하였다. 따라서 아세안은 베트남의 캄보디아 침공 이후 지역협력체로서 국세사회에서 캄보디아의 평화정착을 위한 노력을 시도하게 되었고, 이는 결국 아세안 회원국들 간의 안보협력 강화를 위한 촉매제의 역할로 작용하게 되었다.

ARF의 출범에서 아세안의 태도 변화는 예상보다 훨씬 빨리 이루어진 필리핀 내 미군기지의 철수, 소련연방의 붕괴와 중국의 대아시아 외교공세, 불투명한 미일관계 전망, 아태지역에서 미군감축에 따른 힘의 공백이 초래될 가능성과 남중국 해역에 대한 영향력 팽창 기도 등 매우 유동적인 지역안보 상황에 기인한 것이다. 즉 아세안 회원국들은 변화하는 지역 안보환경에 직면하여 만일 아세안이 역외국가들에 의해 제기된 다자안보 구상에 계속 소극적인 태도를 보일 경우, 오히려 보다 강력한 외부세력에 의한 새로운 안보틀 속에 편입되어 피동적으로 참여할 수밖에 없는 상황을 배제할 수 없을 것이라는 인식을 갖게 되었다. 따라서 아세안 국가들은 새로운 다자안보 논의에 능동적으로 참여하여 자신들의 주도적 역할을 확보하려는 쪽으로 방향을 선회하기 시작한 것이다.[80] 동남아의 지역안보를 위해서는 아세안 회원국들뿐만 아니라 외부의 강대국들의 참여와 협력이

---

80) Chandran Jeshuran, "ASEAN as a Source of Security in the Asian Pacific Region: Some Emerging Trends," in T.B. Millar and James Walter, eds., *Asian-Pacific Security After the Cold War*(London: Allen & Unwin, 1993), p. 91.

필수적인데, 이러한 점에서 당초부터 미국, 러시아, 중국 일본 등을 포함시켜 18개국으로 출범한 ARF는 지역안보, 특히 넓게는 아태지역 좁게는 동남아지역의 평화와 안정을 위한 새로운 틀을 마련했다는 점에서 매우 괄목할 만한 성과라고 할 수 있다.[81] 또한 남중국해 영유권 문제, 한반도 문제, 캄보디아 평화정착 문제, 비핵확산 문제 등 주요 이슈를 공식 논의함으로써 유용성이 높아질 것으로 기대된다.[82] 비록 남중국해를 둘러싼 중국과 아세안과의 관계에서 입장차이를 보이고 있으나 지역안보 협력 면에서 크게 진전된 것은 사실이다.[83]

3. AFTA를 통한 경제협력 강화

1990년대에 접어들면서 나타난 국제경제 환경의 급격한 변화의 도전, 특히 경제적 지역주의의 현상에 대한 적극적인 대응책으로 아세안이 AFTA(ASEAN Free Trade Area)를 통하여 동남아 지역의 경제협력을 강화하고, 더 나아가 경제블록화를 시도하고 있다는 점은 아세안협력의 중요한 성과가 아닐 수 없다.

> **| AFTA란?**
> ☞ 아세안 회원국 상호간 관세인하 및 비관세장벽(Non-Tariff Barriers; Gov't measures other than tariffs that restrict imports, 예) 무역에서 수량제한과 각종 수입과징금 등)을 철폐함으로써 역내 자유무역을 보장하고 경제협력과 통합을 과감히 시도해 나아감으로써 종국적으로는 동남아자유무역지대를 실현시키는 것을 말한다.

---

81) ARF가 1994년 7월 방콕에서 출범할 당시에는 18개국, 즉 아세안-6(브루나이, 인도네시아, 말레이시아, 싱가포르, 필리핀, 태국), 아세안의 완전대화대상국-7(미국, 캐나다, 뉴질랜드, 호주, EU, 일본, 한국), 아세안의 협의파트너-2(중국, 러시아), 3개의 옵서버국(베트남, 라오스, 파푸아뉴기니아) 등이었다. 그러나 1995년 8월 브루나이에서 열린 제2차 ARF에서 캄보디아가 참여함으로서 19개국으로 늘어났으며, 1996년 7월 자카르타에서 열린 제3차 ARF에서 아세안의 여덟 번째 완전대화대상국이 된 인도와 신규 옵서버 자격을 얻은 미얀마가 참여함으로서 21개국으로 확대되었다.
82) 배긍찬, 앞의 글, 46-47쪽.
83) 중국은 ARF가 대화의 장이어야 하며 강제력을 지닌 작은 유엔이 돼서는 안 되고 ARF가 분쟁해결기구로 발전하는 것을 우려하고 있다. 한편 아세안은 ARF와 같은 다자적 접근을 통한 분쟁해결 노력을 적극적으로 보이고 있다.『한국일보』, 1995년 5월 21일.

☞ 특히 AFTA의 실현과정에서 구체적인 방법상의 틀은 CEPT계획(Common Effective Preferential Tariff Scheme)에 의해 진행되었다.

4. 지역협력체로서 국제사회에서의 위상 강화

아세안은 반세기 이상의 역사(2020년 기준, 53년의 역사)를 지니고 있는 성공적인 지역협력체로서 국제사회에서 그들의 위상을 한층 더 강화해 왔다는 평가를 받고 있다. 즉 개개의 회원국은 경제력이 매우 약한 개도국이지만 지역협력체인 아세안을 통해서 미국이나 EU, 중국, 일본, 러시아 등의 강대국들과 동등한 파트너로서의 협상력과 발언권을 강화해 왔고, 유엔과 APEC, IMF, WTO, 비동맹운동 등의 국제회의 등에서 상당한 영향력을 행사하면서 자신의 입장을 강력히 개진해 왔다.

5. 제도 및 기능협력을 통한 이질성 극복과 갈등의 극소화 노력

아세안의 또 다른 성과로 꼽을 수 있는 것으로는 회원국 간의 제도 및 기능협력을 통하여 이질성을 극복하고 갈등을 극소화하면서 서로 간의 화해를 위해 노력한 점이다. 동남아는 언어, 인종, 종교, 문화, 식민지경험, 경제발전단계 등에서 본질적으로 동질성보다는 이질성이 더 강한 사회이기 때문에 동질성이 강한 유럽의 EU나 북미의 NAFTA보다는 지역협력의 추진이 매우 어렵다. 그럼에도 불구하고 마찰을 극소화하고 공동노력에 의해 아세안을 발전시키고 긴밀히 협력해 온 것은 높이 평가할 만하다.

IX. 아세안 협력의 문제점과 한계

1. 지역협력체로서의 제도적 취약성

아세안은 지역협력체로서의 제도적 취약성을 지니고 있다. 특히 정책결정 과정에서 컨센서스 방식을 채택하고 있음에 따라 협력의 성과를 급속히 증대시키지 못하는 비효율적인 단점을 지니고 있다는 것이다. 결국 아세안의 정책결정 방식은 지역협력에서 급진적인 접근보다는 점진적인 접근을 시도하고 있다는 것을 의미하는데, 사실상 이러한 전략은 오늘날과 같이 급변하는 국제정치·국제경제환경 속에서 그 적응성이 크게 떨어질 위험성이 있다. 더욱이 현재의 아세안은 베트남, 라오스, 미얀마, 캄보디아 등의 가입으로 인해 회원국간의 정치체제의 상이성, 경제발전 수준의 격차 등이 과거보다 더욱 크게 나타남에 따라 기존의 컨센서스 방식은 아세안의 협력을 더욱 쉽지 않게 만들 수 있는 가능성이 있다고 하겠다.

2. 정치적 불안정과 인도차이나 국가들의 아세안 가입으로 인한 정치적 부담

아세안 국가들은 정치적 불안정의 문제가 내재해 있으며, 특히 인도차이나 국가들의 가입으로 인한 정치적 부담을 안게 됨으로써 아세안 협력에서 문제를 야기할 수 있다. 정치적 불안정의 문제는 대부분 아세안 국가들이 다양한 권위주의체제를 구축하고 있음에 따라 나타나는 현상이다. 그동안 아세안 국가들의 경제발전은 군부와 관료가 주도하는 권위주의체제에 의해서 주도되었고 그 대가로 정치적 자유가 제한되어 왔던 것이 사실이다.

또한 정치적으로 사회주의체제를 채택하고 있으면서 민주화와 인권문제를 안고 있는 인도차이나 국가들의 아세안 가입은 전체적인 아세안의 결속과 지역협력의 증진을 저해하는 요인으로 작용할 수 있다.

3. 경쟁적 경제구조와 발전수준의 상이성

아세안 회원국들의 경제구조는 상호보완성이 결여되어 있고, 산업생산 및 수출과 관련해서는 상호 간 경쟁적 관계에 있다는 사실이다. 공업제품이나 서비스업을 주류로 하고 있는 싱가포르를 제외한 아세안 국가들은 유사한 일차 산품을 생산 수출하고 있으며, 이들은 또한 역외시장에서는 상호 경쟁적인 관계에 놓여 있다.

또한 아세안 회원국들 간의 상이한 경제발전 수준도 상호간의 경제협력이나 다자간의 경제통합을 이루려는 데 부정적 영향으로 작용할 수 있다.

4. 사회문화구조의 이질성

동남아는 사회문화적인 다양성을 지니고 있는 지역이다. 이를테면 민족구성은 말레이족을 비롯하여 베트남족·타이족·미얀마족·크메르족·중국인·인도인 등 매우 다양하며, 종교문화 또한 불교·이슬람교·기독교·천주교 등 다양하게 존재하고 있다. 이러한 사회문화적 다양성은 국내적으로는 갈등의 양상을 띨 수 있으며, 지역적으로는 통합노력에 장애요인이 될 수 있다.

X. 한국과 아세안 간의 관계

1. 한국-아세안 관계 발전[84]

❖ 1989. 11 부문별 대화대상국 관계 수립
❖ 1991. 7 완전대화대상국 관계로 격상
❖ 1997. 12 제1차 ASEAN+3 정상회의 및 제1차 한-ASEAN 정상회의 개최
❖ 2004. 11 한-ASEAN 포괄적 협력 동반자 관계에 관한 공동선언 채택

---

84) 외교부 아세안국 아세안협력과. 2020. 「아세안 개황」, 서울: 한국장애인단체총연합회 인쇄사업소.

❖ 2005. 12 한-ASEAN FTA 기본협정체결, 한-ASEAN 포괄적 협력 동반자 관계
　　　　에 관한 공동선언 이행을 위한 행동계획 채택

❖ 2006. 8　한-ASEAN FTA 상품협정 체결

❖ 2007. 11 한-ASEAN FTA 서비스협정 체결

❖ 2009. 3　한-ASEAN 센터 출범

❖ 2009. 6　대화관계수립 20주년 기념 한-ASEAN 특별정상회의 개최(제주도),
　　　　한-ASEAN FTA 투자 협정 체결

❖ 2010. 10 한-ASEAN 전략적 동반자 관계에 관한 공동선언 채택

❖ 2012. 9　주ASEAN대표부 설립

❖ 2014. 12 대화관계수립 25주년 기념 한-ASEAN 특별정상회의 개최(부산)

❖ 2017. 5　아세안 특사, 필리핀·인도네시아·베트남 파견

❖ 2017. 9　아세안문화원 개원(부산)

❖ 2017. 11 신남방정책 천명 및 한·아세안 미래공동체 비전 발표

❖ 2019. 11 대화관계 수립 30주년 기념 2019 한-아세안 특별정상회의 및 제1차
　　　　한-메콩 정상회의 개최(부산)

2. 한국-아세안 정치외교 관계

한국은 아세안 회원국 중 제2차 세계대전 직후 친미적 성향이 강했던 필리핀
(1949. 3. 3)을 비롯하여 태국(1958. 10. 1), 말레이시아(1960. 2. 23), 인도네시아(1973.
9. 18), 라오스(1974. 6. 22), 미얀마(1975. 6. 16), 싱가포르(1975. 8. 8), 브루나이(1984.
1. 1), 베트남(1992. 12. 22), 캄보디아(1997. 10. 30) 등 10개국과 모두 외교관계를
수립했다. 단, 라오스의 경우 공산화로 인해 1975년 7월 25일 한국과 외교단절이
일어난 바 있으며, 1995년 10월 25일 재수교가 이루어졌다. *북한도 아웅산 테러
사건으로 1983년 11월 단교했던 미얀마와 2007년 4월 복교함으로써 아세안 10개
국과 수교를 맺은 상태이다.

또한 한국은 지역협력체로서 아세안과는 1989년 11월 부문별 대화대상국 관
계를 수립하였으며, 1991년 7월 양자 간 경제협력을 위해 완전대화대상국 관계를
구축하였다.

최근에는 한국-아세안 정상 간 셔틀외교가 계속 증가하고 있는 추세이다. 이를테면 2003년 이후 거의 매년 한국 정상이 적어도 1개국 이상의 아세안 회원국을 공식 방문한 바 있으며, 아세안 정상 역시 적어도 1회 이상 한국을 공식 방문한 바 있다. 이것은 한국과 아세안이 세계화시대 양자 간 정상외교를 가동하여 상호의존성과 상호보완성을 높이고 있는 것으로 해석된다. 그 외에도 한국과 아세안은 ASEAN+3 및 APEC 등의 다자 틀 속에서도 외교관계를 활발하게 전개시키고 있다.

3. 한국-아세안 경제통상 관계

〈표 3-3〉에서 볼 수 있듯이 한국-아세안 간 총 교역량은 2008년 902억 달러로 전년 대비 25.5%의 증가세를 보이다가 세계금융 위기에 따른 전반적인 교역 감소 추세로 인해 2009년 750억 달러로 전년 대비 16.8% 감소했다. 그리고 2010년 이후 한국-아세안 교역은 다시 꾸준한 증가세를 보였으며, 특히 2010년과 2011년 각각 전년 대비 29.7%, 28.4%의 증가세를 보임으로써 양자 간의 교역이 활성화되었던 것을 알 수 있다. 그런데 2015년 한국-아세안 교역이 1,199억 달러로 전년 대비 13.1% 감소하는 결과를 초래했다는 점이다. 이것은 2015년 5월 발생한 한국의 메르스 사태의 여파로 분석된다. 또한 주목을 끄는 부분은 2015년 한국의 대아세안 교역에서 수출 749억 달러, 수입 450억 달러로 각각 전년 대비 11.4%, 15.7% 감소했음에도 불구하고 299억 달러의 무역수지 흑자를 보였다는 점이다. 이런 경우를 일명 '불황형 흑자'라고 할 수 있다.

〈표 3-3〉 한국-아세안 교역현황

(단위: 억 달러, %)

구분	2007년	2008년	2009년	2010년	2011년	2012년	2013년	2014년	2015년
총교역	718 (16.3)	902 (25.5)	750 (−16.8)	972 (29.7)	1,249 (28.4)	1,310 (4.96)	1,353 (3.28)	1,380 (2.00)	1,199 (−13.1)
수출	387 (20.8)	492 (20.2)	409 (−16.8)	531 (29.8)	718 (35.0)	791 (10.1)	820 (3.67)	846 (3.17)	749 (−11.4)
수입	331 (11.3)	409 (23.6)	340 (−16.8)	440 (29.5)	531 (20.5)	519 (−2.2)	533 (2.7)	534 (0.19)	450 (−15.7)
무역수지	56	83	69	90	186	272	287	312	299

출처: 한국무역협회, ( ) 안은 전년 대비 증가율

〈표 3-4〉 한국-아세안 FTA 발효 전후 대아세안 및 대세계 교역 증가 현황 비교

(단위: 백만 달러)

구분	수출액		증가율	수입액		증가율	교역액		증가율
	2006	2015		2006	2015		2006	2015	
대아세안	32,066	74,850	123.3%	29,743	45,050	33.9%	61,809	119,900	93.9%
대세계	325,465	532,418	38.8%	309,383	436,897	29.2%	634,848	969,315	52.6%

※ 출처: 한국무역협회(FTA 발효연도: 2007)

4. 한국-아세안 FTA

한국과 아세안은 2004년 11월 FTA 협상 개시를 선언한 이후, 기본협정 및 분쟁해결제도를 2005년 12월 서명하여 2007년 6월 발표하였다. 그리고 양자는 FTA를 위해 상품, 서비스, 투자 분야의 협상을 순차적으로 타결하고 발효시켰다. 즉, 상품협정의 경우 2006년 8월 서명하고 2007년 6월 발효시켰으며, 서비스협정의 경우 2007년 11월 서명하고 2009년 5월 발효시켰다. 그리고 투자협정의 경우 2009년 6월 서명하고 2009년 9월 발효시켰다.

〈표 3-4〉는 한국과 아세안 간의 FTA 발효 전후 교역량의 변화를 보여주고 있다. 이를테면 한국과 아세안 간 상품 분야 FTA 발효 9년차인 2015년 1,199억 달러 규모의 교역량은 2006년 618억 달러 규모의 교역량보다 약 94% 증가(수출: 2.3배, 수입: 1.5배)하였으며, 이는 동 기간 한국의 전체 교역 증가율(약 53%)을 상회한다. *2015년 기준 아세안은 중국에 이어 한국의 제2의 교역대상지역이다.

제 2 부

개별국가에 대한 사례: 필리핀연구

(The Philippines as an Individual Country Study in Southeast Asia)

제 1 장 동남아연구와 필리핀연구의 관계

I. 동남아연구와 필리핀연구의 개념적 관계성

동남아연구는 근본적으로 지역연구(지역학)의 개념을 바탕으로 이해될 수 있다. 지역연구가 기존의 분과학문(예 정치학, 경제학, 경영학, 사회학, 어문학 등)이라는 영역의 벽을 뛰어넘어 총체적이고 포괄적인 현상을 파악하는 종합학문의 성격을 지니고 있다면, 동남아연구 역시 같은 맥락에서 이해되어야 하는 연구 분야라고 볼 수 있다. 즉 지역연구의 정의에서 표현된 "제반 분야의 종합적인 연구"란 동남아시아 지역 및 개별국가에서 일어나는 국제관계는 물론 정치, 경제, 사회, 문화, 역사, 언어 등 제반 분야에 대한 이론과 실제를 연구함으로써 이 지역 또는 개별국가의 보편성과 특수성을 종합적인 측면에서 찾아내고자 하는 것이라고 할 수 있다.

또한 동남아연구는 특정지역으로서의 '동남아시아'라는 지역의 선정과 이 지역에 분포한 '개별국가'를 하나의 연구대상으로 하고 있다는 점이다. 더욱이 지역으로서의 '동남아시아'의 성격을 시간과 공간의 틀 속에서 올바르게 인식하는 새로운 학문의 성격을 지니고 있는 것이다. 이러한 동남아연구의 개념 인식과 함께 그 정의를 간단히 내려 본다면 "동남아시아라는 지역과 이 지역에 분포한 개별국가의 국제관계는 물론 정치, 경제, 사회, 문화, 역사, 언어 등 제반 분야를 종합적이고 체계적인 방법으로 연구하는 학문"이라고 할 수 있다.

이런 관점에서 필리핀연구는 동남아시아 개별국가에 대한 연구로서 '필리핀'이라는 국가영역에 한정하여, 이 국가의 정치, 경제, 사회, 문화, 역사 등 제반분야를 종합적이고 체계적으로 접근하여 연구하는 것이라고 할 수 있다. 물론 지역연구방법론에서 강조하고 있는 '문화와 역사의 상대주의'를 고려하여 공간적 개념으로서 '필리핀'에 대한 이해도를 높이고, 이를 위해 필리핀의 문화와 역사 분

야를 여타 분야보다 우선하여 주목하고 그 보편성과 특수성을 규명할 수 있도록
할 계획이다.

Ⅱ. 동남아시아 개별국가로서 필리핀연구의 목적

첫째, 동남아시아 개별국가로서 필리핀의 실체(entity)를 체계화하고 과학적으
로 규명하기 위한 것이다.

둘째, '지역으로서 필리핀(the Philippines as a region)'이라는 공간적 개념에 대
한 실체를 외측논리보다는 내측논리에 입각하여 전반적으로 규명하기 위한 것
이다.

셋째, 객관적 사실화에 입각한 동남아시아 지역 내 개별국가로서 필리핀의
보편성과 특수성을 규명하기 위한 것이다.

넷째, 도서부 동남아시아 지역에 위치한 필리핀에 관련된 중요한 학제적 연구
의 배경과 현상을 탐구하려는 학자들은 물론, 이 국가에 대한 올바른 이해와 관심
의 제고를 필요로 하는 사람들에게 학문적/실용적 정보를 제공하기 위한 것이다.

다섯째, 필리핀연구는 국가 내 다양한 인종과 민족의 벽을 과감히 뛰어넘어
상호 이해와 협력의 기초를 마련하는 데 일조하기 위한 것이다.

마지막으로, 동남아시아의 필리핀에 대한 미래를 올바르게 예측해 줌으로써
이 국가의 존재 가치와 의미를 정당화함과 동시에, 필리핀의 미래 비전을 세우는
데 일조하기 위한 것이다.

Ⅲ. 동남아 사례연구로서 필리핀연구: 문화와 역사의 상대주의

'필리핀연구'란 '필리핀'을 공간적 개념으로 이해하려는 것으로서 '지역연구'
의 성격을 띤다고 볼 수 있다. 지역연구가 "분류된 특정지역의 정치·경제·사회·
문화·역사 등 제반 분야를 종합적이고 체계적으로 연구하는 학문"이라고 정의
할 때 '필리핀연구' 역시 "필리핀이라는 분류된 특정국가의 정치·경제·사회·

문화·역사 등 제반 분야를 종합적이고 체계적으로 연구하여, 종국적으로는 '필리핀'이라는 국가가 지니고 있는 독자성을 규명하려는 학문"이라고 정의할 수 있다.

이러한 개념적 정의를 토대로 필리핀연구를 시도하려 할 때 가장 주목해야 할 부분은 '종합적'이라는 부분일 것이다. 이는 '필리핀'이라는 특수국가를 연구함에서 어느 분과학문 하나만으로 접근할 것이 아니라 다양한 분야를 종합적으로 주목하여 접근하는 다학문적 접근방식 또는 학제적 접근방식을 통해 그 독자성을 올바르게 규명할 수 있어야 한다.

물론 본질적인 측면에서 이러한 이론적 논거에 충분이 공감하지만 실제적인 측면에서 '지역(국가)으로서의 필리핀(the Philippines as a region)'을 진정 안다고 말할 수 있으려면 무엇부터 이해해야 할까? 즉 다양한 분야 중에서 어떠한 분야를 우선적으로 이해해야 필리핀을 이해한다고 할 수 있을까? 이를 위해 필자는 지역연구에서 강조하고 있는 '문화와 역사의 상대주의'를 토대로 논리를 전개하려 한다.

'문화와 역사의 상대주의'란 지역(국가)과 지역(국가) 간의 문화와 역사는 반드시 다르다는 동태적(dynamic) 개념으로 이해할 수 있다. 이를테면 A라는 국가와 B라는 국가는 문화와 역사라는 분야에서 상대적으로 반드시 다르다는 점에서 A(또는 B)라는 국가를 안다고 얘기하려면 적어도 그 국가의 문화적인 정서와 역사적인 배경을 우선적으로 이해할 필요가 있다는 점을 강조하고 있는 것이다. 그런가 하면 A라는 국가이든 B라는 국가이든 그 문화와 역사는 역동적으로 변할 수 있어서 지속적으로 관심을 가질 필요가 있으며, 이러한 자세를 가질 때 비로소 우리는 그 국가 또는 그 지역을 조금이나마 안다고 얘기할 수 있다는 것이다.

이러한 측면에서 '필리핀을 안다'고 얘기하려면 우선적으로 필리핀 구성원들이 지니고 있는 보편적인 문화적 정서를 이해하는 것이 중요하며, 또한 그들은 어떠한 역사적 배경을 안고 현재에 이르렀는지를 파악하는 것이야말로 가장 중요하다. 즉 필리핀의 문화적 정서와 역사적 배경을 올바르게 이해할 때 비로소 '필리핀을 안다'고 얘기할 수 있다는 논리이다.

따라서 필자는 특수국가 '필리핀'에 대한 사례연구를 종합적으로 다루긴 하되 '문화와 역사 분야'를 비교적 세밀하게 관심을 가지고 살펴보고자 한다.

제 2 장 | 필리핀의 개괄적인 소개

Ⅰ. 군도국가 필리핀, 국명의 공식명칭

❖ 국명-필리핀공화국(Republic of the Philippines): 나라의 이름이나 지명, 국명
은 일반적으로 무관사이지만, 반도·군도·산맥의 이름 앞에는 정관사
The를 붙인다는 영문법의 원칙이 있다.
* The Korean peninsula: 한반도.
* The Taebaek Mountains: 태백산맥
* The Alps; the Alpine range: 알프스산맥
* The Philippine Islands; the Philippines: 필리핀군도
* The Hawaiian Islands: 하와이군도

Ⅱ. 군도국가 필리핀, 크기와 인구(인구증가율 분석)

❖ 면적

약 30만 ㎢-세계 74위, (한반도 219,000㎢의 1.3배, 한국 99,720㎢의 약 3배), 한국
110위, 북한 약 12만 ㎢ 100위(CIA-The World Factbook, 2020년).

필리핀은 'CNN Philippines'에 의하면 약 7,641개의 섬으로 구성된 군도국가
로서 서쪽으로는 남중국해, 동쪽으로는 필리핀해, 남서쪽으로는 셀레베스해가
있다.[85] 또한 필리핀은 북쪽으로는 대만, 서쪽으로는 베트남, 동쪽으로는 팔라
우, 남쪽으로는 말레이시아, 인도네시아와 해안선을 접하고 있다.

---

85) CNN Philippines. 2016. More islands, more fun in PH. February 20, http://cnnphilippines.
com/videos/2016/02/20/More-islands-more-fun-in-PH.html (Search Date: 2018. 2. 28).

❖ 인구

CIA-The World Factbook 자료 의하면, 필리핀의 전체 인구는 2020년 7월 기준 1억 9백만 명으로 아시아 7위권, 세계 12위권이며, 해외에는 약 1천만 명의 디아스포라(diasporas)가 거주하고 있는 것으로 알려져 있다. 참고로, 필리핀 전체 인구의 50% 정도는 루손섬에 거주하고 있음.

필리핀의 인구증가율은 1995~2000년까지 약 3.21%로서 상당히 높은 증가율을 보이다가 그 이후 2005~2010년까지 약 1.95%로 감소하는 추세였으며, 2020 년에는 1.52%(세계 68위; 2020년 기준 세계평균 인구증가율은 1.03%, 이것은 2.5초마다 매번 전 세계 인구가 149명씩 증가하고 있는 것을 의미함)를 마크했다(CIA-The World Factbook, 2020). 출산율은 2020년 현재 1천 명당 22.9명으로 세계 60위를 기록했다. 한편 한국은 2020년 기준 0.39%의 인구증가율(세계 162위)을 보여 필리핀과 대조를 이루고 있으며, 출산율의 경우에도 1천 명당 8.2명(세계 220위)으로 필리핀과 상당한 차이를 보이고 있다. (참고로 보건복지부와 건강보험공단의 '2018 OECD 보건통계' 자료에 의하면 한국의 자살률은 2016년 기준으로 인구 10만 명당 25.8명인 것으로 나타났다. 이는 OECD 국가 평균 11.6명보다 훨씬 높은 수치로 사실상 1위에 해당되는 것이다. 라트비아 18.1명, 슬로베니아 18.1명, 일본 16.6명, 헝가리 16.2명, 벨기에 15.8명 등이었지만, 한국보다는 많이 적었다.)

〈그림 2-1〉 필리핀 메트로마닐라 지도

출처: https://upload.wikimedia.org/wikipedia/commons/thumb/c/c6/Metro_Manila_in_the_
Philippines.png/800px-Metro_Manila_in_the_Philippines.png (검색일: 2021. 1. 29)

수도 메트로 마닐라(Metro Manila: 공식적으로는 National Capital Region; NCR)의 정치/행정구획은 2018년 3월 기준 16개의 Cities(Manila City, Quezon City, Makati City, Pasig City, San Juan City, Pasay City, Caloocan City 등)와 1개의 Municipality (Pateros)로 이루어져 있다(〈그림 2-1〉 참고).[86) 이것은 마닐라시를 중심으로 반경 약 50~100km에 걸쳐 EMR(Extended Metropolitan Regions)이라는 대도시권이 형성 되어 있다는 것을 의미한다.

※ 필리핀의 Municipality는 정치/행정적으로 시(City)의 하위구조이며, 그 안에 시정기관이 설립되어 한정된 지역의 주민을 위해 일반적인 지방 행정기구 역 할을 한다.

필리핀통계청(PSA)의 인구조사(2015년 8월 기준)에 의하면 메트로 마닐라의 인 구는 약 1,290만 명으로 필리핀 전체 인구의 약 13%를 차지하고 있다. 특히 메트 로 마닐라의 16개 Cities 중에서 퀘손시(Quezon City)의 인구가 22.8%로 가장 많은 사람이 살고 있는 것으로 나타났다. 반면에 구 마닐라시의 경우 인구밀도는 제곱 킬로미터당 42,000명으로 메트로 마닐라시 중에서 가장 높게 나타났지만 거주인 구는 메트로 마닐라 인구의 13.8%로 퀘손시보다 적은 것으로 나타났다. 참고: 필리핀의 도시인구는 전체 인구의 44.2%를 차지하고 있다(the World FactBook-CIA, 2018).

필리핀 화산학 및 지진학 연구소(the Philippine Institute of Volcanology and Seismology)에 의하면 메트로 마닐라의 면적은 약 620km²(서울 605km², 싱가포르 682 km²)로서 전 국토의 0.21%에 불과하다. 특히 메트로 마닐라의 16개 Cities 중에서 퀘손시의 면적(165.33km²)이 구 마닐라(42.88km²)의 면적보다 큰 것으로 나타났다. 또한 행정구획상 동부마닐라구(Eastern Manila District; 퀘손시 포함)가 북부, 남부에 비해서 큰 것으로 나타났다.

---

86) Metropolitan Manila, commonly known as Metro Manila, the National Capital Region (NCR) of the Philippines, is the seat of government and the most populous region of the country which is composed of Manila, the capital district of the country, Quezon City, the country's most populous city, the Municipality of Pateros, and the cities of Caloocan, Las Piñas, Makati, Malabon, Mandaluyong, Marikina, Muntinlupa, Navotas, Parañaque, Pasay, Pasig, San Juan, Taguig, and Valenzuela.

〈표 2-1〉 메트로 마닐라(Metro Manila)의 인구 및 크기(면적)

행정구획 (District)	시/지방 행정기구 (Cities/ Municipality)	인구 (Population, 2015)				인구밀도 (Pop. Density/ ㎢)	면적 (Area, ㎢)			
수도구 (Capital District)	마닐라 (Manila)	1,780,148	13.8%	1,780,148	13.8%	42,000	42.88	6.9%	42.88	6.9%
동부 마닐라구 (Eastern Manila District)	만달루용 (Mandaluyong)	386,276	3.0%			35,000	11.06	1.8%		
	마리키나 (Marikina)	450,741	3.5%			20,000	22.64	3.6%		
	파식 (Pasig)	755,300	5.9%	4,650,613	36.1%	24,000	31.46	5.1%	236.36	38.1%
	퀘손 (Quezon)	2,936,116	22.8%			18,000	165.33	26.7%		
	산후안 (San Juan)	122,180	0.9%			21,000	5.87	0.9%		
북부 마닐라구 (Northern Manila District)	칼루우칸 (Caloocan)	1,583,978	12.3%			30,000	53.33	8.6%		
	말라본 (Malabon)	365,525	2.8%	2,819,388	21.9%	23,000	15.96	2.6%	126.42	20.5%
	나보타스 (Nabotas)	249,463	1.9%			22,000	11.51	1.9%		
	발렌수엘라 (Valenzuela)	620,422	4.8%			14,000	45.75	7.4%		
남부 마닐라구 (Southern Manila District)	라스피냐스 (Las Pinas)	588,894	4.6%			18,000	32.02	5.2%		
	마카티 (Makati)	582,602	4.5%			27,000	27.36	4.4%		
	문틴루파 (Muntinlupa)	504,509	3.9%	3,626,104	28.2%	12,000	41.67	6.7%	208.28	34.5%
	파레냐께 (Paranaque)	664,822	5.2%			14,000	47.28	7.6%		
	파사이 (Pasay)	416,522	3.2%			23,000	18.64	3.0%		

*파테로스 (Pateros)	63,840	0.5%		36,000	1.76	0.3%
타귁 (Taguig)	804,915	6.3%		18,000	45.18	7.3%
메트로 마닐라 (Metro Manila)	12,877,253	–	–	21,000		619.57

*파테로스(Pateros): Municipality

출처: Philippine Statistics Authority Census of Population(As of Aug. 1, 2015). "National Capital Region (NCR): Total Population by Province, City, Municipality and Barangay." https://psa.gov.ph/ (Search Date: 2018. 3. 5); Land area figures are from the Philippine Institute of Volcanology and Seismology.

Ⅲ. 메트로 마닐라의 교통난과 환경문제

〈표 2-2〉에서 보는 바와 같이, 메트로 마닐라의 피크타임 시 자동차 평균속도가 시속 약 10km로서 동남아시아에서는 방콕 다음으로 교통난이 심각한 것으로 나타난다. 이는 또한 공해를 유발하는 환경문제를 야기시켜 필리핀의 사회적 이슈가 되고 있다. *마닐라 관광을 다녀 온 대부분의 관광객들이 한결같이 지적하는 사안이 바로 공해문제이기도 하다.

〈표 2-2〉 동남아 주요 대도시에서의 피크타임 시 자동차 평균속력

도시	피크타임 시 자동차 평균속력(Km/h)	도로 총 연장(km)
방콕	8	2,800
메트로 마닐라	10	1,938
홍콩	22	1,559
싱가포르	30	2,924

출처: Lim and Yuen

CNN Philippines에 의하면 메트로 마닐라의 교통난은 브라질의 리오데자네이루, 상파울루, 인도네시아의 자카르타에 이어 매우 심각한 수준인 것으로 알려져 있다. 특히 CNN Philippines는 메트로 마닐라의 경우 32개국 167개의 주요 도시를 대상으로 10점 만점에 교통지수 0.4점을 마크하고, 만족지수는 3.9점을

159

마크하여 매우 심각한 수준의 교통난을 겪고 있음을 발표한 바 있다(Lara Tan, CNN Philippines, 2015. 10. 2).

Ⅳ. 필리핀의 인종적/민족적 구분

필리핀 민족/종족 구성은 크게 두 가지 관점에서 이해될 수 있는데, 하나는 민족언어학적 집단(ethnolinguistic group)의 관점이고, 또 다른 하나는 토착적 종족 집단(indigenous tribal group)의 관점이다.

1. 민족언어학적 집단의 관점

Filipinos: 민족언어학적 집단의 관점에서 보면, 대부분의 필리핀인들(Filipinos)은 오스트로네시아인계(Austronesian descent)이다. *Austronesian: Central and South Pacific에 살고 있었던 사람들(Malayo-Polynesian). 여기서 오스토네시아인이란 태평양 중남부 지역에 살고 있었던 사람들로서 사실상 Malayo-Polynesian을 말한다. Malayo-Polynesian: '폴리네시아의 말레이인'을 의미하며, 또한 '말레이-폴리네시아어'로 해석되기도 한다. '말레이-폴리네시아어'는 민족언어학적으로 Austronesian Language의 하위집단이 사용했던 언어이다.

이러한 관점에서 필리핀인은 약 12개의 민족집단(ethnic groups)으로 구성되어 있는데, 그중 주요 집단을 살펴보면 비사야인(Visayan: 33.8%), 타갈로그인(Tagalog; 27.7%), 일로카인(Ilocano; 9.8%), 비콜인(Bikolano; 6.8%) 등이다(〈표 2-3〉 참고). 그 밖의 비토착적 민족집단으로는 Spanish Filipinos(스페인계 필리핀인들), American Filipinos(미국계 필리핀인), Chinese Filipinos(중국계 필리핀인), Arabian Filipinos(아랍계 필리핀인), Indian Filipinos(인도계 필리핀인), Japanese Filipinos(일본계 필리핀인), Korean Filipinos(한국계 필리핀인; 2017현재 약 72,000명) 등이 거주하고 있다.[87]

---

87) 2015년 기준 필리핀 내 한국인은 약 89,000명, 한국 내 필리핀인은 약 54,000명. 2016년 기준 방필 한국인은 147.5만 명, 방한 필리핀인은 56.7만 명.

⟨표 2-3⟩ 민족집단(Ethnic Groups)

민족집단	분포율	민족집단	분포율
Visayan	33.8%	Igorot	1.7%
Tagalog	27.7%	Pangasinense	1.4%
Ilocano	9.8%	Chinese	1.2%
Bicolano	6.8%	Zamboangueño	1.1%
Moro	5.1%	other local	8.1%
Kapampangan	3.1%	foreign	0.2%

자료: Republic of the Philippines, National Statistics Office. 2014. "Philippines in Figures 2014," pp. 29-34, http://web0.psa.gov.ph/sites/default/files/2014%20PIF.pdf (Search Date: March 5, 2018).

2. 토착적 종족집단의 관점

필리핀의 토착적 종족집단 중 가장 오래된 종족, 즉 필리핀인들의 최고(最古)의 조상은 네그리토(Negrito)이다. 네그리토는 약 3만 년 전에 이 지역에 정착했던 사람들로 아시아 대륙으로부터 이주해 왔던 몽골인종 이전(pre-Mongoloid people)의 사람이었던 것으로 추정된다. 네그리토(Negrito) 종족집단은 아티족(Ati)과 아에타족(Aeta)을 포함한다. 아티족은 비사야스(Visayas)의 서쪽 부근에 위치한 파나이(Panay) 지역의 네그리토 종족집단이며, 반면에 아에타족은 필리핀 루손(Luzon) 지역의 고립된 산지에 주로 흩어져 살고 있는 원주민들(토착민, indigenous people)이다.

특히 아에타족은 중앙태평양 및 남태평양 섬에 살고 있던 오스트로네시아인(Austronesian)이 이주해 오기 이전에 이 지역(필리핀섬)에 거주하고 있던 원주민들로 추정된다. 북루손에 거주하고 있는 아에타족은 뿌구트(Pugut) 또는 뿌고트(Pugot)로 알려져 있기도 하다. 뿌구트와 뿌고트는 일로카노(Ilocano) 말로 도깨비/악마(goblin) 또는 산속의 유령(Forest Spirit)라는 의미이다.

Ⅴ. 필리핀의 종교문화

필리핀은 전체 인구의 80% 이상이 가톨릭 신자로서 사실상 가톨릭국가라고 해도 과언이 아니다. 개신교 신자는 전체 인구의 4% 이상이며, 이글레시아 니 크리스토(Iglesia ni Cristo) 신자도 전체 인구의 3% 이상을 차지하고 있다. 또한 필리핀독립교회 신자는 전체 인구의 약 3% 미만으로 파악되고 있다.

필리핀통계청 자료에 의하면 필리핀 이슬람교도(Moro)는 전체 인구의 6%로 파악되지만, 필리피노 무슬림 국가위원회(National Commission on Muslim Filipinos, 2011년 기준)는 전체 인구의 약 11%가 모로라고 주장한다. 그리고 이들의 대부분은 수니파(Sunni Islam)에 속하며 방사모로 지역에 거주하고 있는 것으로 알려져 있다.

※ 방사모로 지역(Bangsamoro region): 기존 민다나오 이슬람자치지역(ARMM)을 대체하는 '자치정치체제(autonomous political entity) 지역'으로서 2014년 3월 27일 필리핀 노이노이 아키노(Noynoy Aquino, Benigno Aquino Ⅲ) 행정부와 모로이슬람해방전선(Moro Islamic Liberation Front: MILF) 간 체결된 '방사모로에 관한 포괄협정(CAB: Comprehensive Agreement on the Bangsamoro)'에 의한 것이다.[88] MILF는 필리핀 남부 민다나오 기반 이슬람 반군으로 2001년 정전협정 체결 후 필리핀 정부와 평화협상을 진행해 왔다. 그 결과가 CAB이며, 이는 방사모로 지역에서 그들 자치적으로 내각 형태의 정부, 의회, 경찰 등을 보유할 수 있으며, 그 외에도 조세, 농업, 관광, 교육 등의 권한을 보유할 수 있다는 것을 의미한다. 단, 외교, 국방, 국제무역 등의 권한은 필리핀 정부가 갖는다.

그 외에도 불교, 힌두교 등을 믿는 소수의 필리핀 사람들이 있으며, 특히 전통문화에 근거를 둔 정령신앙을 믿는 필리핀 사람도 전체 인구의 2%가 되는 것으로 알려져 있다.

---

88) The Autonomous Region in Muslim Mindanao(ARMM) is an Autonomous region of the Philippines, located in the Mindanao island group of the Philippines, that is composed of five predominantly Muslim provinces, namely: 바실란(Basilan; except Isabela City,) 라나오델수르(Lanao del Sur), 마긴다나오(Maguindanao), 술루(Sulu) and 타위타위(Tawi-Tawi).

VI. 필리핀의 언어

필리핀에는 많게는 187개 적게는 120개의 언어가 있으며, 이 중 대부분은 말레이 폴리네시아어(Malayo-Polynesian languages)에서 오며, 차바카노(Chavacano)라는 언어 하나만 로마어에서 오는 것으로 알려져 있다.[89]

필리핀은 스페인 식민지배 시기에 스페인어를, 미국 식민지배 시기에는 영어를 공식어로 사용하기도 했으며, 1987년 신헌법이 개정되면서 국가어/민족어로 타갈로그(Tagalog)를 선포하기도 했다.

현재는 두 개의 언어(Tagalog, English)를 공식어로 사용하고 있으며, 그 외에도 19개의 지역언어를 공식적인 보조어를 인정하고 있다.

〈표 2-4〉 필리핀어(Philippine Mother Tongue)와 사용자수(2010)

Language	Speakers	
Tagalog	24.4%	22,512,089
Cebuano	21.35%	19,665,453
Ilokano	8.77%	8,074,536
Hiligaynon	8.44%	7,773,655
Waray	3.97%	3,660,645
Other Local Languages/Dialects	26.09%	24,027,005
Other Foreign Languages/Dialects	0.09%	78,862
Not Reported/not stated	0.01%	6,450
Total		92,097,978

Source: Philippine Statistics Authority(2010)

---

89) McFarland, C. D. 1994. "Subgrouping and Number of Philippine Languages." 「Philippine journal of linguistics」. 25 (1-2): 75-84.

Ⅶ. 필리핀의 기후 형태

필리핀은 고온다습한 열대성 해양기후(tropical maritime climate)로서 2계절 또는 3계절로 나뉜다. 2계절로 나누는 것은 강수량 기준으로 건기와 우기로 나뉘는데, 건기는 11~5월까지이며, 우기는 6~10월까지이다. 또한 3계절은 3~5월까지 탁이닛(tag-init) 또는 탁아라우(tag-araw)라는 뜨거운 건기(the hot dry season), 6~10월까지 탁울란(tag-ulan)이라는 우기(the rainy season), 11~2월까지 탁라믹(tag-lamig)이라는 시원한 건기(the cool dry season)로 나뉜다. 연중 온도는 시즌에 따라 차이는 있을 수 있으나 섭씨 약 21~33도이며, 가장 시원한 달은 1월이며 가장 뜨겁고 더운 달은 5월이다.

〈표 2-5〉 필리핀의 기후 및 계절

Months	November-February	March-May	June-August	September-October
Rainfall	Dry		Wet	
Temperature	Cool	Hot		
Season	Cool Dry	Hot Dry	Rainy	

source: https://en.wikipedia.org/wiki/Climate_of_the_Philippines(검색일: 2021. 1. 29)

〈표 2-6〉 필리핀의 월별 온도 및 강수량 변화 추이

Climate: Type I														[hide]
Manila														
		Jan	Feb	Mar	Apr	May	Jun	Jul	Aug	Sep	Oct	Nov	Dec	Year
Average high	°C	29.8	30.6	32.3	33.7	33.8	32.1	31.0	30.5	30.6	30.9	30.5	29.7	31.3
	°F	85.6	87.1	90.1	92.7	92.8	89.8	87.8	86.9	87.1	87.6	86.9	85.5	88.3
Average mean	°C	25.7	26.1	27.5	28.8	29.3	28.3	27.5	27.3	27.2	27.3	26.8	25.9	27.3
	°F	78.3	79.0	81.5	83.8	84.7	82.9	81.5	81.1	81.0	81.1	80.2	78.6	81.1
Average low	°C	21.6	21.6	22.7	24.0	24.9	24.6	24.1	24.1	23.9	23.7	23.1	22.2	23.4
	°F	70.9	70.9	72.9	75.2	76.8	76.3	75.4	75.4	75.0	74.7	73.6	72.0	74.1
Average rainfall	mm	17	8	13	26	125	273	407	441	346	193	135	63	2,047
	in	0.7	0.3	0.5	1.0	4.9	10.7	16.0	17.4	13.6	7.6	5.3	2.5	81
climate-data.org[12] February 2016														

source: "Climatological Information for Manila." AmbiWeb GmbH. Retrieved February 17, 2016.

뿐만 아니라 필리핀은 태풍, 지진, 화산 등 자연재해가 많은 곳이며, 특히 태풍의 경우 필리핀을 강타하고 한국까지 도달하는 데 1주일 정도가 걸린다.

| 필리핀은 어떤 나라인가?

- 필리핀은 한국의 약 3배 정도의 면적(약 30만 ㎢)을 지니고 있으며, 섬이 약 7,641개로 사실상 군도국가라고 할 수 있다. 지리적으로는 크게 북부의 루손 (Luzon)·중부의 비사야스(visayas)·남부의 민다나오(Mindanao) 지역 등으로 구분된다.

- 필리핀의 인구는 2017년 7월 기준 1억 4백만 명으로 아시아 8위권, 세계 13위 권이며, 해외에는 약 1천만 명의 디아스포라(diasporas)가 거주하고 있는 것으로 알려져 있다. 특히 필리핀 전체인구의 약 50% 정도는 루손 지역에 거주하고 있다. 또한 주목을 끄는 부분은 연평균 인구증가율이 한국(2017년 기준 0.48%)에 비해 결코 낮지 않은 국가(2005~2010년 1.95%, 2017년 기준 1.57%)라는 점이다. 이것은 필리핀이 가톨릭 국가인 데다가 전체적인 필리핀 사람들의 보수적인 성향 때문인 것으로 분석된다. 가톨릭 국가의 경우 법제도 적으로 소위 abortion으로 알려진 낙태를 금지하고 있으며(돈이 있는 상류계 층은 외국에 가서 낙태를 하고 들어오며, 돈이 없는 하류계층은 불법시술을 통해 낙태를 하는 것으로 알려져 있다. 이는 사실 현재 필리핀사회의 사회문 제이기도 하다), 또한 이혼(divorce)도 법적으로 허용되고 있지 않다(단지, Legal Separation이라는 법적 별거만 허용). 게다가 사회 전체적인 정서의 근 저에는 전통적으로 중국의 유교문화에 영향을 받은 부분이 있어서 보수적인 성향을 지니고 있기도 하다. 이런 점에서 필리핀의 인구는 점점 더 증가하고 있는 것이다.

- 필리핀 민족구성은 크게 두 가지 관점에서 이해할 수 있는데, 하나는 민족언어 학적 집단의 관점이고 또 다른 하나는 토착적 종족 집단의 관점이다. 민족언어 학적 집단의 관점에서 필리핀인(Filipino)은 오스트로네시안계(Austronesian descent)이며, 토착적 종족집단의 관점에서 필리핀인의 조상은 네그리토 (Negrito)이다. 그 밖의 비토착적 민족집단, 이를테면 스페인계, 미국계, 중국 계, 아랍계, 인도계 등도 함께 거주하고 있다는 점에서 그야말로 다양한 민족 과 인종이 어우러져 살고 있는 곳이 필리핀이다.

- 필리핀 언어는 많게는 187개, 적게는 120개 정도가 있는 것으로 알려져 있지 만, 사실상 공식어로는 두 개, 즉 타갈로그(Tagalog)와 영어(English)이다. 그 래서 실제로 학교나 공식적인 행사에서는 주로 타갈로그나 영어를 쓰게 되고, 사적인 자리에서는 주로 타갈로그를 쓴다. 물론 최근 필리핀이 민족주의 의식 을 불어 넣는다는 취지에서 타갈로그의 사용 빈도가 과거에 비해 많다고 볼 수 있다.

- 필리핀은 전체 인구의 80% 이상이 가톨릭 신자로서 사실상 가톨릭국가라고 해도 과언이 아니며, 그 외의 개신교, 이슬람교 등이 있기도 하다.
- 필리핀의 기후는 고온다습한 열대성 해양기후(tropical maritime climate) 형태를 띠고 있으며, 3계절로 나뉜다. 즉, 3~5월까지 탁이닛(tag-init) 또는 딱아라우(tag-araw)라는 뜨거운 건기(the hot dry season), 6~11월까지 탁울란(tag-ulan)이라는 우기(the rainy season), 12~2월까지 탁라믹(tag-lamig)이라는 시원한 건기(the cool dry season)로 나뉜다.

제 **3** 장 | 필리핀의 지리적 이해

I. 군도국가 필리핀의 지리적 위치와 그 이외의 정보

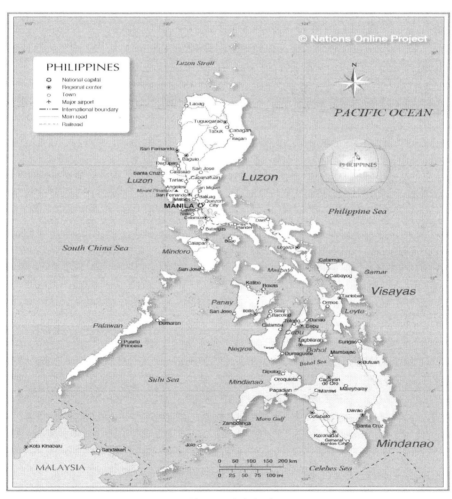

〈그림 3-1〉 필리핀 지도

출처: http://nationsonline.org/maps/philippines-map.jpg(검색일: 2021. 1. 29)

필리핀은 약 7,641여 개의 섬으로 구성된 군도국가로서 사람이 살고 있는 섬은 이 중에 40% 정도밖에 되지 않는다. 필리핀의 총면적은 약 30만 km²으로 한반도(219,000km²)의 약 1.3배, 한국(99,000km²)의 약 3배 정도로 큰 국가이기도 하다. 대표적인 섬으로는 루손(Luzon; 104,700km²)과 민다나오(Mindanao; 94,600km²)이다.

필리핀은 크게 네 지역으로 나누고 있다. 즉 북부의 루손 지역, 중부의 수많은 섬으로 구성된 비사야스(Visayas) 지역, 남부의 민다나오(Mindanao) 지역, 서남부의 팔라완(Palawan) 지역이다.

필리핀의 지리적 위치는 동경 116° 40'~126° 34'사이와 북위 4° 40'~21° 10' 사이에 놓여 있으며, 동쪽으로는 필리핀해(The Philippine Sea), 서쪽으로는 남중국해(South China Sea), 남쪽으로는 셀레베스해(Celebes Sea)가 있다. 또한 보르네오(Borneo) 섬이 서남쪽으로 가깝게 있으며, 대만이 북쪽에 위치해 있다.

화산의 분출로 생겨난 대부분의 산들은(일종의 활화산) 열대우림(tropical rainforest) 지역이다. 최고 높은 산으로는 민다나오 지역의 아포산(Mt. Apo 2,954m)이며, 두 번째로 높은 산으로는 루손 지역의 풀라그산(Mt. Pulag; 2,930m)이다. 그 외에도 대표적인 화산으로는 마욘 화산(Mayon Volcano), 피나투보 화산(Mount Pinatubo), 탈 화산(Taal Volcano) 등이 있다. 이러한 활화산으로 이루어져 있는 대부분의 섬은 서태평양 태풍벨트(typhoon belt)에 놓여 있기도 있다. 그러다 보니 연간 약 19번 정도 태풍의 영향권 내에 들어가기도 한다.

〈그림 3-2〉 민다나오지역의 아포산(MT. APO 2,954M)

출처: https://cdn.britannica.com/17/166817-050-1BDC8905/Mount-Apo-island-Mindanao-
Philippines.jpg(검색일: 2021. 1. 29)

〈그림 3-3〉 루손지역의 풀라그산(mT. PULAG 2,930M)

출처: https://upload.wikimedia.org/wikipedia/commons/f/f6/Ph_mtpulag.jpg(검색일: 2021. 1. 29)

가장 긴 강은 북부 루손 지역의 카가얀 강(Cagayan River)이며, 마닐라만은 파
식 강(Pasig River)에 의해 라구나만(Laguna de Bay)까지 연결되어 있다. 그 외에도
수빅만(Subic Bay), 다바오만(Davao Gulf), 모로만(Moro Gulf) 등이 있다.

Ⅱ. 필리핀의 지리적(지역적) 구분

필리핀의 대표적 큰 섬으로는 11개를 들을 수 있으며, 면적의 크기 순서로 나열하면 아래와 같다.

〈표 3-1〉 필리핀의 대표적인 섬

크기	지역	면적	크기	지역	면적
1	루손(Luzon)	104,700㎢	7	네그로스(Negros)	9,200㎢
2	민다나오(Mindanao)	94,600㎢	8	레이테(leyte)	6,300㎢
3	팔라완(Palawan)	14,900㎢	9	세부(Cebu)	5,100㎢
4	파나이(Panay)	12,300㎢	10	보홀(Bohol)	4,100㎢
5	민도로(Mindoro)	10,200㎢	11	마스베이트(Masbate)	4,000㎢
6	사마르(Samar)	9,900㎢			

출처: Worldatlas. "The Biggest Islands Of The Philippines." https://www.worldatlas.com/articles/the-biggest-islands-of-the-philippines.html(검색일: 2018. 3. 11)

필리핀은 지역적으로(지리적으로) 세 개 또는 네 개의 군도그룹(islands groups)으로 분류된다.

(1) 첫 번째 지역/그룹은 루손섬과 그 주변의 섬들, 즉 민도로(Mindoro), 마린두퀘(Marinduque), 카탄두아네스(Catanduanes), 마스바테(Masbate) 등을 말한다.

(2) 두 번째 지역/그룹은 루손섬과 민다나오섬 사이에 놓여 있는 여러 개의 섬으로 구성된 비사야스섬들을 말한다. 대표적으로 파나이(Panay), 네그로스(Negros), 세부(Cebu), 보홀(Bohol), 레이테(Leyte), 사마르(Samar) 등이 여기에 속한다. 특히 세부는 교통의 중심적인 섬이기도 하다.

(3) 세 번째로 서쪽에 놓여 있는 팔라완 지역/그룹이다. 이 그룹에는 1,700여 개의 아주 작은 섬들이 있으며, 말레이시아 사바(Sabah) 지역과 연결되는 보르네오섬과의 징검다리 역할을 하는 곳이기도 하다.

(4) 네 번째로는 민다나오 지역/그룹이 있다. 민다나오 그룹은 민다나오섬을 비롯하여 바실란(Basilan), 홀로(Jolo) 등 술루군도(Sulu Archipelago)를 포함한다. 이곳 역시 보르네오섬과 연결되어 있다.

Ⅲ. 필리핀의 행정구획

〈표 3-2〉와 〈그림 3-4〉에서 보는 바와 같이 필리핀의 행정구획은 2017년 12
월 31일 기준 17개의 지역(Regions), 81개의 도(Provinces), 145개의 시(Cities),
1,489개의 뮤니시펄리티(Municipalities), 42,036개의 바랑가이(Barangays)로 나뉘
어져 있다.[90]

〈표 3-2〉 필리핀의 행정구획

	Region	Provinces	Cities	Municipalities	Barangays
1	NCR*	–	16	1	1,706
2	CAR**	6	2	75	1,176
3	I (Ilocos Region)	4	9	116	3,265
4	II(Cagayan Valley)	5	4	89	2,311
5	III(Central Luzon)	7	14	116	3,102
6	IV-A(Calabarzon)	5	19	123	4,018
7	Mimaropa Region***	5	2	71	1,459
8	V(Bicol Region)	6	7	107	3,471
9	VI(Western Visayas)	6	16	117	4,051
10	VII(Central Visayas)	4	16	116	3,003
11	VIII(Eastern Visayas)	6	7	136	4,390
12	IX(Zamboanga Peninsula)	3	5	67	1,904
13	X(Northern Mindanao)	5	9	84	2,022
14	XI(Davao Region)	5	6	43	1,162
15	XII(Soccsksargen)	4	5	45	1,195
16	XIII(Caraga)	5	6	67	1,311
17	BARMM****	5	2	116	2,490
	Total	81	145	1,489	42,036

(2017. 12. 31 기준)
*NCR: National Capital Region
**CAR: Cordillera Administrative Region
***Mimaropa region: 2016년까지 IV-B
****BARMM: Bangsamoro Autonomous Region in Muslim Mindanao
출처: DILG(Dept. of the Interior and Local Government, the Philippines)

---

90)DILG(Dept. of the Interior and Local Government, the Philippines). "Regional Summary: Number
   of Provinces, Cities, Municipalities, and Barangarys." http://www.dilg.gov.ph/facts-and-figures/
   Number-of-Provinces-Cities-Municipalities-and-Barangays-by-Region/32 (검색일: 2018. 3. 21)

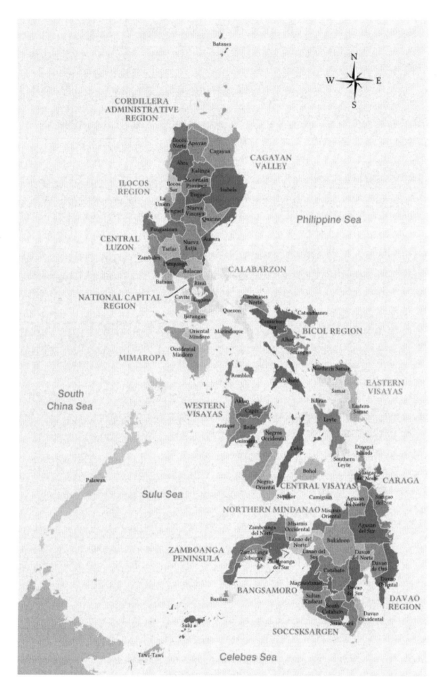

〈그림 3-4〉 필리핀 행정구획 지도

출처: https://upload.wikimedia.org/wikipedia/commons/thumb/f/f6/Labelled_map_of_the_Philippines_
  _-_Provinces_and_Regions.png/800px-Labelled_map_of_the_Philippines_-_Provinces_and_Regions.
  png (검색일: 2021. 1. 29)

제 **4** 장 | 필리핀 문화
(the Philippine Culture)[91]

    '필리핀문화'란 구체적으로 무엇일까? 이 광범위한 질문에 대해 그 누구도 논리적이고 체계적으로 응답하기란 결코 쉽지 않을 것이다. 본 연구는 이러한 심고(深考)와 함께 시작된 것이다. 구조주의(structuralism)의 관점에서 보면 문화의 주체는 '구조'이고, 그 '구조'에 의해 문화는 생성되고 소멸된다. 이를테면 '문화'라는 표피적(表皮的) 현상 그 저변에는 '숨어 있는 구조'가 있다는 것이다. 그렇다면 '필리핀문화'는 어떠한 구조에 의해 형성된(생성·소멸된) 것인가? 이러한 가장 기본적이고 근본적인 질문에 대한 답을 찾기 위해서는 '필리핀문화'의 개념적 범위를 거시적으로나마 한정 짓고 논리를 전개할 필요가 있을 것이다.

    이러한 관점에서 필자는 필리핀문화에 대한 개념적 구조화를 시도하고, 그 틀 속에서 논리적으로 분석하고 해석하여 Filipinos가 보편적으로(특수하게)[92] 공유하고 있는 문화적 특징을 찾아내고자 하는 것이다. 이를 위해 우선 이론적 검토를 시도하고자 한다. 즉, 지역연구(국가연구)의 접근방법으로서 문화의 이해를 도모하고자 하는 것이다. 그리고 (앞서 논의된) '문화의 개념적 의미'를 토대로 '필리핀문화의 개념적 구조화'를 거시적 관점에서 도식화하여 제시하고자 한다. 그러고 난 후 도식화된 틀 속에서 논리적 분석과 해석을 시도하는 것이다. 그리고 마지막으로 맺는말에서 본 연구의 궁극적인 목적인 필리핀문화가 어떠한 구조에 의해 형성된 것이며, 그 특징적 주요 양상은 무엇인지를 밝혀내고자 하는 것이다.

---

91) 여기의 '필리핀문화'에 관한 내용은 2019년 한국아시아학회의 『아시아연구(등재지)』에 게재된 박광섭의 논문을 재구성한 것이다. 박광섭. 2019. "필리핀문화의 개념적 구조화에 대한 논리적 분석과 해석." 『아시아연구』. 22(1): 125-152.

92) 지역학(연구)의 관점에서 '문화의 보편성과 특수성의 문제'는 바라보는 시각에 따라 상대적으로 표현이 다를 뿐 사실상 그 내용은 같은 것이다. 이를테면 '아시아적 가치(Asian value)'는 아시아인들이 함께 공유하고 있는 보편성의 문제, 즉 보편적 가치인 것이다. 그러나 비아시아인이 '아시아적 가치'의 문제를 바라 볼 때에는 아시아인들이 지니고 있는 '특수한 가치', 즉 특수성의 문제인 것이다. 따라서 '문화의 보편성과 특수성의 문제'는 바라보는 시각에 따라 양자가 동일선상에 놓여 있는 상대적 개념인 것이다.

Ⅰ. 이론적 검토: 지역연구의 접근방법으로서 문화의 이해

국경선에 의한 구획의 설정으로 형성된 공간, 즉 '국민국가(nation-states)'는 지역연구방법론에서 강조되고 있는 '지역(area/region)' 자체의 개념적 의미를 나타내며, '지역연구(area studies)'의 주요 연구대상이기도 하다. 다시 말해서 '지역연구'에서 -자의적이든 편의적이든- 일반적으로 구획해 놓고 있는 '지역'의 개념적 범위와 '지역연구'의 주요 대상에는 '국민국가'가 포함되어 있다.93) 이것은 '국민국가'를 대상으로 한 연구, 즉 '국가연구'는 '지역연구'에서 중요한 부분을 차지하고 있다는 것을 의미한다.

본래 '지역연구/국가연구'란 분류된 특정지역 또는 특정국가의 정치, 경제, 사회, 문화, 역사 등 제반 분야를 종합적이고 체계적으로 연구하는 학문으로 정의된다(박광섭, 2006a: 12-14). 여기에서 가장 주목해야 할 부분은 지역연구/국가연구의 경우 일정한 시간과 공간의 틀 속에서 그 지역/국가의 총체성과 독자성을 규명하기 위해 종합적 접근을 시도한다는 점이다. 이를테면 '필리핀'이라는 특정국가에 대한 연구를 시도한다고 할 때 필리핀의 정치, 경제, 사회, 문화, 역사 등 전반적인 분야를 종합적으로 접근하여 연구하는 것이 중요하다는 것이다. 즉 이러한 종합적 접근을 통한 연구가 제대로 이루어질 때 비로소 '필리핀'의 총체성 및 독자성을 규명할 수 있다는 논리이다.

이와 같이 지역연구는 전반적인 분야에 대한 종합적 접근을 시도하는 것이 중요하다. 그럼에도 지역연구에서 '문화 분야'에 대한 이해의 폭을 넓히는 것이 우선시 될 필요가 있다는 '문화우선주의'가 강조된다. 이를테면 지역연구에서

---

93) '지역(area/region)'의 개념적 범위와 '지역연구(area studies)'의 대상을 결정하는 데 가장 중요한 것은 어떠한 수준에서 '지역'을 한정하여, 이를 연구의 대상으로 설정할 것인가의 문제이다. 이 문제에 대한 학자 간의 견해는 다양할 수 있으나 현재 자의적이든 편의적이든 일반적으로 구획해 놓고 있는 '지역'이란 크게 세 가지로 구분할 수 있다. 먼저 국가 내(sub-national) 특정한 촌락(마을)이나 도시의 커뮤니티 또는 지방권(예; 도; provinces, 주; states) 등을 들 수 있다. 두 번째로는 국경선에 의한 구획의 설정으로 형성된 공간, 즉 국민국가(nation-states), 이를테면 국제사회에 분포한 190여 개의 국민국가들은 지역연구에서 말하는 지역 개념 자체이며, 지역연구의 주요 연구대상인 것이다. 세 번째로는 복수의 국민국가를 포괄하는 국가 간(inter-national) 또는 초국가적(trans-national) 공간으로서, 예를 들면 정치경제적 목적이 일치하여 형성된 공간(EU, APEC, ASEAN 등), 동일한 종교문화를 공유하여 형성된 공간(이슬람권, 유교권, 불교권 등) 등을 들 수 있다. 더 자세한 내용은 박광섭(2006a)의 저서 "세계화시대 해외지역연구의 이해"의 7-9쪽, 23-25쪽 참조.

'문화우선주의'는 특정지역/특정국가의 총체성과 독자성을 규명하려고 할 때 그 지역/국가의 구성원들이 공유하고 있는 '문화적 정서'를 이해하는 것이 그 어떤 분야에 대한 이해보다도 우선되어야 한다는 것을 강조하는 것이다. 물론 '문화 우선주의'의 논리적 본질은 '문화상대주의(Cultural Relativism)'에서 온다고 볼 수 있다.

지역연구에서 주목받는 '문화상대주의'의 경우 '문화'는 지역 또는 국가마다 상대적으로 반드시 다르다는 동태적 개념으로 이해된다. 이를테면 A라는 지역(국가)의 구성원들이 지니고 있는 문화적 정서(예 가치, 신념 등)는 B라는 지역(국가)의 구성원들이 지니고 있는 문화적 정서(예 가치, 신념 등)에 비해 상대적으로 반드시 다르다는 것이며, 이는 주변 환경적 요인 등의 이유로 인해 언제든지 동적(動的)으로 변할 수 있다는 것을 의미한다. 따라서 연구를 통해 특정지역 또는 특정국가에 대한 이해도를 높이는 데에는 그 지역 또는 그 국가의 구성원들이 지니고 있는 문화적 정서를 다른 어떤 분야보다도 우선해서 이해할 때 비로소 그 지역 또는 그 국가를 제대로 이해할 수 있다는 것이다. 결국 이러한 '문화상대주의'의 논리 속에는 지역 또는 국가마다 '문화의 우열'이 존재하지 않는다는 것을 내포하고 있는 것이며, 이는 그 지역(국가) 사회의 맥락과 배경, 특수성(보편성)에 기반을 둔 문화의 관점에서 지역연구가 시도될 필요가 있다는 것을 의미하는 것이다.[94]

---

94) 이런 측면에서 '지역으로서의 세계(world as a region)'는 문화의 다양성이 철저히 인정되는 공간이라고 볼 수 있다. 결국 문화는 다양성과 특수성 위에 존재하는 것이며, 지역/국가 내 사회구성원들이 함께 공유하고 있는 공유성, 배워서 습득하는 학습성, 변할 수 있는 변동성, 쌓인 결과를 갖는 축적성, 전체 속에서 연계되어 있는 전체성(예 유목민의 이동식 가옥문화: 유목과 이동식 가옥 간의 연계) 등의 문제를 그 속성상 지니고 있는 것이다. 물론 이러한 논지 속에는 '극단적 문화상대주의'가 초래할 수 있는 역기능도 있다는 점에서 유념하여 이해될 필요가 있기도 하다. '극단적 문화상대주의'란 인류 보편적 가치에 어긋나는 것조차도 인정하려는 태도로서 명예살인, 태형 등을 들 수 있다.

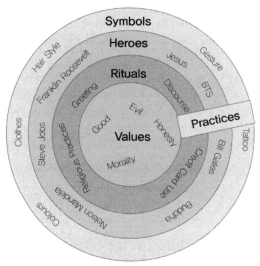

〈그림 4-1〉 호프스테더(G. Hofstede)의 문화적 양파모델(Cultural Onion Model)

　그렇다면 '문화'의 개념적 의미는 구체적으로 어떻게 이해되어야 할까? 영국의 문화인류학자 테일러(Edward Burnett Tylor)는 문화란 "사회 구성원이 자연 및 원시와 대립하여 인위적인 무엇인가를 더해 새로운 것을 만드는데, 이 과정에서 만들어지는 모든 결과물"이라고 정의하고 있다(Tylor, 1974). 또한 미국의 문화인류학자 린턴(Ralph Linton)은 문화란 "어떤 사회의 전체 생활양식(the total way of life)"이라고 정의하고 있다(Kluckhohn, 1958). 이와 같이 문화에 대한 개념적 정의는 그야말로 학자마다 매우 다양하다. 따라서 여기에서는 여러 학자가 제시하고 있는 문화의 개념적 정의를 전체적으로 규합하여 나타내고자 한다. 즉, 문화란 "특정집단의 사회적 정체성을 규정 짓는 복수의 다양한 지표들로 이루어져 있으며, 그러한 지표들에 의해 상징적으로 표현된 (일종의) 패턴의 집합"이라고 할 수 있다. 특히 "특정집단의 사회적 정체성을 규정 짓는다"는 말에는 집단마다 문화는 상대적으로 다르다는 의미가 내포되어 있는 것이며, 이것은 인간들로 구성되어 있는 집단, 즉 사회집단은 정체성을 만들어 낸다는 의미도 포함되어 있는 것으로 해석할 수 있다. 뿐만 아니라 문화는 "복수의 다양한 지표들", 이를테면 가치·신념·태도·전통·언어·행위·상징·의사소통양식·제도·사회체계 등으로 이루어져 있는데, 이러한 복수의 다양한 지표들은 일종의 패턴을 만들어 둘 또는 그 이상의 사람들에 의해 공유된다는 것이다. 그러면 복수의 다양한 지표들 중에서 문화를 표현해낼 수 있는 대표적인 지표는 무엇일까? 그것이 바로 가치의 문제이다. 왜냐하면 인간은 누구나 가치를 쫓아 살아가는 가치정향적이기 때문이다. 다시 말해서 인간의 가치정향(value orientation)이 곧 '문화(culture)'인 것이다.

'가치'의 문제가 '문화'를 논할 때 가장 중요한 핵심적인 부분이라는 것은 네덜란드 출신의 사회심리학자 헤이르트 호프스테더(Geert Hofstede)의 논리에서도 잘 나타난다. 호프스테더는 '문화적 양파모델(Cultural Onion Model)'을 제시하면서 '문화'라는 것은 중핵(core)에 '가치'가 있고, 그 주변에 '습관적 행위(rituals)', '영웅(heroes)', '상징(symbols)' 등이 중첩적으로 층을 이루어 둘러싸고 있다는 것이다 (Hofstede, 2011; 〈그림 4-1〉 참고). 특히 그는 '가치'란 '볼 수도 만질 수도 없는 개념'으로서 "어떤 상태(것)보다 다른 상태(것)를 선호하는 경향성"으로 보고 있다. 예를 들면 선, 악, 정직성, 도덕성 등은 인간이 보편적으로 선호의 경향성에 따라 추구하는 중요한 '가치'의 문제라고 볼 수 있는 것이다. 또한 그 주변에 위치한 '습관적 행위'란 가시적인 목표의 달성을 위해서 꼭 필요한 것은 아니지만 사회구성원들에 의해 "의례적으로 나타나는 집단적인 행위"로 표현하고 있다. 이를테면 특정집단의 사회구성원들이 인사(greeting)하는 행위, 종교생활을 하는 행위, 담론 (discourse)을 즐기는 행위, 신용카드를 사용하는 행위 등을 '습관적(의례적) 행위'의 예로 들 수 있다. '영웅'은 행동의 귀감이 되는 자, 즉 그의 롤모델로 인해 문화가 영향을 받을 수 있다는 것이다. 예수, 석가모니, 스티브 잡스, 프랭클린 루즈벨트, 넬슨 만델라, 빌 게이츠, 방탄소년단(BTS) 등이 이에 속한다고 볼 수 있다. 그리고 가장자리에 위치한 '상징'의 경우에는 특정문화를 공유하고 있는 사람들에게만 통용되는 말(언어), 동작 등을 의미한다는 것이다. 이를테면 특정집단이 공유하고 있는 제스처, 헤어스타일, 의류패션, 색깔, 문신 등이 '상징'의 대표적인 예라고 볼 수 있다. 물론 호프스테더의 '문화적 양파모델'에서 습관적(의례적) 행위, 영웅, 상징은 가치와는 다른 '실행(practices)'으로 나타난다는 것이다. 이것은 '문화'에서 강조되는 주요 지표로서 습관적 행위, 영웅, 상징의 경우에는 가치와 다르게 '충분히 볼 수도 만질 수도 있는 개념'이라는 것을 의미한다.

Ⅱ. 필리핀문화의 개념적 구조화 시도

앞의 제Ⅰ장에서 언급된 '문화의 개념적 의미'를 토대로 '필리핀문화의 개념적 구조화'를 거시적 관점에서 도식화해 보면 <그림 4-2>와 같다.

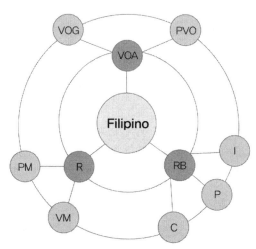

〈그림 4-2〉 거시적 관점으로서 필리핀문화의 개념적 구조화에 대한 다이어그램

우선 '필리핀문화'는 거시적으로 "필리핀사회의 구성원이 지니고 있는 가치정향적 태도(VOA: value-oriented attitudes), 습관적/의례적 행위(R: rituals), 종교적 신념(RB: religious beliefs) 등을 가리키며, 이를 습득·공유·전달함으로써 일종의 행동 패턴으로 (그 사회에서) 자리매김된 것"이라고 정의할 수 있다. 이러한 개념적 정의하에서 〈그림 4-2〉에서 보는 바와 같이 필리핀문화의 중심부에는 필리핀사회의 구성원인 'Filipino'가 있다는 사실을 확인할 수 있다. 따라서 Filipino에 대한 올바른 이해의 필요성이 요구되며, 이 요구의 주요 내용에는 Filipino의 어원적 유래, 최초의 사용 시점, Filipino의 독특한 정체성 규명 등이 포함된다.

한편, 필리핀문화의 중심부에 위치한 Filipino는 '문화의 개념적 의미(앞의 제Ⅰ장 참고)'에서 강조된 복수의 다양한 지표들 중에서 크게 세 가지의 주요 지표들로 구성되어 그 구조가 이루어져 있는데, 그것이 바로 「VOA-R-RB 구조」이다(〈그림 4-2 주목〉). 「VOA-R-RB 구조」에서 VOA는 Filipino의 주요 사고방식 및 행동양식을 의미하며, R은 Filipino의 삶 속에서 습관적으로/의례적으로 나타나는 행위를 말하며, RB는 Filipino의 특정종교에 대한 신념을 나타낸다. 특히 필리핀문화의 「VOA-R-RB 구조」는 유기적인 관계를 유지하며 주요 요소들을 그 하위구조 속에서 형성시키게 되는데, 그것은 다음과 같다. 첫째, VOA는 일반적 가치정향 (VOG)과 특별한 가치정향(PVO)을 생성시킨다.[95] 둘째, R은 신체적 습관(PM)과 언어적 습관(VM)을 대표적으로 만들어 낸다. 셋째, RB는 Filipino의 신념체계에 영향을 주는 주요 종교로서 로마 가톨릭교(C), 개신교(P), 이슬람교(I) 등을 양산 시킨다. 이러한 필리핀문화의 하위구조 속에서 새롭게 형성된 7가지의 주요 요소, 즉 VOG, PVO, PM, VM, C, P, I는 각각 독립적인 개별 요소로 존재하는 것이 아니라 상호관계를 맺으며 필리핀문화의 중핵인 Filipino에 의해 습득, 공유, 전달되는 체계를 이루게 된다(〈그림 4-2 주목〉). 그리고 그것은 종국적으로는 일종의 행동양식으로 패턴화되는 과정을 거쳐 필리핀사회에서 자리매김을 하게 되는 것이다.

이와 같은 구조적인 틀을 갖추고 있는 것이 '거시적 관점에서의 필리핀문화' 이다. 필리핀문화의 개념적 구조화에 대한 구체적인 분석과 해석은 아래의 제Ⅲ장에서 진행될 예정이다.

Ⅲ. 필리핀문화의 개념적 구조화에 대한 분석과 해석

1. 필리핀 사회의 구성원: Filipino

(1) Filipino의 어원적 유래 및 최초 사용시점

'Filipino'는 스페인어 *las Islas Filipinas*'에서 유래된 말이다(Online Etymology Dictionary, 2018). *las Islas Filipinas*'는 영어로 'The Philippine Islands'를 의미하며, 우리말로는 '필리핀군도'로 해석된다. 이 명칭은 1543년 스페인 탐험가이며

---

95) '일반적 가치정향(Filipino value-orientation in general)'과 '특별한 가치정향(particular Filipino value-orientation)'의 개념적 구분은 Filipino의 사고방식 및 행동양식을 기준으로 나눈 것이다. 즉, 일반적으로 Filipino 이외의 사람들도 지니고 있는 사고방식 및 행동양식을 '일반적 가치정향'으로 표현한 것이며, Filipino만이 지니고 있는 독특한 사고방식 및 행동양식을 '특별한 가치정향'으로 나타낸 것이다. 이를테면 권위주의, 개인주의 등은 일반적으로 필리핀 사람들 이외의 사람들도 지니고 있는 '가치정향'인 것이며, *Bahala na, Utang na loob, Pakikisama, Hiya, Amor propio* 등은 필리핀 사람들만이 지니고 있는 독특한 '가치정향'인 것이다.

도미니크회 신부였던 빌라로보스(Ruy Lopez de Villalobos)가 스페인 펠리페 2세
왕(King *Felipe II* of Spain)의 이름을 따서 명명한 것이었다(Scott, 1994; Duka, 2008).
당시 문자 'F(Felipe)'가 'P(Philippine)'로 대체되었던 배경에는 토착화된 로마자(라
틴문자)였던 '아바카다 알파벳(Abakada alphabet)'에 문자 'F'가 존재하지 않았기 때
문이었던 것으로 파악된다(Wikipedia, 2018a; 2018b).[96] 그리고 현대에 와서
'Pilipino' 보다 'Filipino'를 더 선호하게 된 것은 1987년 공식 채택된 '현대 (필리
핀) 타갈로그어 알파벳(the modern Filipino alphabet: 문자 'F'를 포함한 28자로 구성)'
때문인 것으로 보인다(Wikipedia, 2018a).

'Filipino'라는 말이 최초로 사용되기 시작한 시점은 스페인의 필리핀 식민지
배 시기 계급구조(Caste System)에서 찾을 수 있다(The Pinoy Warrior, 2012).[97] 즉
'Filipino'라는 말은 스페인 식민지배 시기의 계급구조 상 최고계급인 '페닌슐라레

---

96) 'Filipino(필리핀 타갈로그어) 문법의 아버지'로 알려진 산토스(Lope K. Santos)는 1910년내 초반부
터 '필리핀을 위한 국어/국가언어'의 필요성을 인식하고, 이를 실현하기 위해 노력하였다. 결국 그의
노력에 의해 토착화된 로마자(라틴문자)였던 '아바카다 알파벳(Abakada alphabet)'이 1940년 '타갈
로그에 기초하여 필리핀의 새로운 국어'로 도입되었던 것이다. 당시 '아바카다 알파벳'은 문자 'F'가
포함되지 않은 20자로 구성되어 있었다(Wikipedia, 2018a; 2018b).

97) 스페인의 필리핀 식민지배 시기 계급구조는 다음과 같다. 첫째, 페닌슐라레스(*Peninsulares*): 스페인
에서 태어난 '순수 스페인혈통'으로서 제1계급에 해당된다. 대표적인 인물로는 필리핀 식민지의 초
대 총독이었던 레가스피(Miguel Lopez de Legazpi)를 들 수 있다. 둘째, 인슐라레스(*Insulares*): 스
페인 식민지 필리핀에서 태어난 스페인혈통으로서 제2계급에 해당된다. 이를테면 스페인 커플에
의해 필리핀에서 태어난 사람들이 여기에 속한다고 볼 수 있다. 대표적인 인물로는 최초의 Filipino
백작(El Conde Filipino)으로 알려진 바렐라(Luis Rodriguez Varela)를 들 수 있다. 바렐라는 유럽
계 귀족이었지만 Filipino의 권리를 최초로 누린 사람이었다. 셋째, 메스티조 데 에스파놀(*Mestizo
de Espanol*): 스페인혈통과 Filipino혈통 간의 결혼을 통해 태어난 사람들로서 '스페인계 혼혈인'을
말한다. 이들은 필리핀 식민사회에서 토착민들보다 큰 이점을 누렸다. 이를테면 지방관리들 또는
교회성직자들과의 관계가 좋아 그 지위를 누리기도 했다. 대표적인 메스티조 데 에스파놀로는 펠라
에즈(Padre Pedro Pelaez)를 들 수 있다. 펠라에즈는 마닐라 교구를 관장하는 권위 있는 신부로서
교회세속화운동을 이끌던 인물이다. 넷째, 메스티조 데 상글리(*Mestizo de Sangley*): 중국인혈통
과 Filipino혈통 간의 결혼을 통해 태어난 사람들로서 '중국계 혼혈인'을 말한다. 사실상 필리핀섬으
로 이주해 왔던 초기 중국인들은 대부분 기능공이었으며, 또는 소규모의 무역인이었다. 그러나 그
들의 자녀들, 즉 '메스티조 데 상글리'인 중국계 혼혈인들은 스페인 통치권하에서 특권을 누렸다.
이를테면 그 당시 가톨릭 교회 소유의 토지가 그들에게 임대되는 것이 허락되었던 것이다. 이는
훗날 그들이 필리핀에서 대지주가 되는 결과로 이어졌다. 다섯째, 토르나트라스(*Tornatras*): 토르나
트라스는 필리핀 식민사회에서 대중적 영웅들을 가리키는 말로서 조상이 스페인사람, 중국사람, 필
리핀사람이 모두 함께 섞여 있는 경우를 의미하는 스페인어이다(*Tornatras* = Spanish+Chinse+
Filipino). 기본적으로 당시의 대부분의 필리핀사람들은 여기에 속한다고 주장할 수도 있다. 특히
Filipinos 중에서 '교육받은 사람들'을 가리키는 일러스트라도스(*Ilustrados*)는 대부분 이 계급에 속
한다고 볼 수 있다. 많은 일러스트라도스는 물질적으로 풍요로운 지주들의 자손들이었지만 마비니
(Apolinario Mabini)와 같은 몇몇 사람의 경우에는 농부의 자손이 있기도 하다. 여섯째, 인디오
(*Indio*): '순수 오스트로네시아인'의 후손으로 (필리핀)섬의 원주민들을 가리키는 말이었다.

스(*peninsulares*)' 바로 아래 지위에 해당되는 '인슐라레스(*insulares*)'를 가리키는 것이었다. 본래 이 당시의 '인슐라레스'는 "스페인 식민지인 필리핀에서 태어난 스페인계 사람들"을 의미하는 것이었다. 대표적인 인물로는 최초의 Filipino 백작 (El Conde Filipino)으로 알려져 있는 바렐라(Luis Rodriguez Varela)를 들 수 있다. 바렐라는 유럽계(스페인계) 귀족이었지만 Filipino의 권리를 최초로 누린 사람이 었다(Wikipedia, 2018c). 여기서 추론이 가능한 것은 필리핀 식민지배자인 스페인 사람들의 경우 반도인(*peninsulares*)으로서 섬사람(*insulares*)인 식민지에서 태어난 사람들과 자신들을 구별하여 스스로의 우월성을 내세웠던 것으로 해석된다는 것 이다. 이는 역설적으로 섬사람인 식민지 필리핀에서 태어난 사람들을 식민지배 자인 스페인 사람들이 무시하는 경향성이 있었다고도 볼 수 있다.

또한 스페인 식민지배 시기 'Filipino'는 '순수 오스트로네시아인'의 후손으로 (필리핀)섬의 원주민들을 가리키는 인디오(*indio*) ─스페인의 필리핀 식민지배 시 기 계급구조 상 최하위 계급─ 와는 구별되었다(The Pinoy Warrior, 2012). 다시 말해서 당시 스페인 식민지배자들은 'Filipino'를 (앞서 언급한 바와 같이) '페닌슐라 레스' 바로 아래 계급인 제2계급으로서 (필리핀)섬에서 살고 있었던 원주민들보다 는 상당히 높은 지위에 있는 사람들을 가리키는 말로 사용했던 것이다. 필리핀 역사학자 오캄포(Ambeth Ocampo)에 의하면 *indio*를 Filipino로 표현하기 시작한 시점은 1879년이며, 그 중심에는 일러스트라도(*ilustrado*, 스페인 식민지배 시기 Filipino 지식인)로서 '호세 리살(José Rizal; 필리핀 민족운동의 상징적 인물)'이 있다는 것이다. 즉 1879년 호세 리살이 지은 「필리핀 청년들에게; *A La Juventud Filipina*」 에 처음으로 *indio*라는 단어가 Filipino를 가리키는 말로 사용되었다는 것이다 (Ocampo, 1995). 그리고 호세 리살은 1887년 스페인의 식민지 정책을 비판하는 최초의 정치소설 「나를 만지지 마라; *Noli Me Tángere*」를 출판하여 필리핀 국민 의 계몽운동을 전개하였으며, 1891년 속편인 「탐욕의 지배; *El Filibusterismo*」를 출판한 후 1892년 필리핀에 귀국하여 '필리핀동맹; *La Liga Filipina*'이라는 비밀 결사대를 결성하여 본격적인 개혁운동을 하였다(Zaide, 1970). 당시 개혁운동의 본질은 스페인 통치자들에게 동화정책을 요구하는 것이었다. 그런데 이 요구가 스페인정부에 의해 철저히 거절되었는데, 이때 비로소 "우리는 ─José Rizal을 중심으로 한 개혁주의자들─ 스페인인(Spaniard)이 될 수 없고, 필리핀인(Filipino)"

이라는 민족의식이 생겨나게 된 것이다. 결국 Filipino는 그 이후 필리핀 사람들을 광범위하게 가리키며, 이들을 하나로 묶어내는 중요한 용어가 되었던 것이다.

(2) Filipino의 독특한 정체성

근대시대 이후 Filipino의 정체성은 민족적/인종적(ethnic/racial) 혈통의 멜란지(melange)이다(Pitlane Magazine, 2014). 이를테면 Filipino는 말레이계, 인도네시아계, 아랍계, 중국계, 스페인계, 미국계 등 다양한 민족/인종의 조합이라고 할 수 있다. Filipino의 절대 다수를 차지하고 있는 말레이계와 인도네시아계의 선조는 고대시대 배/보트(balangay; plank boat)를 타고 이주해 왔지만, 그들의 원시문화(씨족, 부족문화 등)는 근대시대 이후 현재까지도 지속적으로 계승 발전되어 Filipino의 전통문화(바랑가이문화, 정령신앙문화, 음식문화 등)로 자리매김했다고 볼 수 있다. 아랍계, 중국계 등의 선조는 적어도 3세기 초반 이후 주로 해양무역을 위해 현재의 필리핀군도에 들어온 것으로 파악되며, 이들은 대표적으로 이슬람문화, 유교문화, 상거래문화 등을 필리핀 지역에 보급 확산시켰다고 볼 수 있다. 스페인계는 16세기 스페인의 필리핀 식민지화로 인해 형성된 것이며, 이들의 선조는 30~100가구로 구성되어 있는 씨족집단의 바랑가이(barangay) 형태의 군도지역을 하나로 통합하여 건립하는 'Nation-Building'을 통해 '필리핀'을 국가로 탄생시켰으며, Filipino의 일상생활에 없어서는 안 될 가톨릭문화, 성(surnames)문화, 음식문화, 건축문화, 언어문화, 축제 및 파티문화 등 그야말로 다양한 분야에서 '스페인식 문화'를 정착시켰다고 볼 수 있다. 미국계는 19세기 후반 새로운 식민모국으로 필리핀을 지배함으로써 형성된 것이며, 새로운 정치문화(예 정당문화, 정치와 종교 분리 원칙 등), 법질서문화(예 미국식 법제도 도입), 교육문화(예 미국식 교육제도 도입), 복지문화(예 공공건강서비스센터 건립 등), 언어문화(예 공식어로서 영어 사용) 등 여러 분야에서 '미국식 문화'를 접목시켰다고 볼 수 있다. 이와 같이 Filipino는 오랜 역사적 흐름 속에서 다양한 민족/인종문화가 혼재되어 하나의 통일성을 유지하는 독특한 정체성(unique identity)을 지니고 있는 것으로 보인다.

2. Filipino의 가치지향적 태도

(1) 일반적 가치정향

일반적으로 Filipino가 추구하는 문화적 가치정향을 분석하여 평가하기란 결코 쉽지 않은 일이다. 그런데 주지하다시피 Filipino는 스페인과 미국에 의해 오랜 역사적 식민지배를 경험한 사람이다. 그러므로 그들의 문화적 가치정향의 경우 식민지배체제의 구조에서 형성되었을 것이라는 가설을 세울 수 있다고 본다. 그렇다면 식민지배체제의 구조에서 형성된 Filipino의 문화적 가치정향은 무엇일까? 그것을 한마디로 표현하면 Filipino는 스페인의 가톨릭문화 위에서 형성된 권위주의(authoritarianism) 가치정향과 미국의 실리문화 위에서 형성된 개인주의(individualism) 가치정향을 습득하여 공유하고 있다는 점이다.

Filipino의 권위주의 가치정향은 기본적으로 그들의 생활전반, 즉 가정생활, 학교생활, 교회생활, 직장생활에서 나타난다(Gorospe, 1988: 24-28; Gochenour, 1990: 20-21). Filipino 가정에서 권위는 일반적으로 연장자 또는 남성 위주로 결정되기 때문에 동생은 형의 가이던스에 귀를 기울이고, 형은 어머니, 숙모(작은 어머니), 숙부(삼촌), 아버지 등의 순에 따라 순종과 공경을 배운다. 하물며 자식들이 성장한다하더라도 이러한 가정 내 권위의 질서는 변하지 않는다. 또한 어떤 가정의 경우에는 아버지가 최종적인 중재자이며 권위자이기도 하다. Filipino에게 권위는 항상 당연하게 존재하는 것으로 여겨진다. 교회에서는 신부나 목사가, 학교에서는 스승이, 직장에서는 정당하게 관리하는 관리자가 권위를 지닌 자들이다. 이와 같이 Filipino의 권위주의 가치정향은 그들의 생활에 이미 체화되어 있으며, 이는 역사의 흐름에서 스페인의 가톨릭문화, 특히 남성 위주의 가부장적 위계질서의 형태에 의한 영향으로 나타나는 것이라고 볼 수 있다.[98] 역설적으로는 필리핀사회의 기본단위인 가정 내에서의 위계질서가 권위주의적 인간관계를 낳고 있으며, 더 나아가 개인의 자율성, 다원성, 자발적 참여문화를 억압하는 결과를 초래하고 있는 것으로도 볼 수 있다.

---

[98] 필자는 가톨릭교회가 사제직에 여성을 제한하고 있으며, 특히 아버지와 아들(하느님과 예수)이라는 부계 중심의 위계질서를 강조하고 있다는 점에서 가톨릭문화를 남성 위주의 가부장적 위계질서의 형태로 표현한 것이다.

또한 Filipino의 문화적 가치에는 실리적 추구 위에서 형성된 개인주의 가치 정향도 내포되어 있다. 대부분의 Filipino는 직접적으로 이해관계가 섞이지 않은 일에 대해서는 거의 신경 쓰지 않는 편이다. 이러한 Filipino의 태도는 그들 자신과 관련이 없는 사람들에게 개인적인 감정으로 접근하는 것은 아무런 의미가 없는 것이며, 또한 자신들에게 전혀 도움이 되지 않는다고 생각하기 때문인 것으로 보인다. 이를테면 Filipino는 스스로 어떤 사람에 대하여 그가 누구이며, 무슨 일을 하는가에 별로 관심이 없는 편이며, 누군가가 어떤 사람에 대한 많은 부분을 알고 있다 할지라도 그것을 들으려고 하거나 알려고 하지 않는 편이다. 더 나아가 Gorospe(1988: 27)는 저서 「Filipino Values Revisited」에서 Filipino의 이기적/냉소적 태도가 공동선을 추구하는 사회의식의 결핍을 초래했고, 이는 결국 국가발전을 오랜 기간 저해하는 요인이 되었다고 꼬집고 있다. Gorospe(1988: 27)에 의하면 Filipino는 자신의 집은 완벽하리만큼 깨끗하게 치우지만 공중화장실은 사용하기 어려울 정도로 지저분하며, 자신이나 자신의 가족에게 직접적으로 영향을 주지 않는 한 거리에 나뒹구는 쓰레기더미에는 전혀 관심이 없으며, 선거철이 되면 '우리나라'보다는 '나 또는 내 가족'을 우선시하여 투표권을 행사한다는 것이다. 그렇다면 이러한 Filipino의 개인주의 가치정향은 근본적으로 어디에서 오는 것일까? 이는 미국으로부터 44년 이상 오랜 식민지배를 받으며 형성된 가치정향으로 파악된다. 이를테면 미국 등 서구사회의 보편적 문화 가치 중의 하나인 실리적 추구가 Filipino의 개인주의 가치정향에 영향을 준 것으로 보이며, 또한 '지배자와 피지배자의 관계'에서 피지배자였던 Filipino는 생존을 위해 어쩔 수 없이 '실리'와 '실용'을 추구할 수밖에 없었던 것이 아닌가라는 시각을 갖게 된다.[99] 그리고 이는 종국적으로 Filipino의 삶에서 '나' 또는 '내 가족' 중심의 개인주의적 가치정향으로 자연스럽게 굳어지게 된 것이 아닌가라는 분석과 해석이 가능하다.

(2) 특별한 가치정향

Filipino가 특별히 추구하는 문화적 가치정향은 어떠한 것들이 있을까? 다시 말해서 필리핀 사람들만이 지니고 있는 독특한 문화적 가치정향은 무엇일까? 여

---

99) 필자는 본문에서 Filipino의 개인주의 가치정향에 대한 근본적인 답을 '식민지배체제의 구조' 속에서 찾고 있으나 "보다 원천적인 측면에서 필리핀군도의 경우 '나' 또는 '내 가족' 중심의 씨족집단(바랑가이)의 형태에서 생성된 것이었다"는 관점에서도 그 문제의 본질을 접근하여 논할 수 있다고 본다.

기에서는 Filipino의 생활에서 습득·공유·전달되고 있는 다섯 가지의 특별한 사고방식 및 행동양식, 즉 바할라나(*Bahala na*), 우땅나로옵(*Utang na loob*), 빠끼끼사마(*Pakikisama*), 히야(*Hiya*), 아모르프로피오(*Amor propio*) 등을 중심으로 논의해 보고자 한다(Gorospe, 1988: 29-36; Gochenour, 1990: 23-26; Daigler, 1980: 23-25).

1) 바할라나

*Bahala na*는 Filipino의 삶에 대한 전형적인 사고방식을 한마디로 요약해 주는 타갈로그 표현이다. 대부분의 필리핀 사람들은 앞으로 어떤 일이 일어날지 전혀 예측하기 어려운 도전적 상황에 직면하게 되면 *Bahala na*라고 말한다. 이 표현은 우리말로 정확히 번역되지는 않지만 스페인어의 '*que sera, sera*', 영어의 'Whatever will be, will be', 즉 '될대로 되라' 또는 '뭔가 되겠지, 될 거야'와 같은 의미로 사용된다.[100]

필리핀 사람들의 *Bahala na* 표현에는 그들의 삶에 대한 긍정적인 태도와 부정적인 태도를 함께 엿볼 수 있다. 이를테면 *Bahala na*는 '적극적 긍정의 의미'를 담고 있다. 다시 말해서 필리핀 사람들이 주문을 외우 듯이 *Bahala na*라고 말하면 그들은 삶에서 힘든 상황이 다가와 큰 변화의 순간을 맞이한다 할지라도 이를 적극적으로 극복할 준비가 되어 있으며 종국적으로는 신(God)의 도움에 의해 해결할 수 있다는 확신을 지니고 있다는 것이다. 반면, *Bahala na*는 '운명론적 의미'를 담고 있기도 하다. 즉 필리핀 사람들은 모든 일이 신에 의해 미리 정해진 필연적인 법칙에 따라 일어나므로 인간의 의지로 변경하는 데 분명히 한계가 있다고 믿는 것이다. 이는 필리핀 사람들로 하여금 (운명에 굴복하는 자세로 말미암아) 일에 대한 열정과 하고자 하는 의지의 결핍 현상을 야기하며, 더 나아가 어느 정도의 노력 후에는 쉽게 자포자기하는 삶의 태도를 갖게 하는 요인이 되기도 한다.

2) 우땅나로옵

*Utang na loob*은 '빚(debts)'의 '*utang*과 '자신의 내면에 이미 존재하는 자유로운 의지(inner-self-free will)'의 '*na loob*'으로 구성된 단어로서 '은혜를 베푼 자'와

---

100) 본래 *Bahala*는 스페인 식민지배 시기 이전 필리핀 군도의 원주민들에 의해 풍습으로 숭배되었던 '절대자(Supreme Being)'를 의미하는 *Bathala*에서 오는 단어이며, *na*는 시간부사로서 '이미(already)'를 뜻한다. 따라서 *Bahala na*는 문자 그대로 직역하면 'God already or God will take care already'로 '신은 이미' 또는 '신은 이미 돌볼 거야'라고 번역된다(Anything Psych, 2013).

'빚을 진 자' 간의 상호관계가 성립되며, 이 상호관계에서 '빚을 진 자'는 '은혜를 베푼 자'에게 마음 깊은 곳에서 우러나와 감사의 빚(debt of gratitude)을 갚고 싶은 의지가 있다는 것을 의미한다(De Guia, 2005: 378). 따라서 *Utang na loob*은 간략히 "호혜성에 기반을 둔 마음 속 내면의 빚"으로 해석될 수 있다.

　필리핀 사회에서 *Utang na loob*은 중요한 가치로 여겨진다. 즉 Filipino는 호의를 베푼 사람에게 반드시 은혜를 갚아야 한다는 사실을 잘 알고 있다. 필리핀 사람들의 *Utang na loob* 사고방식은 미덕이 아닐 수 없다. 특히 여기에는 남에게서 받은 도움을 잊지 않고 계속해서 기억하고, 이를 감사함으로 표현하고자 하는 그야말로 숭고하고 아름다운 가치가 숨어 있다. 그리고 당사자 상호 간의 기쁨과 슬픔을 함께 나누고자 하는 미풍양속의 의미가 그들의 *Utang na loob* 문화에 포함되어 있다. 그런데 Filipino가 추구하는 *Utang na loob* 가치정향은 또 다른 한편 필리핀 사회에서 '후견-수혜관계(patron-client relationship)'를 만들어 내어 역기능적 현상을 초래한다. 여기서 '후견-수혜관계'란 권력, 재력, 명망을 가진 사람이 그렇지 못한 사람에게 물질적·정신적 혜택을 베풀고 그 대가로 자발적인 충성과 지지를 얻어 내는 관계를 의미한다. 문제는 이러한 관계가 필리핀 정치권 내에 만연함으로써 집단이기주의가 팽배해지고 부정부패가 난무하는 결과를 초래한다는 것이다. 그리고 이는 종국적으로 필리핀 민주주의의 발전을 저해하는 결정적인 요인이 된다는 것이다. *Utang na loob* 문화가 가장 잘 나타나는 한 가지 사례를 예로 들면 다음과 같다. 가톨릭교회에서 '유아세례'를 받을 경우 대부(*Ninong*)와 대모(*Ninang*)를 세우는데, 그들은 아이가 자라는 동안 생일 때가 되면 특별히 선물을 하는 등 경제적으로 후원을 하며 돌봐 준다. 한편 아이는 대부와 대모를 찾아가서 인사를 하고 그들을 존경하며 따른다. 하지만 문제는 정치적인 것과 연결되어서 선거 때가 되면 대부와 대모를 따라 그들이 지지하는 세력을 자신의 의지와는 상관없이 후원할 수밖에 없다는 점이다. 특히 지방에서는 한 번의 도움이 대를 이어서 자식까지 이어지는 경우가 흔치 않다. 결국 이러한 *Utang na loob* 문화에 근간을 둔 '후견-수혜관계'로 인해 민주주의 정의 구현이 더욱 힘들어지게 되는 것이다.

3) 빠끼끼사마

*pakikisama*는 필리핀 사람들이 추구하는 특별한 가치정향으로서 영어의 'getting along with others', 'getting along well with others' 등으로 표현되며, 우리말로는 '남들과 사이좋게 살아가기', '남들과 잘 지내기' 등으로 해석된다. 본래 *pakikisama*는 *paki*와 *sama*의 합성어로 *paki*는 '친절히', '우호적으로' 등의 의미를 나타내며(*paki*가 접두어로 쓰일 때는 please를 뜻하기도 함), *sama*는 '동조하다', '동행하다' 등을 뜻하는 것으로 그 기저에는 '부드러운 대인관계'가 강조되고 있음을 알 수 있다.

*pakikisama*의 어원적 의미에서도 알 수 있듯이 필리핀 사람들은 인간관계, 즉 가족관계, 친구관계, 심지어 사회생활에서 일 때문에 맺어진 관계라 하더라도 갈등이나 충돌을 일으키지 않고 좋은 관계를 유지해야 한다는 가치정향을 추구하고 있다. 그러다 보니 필리핀 사람들은 직접적으로 거부의사를 표현하는 방식이나 속 감정(예 화)을 드러내며 표현하는 방식을 꺼리는 편이다. 이를테면 *pakikisama*를 유지하기 위해 필리핀 사람들은 직접적으로 'no'라는 표현을 잘 하지 않고 대신에 maybe, I'll try 등 완곡한 거절 표현을 자주 사용하며, 적의가 느껴져 싫은 사람이라 하더라도 좀처럼 큰소리를 치며 거슬리는 목소리로 말하지 않으려고 한다. 더욱이 필리핀 사람들은 정말 미안한 상황이 벌어지면 시무룩한 표정을 짓기보다는 실룩실룩 웃으며 미소를 짓기도 하는데, 이는 미안한 감정을 그대로 표출하여 상대방의 심기를 건드리는 것이 두려워서 하는 행동으로 전형적인 *pakikisama*의 문화적 가치정향을 드러내는 것이라고 볼 수 있다. 또한 필리핀 사람들은 스스로 의견이 있다 할지라도 그것이 다수의 의견과 부딪칠 수 있는 가능성이 있다고 판단될 때에는 양보하고 따르는 편이다. 이것은 필리핀 사람들이 부드러운 사회적 인간관계를 추구하면서 다수의 의견을 존중하는 것이 여러 사람과 함께 살아가는 방식이라고 믿고 있기 때문인 것으로 보인다.

4) 히야

*Hiya*는 필리핀 사람들이 공유하고 있는 중요한 가치정향으로서 수치심, 창피함, 부끄러움, 불편함, 난처함, 체면 등을 의미하며, 이러한 전체적인 의미를 조합하여 이해하기도 한다(Tagalog-Dictionary.com, 2019; Facts and Details. 2015). 필리핀

사람들은 일상생활에서 자신들이 스스로 난처하거나 지나치게 부끄러운 일에 매우 민감하게 반응한다. 따라서 남들도 그와 같은 상황이 야기되지 않도록 무던히 애쓰는 편이다. 사실상 *Hiya*는 타인지향적 사고로서 남들이 어떻게 바라보고 평가할 것인가의 문제이다. 필리핀 사람들 가운데 창피함이나 체면 등이 그들의 생활에서 가장 중요한 부분으로 취급되는 것도 이러한 맥락에서 이해될 필요가 있다. 특히 부끄러움에 대한 두려움이나 주어진 상황에서의 체면을 잃는 것에 대한 두려움은 필리핀 사람들에게는 대단한 문화적 충격이다. 이 두려움은 단지 자신에게만 적용되는 것이 아닌 자신이 속한 가족이나 집단에 이르기까지 영향을 미친다. 이를테면 어떤 필리핀 사람이 개인적으로는 별로 좋아하지도 않는 그의 조카를 창피당할 상황에서 구제해 주는 이유는 조카가 전체 가족의 체면을 깎을 우려가 있기 때문이다. 체면에 대한 강한 집착을 보이는 것은 어떤 사회에서든 당연한 문제로 취급될지도 모르지만, 특히 필리핀 사람들에게는 절대 가벼운 문제가 아니며 그로 인해 폭력으로까지 치달을 수도 있다. 이는 필리핀 사람이 여러 사람들이 보는 앞에서 창피를 당했다고 가정할 때 그는 언젠가 그것에 상응하는 앙갚음을 폭력으로 갚을 수도 있음을 의미한다.

필리핀 사람들의 일상생활에서 *Hiya*와 관련된 사례는 다양하게 나타난다. 이를테면 필리핀 친구가 어떤 상황이나 문제가 주어질 때 잘 몰라도 모른다고 하지 않는 것, 직장에서 업무를 잘 모르고도 안다고 하는 것 등은 *Hiya*의 창피함, 부끄러움, 체면 등이 작동된 것이며, 길을 묻는 사람에게 길을 잘 모르고도 안다고 하면서 엉뚱한 곳을 가르쳐 주는 것, 처음 보는 사람에게 친절하게 대하는 것 등도 *Hiya*의 난처함, 불편함 등이 작동된 것이다.

또한 외국인들이 필리핀 사람을 대하는 태도의 경우에도 그들의 *Hiya* 문화를 충분히 고려하여 대할 필요가 있다. 이를테면 외국인들이 필리핀 식당 종업원에게 남들 앞에서 큰소리를 쳐서 그를 난처하게 하여 창피를 주는 것은 절대 피해야 할 행동이며, 평소 잘 웃던 필리핀 사람이 *Hiya*를 느끼게 되면 과격하게 변할 수도 있으니 항상 미소를 지으면서 접근하고 대화하는 것이 필요하다.

5) 아모르프로피오

*Amor propio*는 필리핀 사람들의 마음속에 자리 잡고 있는 가치정향 중의 하나로서 스페인어에서 온 말이다. 즉 스페인어의 *amor*는 영어의 love, esteem 등

을 가리키는 단어로 사랑, 존중 등을 의미하며, *propio*는 영어의 own, self 등을 가리키는 단어로 자기 자신, 스스로 등을 의미한다. 따라서 *Amor propio*는 '자기 자신에 대한 사랑 또는 존중'을 나타내는 말로서 '자기애(self-love)', '자아존중(self-esteem)' 등을 의미한다(Facts and Details. 2015).

필리핀 사람들은 남들의 감정이 소중한 것처럼 자신들의 감정도 소중하여 누군가로부터 침해받고 싶지 않다는 인식이 강한데, 이것이 바로 그들이 공유하고 있는 가치정향, 즉 *amor propio*이다. 따라서 필리핀 사람들의 *amor propio*에는 인격적인 모욕감에 대한 강한 반발 의식이 내포되어 있기도 하다. 필리핀 문화에 관한 연구를 시도한 사회학자 린치(Frank Lynch)는 "감정적 개입이 있는 곳에 *amor propio*가 있으며, *amor propio*를 건드리는 것은 심한 트러블을 야기하는 것이다"라고 지적하면서 필리핀 사람들 간의 인간관계에서 돌발적인 폭력사대가 일어나는 것은 대부분 *amor propio*를 건드리게 됨으로써 나타나는 현상이라고 말한다(Lynch, 1973: 15). 또한 필리핀 사람들은 자존심이 강한 편인데, 이는 역설적으로 열등의식이 그들 속에 발동되고 있음을 의미하기도 한다. 필리핀 사람들의 열등의식 발동은 피지배자로서 오랜 식민지 생활을 하면서 자연스럽게 체화된 가치정향인 것으로 보인다.

3. Filpino의 습관적 행위

(1) 신체적 습관

필리핀 사람들은 평소 그들만의 독특한 신체적 습관을 지니고 생활한다. 그것을 몇 가지 파악해 보면 다음과 같다(Daigler, 1980: 25-29; 김영주, 2013).

걸으며 말할 때 서로 가까운 거리를 유지하기는 하지만 신체적 접촉(부딪침)을 매우 꺼리는 편이며, 특히 사람들이 붐비는 혼잡한 장소에서는 더욱 그러한 편이다. 만약 접촉이 일어났을 때에는 곧바로 'Excuse me!' 'I'm Sorry!' 등의 예의바른 태도를 취하곤 한다. 이것은 보통 사람들의 습관적 행위라고 볼 수 있지만 특히 필리핀은 고온다습한 기후라서 앞서 언급한 '히야(*Hiya*: 불편함, 난처함)'라는 가치정향이 Filipinos의 사고에서 발동되기 때문인 것으로 해석된다.

눈썹을 위아래로 씰룩씰룩 움직이면서 살며시 미소를 짓는 행위는 일명 '눈썹 인사'라고도 할 수 있는데, 이는 무엇인가를 인정한다는 'yes 또는 o.k.'의 사인으로 받아들여진다. 이와 같은 신체적 습관은 스페인, 미국 등 서구문화의 영향인 것으로 보인다.

종종 눈을 마주치면서 입 또는 입술을 이용하여 방향을 가리킨다. 이것은 필리핀 사람들의 독특한 보디랭귀지로 몸짓을 통한 소통방식이라고 할 수 있다. 정말 화가 나면 양손을 허리춤에 올리고 서서 노려본다. 따라서 필리핀에서 아무 생각 없이 양손을 허리춤에 올리면 오해를 받을 수 있다.

필리핀 사회에서는 집게손가락, 즉 다섯 손가락 중 두 번째에 위치한 검지로 손짓을 하며 사람을 부르는 것은 매우 무례한 행위로 간주된다. 다시 말해서 손가락이 위를 향한 채 중지로 사람을 부르는 것은 여성의 경우 상대방을 유혹하는 의미이며, 남성의 경우 무례한 행위로 받아들여진다. 따라서 필리핀에서 사람을 부를 때는 손등을 위로 향한 채 위아래로 흔들어 부르는 것이 좋다.

(2) 언어적 습관

필리핀 사람들은 신체적 습관과 마찬가지로 그들만의 독특한 언어적 습관을 지니고 있는데, 그것을 몇 가지 파악해 보면 다음과 같다(Daigler, 1980: 25-29; 김영주, 2013).

관리자들의 경우 남자는 'sir', 여자는 'ma'am으로 불리며, 그들의 직책이나 직업을 붙여 부르는 언어적 습관이 있다(예 Prof. Park, Architect Garcia 등).

질문을 할 때 'I'm sorry to bother you, but...'과 같은 정중한 표현을 자주 습관적으로 쓰는 편이다. 이것은 역사적으로 식민지배자, 즉 자신이 모시는 보스에게 취하는 정중한 태도로 이해될 수 있으며, 또한 피지배자로서 Filipinos가 스스로를 보호하기 위한 방어적 성향으로 해석될 수도 있다.

주의를 끌거나 가까운 사람을 부를 때 입을 약간 벌리고 치아 사이로 공기를 내뿜으며 '쓸쓸(Sst-Sst)'하는 습관이 있다. 이를테면 여러 명의 필리핀 사람들을 등지고 '쓸쓸~' 하게 되면 그들은 동시에 그 소리를 보낸 사람을 향해 일제히 쳐다본다. 이것은 식민지배의 초기 단계에서 식민지배자가 피지배자인 필리핀 토착민들과 의사소통이 원활하지 않게 되자 사용했던 일종의 콜링사인(calling sign)으로 추정된다. 따라서 윗사람이 아랫사람에게 사용하는 것은 괜찮지만 아랫사람이 윗사람에게 사용해서는 안 되며, 특히 가까운 친구 사이가 아니면 사용하지 않는 것이 좋다.

'오어(*Oo*)'는 'yes'를, '씨게(*Sige*)'는 'okay, go on, go ahead'를 의미한다. 이러한 표현은 Filipino의 언어적 습관(문화)으로 고착화되어 있다.

'빠살루봉(*Pasalubong*)'은 여행 후 기념품으로 주어지는 선물을 뜻하는 것으로 필리핀의 경우 '선물문화'가 정착되어 있다는 것을 의미한다. 이는 앞서 언급된 '감사의 빚'을 갚고 싶은 의지의 표현인 '우땅나로옵(*Utang na loob*)'이라는 가치정향이 발동되기 때문인 것으로 해석된다.

'메리엔다(*Merienda*)'는 스페인어로 오전과 오후의 휴식시간을 이용해서 먹는 간식을 말한다. 이는 스페인 식민문화의 잔재로 이해된다.

'Maybe'는 가끔 'no'를 의미하며, 또한 'I'll try' 역시 가끔 'no' 또는 'I don't think I can'을 의미한다. 이러한 완곡어법은 앞서 언급된 '부드러운 대인관계'를 강조하는 '빠끼끼사마(*pakikisama*)'라는 가치정향이 Filipino의 문화적 정서에 내재되어 있기 때문인 것으로 해석된다.

4. Filipino의 종교적 신념

필리핀 사람들의 신념, 즉 종교적 성향은 크리스천 사고방식이 지배적이다. 그 근거는 필리핀의 종교별 분포율을 살펴보면 알 수 있다. 필리핀통계청 자료에 의하면 필리핀은 전체 인구의 약 81%가 로마 가톨릭교도, 약 11%가 개신교도[101], 약 6%가 이슬람교도로 구성되어 사실상 크리스천이 92% 이상을 차지하고 있는 것으로 파악된다(Philippine Statistics Authority, 2014). 여기에서는 필리핀의 주요 종교인 로마 가톨릭교, 개신교, 이슬람교를 중심으로 논의해 보고자 한다.

---

101) 본문에서 필리핀 전체 인구의 약 11%가 개신교도로 표현되었지만, 사실상 여기에는 개신교도 이외에 회복교도(Restorationist), 독립적인 크리스천 종파, 즉 이글레시아 필리핀독립교회(Iglesia Filipina Independiente), 이글레시아 니 크리스토(Iglesia ni Cristo), 제칠일 재림교회(Seventh-day Adventist Church), 필리핀연합 그리스도교회(United Church of Christ in the Philippines), 복음주의자(Evangelicals) 등을 믿는 신자들이 모두 포함된 분포율이다(Philippine Statistics Authority, 2014).

(1) 로마 가톨릭교

크리스천 종파 중에서 16세기 스페인의 식민지배와 함께 도입된 로마 가톨릭은 필리핀 문화에 가장 깊이 스며들어 영향을 주었다고 볼 수 있다. 특히 로마 가톨릭은 필리핀 사람들의 종교적 신념, 즉 삶에 대한 고결한 가치, 신에 대한 거룩한 마음 등을 형성하는 데 중요한 기회와 원인을 제공했다고 볼 수 있다. 그리고 그 흔적은 그들의 신앙적 태도에서 감지된다. 이를테면 그들은 성부·성자·성령으로 구성된 가톨릭교회의 '거룩한 삼위일체(Holy Trinity)'를 신의 독트린(doctrine)으로 믿고 따르며, 교황의 지도력에 의해 인도되는 로마 가톨릭교회와 사제직의 권위를 인정하고 받아들이고 있다. 게다가 이러한 그들의 영적 열정은 생활에서 잘 나타나고 있다. 이를테면 필리핀 가족의 대부분은 적어도 일 주일에 한 번은 성당에 참석하여 예배를 드리는 것이 생활화되어 있으며, 가족 내 구성원 간의 관계를 비롯한 자녀 교육에서도 가톨릭교회의 크리스천 가치가 중요하게 강조되고 있다.

가톨릭교회의 크리스천 가치존중 문화는 필리핀 사회문제에도 깊이 영향을 미친다고 볼 수 있다. 필리핀 헌법은 공식적으로 종교와 정치의 분리를 보장하고 있지만 가톨릭교회의 경우 대통령을 비롯하여 선출직 공직자들을 선출하는 과정에서 특별한 정책에 대한 의견을 제시하며 정치적 영향력을 발휘한다. 이를테면 가톨릭교회는 일명 'D.E.A.T.H.법'을 반가족주의·반생명주의로 규정하고 오랜 기간 반대해 왔으며, 이에 따라 필리핀 가족법(The Family Code of the Philippines) 등에 의거하여 이혼, 안락사, 낙태, 전체인구 제한, 동성결혼 등을 금지하고 있다(Hutt, 2016; Gabieta, et. al., 2012). 이러한 가톨릭교회의 생명윤리에 관한 강한 보수성은 실제로 필리핀의 인구증가율을 높이는 결과를 초래한다. The World Factbook(CIA, 2019) 자료에 의하면 2018년 기준 필리핀의 인구증가율은 1.55%로 세계평균 1.06%보다 1.5배 높게 나타난 것으로 파악되며, 이는 동아시아 국가들 중에서 5위 수준이다.

또한 가톨릭은 예수의 12사도 중 하나인 베드로의 후계자라고 여겨지는 교황을 중심으로 중앙집권적 시스템을 구축하여 운영되고 있다. 이러한 중앙집권적 시스템의 가톨릭 문화는 성직자들의 권위주의로 이어지고, 이는 필리핀 사람들이 일반적으로 추구하는 '권위주의 가치정향' 형성에 직간접적으로 영향을 주었을 것으로 보인다. 그리고 가톨릭 신자들의 신의 섭리에 대한 지나친 경외심은 운명론을 야기할 수 있는데, 이는 필리핀 사람들이 추구하는 '바할라나(*Bahala na*)'라는 문화적 가치정향과도 무관하지 않을 것으로 보인다. 그 외에도 정치사적 관점에서 가톨릭교회는 온건개혁세력으로서 절대다수의 가톨릭 신자들로 이루어진 필리핀 사회를 하나로 묶어 내어 '1986년 EDSA 시민혁명'을 성공적으로 이끌어내는데 결정적인 역할을 담당하기도 하였다.

(2) 개신교

필리핀에서 가톨릭 이외의 크리스천 종파는 19세기 후반 미국의 식민지배와 함께 도입된 개신교이다. 개신교는 미국인 선교사들을 중심으로 확산되었는데, 그들은 반가톨릭주의, 즉 크리스천의 최대 종파인 가톨릭교회에 대한 적대적이며 비판적인 입장을 취하면서 필리핀에 진출했다. 미국인 선교사들의 필리핀 진출은 1898년 '마닐라만 전투'에서 스페인을 격퇴시킨 미군의 진출과 함께 이루어졌으며, 이들은 '선교지 분할정책'을 통해 효과적으로 복음을 전파했다(Guillermo and Verora, 1982: 1-3). '선교지 분할정책'이란 미국의 장로교, 침례교, 감리교 교단의 지도자들이 필리핀 선교사업을 갈등이나 충돌 없이 상호존중 속에서 효과적으로 진행하기 위해 선교 사역지(事役地)를 나누는 것을 말하는 것으로써 본래는 '예양협정(The Comity Agreement)'이라고 한다. 또한 미국 개신교 선교사들의 필리핀 복음 선교는 교육시설 확충 및 교육정책 강화를 통해 이루어졌다. 즉 그들은 필리핀에서 많은 학교와 대학을 설립 운영했으며,[102] 이를 통해 미국식의 언어(영어), 문학, 예술, 과학 등을 새롭게 주입해 나아갔다. 결국 미국 개신교의 필리핀 선교사업은 미국의 필리핀 식민지 통치의 주요 수단으로 이용된 것이라고 볼 수 있다.

필리핀에서 가톨릭, 개신교 이외의 주요 크리스천 종파는 복음주의 교회(Evangelicals), 이글레시아 니 크리스토(Iglesia ni Cristo) 등이 있다. 복음주의 교회는 개신교 내 초교파운동을 벌이며 활동하는 종교로서 필리핀 전체 인구의 약

---

102) 미국인 개신교 선교사들의 지원을 통해 필리핀에 설립된 대학은 8개로 다음과 같다. Silliman University(1901), Central Philippine University(1905), Filamer Christian University(1904), Adventist University of the Philippines(1917), Philippine Christian University(1946), Wesleyan University-Philippines(1946), West Negros University(1948), Trinity University of Asia(1963).

2.8%(2016년 기준)를 차지하고 있는 것으로 파악되며, 이글레시아 니 크리스토는
1914년 펠릭스 Y. 마날로(Felix Y. Manalo)에 의해 필리핀에서 시작된 종교로서
필리핀 전체 인구의 약 2.3%(2016년 기준)를 차지하고 있는 것으로 파악된다. 그
외에도 필리핀에 크리스천 소수종파로 이글레시아 필리핀독립교회, 제칠일 재림
교회, 필리핀연합 그리스도교회 등이 있다. 필리핀의 경우 이러한 교회들은 일반
적으로 가톨릭교회와 연결이 끊어지는 사회의 소외된 사람들 가운데 인기가 있
는 것으로 보인다.

(3) 이슬람교

이슬람교는 일신교(monotheistic religion)로서 필리핀에서 가장 오래된 종교이
다. 즉, 이슬람교는 14세기 무렵 말레이군도에 있던 술탄정부 추종자들과 페르시
아만에서 이동해 온 무슬림 무역상인들에 의해 필리핀에 도입된 것이다. 한때
이슬람교는 비사야스 및 루손 지역까지 보급 확산되기도 했으며, 그 세력도 왕성
했다. 그런데 16세기 중반 스페인의 필리핀 진출로 말미암아 이슬람교 세력이
급격히 쇠퇴하기 시작했다. 이를테면 스페인은 식민통치권 확립 차원에서 필리
핀 토착민들의 로마 가톨릭교로의 개종 정책을 강력히 펼쳤으며, 이로 인해 이슬
람교 세력은 그들의 본거지였던 남부 민다나오와 술루 지역까지 다시 퇴각하게
되었던 것이다. 이 과정에서 이슬람교도들은 수많은 희생을 치르면서 스페인 식
민통치자들에게 끊임없이 저항했으며, 결국 그들은 스페인의 식민지배 시기인
약 327년 이상 로마 가톨릭화되었던 Filipinos(필리핀 사람들)와는 분리되어 그들
나름대로의 '독립적인 술탄통치'를 남부 지역에서 유지할 수 있었던 것이다.[103]
이것은 훗날 '모로분리주의운동'의 시발점이 되는 중요한 역사적 근거가 된다고
평가할 수 있다. 다시 말해서 Moro는 역사적으로 스페인에 의해 식민지배를 받아
온 Filipino와는 구별되며, 또한 문화적 측면에서도 Filipino가 가톨릭문화를 지니
고 있다면 Moro는 이슬람문화를 지니고 있다는 점에서 그동안 모로세력이 주장
에 왔던 분리독립을 위한 논리적 근거 마련이 가능하다는 필자의 평가이다.

---

103) 스페인의 식민통치를 거부하고 종교적 탄압에 저항하여 필리핀 남부지역에서 '독립적인 술탄통치'
를 유지하고 있었던 Filipino Muslim(필리핀 이슬람교도)을 가리켜 스페인 사람들은 '모로(Moro)'
라고 불렀다. 본래 'Moro'는 '비로마인으로서 원주민들(non-Romanized natives)'을 가리키는 스페
인어의 '무어(Moor)'에서 유래된 말이다.

　　모로분리주의운동을 이끌고 있는 대표적인 이슬람단체는 MNLF(모로민족해방전선), MILF(모로이슬람해방전선), Abu Sayyaf(아부사야프)가 있다(박광섭, 2006b; 박광섭, 2005). MNLF는 1972년 필리핀국립대학교 정치학 강사 출신인 누르 미수아리(Nur Misuari)를 지도자로 결성되었으며, MILF는 1977년 MNLF로부터 투쟁 방식의 차이로 분파하여 운영되었으나 공식적으로는 1984년 강경파 살라맛 하심(Salamat Hashim)을 지도자로 결성되었다. 그리고 Abu Sayyaf는 반정부 투쟁 방식에서 강경노선을 견지해 왔던 MILF보다 더 강경한 입장을 견지하여 초강경파로 분류되는 이슬람무장단체로서 1990년대 초 압둘라작 잔잘라니(Abdurajak Janjalani)를 지도자로 결성되었다.104) 특히 Abu Sayyaf는 국제테러조직 알카에다(Al Qaeda)와 연계되어 민다나오의 바실란 서부 해안지역을 거점으로 크리스천과 외국인을 대상으로 살해, 납치, 강탈을 자행하며 활동 중인 것으로 추정된다.

　　한편, 필리핀 이슬람교도(Moro)의 대부분은 수니파에 속하며 민다나오 방사모로 지역(Bangsamoro region)에 거주하고 있다. 방사모로 지역은 기존 이슬람자치지역(ARMM)을 대체하는 '자치정치체제 지역'으로서 2014년 3월 27일 필리핀 노이노이 아키노(Noynoy Aquino, Benigno Aquino III) 행정부와 MILF(모로이슬람해방전선) 간 체결된 '방사모로에 관한 포괄협정(CAB)'에 의한 것이다(Viña and Gorospe, 2014).105) MILF는 앞서 언급한 바와 같이 필리핀 남부 민다나오 기반 이슬람 반군으로 2001년 정전협정 체결 후 필리핀 정부와 평화협상을 진행해 왔다. 그 결과가 CAB이며, 이는 방사모로 지역에서 그들 자치적으로 내각 형태의 정부, 의회, 경찰 등을 보유할 수 있으며, 그 외에도 조세, 농업, 관광, 교육 등의 권한을 보유할 수 있다는 것을 의미한다. 단, 외교, 국방, 국제무역 등의 권한은 필리핀 정부가 갖는다.

---

104) Abu Sayyaf 지도자 압둘라작 잔잘라니(Abdurajak Janjalani)는 1998년 12월 필리핀 정부군과 교전 중 사망했으며, 그 이후 동생인 가다피 잔잘라니(Khaddaffy Janjalani)가 Abu Sayyf의 총지휘권을 승계 받은 것으로 알려지고 있다.

105) The Autonomous Region in Muslim Mindanao(ARMM) is an Autonomous region of the Philippines, located in the Mindanao island group of the Philippines, that is composed of five predominantly Muslim provinces, namely: Basilan; except Isabela City, Lanao del Sur, Maguindanao, Sulu, and Tawi-Tawi.

Ⅳ. 필리핀문화에 대한 결언

필리핀문화를 전체적으로 보면 중층적 문화구조에 의해 형성된(생성·소멸된) 것이라는 점을 확인할 수 있다. 이를테면 필리핀은 지리적인 특수성과 역사적인 배경이 함께 맞물려 토착문화를 바탕으로 외래문화, 즉 스페인문화, 미국문화, 중국문화, 아랍문화 등의 영향을 받아 문화의 구조가 중층적으로 형성된 것이다.

토착문화의 흔적으로는 민족언어학적 접근으로 이해하려고 할 때 필리핀의 경우 오스트로네시아인의 언어가 그 원천이 되고 있으며, 종교적 접근으로 이해하려고 할 때 애니미즘, 샤머니즘 등 원시신앙(정령신앙)이 각종 의식이나 범절에서 여전히 작동되고 있다는 점이다. 이외에도 말레이계의 전통사회에서 나타나는 모계중심문화,[106] 집단거주의 형태로서 최소 행정단위인 바랑가이문화 등이 남아 있으며, 의식주(衣食住)의 형태에 있어서 衣: 문신(Filipino tattoos)문화, 食: 간장문화(생선간장발달), 住: 고상가옥문화 등이 대표적이라고 할 수 있다.

한편, 외래문화의 흔적은 더욱 다양하게 나타난다. 특히 식민지배체제의 구조 속에서 형성된 스페인문화와 미국문화는 근대시대 이후 필리핀문화에 지대한 영향을 미쳤다고 볼 수 있다. 이를테면 필리핀에 정착되어 있는 스페인문화의 경우 가톨릭종교문화, 성(surnames)문화, 거리명칭문화(예 Madrid St., Barcelona St. 등), 음식문화(예 스페인어로 lechón), 건축문화(예 각종 가톨릭성당, UST 본관건물 등), 축제 및 파티문화 등을, 그리고 미국문화의 경우 정치문화(예 정당문화, 정치와 종교 분리 원칙 등), 법질서문화(예 미국식 법제도 도입), 교육문화(예 미국식 교육제도 도입), 복지문화(예 공공건강서비스센터 건립 등), 언어문화(예 공식어로서 영어 사용) 등을 대표적으로 들 수 있다. 또한 중국문화와 아랍문화도 가치 및 신념체계의 구조에서 필리핀문화에 영향을 준 흔적은 여러 곳에서 나타난다. 이를테면 중국문화의 경우 유교문화(예 지위에 의한 인간관계의 서열화와 그 질서의 존중, 체면, 희생, 예의범절 등), 상거래문화(예 가족중심의 상거래 형태), 폭죽문화(예 연말연시 폭죽행사) 등을, 아랍문화의 경우 이슬람문화(예 민다나오 중심의 Moro 의식이나 예절 등), 모스크문화(예 각종 이슬람사원 등) 등을 대표적으로 들 수 있다.

필리핀 문화의 특징적 주요 양상은 제Ⅲ장(필리핀 문화의 개념적 구조화에 대한

---

106) 말레이계의 전통사회에서 나타나는 모계중심문화는 스페인, 미국 등의 식민지배시기 이후 남성의 역할이 많아지면서 '양성평등문화'로 변환되어지는 양상을 보였다고 볼 수 있다.

분석과 해석)에서 논의한 내용을 토대로 찾아낼 수 있다.

첫째, 문화주의(culturalism)의 관점에서 볼 때 필리핀 문화의 주체가 'Filipino' 라는 점에는 의심의 여지가 없다.[107] 다만 Filipino의 어원적 유래 및 최초 사용시점을 주목해 볼 때 'Filipino'라는 명칭이 갖는 한계, 즉 민족적 주체성의 결여가 그 명칭에 내포되어 있다는 점이다. 이는 이론적으로 지역연구(국가연구)에서 강조하는 '내측논리우선의 원칙'이 지켜지지 않은 대표적인 사례이기도 하다.

둘째, 필리핀 문화의 주체인 'Filipino'의 정체성은 오랜 역사적 흐름에서 다양한 혈통, 즉 말레이계, 인도네시아계, 아랍계, 중국계, 스페인계, 미국계 등의 문화가 혼재되어 하나의 통일성(uniformity)을 유지하는 독특한(unique) 형태라는 점이다.

셋째, Filipino는 일반적으로 동아시아에 속한 사람인 동시에 오랜 식민지 경험을 한 사람이라는 관점에서 중국 사회의 유교적 전통 위에서 형성된 권위주의 가치정향과 스페인, 미국 등 서구 사회의 실리적/실용적 추구 위에서 형성된 개인주의 가치정향을 함께 공유하고 있다는 점이다. 이를테면 Filipino의 권위주의 가치정향은 기본적으로 그들의 생활전반, 즉 가정생활, 학교생활, 교회생활, 직장생활에서 잘 나타난다. 그리고 스페인, 미국 등 서구사회의 보편적 문화 가치 중의 하나인 실리적/실용적 가치추구는 Filipino의 개인주의 가치정향에 영향을 준 것으로 보인다. 특히 Filipino의 개인주의 가치정향은 식민지배체제의 구조에서 피지배자의 입장에 있었던 Filipino의 경우 생존을 위해 어쩔 수 없이 '실리'와 '실용'을 추구할 수밖에 없었던 것이 아닌가라는 시각을 갖게 된다. 그리고 이는 종국적으로 Filipino의 삶에서 '나' 또는 '내 가족' 중심의 개인주의적 가치정향으로 자연스럽게 굳어지게 된 것이 아닌가라는 분석과 해석이 가능하다.

넷째, Filipino는 생활에서 특별한 사고방식과 행동양식, 이를테면 바할라나 (*Bahala na*), 우땅나로옵(*Utang na loob*), 빠끼끼사마(*Pakikisama*), 히야(*Hiya*), 아모르프로피오(*Amor propio*) 등을 지니고 있다는 점이다.

---

107) 문화주의(culturalism)의 관점에서 보면 문화의 주체는 '인간'이다. 즉 문화의 생성과 소멸에 가장 큰 영향을 끼치는 것은 인간으로서 사회구성원이라는 것이다. 이를테면 사회구성원의 '실천적 경험'을 통해 문화가 형성된다는 것이다. 이런 점에서 문화주의는 구조주의와 대조를 이룬다. 물론, 구조주의에서는 이러한 사회구성원의 '경험'은 '이데올로기'를 통한 환상적 세계에 지나지 않는다고 비판한다.

　　다섯째, Filipino는 평소 그들만의 독특한 습관적 행위, 즉 신체적 습관과 언어적 습관을 지니고 생활한다는 점이다.

　　마지막으로, Filipino의 신념, 즉 종교적 성향은 크리스천 사고방식(Christian mentality)이 지배적이다. 특히 크리스천 종파 중에서 16세기 스페인의 식민지배와 함께 도입된 로마 가톨릭은 필리핀 문화에 가장 깊이 스며들어 영향을 주었다고 볼 수 있다.

제 5 장 | 필리핀 역사
(the Philippine History)

Ⅰ. 필리핀의 원주민과 고대문명(스페인 정복 이전의 시대, ~15기)

❖ 필리핀 최초의 조상

역사적인 자료에 의하면 지금으로부터 약 25,000~30,000년 전 아시아 대륙으로부터 배를 타고 현재의 필리핀 지역으로 이주해 왔을 것으로 추정되는 네그리토스(Negritos) 혹은 아에타스(Aetas)라는 원주민들이 현재의 필리핀인 최초의 조상으로 여겨지고 있음. *민족언어학적 관점에서 Filipino는 오스트로네시아인(Austronesian)의 후손으로 알려져 있으며, 오스트로네아인의 필리핀군도 도래에 앞서 원주민으로서 네그리토가 있었던 것으로 추정하는 것이 다수설.

❖ 필리핀 고대사회의 기본적 통치형태

필리핀 고대사회의 기본적 통치형태는 족장지배체제(Patriarchal in Form)였다. 특히 통치조직 단위로서 바랑가이라는 것이 존재했는데, 이는 30~100가구로 구성된 씨족집단이었다. ※ Barangay는 말레이어의 Balangay로부터 온 것으로 배(船)를 뜻하는데, 이는 필리핀 조상들이 배를 타고 현재의 필리핀 군도에 정착해 소규모 집단생활을 했음을 입증하는 사실이다.

❖ 다뚜의 자격요건 및 권한

Barangay의 우두머리를 다투(Datu)라고 하는데, 다투는 ① 다투의 자손, ② 지혜, ③ 강력한 신체, ④ 재산 등의 요건에 의해 결정되었다. 다투는 최고의 행정권자, 입법가, 재판관이었으며, 군사적 지배자이었다. 단, 다투는 법을 제정하거나, 전쟁을 선포하거나, 다른 바랑가이와의 새로운 조약을 체결하는 등 중대사를 결정할 때는 마을 원로들로부터 조언을 듣기도 하였다.

❖고대사회의 필리핀 교역관계

9세기경 아랍인들은 필리핀과 교역을 진행했으며, 12세기경에 이르러서는 아랍상인들이 중국상인들의 다양한 물품과 힘(Power)에 의해 위축당했다. 결국 9세기경부터 12세기경 이미 필리핀인은 아랍인, 중국인과의 상거래를 시도했다는 점을 알 수 있다.

❖ 필리핀의 이슬람교 보급

필리핀 군도에 이슬람교를 보급한 것은 주로 아랍인 무역업자, 선교사 또는 종교적 교리를 전수하는 교사들이었다. 특히 14세기 중엽 이 군도에 이슬람 교리를 전도한 대표적인 사람으로는 아라비안 학자 무둠(Mudum)이다.

필리핀 군도의 남부 지역의 민다나오에 이슬람의 영향을 확대한 인물로는 까붕수안(Seri Kabunsan)이라는 인물인데, 그는 원주민들을 이슬람교도로 개종시켜 세력을 확장하여 민다나오 지역의 초대 술탄이 되기도 하였다. 당시 그는 비사야스와 루손지역까지 세력을 확장, 진출하기도 하였다. 그러나 16세기 중엽 스페인인들의 필리핀 진출로 인해 그의 세력(이슬람세력)은 다시 필리핀 남부지역으로 후퇴하였으며, 그 후 스페인 지배 시기 내내 그 지역에서 독립적인 활동을 유지하였다. 오늘날 필리핀 남부지역이 강하게 이슬람 세력권에 있는 것도 이와 같은 역사적인 배경과 무관하지 않다.

☞ **질문:**

– 필리핀은 역사적으로 스페인과 미국에 의해 지배를 받은 국가인데, 지배받기 이전, 즉 식민지배 이전에도 필리핀이라는 국가개념이나 필리핀사람(Filipino)라는 민족개념이 존재했는가? 존재하지 않았다면 당시는 어떠한 형태였는가?

☞ **답변:**

– 필리핀은 식민지 이전시기만 하더라도 사실상 필리핀이라는 국가개념이나 필리피노(filipino)라는 민족개념이 존재하지 않았다(필리핀이라는 국가개념과 필리피노라는 민족개념은 스페인지배 시기 이후부터 생겨난 개념). 즉 당시만 하더라도 수없이 많은 씨족 또는 부족들이 7,700여개의 섬에 각각 흩어져 살고 있었기 때문이다. 필리핀 역사 교과서를 보게 되면, 대표적인 씨족 또는 부족으로 아에따스(Aetas)와 네그로토스(Negritos)를 들고 있다. 그리고 이들을

현재 필리피노의 조상들로 명명되어 있기도 하다. 그런데 당시 수없이 많은 씨족 또는 부족들이 존재했었다는 점에서 과연 이들이 현재의 필리피노의 조상인가라는 점에서는 논쟁의 여지가 있기도 하다. 그러나 분명한 것은 바랑가이(Barangay)라는 30~100가구가 모여 소규모집단생활을 했다는 점이다. 이 바랑가이는 다뚜(Datu)라는 족장을 중심으로 지배구조가 이루어져 있었는데, 그는 최고의 행정권자/입법권자/사법권자로서 법을 제정하거나, 전쟁을 선포하거나, 또는 다른 바랑가이와 조약을 체결하거나 할 때에는 바랑가이 내 원로회의의 조언을 듣고 정책결정을 했다는 점이다. 얘기를 정리해 보면, 결국 식민지 이전의 필리핀 지역은 바랑가이라는 정치적 단위로 구성되어 있었으며, 다뚜를 중심으로 하는 족장지배체제가 형성되어 있었다는 점이다.

II. 스페인 식민지 시대(1571~1898)

1. 마젤란의 필리핀 발견

❖ 마젤란의 필리핀 도착과 이동경로

1521년 3월 17일 마젤란(Ferdinand Magellan)은 스페인 국왕의 원조에 힘입어 세계일주를 항해하던 중(태평양 횡단 중) 현재의 사마르(Samar) 지역을 발견하고 이 지역에서 닻을 내리게 되는데, 이것이 바로 마젤란이 필리핀 원주민들과 최초의 조우를 하게 된 계기가 되었던 것이다. 그러나 마젤란은 이 곳에서 충분한 음식과 식량을 구할 수 없음을 알게 되고, 같은 해 3월 31일 인근지역인 세부(Cebu)로 옮기게 되는데, 이 지역에서 마젤란은 후마봉(Humabon)이라는 다투(추장)을 만나게 되고, 이 사람과 우호관계를 수립, 이후 그의 부인과 딸을 포함하여 800여 명의 필리핀 원주민을 가톨릭 신자로 개종시킨다. ※마젤란 일행의 사마르 지역 발견은 이후 필리핀이 스페인의 식민지가 되는 불씨가 되었다.

그리고 마젤란은 세부의 인근 막탄(Mactan) 지역으로 진출을 시도하다가, 이 지역의 촌장인 라푸라푸(Lapu-Lapu)와 전투를 벌이게 되었다. 마젤란은 라푸라푸에게 스페인의 지배권을 인정하고, 조공을 받칠 것을 요구하였으나, 라푸라푸는 이를 거부하고 전투에서 마젤란에게 독화살을 쏘아 전사시킨다. 결국 마젤란 휘하의 일행은 막탄 지역으로부터 퇴각하고 만다. 이 사건을 통하여 알 수 있는 것은, 마젤란은 당시의 필리핀 원주민들간의 갈등(라푸라푸는 후마봉과 적대적인 관계였음)을 제대로 이해하지 못하였다는 점, 라푸라푸는 외국 침투세력인 스페인의 침략을 성공적으로 방어함으로써 필리핀 최초의 영웅이 되었다는 점이다. ※ 스페인 침략에 최초로 저항한 바랑가이의 다투(추장)는 라푸라푸이다.

❖ 스페인 원정대의 활동 및 레가스피의 등장

마젤란의 세부 지역 도착 이후 스페인은 이 지역을 탐색하기 위해 원정대를 수 차례 파견하지만, 실패를 거듭하다가 1543년 사마르 지역과 레이테(Leyte) 지역을 완전 점령하게 되었다. 원정대는 당시의 스페인 왕자 Philip 2세의 이름을 따서 이곳을 필리핀이라고 명명하고, 그 후 전 지역에 이 명칭을 사용하기 시작했다. 1565년에는 이 필리핀 군도를 정복하기 위해 레가스피(Legaspi)가 이끄는 원정대가 세부 지역에 상륙하였고, 그는 동년 필리핀 초대 총독이 되었다. 그 후 스페인 세력은 마닐라를 거점으로 하여 루손 지역과 비사야스 지역 각지로 진출하였으나, 필리핀 원주민들이 스페인의 식민지배하에 놓이기까지는 약 반세기의 세월이 흘렀다. 한편 민다나오 지역 등 남부 이슬람 지역은 330년간 계속된 식민지 지배 기간 동안 격렬한 저항을 반복하여 스페인의 지배로부터 벗어날 수 있었다. 스페인은 수차례의 원정 끝에 1571년 마닐라를 식민지 수도로 정함으로써 공식적으로 필리핀을 식민지화하기 시작하였다.

스페인은 한때 필리핀의 지배권을 타국에게 빼앗긴 경우도 있었다. 즉 1762~1764년까지 2년 동안 필리핀의 지배권을 영국에게 장악 당한 경우도 있었다. 이 경우는 유럽역사에서 7년전쟁(1757~1763)이 진행되던 시기인데, 스페인은 프랑스 진영에 합류하였고, 그 전쟁에서 프랑스 진영이 영국 진영에게 패배함으로써 스페인도 영국에게 많은 이권을 양도해야만 했던 것이다. 그러나 이후 스페인이 영국과의 필리핀 쟁탈전에서 승리함으로써 2년 만에 마닐라를 다시 지배하게 되었다.

☞ **질문:**

– 필리핀은 스페인 국왕의 원조에 힘입어 세계일주를 항해하던 마젤란(Ferdinand Magellan)에 의해 발견이 되는데, 마젤란의 필리핀 발견에 관한 설명을 한다면 다음과 같다.

☞ **답변:**

– 마젤란은 1521년 세계일주를 하던 중 현재의 필리핀 중부지역에 속하는 사마르(Samar)라는 지역에 처음으로 도착하여 원주민들과 조우하게 된다. 그런데 이 지역이 음식과 식량을 구하기 어렵다는 판단에서 인근 지역인 세부(Cebu)라는 지역으로 옮겨, 이곳에 당시의 다뚜였던 후마봉(Humabong)을 만나게 되고 우호관계를 맺는데, 특히 후마봉의 부인과 딸을 포함하여 800여 명의 필리핀 원주민들을 가톨릭신자로 개종시키게 된다. 결국 이것이 후에 필리핀 전 지역을 스페인이 지배하게 되는 최초의 불씨가 되는 셈이며, 또한 필리핀이 가톨릭을 주 종교로 갖게 되는 최초의 시발점이 되는 셈이다.

– 그리고 마젤란은 세부의 인근지역인 막탄(Mactan)으로 진출을 시도하게 된다. 그런데 막탄지역은 마젤란의 진입을 허용하려 하지 않았다. 당시 막탄 지역의 다뚜였던 라푸라푸(Lapu-Lapu)라는 인물이 마젤란의 그 지역으로의 진입을 거부하고 전투를 벌이게 된다. 그 전투에서 마젤란은 라푸라푸의 독화살에 맞아 전사하고 만다. 훗날 라푸라푸는 필리핀 역사에서 대표적인 인물로 또한 스페인 침략에 최초로 저항한 영웅 칭호를 받게 된다.

2. 스페인의 식민지배

❖ 필리핀 총독과 이원적 통치체제 구축

필리핀 총독은 스페인 국왕의 발령으로 선출되어 국왕의 대리인으로서 국가권력과 종교상의 권력을 행사하였다.

각 지방은 초기에는 필리핀 정복에 참가한 군인들에게 감독권을 주었으나 이들에 의한 주민통치가 효율적으로 진행되지 않게 되자, 18세기 후반에는 지방행정단위를 주(州)로 나누고, 주지사는 스페인인이 맡고, 바랑가이를 단위로 필리핀 추장에게 통치 권한을 주었다. 통치권을 부여받은 추장은 주민들 중 특권계층이 되어 주민에 대한 절대적 권력을 행사하였다. 당시 절대적 권력을 행사하던 특권계층은 대토지를 소유하는 이권을 챙겼다. ※이러한 역사적인 배경은 현재의 필리핀 사회에서의 토지개혁 이슈와도 무관하지 않다.

❖ 스페인의 필리핀 식민지배 전략

스페인은 식민지배 당시 가톨릭의 필리핀 정착정책과 원주민에 대한 비교육정책을 펼침으로써 필리핀 식민지 지배를 용이하게 하였던 것이다.

3. 필리핀인들의 소극적 저항운동: 개혁운동

❖ 개혁운동의 본질

개혁운동의 본질은 필리핀의 완전독립이 아닌 스페인에게 동화정책(assimilation policy)을 요구하는 소극적 저항운동이었다. 즉 필리핀 개혁주의자들은 스페인 통치의 문제점을 제시하면서, 필리핀을 스페인의 하나의 지방(道)으로 완전히 인정해 줄 것을 요구하였다. 왜냐하면 당시 개혁주의자들은 필리핀이 완전하게 스페인의 하나의 지방으로 소속될 수만 있다면 스페인인들이 누리는 모든 권리와 특혜를 함께 누릴 수 있을 것으로 판단하였기 때문이며, 또한 그들은 자신들이 스페인 시민권을 갖게 되면 스페인 의회에 자신들의 대표자를 파견할 수 있고, 식민지에 유리한 입법을 만들어 스페인 지배계층들이 자행하는 각종 비리를 제거할 수 있다고 생각하였기 때문이다.

개혁주의자들은 대부분 유산계급들과 지식인 계열이었다. 이들은 분명 개혁주의자였지 혁명주의자는 아니었다. 즉 지배세력과 싸워 이길 만한 무기와 힘을 갖지 못한 상황에서 평화적인 방법으로 목적을 이루어야 한다고 생각하였던 것이다.

> ### | 호세 리잘(Jose Rizal: 필리핀 민족운동의 상징적 인물)
> ◆ 1861년 라구나 주(Province of Laguna) 칼람바(Calamba)에서 태어났다. ※라구나 주: 필리핀에서 가장 큰 호수인 Laguna de Bay에 완전히 둘러싸여 있다. 라구나는 '호수'를 뜻하는 스페인어 단어인 '라고'(Lago)에서 유래된 이름이다.
> ◆ 직업은 의사, 학자, 작가로 35년이라는 짧은 인생을 살았음.

- University of Santo Tomas에서 법대 예과를 공부하면서 철학을 전공했으며, 의대로 편입하여 의학(안과전공)을 전공하였음. 또한 1882년 스페인의 University of Madrid로 유학(의학 전공)을 떠남

- 유학기간 필리핀 유학생 단체의 리더로서 스페인 식민통치의 개혁을 주장
- 1887년 2월 스페인의 식민지 정책에 대한 비판을 가하는 최초의 정치소설 「Noli Me Tangere(나를 건드리지 마라)」를 출판: 스페인의 식민지 지배의 모순을 날카롭게 비판, 즉 스페인인들이 자국인들에게는 특혜를 주고 식민지의 Filipinos에게는 차별적 대우를 하고 있다는 것을 적나라하게 묘사함으로써 필리핀 사람들 간 민족의식을 갖게 하여 일종의 계몽운동을 선도
- 이듬해인 1888년에는 바르셀로나 유학생들과 망명자들과 함께 「La Solidaridad (Solidarity; 단결, 결속)」를 발간하여 식민모국인 스페인의 필리핀 탄압을 비판하는데 주도적인 역할을 담당
- 1891년에는 두 번째 소설 「El Filibusterismo(탐욕의 지배)」를 출판하여 탁발수도회(托鉢修道會)의 좌익상을 파헤쳐 비판. ※탁발수도회는 로마 가톨릭 교회의 수도회의 형태 중 하나이며, 수도회 회칙에 따라 사유 재산을 인정하지 않는 수도회를 말한다. 특히 도미니코회, 프란치스코회, 성 아우구스티노 수도회, 가르멜회를 가리킨다.
- 1892년 귀국하여 'La Liga Filipina(필리핀 동맹)'라는 비밀결사대를 결성하여 본격적인 개혁운동 시도
- '필리핀 동맹' 결성 며칠 수일 후 스페인 총독부에 체포되어 민다나오섬 다피탄(Dapitan) 지역으로 유배
- 유배 생활 중 무장투쟁론자들의 배후로 몰려 수도 마닐라 인트라뮤로스(Intramuros)에 있는 산티아고 요새 감옥으로 이감
- 산티아고 요새에서 수감생활을 하던 중 1986년 필리핀혁명의 배후 조종자로 지목되어 현재의 마닐라 내 리살공원(Rizal Park) 부지에서 공개 총살됨.
- 그의 죽음은 필리핀인들에게 독립 의지를 불사르는 계기가 되었고, 호세 리살은 필리핀 독립의 아버지로 추앙받게 되었음

❖ 대표적인 개혁주의자 호세 리잘

개혁주의자들 중 대표적인 인물은 Jose Rizal을 들 수 있다. Rizal은 1887년 스페인의 식민지 정책에 대한 비판을 가하는 최초의 정치소설 「Noli Me Tangere (나를 건드리지 마라)」를 출판하여 필리핀 국민들의 계몽운동을 전개하였다. 이듬해인 1888년에는 바르셀로나 유학생과 망명자과 함께 「La Solidaridad(Solidarity; 단결, 결속)」를 발간하여 식민모국인 스페인의 필리핀 탄압을 비판하는데 주도적인 역할을 담당했다. 1891년에는 두 번째 소설 「El Filibusterismo(탐욕의 지배)」를 출판한 후, 1892년 귀국하여 'La Liga Filipina(필리핀 동맹)'라는 비밀결사대를 결성하여 본격적인 개혁운동을 하였다. 그러나 그는 '필리핀 동맹' 결성 수일 후 체포되어 다피탄 지역으로 추방되었다. 그리고 1896년 12월 30일 스페인군에 의해 총살당했다(총살당하기 직전 'Last Farewell'이라는 시를 남김, 현재 이 시는 Fort Santiago 에 있음).

개혁주의자들은 스페인에게 지속적인 개혁을 주창하였지만 필리핀 통치에 대한 구체적인 변화나 성과를 얻어내는데는 실패했다. 그러나 종국적으로는 이러한 실패가 필리핀의 완전독립 쟁취운동을 이끌었다는 면에서는 성공적이라고 볼 수 있다.

마지막 작별 (Last Farewell)

호세 리잘

잘있거라 내 사랑하는 조국이여
태양이 감싸주는 동방의 진주여
잃어버린 에덴이여 !
나의 슬프고 눈물진 이 생명을
너를 위해 바치리니
이제 내 생명이 더 밝아지고 새로워
지리니
나의 생명 마지막 순간까지
너 위해 즐겁게 바치리

형제들이여, 그대는 한 올의 괴로움도

망설임도 없이 자유를 위한 투쟁에서
아낌없이 생명을 바쳤구나
월계수 백화꽃 덮인 전나무관이거나
교수대거나 황량한 들판인들
조국과 고향을 위해 생명을 던졌다면
그게 무슨 상관이랴

어두운 밤 지나고
동녘에서 붉은 해 떠오를 때
그 여명 속에 나는 이 생명 마치리라
그 새벽 희미한 어둠 속

작은 불빛이라도 있어야 한다면
나의 피를 흩뿌려
어둔 새벽 더욱 밝히리라

나의 어린 시절이나
젊은 혈기 넘치는 지금이나
나의 소망 오직
동방의 진주 너를 흠모하는 것
검고 눈물 걷힌 너의 눈
한 점 꾸밈도 부끄럼도 없는
티없이 맑고 부드러운 눈
동방의 진주 너를 바라보는 것이었노라

이세 나는 너를 떠나야 하는구나
모든 즐거움과 절실한 열망을 버리고
아 너를 위해 가슴 속에서 우러나
만세 만세를 부르노라
우리에게 돌아올 최후의 승리를 위해
나의 죽음은 값지리니
네게 생명을 이어주기 위해
조국의 하늘 아래 숨거두어
신비로운 대지에 영원히 잠들리니
아 행복하여라

먼 훗날 잡초 무성한 내 무덤 위에
애처로운 꽃 한 송이 피었거든
내 영혼에 입맞추듯 입맞추어 다오
그러면 차가운 무덤 속
나의 눈썹 사이에
너의 따스한 입술과 부드러운 숨소리
느끼게 되리니
부드러운 달빛과 따스한 햇빛으로
나를 비쳐다오

내 무덤가에 시원한 솔바람 불게 하고
따스하게 밝아오는 새 빛을 보내다오

작은 새 한 마리
내 무덤 십자가에 날아와 앉으면
내 영혼 위해 평화의 노래를 부르게
해다오
불타는 태양으로 빗방울 증발시켜
나의 함성과 함께 하늘로 돌아가게
해다오
너무 이른 내 죽음을 슬퍼해 다오
어느 한가한 오후
저 먼 저승의 나 위해 기도해 다오
아 나의 조국
내 편히 하늘나라에 쉬도록 기도해 다오

불행히 죽어간 형제들을 위해
기도해 다오
견디기 어려운 고통 속에서 죽어간
이들을 위해
기도해 다오
고난 속에 눈물짓는 어머니들을 위해
기도해 다오
감옥에서 고문으로 뒹구는 형제들
남편 잃은 여인들과 아이들을 위해
기도해 다오

내 무덤가 십자가 비석도 잊혀져 가면
삽으로 밭을 일궈
내 무덤에서 시신의 재를 거두어
조국 온 땅에
골고루 뿌려 다오

207

내 영원히 사랑하고 그리운 나라   잘 있거라, 서러움 남아 있는
필리핀이여   나의 조국이여
나의 마지막 작별의 말을 들어다오   사랑하는 여인이여
그대들 모두 두고 나 이제 형장으로   어릴 적 친구들이여
가노라   이 괴로운 삶에서 벗어나는 안식에
내 부모, 사랑하던 이들이여   감사하노라. 잘 있거라
저기 노예도 수탈도 억압도   내게 다정했던 나그네여
사형과 처형도 없는 곳   즐거움 함께했던 친구들이여
누구도 나의 믿음과 사랑을 사별할   잘 있거라 내 사랑하는 아들이여
수 없는 곳   아 죽음은 곧 안식이니…
하늘나라로 나는 가노라

4. 필리핀인들의 적극적 저항운동: 분리주의와 완전독립운동

필리핀인들이 소극적이고 평화적인 선전활동으로는 자신들의 궁극적인 목표를 달성할 수 없다고 판단한 급진적 혁명주의자들의 활동이 개시되었고, 이것이야말로 필리핀의 진정한 독립운동의 서막이었다. 1892년 보니파시오(Andres Bonifacio) 등 노동자 출신의 지식인들이 주축이 되어 마닐라에서 「까티푸난(Katipunan)」이라는 비밀결사대를 결성하여 무력에 의한 필리핀 독립과 자유쟁취를 추구하는 급진적 지침을 채택하였다. 보니파시오 세력들은 자국이 스페인 통치로부터 벗어나기 위해 분리주의 정책을 추구했으며, 목적을 달성하기 위한 길은 자국민들이 무장하여 무력투쟁에서 승리하는 것이라고 간주하였다. 까티푸난 조직원(혁명세력들)이 주로 활동한 곳은 Cavite 지역이다. 이 지역에는 보니파시오 세력뿐만 아니라 아기날도(Emilio Aguinaldo) 세력도 활동하고 있었다. 그런데 불행하게도 혁명조직 내의 주도권 쟁탈전이 일어나게 되는데, 보니파시오는 아기날도에 의해 반역죄 명목으로 처형되고 만다. 결국 아기날도를 중심으로 한 혁명세력들이 대 스페인 투쟁을 계속해 나갔다. 아기날도를 중심으로 한 혁명주의자들은 1898년 6월 12일 까비테에서 공화국 정부 수립 및 의회, 내각을 구성하여 독립국가를 선언한다(마카파갈 대통령 집권 시 이 날짜를 필리핀 독립일로 인정). 1898년 스페인과

미국 간의 전쟁이 확대되자 아기날도는 필리핀 독립을 인정하겠다고 구두약속을 한 미국과 함께 스페인군 격파에 몰입한다(1898년 4월 스페인과 미국과의 전쟁 발발).

☞ **질문:**
– 마젤란이 전사하고 난 이후 스페인은 필리핀을 본격적으로 지배하게 된다. 그렇다면 스페인의 식민지배의 특징은 무엇인가?

☞ **답변:**
– 마젤란이 전사하고 난 후 스페인은 이 지역을 탐색하기 위해 원정대를 수차례 파견하지만 실패를 거듭하다가 1543년 사마르 지역과 레이테 지역을 완전 점령하게 된다. 원정대는 당시 스페인 왕자 Philip 2세의 이름을 따서 이곳을 필리핀(the Philippines)이라고 명명하고, 그 후 전 지역에 이 명칭을 사용하기 시작했다. 1565년 이 필리핀 군도를 정복하기 위해 레가스피(Legaspi)가 이끄는 원정대가 세부 지역에 상륙하였고, 그는 같은 해에 필리핀 초대 총독이 되었다. 결국 레가스피의 필리핀 도착은 실제적인 스페인의 필리핀 식민지화가 본격화되었다는 것을 의미한다. 그 후 1571년 마닐라를 필리핀의 수도로 정함으로써 스페인의 식민지배 과정은 사실상 완료되게 되는 것이다(스페인의 식민지지배 과정은 약 반세기가 걸린 셈이다(1521~1571)). 여기서 우리가 주의해야 점은 스페인이 필리핀 지역을 장악하긴 하지만, 필리핀 남부 민다나오의 이슬람 지역은 장악하는 데 실패한다. 결국 필리핀 민다나오 이슬람교도(Moro)는 스페인의 식민시기인 약 321년(1571~1898)간 가톨릭화된 필리피노들(Filipinos)과는 분리되어 그들 나름대로의 '독립적인 술탄통치(independent sultanate)'를 유지할 수 있었던 것이다. *이것이 바로 현재까지 진행되는 "모로분리주의운동(이슬람 무장단체의 반정부운동)'의 역사적 근거라고 볼 수 있다(모로분리주의운동은 필리핀 내 정치사회적으로 가장 골치 아픈 이슈이다).
– 스페인의 식민지배의 특징은 다음과 같다.
 ✓ 첫째, 가톨릭이라는 종교를 통해 필리핀인들의 영적 세계까지 지배하였다는 점이다. 필리핀 지역은 스페인이 들어오기 전만 하더라도 토속신앙인 토템미즘, 샤마니즘 같은 정령신앙이 있었지만, 스페인이 지배하면서 필리핀 지역이 거의 가톨릭화된다.

✔ 둘째, 스페인 총독을 중심으로 한 세속적인 행정지배 체제를 구축하였다는 점이다. 즉 스페인 총독은 국가권력과 종교상의 권력을 행사하였다. 훗날 필리핀 총독이 스페인 국왕에 의해 발령이 나긴 하지만, 필리핀 총독은 스페인 국왕의 대리인으로서 꼭두각시 역할을 담당했을 뿐이다.

✔ 셋째, 토착 엘리트층(다투세력)을 이용한 간접지배 형태를 띠었다는 점이다. 스페인은 18세기부터 지방행정단위를 주(州)로 나누고, 주지사는 스페인인이 맡고, 바랑가이를 단위로 필리핀 추장, 즉 다투에게 통치권한을 주었다. 다투는 특권계층이 되어 주민들에게 절대적 권력을 행사하였다. 당시 절대권력을 행사하던 특권계층은 대토지를 소유하는 이권을 챙겼다(이러한 역사적 배경은 현재의 필리핀 사회에서의 토지개혁 이슈와 무관하지 않다)

✔ 넷째, 스페인 식민통치 기간 동안 필리핀인들의 사회계층이 이원화되어 형성되었다는점, 즉 토착엘리트층과 일반서민층으로 확연히 구분되었다는 점이다. 토착엘리트층은 지주로서 부의 축적을 누리고, 지방의 행정관 또는 중앙의 하급식민관료로 임명되어 행정적 권력을 누린 반면에 일반서민층은 식민체제운영을 위해 노동력이 철저히 착취되었다.

✔ 다섯째, 토착엘리트층 중에는 일러스트라도스(Ilustradors)라는 지식인 계층이 출현되었다는 점이다. 이들은 서구인이 제공하는 교육을 받고 훗날 개혁적 민족주의자로 활동하게 된다. 대표적인 인물이 Jose Rizal이라고 볼 수 있다.

✔ 여섯째, 필리피노의 스페인 저항운동은 소극적 저항운동과 적극적 저항운동으로 분류된다. 즉 소극적 저항운동은 스페인으로의 동화정책을 요구하였으며, 적극적 저항운동은 완전한 분리 독립(대표적으로 Bonifacio와 Aguinaldo 등은 까띠뿌난(Katipunan)이라는 비밀결사대를 조직하여 필리핀의 완전독립을 요구하였음)을 요구하였다. 특히 아기날도는 1898년 6월 12일 까비떼 지역에서 공화국 정부 수립 및 의회, 내각을 구성하여 독립국가를 선언하였다(현재 필리핀은 독립기념일이 두 개임. 하나는 6월 12일, 또 하나는 미국으로부터 완전 독립되었던 1946년 7월 4일)

Ⅲ. 미국 식민지 시대(1898~1946)

1. 미국-스페인 강화조약

1898년 12월 스페인과 미국과의 전쟁의 종결을 알리는 강화(파리)조약에 의해 미국은 스페인에게 2천만 달러를 주고 필리핀을 양도받음으로써 새로운 식민통치가 시작되었다.

2. 미국의 필리핀에 대한 교육정책 강화

스페인의 필리핀 식민지정책이 종교적 수단을 통해서였다면, 미국의 필리핀 식민지정책의 주요 수단은 교육정책을 통해서 확립하였다고 볼 수 있다.

미국은 필리핀 시배 초기부터 문화적이고 교육적 영향을 확산시키려고 노력했다. 이를테면 미국의 교육제도, 언어, 문학, 예술 및 과학 등을 필리핀에 도입하여 강화해 나아가는 정책을 펼쳤다. 그래서 교육은 미국의 식민지배의 중요한 수단이 되었다. 이것은 곧 필리핀인들의 민족의식을 희석시키는 도구로 사용되었던 것이다. 교육정책 중 가장 커다란 변화는 교육 및 일반 공용어로서 영어를 채택하게 하는 것이었다. 미국은 1901년 1월 21일 필리핀 관련 학교기본법을 통과시켰는데 그 법안의 주요 내용은 영어를 공용어로 사용하고, 초등교육을 무상으로 실시하며, 필리핀인 교사양성을 위해 마닐라에 사범학교 설립을 인정한다는 것이었다.

3. 독립가능성 제시: 존스법(The Jones Law of 1916)

1916년 존스법, 일명 필리핀 자치법(The Philippine Autonomy Act)은 필리핀에서 완전한 자치정부를 수립하겠다는 취지로 미국인들이 만든 입법이었다. 이 입법에는 정부는 입법부, 사법부, 행정부로 구성하며, 행정권은 미국 상원의 동의로서 미국 대통령이 임명한 총독이 행사하도록 하였으며, 총독은 내각을 구성, 특히 각료 중 교육부 장관만은 미국인 부총독이 겸임하도록 하였다. 입법권은 선출된 양원에서 주재하도록 하였다(양원제 도입).

4. 헤리슨 총독정부(1913~1921)

존스법은 헤리슨 총독이 임명된 후 약 3년 뒤에 만들어졌지만, 그 법이 제시했던 원리나 이념을 헤리슨이 구상하여 현실화한 것이었다. 따라서 헤리슨은 필리핀인들로부터 가장 많은 찬사를 받았던 인물이다.

헤리슨 정책운영의 기본도구는 존스법이었다. 헤리슨은 처음부터 전임 총독들과는 달리 필리핀화(관료직을 미국인 아닌 필리핀인드로 교체 임명하는 시도)정책을 확실하게 진행시켰다.

☞ **질문:**
– 필리핀은 미국에게도 지배를 받았다. 미국의 식민지배의 특징은 한마디로 어떻게 설명이 될까?

☞ **답변:**
– 스페인의 필리핀 지배정책이 주로 종교적 수단이었다고 한다면, 미국의 식민지정책의 주요수단은 한마디로 교육정책과 교육제도의 도입이라고 볼 수 있다. 미국은 필리핀 지배초기부터 교육에 신경을 쓰기 시작했다. 이를테면 교육정책의 가장 커다란 변화는 일반 공용어로 영어를 채택했다는 것이다. 미국은 1901년 필리핀 관련 학교기본법을 통과시켰는데 그 법안의 주요내용은 영어를 공용어로 사용하고, 초등교육은 무상으로 실시하며, 필리핀인들의 교사양성을 위해 마닐라에 사범학교를 설립한다는 것이었다. 이것은 곧 미국식의 교육정책과 교육제도를 통해 필리핀인들의 민족의식을 희석시키려는 의도로 분석된다.

---

5. 타이딩스 맥더피법 성립: 독립청원 활동의 최종적 성과

1934년 타이딩스 맥더피법(The Tydings-McDuffie Act; 일명 The Philippine Commonwealth and Independence Law)이 제정, 향후 10년 뒤에 필리핀에게 독립을 부여하겠다는 요지의 법안이었다.

6. 퀘손 대통령의 독립과도정부 출범(1935년 11월 15일)

타이딩스 맥더피법에 의거 1934년 7월 30일 제헌의회 구성, 1935년 2월 8일 제헌의회는 헌법을 승인하였고, 10년 동안 유지될 독립과도정부의 대통령에 퀘손(Manuel L Quezon), 부통령에 오스메냐(Sergio S Osmena)를 선출함. 퀘손 대통령은 1942년 일본의 침략 시까지 재임.

❖ 미국은 왜 필리핀에 독립을 인정해 주었을까?

1930년 미국의 상황은 한마디로 경제공황에 직면해 있었다. 따라서 미국은 경제문제의 타개를 위한 해법을 구하는 과정에서 필리핀의 독립문제를 인정하지 않을 수 없었다. 구체적으로 말해서 미국은 당시 필리핀산 농산물의 무관세 유입과 값싼 필리핀 노동력을 자국으로 대거 유입했는데 이 과정에서 미국 내 농민과 노동자 세력의 강력한 반발을 야기했고, 이 세력들은 각종 이익단체와 연계하여 정치권에 여러 가지 요구조건을 제시했으며, 그래도 해결의 기미가 보이지 않자 종국적으로는 원천적인 해법을 제시하였다. 즉 문제발생의 원천인 식민지, 특히 필리핀을 독립시키자는 것이었다. 상황이 이렇게 되자 정치권은 이 문제를 좌시할 수 없었고 어떻게든 해결해야 하는 당위성에 직면하게 되었던 것이다. 결국 그 결과물이 바로 타이딩스-맥더피법이었다.

☞ **질문:**

- 미국은 1934년 향후 10년 뒤에 필리핀을 완전 독립시켜 준다는 타이딩스-맥더피법(The Tydings-McDuffie Act)을 제정하였는데, 그 배경이 무엇인가? 즉, 당시 미국은 왜 필리핀에 독립을 인정해 주었을까?

☞ **답변:**

- 1930년 미국의 상황은 한마디로 경제공황에 직면해 있었다. 따라서 미국은 경제문제를 타개하기 위한 해법을 구하는 과정에서 필리핀의 독립문제를 인정하지 않을 수 없었던 것이다. 구체적으로 말해서 미국은 당시 필리핀산 농산물의 무관세 유입과 값싼 필리핀 노동력을 자국으로 대거 유입했는데, 이 과정에서 미국 내 농민과 노동자 세력들의 강력한 반발을 사게 되었던 것이다. 즉, 미국 내 농민들이 생산해 낸 농산물이나 또한 노동자들의 노동력이 평가

절하됨에 따라 이 세력들은 각종 이익단체들과 연계하여 정치권에 여러 가지 요구조건을 제시했으며, 그래도 별 기미를 보이지 않자 종국적으로 원천적인 해법을 제시하였다. 즉 문제발생의 원천인 식민지, 특히 필리핀을 독립시키자는 것이었다. 상황이 이렇게 되자 정치권은 이 문제를 받아들이지 않을 수 없었던 것이다. 그래서 결국 타이딩스-맥더피법을 제정하여 향후 10년 뒤에 필리핀을 완전 독립시켜 준다는 것이었다.

Ⅳ. 일본군의 점령(1942~1945)

1. 일본의 필리핀 점령

1941년 일본군의 하와이 진주만 기습 공격 4시간 뒤에 필리핀 곳곳을 공습하였다. 결국 일본군은 1942년 1월 3일 마닐라를 점령하였다.

2. 라우렐 괴뢰정부 수립

1943년 10월 14일 일본의 군정하에서 라우렐(Jose P Laurel) 괴뢰정부를 출범시켰는데, 이것은 일본의 대동아공영권 설치를 인정하고 협조한다는 조건에서 이루어진 것이었다.

3. 일본으로부터의 해방

1945년 2월 3일 미국의 맥아더 장군이 마닐라를 탈환함으로써 필리핀은 일본으로부터 해방을 맞이하게 되었다.

일본의 필리핀 점령 후 샌프란시스코로 망명을 떠났던 퀘손 대통령이 1944년 8월 1일 지병으로 사망함에 따라 부통령이었던 오스메냐가 대통령직을 승계하였다. 그리고 오스메냐 망명정권은 필리핀이 일본으로부터 해방되자 마닐라로 귀환하였다.

4. 로하스 대통령 당선

1946년 4월 필리핀에서는 대통령선거를 실시하여 오스메냐(민주당)를 물리치고 로하스(Manuel Roxas; 자유당)가 대통령으로 당선되었다.

Ⅴ. 필리핀공화국 수립(1946. 7. 4)

1946년 7월 4일 미국으로부터 완전 독립하여 필리핀공화국(Republic of the Philippines)을 공식적으로 출범했다.

Ⅵ. 독립 이후의 필리핀 약사

(1) 1946. 7 - 1948. 4 Manuel Roxas(자유당)정권

(2) 1948년 4월 Manuel Roxas 대통령 사망, 자유당 소속 부통령이던 Elipidio Quirino가 대통령직 계승

(3) 1950년 1월 Elipidio Quirino가 선거에 의해 공식적으로 대통령으로 당선

(4) 1954년 1월 Rammon Magsaysay 정권 출범: 1953년 12월 선거에서 자유당 후보 Elipidio Quirino를 국민당 후보였던 Rammon Magsaysay가 압승(총투표의 70%를 얻음). Rammon Magsaysay는 퀴리노정권에서 국방부장관을 역임하였으며, 민주적인 지도력과 온화한 이미지를 바탕으로 1955년 처음으로 농지개혁법을 제정, 농어촌 발전을 위한 획기적인 정책을 펼친 바 있음. Rammon Magsaysay 정권 당시 정치의 근대화와 민족주의의 고취. 1957년 3월 비행기 추락 사고로 사망

(5) 1958년 1월 Rammon Magsaysay 대통령의 갑작스런 사망으로 국민당 소속 부통령이었던 Carlos Garcia 정권이 공식적으로 출범: 1961년 6월 ASA의 출범(방콕, 필리핀, 태국, 말레이시아)에 주도적 역할을 담당함. ASA는 1964년과 1965년 사이에 말레이시아와 필리핀 간의 Sabah 영유권 분쟁으로 사실상 기능 상실

⑹ 1961년 11월 대통령선거, 국민당 후보의 Carlos Garcia와 자유당 후보의 Diosdado Macapagal 사이에서 Diosdado Macapagal이 승리함으로써 대통령으로 당선. Diosdado Macapagal는 청렴을 선거전략으로 내세움

⑺ 1965년 11월 국민당 후보의 Ferdinand Marcos 대통령 당선, 1949년 하원의원 당선, 1959년 상원의원 당선, 1954년 미스필리핀 출신의 Imelda와 결혼

⑻ 1972년 9월 Ferdinand Marcos 대통령 계엄령 선포, Ferdinand Marcos 대통령은 정부 전복세력의 위협에 대처한다는 명목으로 1972년 9월 계엄령 선포, Ferdinand Marcos 대통령은 신사회운동당(New Society Movement or KBL)을 기반으로 언론장악과 선거조작으로 1986년 2월까지 권위주의 체제 유지, 1983년 8월 21일 Benigno Aquino 암살 이후 민중시위가 계속되자 중산층과 경제계에서도 Marcos에게 등을 돌리기 시작하고 미국도 외면하기 시작함

⑼ 1981년 1월 계엄령 해제

⑽ 1981년 6월 Ferdinand Marcos 대통령 재선

⑾ 1983년 8월 야당지도자 Benigno Aquino 미국망명으로부터 귀국하다 마닐라국제공항에서 암살당함

⑿ 1986년 2월 Marcos 독재정권 붕괴 및 People's Power에 의한 Corazon Aquino(민주투쟁당) 정부 출범 ※ People's Power Revolution: Marcos는 민심을 수습하기 위해 1986년 2월 7일 조기선거를 실시하고, 1986년 2월 16일 자신과 Tolentino 부통령 후보의 당선을 국회에서 발표, 부정선거를 규탄하는 시위가 격화되는 가운데 가톨릭 세력이 Corazon Aquino를 지원하고 미국이 Marcos를 비판하자 1986년 2월 22일 Enrile 국방장관과 Ramos 군부총사령관은 반Marcos 진영에 가담, 1986년 2월 25일 야당 측의 정·부통령 후보인 Corazon Aquino와 Salvador Laurel이 Marcos의 당선 발표를 무효 선언하고 자신들의 대통령 및 부통령 선서식을 거행한 데 대해 압도적으로 지지하자 Marcos 일가는 하와이로 망명을 떠나고 "국민의 힘이 발동한 혁명"은 성공하게 됨

⒀ 1992년 6월 Corazon Aquino 정부 당시 국방장관이었던 Fidel V. Ramos
   (국민의 힘당) 대통령 취임, 라모스 대통령은 외국인 투자의 적극적 유치와
   자유시장경제원리의 과감한 도입을 통하여 인프라스트럭처를 건설하고
   산업화와 경제건설의 기반을 마련하였음

⒁ 1998년 6월 Joseph E Estrada(필리핀평민연합당) 정권 출범, 1998년 6월 집
   권한 에스트라다 대통령 정부는 집권 초기 국민들의 폭넓은 지지를 바탕
   으로 정치적 안정을 유지하고 빈곤 타파, 농업 개혁 등을 추진했으나, 부
   정부패, 정실주의, 저조한 국정개혁 실적, 측근인사 관련 스캔들 등으로
   끊임없는 비판의 대상이 되었고, 집권 2년째인 1999년 하반기 이래 지지
   율이 급격히 하락함. 2000년 10월 불법도박업자 뇌물수수 스캔들로 촉발
   된 에스트라다 대통령에 대한 탄핵사건은 필리핀 사회를 극도의 혼란으로
   몰고 갔던바, 결국 2001년 에스트라다 대통령 퇴진

⒂ Arroyo 대통령 정부 출범, 1998년 6월 부통령에 당선, 재임 중이던 아로요
   부통령은 2000년 11월 에스트라다 대통령 탄핵에 따른 정치적 혼란 속에
   서 2001년 1월 20일 대법원장이 취임 선서식을 집행하는 가운데 대통령에
   취임, 아로요 대통령은 취임 직후 국민화합과 단결을 호소하고, 빈곤 퇴
   치, 도덕성 회복, 진정한 개혁을 위한 정치환경 개선, 모범적인 지도자상
   확립 등 4개 항의 국정운영 지침 발표

⒃ 베니그노 아키노 3세(Benigno S. Aquino III) 대통령 정부 출범(2010년 6월)

⒄ 로드리고 두테르테(Rodrigo R. Duterte) 대통령 정부 출범(2016년 6월)

제 **6** 장 | 필리핀 모로(Moro) 분리주의 운동

Ⅰ. 역사적 근거

필리핀 모로 분리주의 운동(separatism movement)의 역사적 배경에 관한 논의에 앞서 먼저 언급되어야 할 것은 '필리핀의 이슬람'이 언제부터 전래되어 왔는가 하는 문제이다. 필리핀의 이슬람은 14세기 중반 아랍학자 무둠(Mudum)이 말레이 반도에 도착하여 이슬람의 토대를 구축하기 시작했던 시점으로 거슬러 올라간다. 당시 그는 말라카에 이슬람을 전파하기 위한 발판을 마련하는데 성공하였다. 그리고 1380년 그는 필리핀 술루 지역으로 진출하여 모하메드의 교리를 설교하기 시작했다(Agoncillo, et al., 1984: 21). 이때가 바로 필리핀 이슬람이 전래되기 시작하는 최초의 시점이다. 또한 1390년 수마트라섬의 메낭카바우 지역의 지배자이었던 바긴다 추장(Raja)이 술루 지역에 도착하여 원주민들을 이슬람으로 개종시키기 시작하였으며, 그의 종교적인 활동은 1450년경 술루 지역 포교활동을 위해 팔렘방에 남아 있었던 아부 바크르(Abu Bakr)에 의해 계승되었다(Agoncillo, et al., 1984: 22). 아부 바크르는 바긴다의 딸 파라미술리(Paramisuli)와 결혼하여 바긴다 사망 이후 그 지역의 술탄으로서 권력을 휘둘렀으며, 그 지역에 아랍식 술탄 정부를 설립하는 데 성공하였다. 그 후 술루 지역은 이슬람권이 되었다. 한편 민다나오 지역에서는 조호르(Johore)로부터 도착해 있었던 세리프 까붕수안(Serif Kabungsuan) 일행에 의해 이슬람의 기초가 마련되기 시작했다(Agoncillo, et al., 1984: 22). 그들은 그 지역 원주민들을 이슬람으로 개종시켰으며, 그 지역에서의 영향력 있는 가족들과의 결혼을 통해 포교활동을 활발하게 진행시켜 나아갔다. 그때부터 이슬람은 필리핀 중부 및 북부 지역, 즉 비사야스 및 루손 섬까지 빠르게 전파되었으며, 그 세력 또한 왕성하게 확장되기에 이른다.

그러나 불행하게도 16세기 중반 스페인의 필리핀 진출로 말미암아 왕성한 필리핀 모로 세력은 과거에 비해 약화되기 시작한다. 이를테면 스페인은 식민통치권 확립 차원에서 당시 필리핀 현지인의 로마 가톨릭교로의 개종정책을 강력히 펼쳤으며, 이로 인해 필리핀 모로 세력은 그들의 본거지이었던 남부 민다나오와 술루로 다시 퇴각하게 되었다. 이 과정에서 필리핀 모로는 수많은 희생을 치르면서 스페인 식민통치자들에게 대항하여 끊임없는 저항을 시도했다. 결국 그들은 스페인의 필리핀 지배 시기인 약 377년간 로마 가톨릭화되었던 필리핀인들과는 분리되어 그들 나름대로의 '독립적인 술탄통치(independent sultanate)'를 남부 지역에서 유지할 수 있었던 것이다.[108] 이것이 바로 필리핀 모로 분리주의운동이 스페인 식민통치 시대부터 진행되기 시작하였다는 것을 의미하는 역사적인 근거가 되는 중요한 부분이라고 볼 수 있다.

II. 필리핀 모로 분리주의자: 이슬람 무장단체

1. 모로민족해방전선(MNLF)

모로민족해방전선(Moro National Liberation Front; MNLF)은 1972년 모조직인 무슬림독립운동(MIM)의 무장단체로서 필리핀국립대학교 정치학 강사 출신인 미수아리(Nur Misuari)를 지도자로 하여 결성되었다. 1972년 10월 마르코스 대통령이 계엄령을 선포한 직후 MNLF는 지방경찰서를 습격하면서 무장투쟁에 돌입하였다. 1973년 석유위기를 계기로 회교도 청년들의 MNLF 가입이 증가하여 초기 1만여 명으로 출발한 무장병력은 최대 5~6만 명까지 확장되기도 하였다(이근수, 2001).

---

108) 스페인의 식민통치를 거부하고 종교적 탄압에 저항하여 필리핀 남부지역에서 독립적인 술탄통치를 유지하고 있었던 '무슬림(Muslim)'을 가리켜 스페인 사람들은 '모로(Moro)'라고 불렀다. 본래 이 말은 스페인어의 '무어(Moor)'를 의미하는 것으로써 기원전 33년 보쿠스 2세(Bocchus II) 이후 로마지방이 되었던 마우레타니아(Mauretania) 왕국과 마우리(Mauri)의 고대 베버족(Berber tribe)으로부터 유래된 용어이다. 마우레타니아는 현재 모로코와 알제리의 서부지역을 가리킨다. 당시 로마 사람들은 북아프리카의 '비로마인으로서의 원주민들(non-romanized natives)'의 총칭으로 '무어'라는 말을 사용하였다(Wikipedia, 2005).

MNLF는 민다나오를 비롯하여 바실란, 술루, 타위타위, 팔라완 등 남부 및 서부 도서의 정치적 독립을 요구했는데 명분상 목표는 전면 독립이지만 실제 목표는 자치 확대였다.

MNLF는 종교적 국제연대를 활용하여 리비아, 말레이시아, 사우디아라비아, 이집트 등 회교권 국가들로부터 지원을 받아 왔는데, 특히 리비아가 적극적인 후원세력으로 나섰고, 1975년 회교회의기구(OIC)는 MNLF를 공식 승인한 바 있다. 한국국방연구원의 통계자료에 의하면 약 30년 정도의 무장투쟁 과정에서 정부군과 MNLF 측의 사망자는 12만 명이 넘는 것으로 추정된다(이근수, 2001).

1976년 리비아의 중재로 필리핀 정부와 MNLF 간의 트리폴리협정이 체결되었다. 이 협정의 주요내용은 민다나오, 술루, 팔라완 지역 내 13개 주에 무슬림자치기구를 세운다는 것이었다.[109] 그 후 회교도 거주지역의 지도자에 대한 마르코스의 회유정책(재정지원과 정치적 타협)으로 MNLF는 1981년에 들어 1만 명 이하의 세력으로 축소되었다.

2. 모로이슬람해방전선(MILF)

MILF는 1977년 MNLF(Moro National Liberation Front; 모로민족해방전선)로부터 분파하여 강경파의 살라맛 하심(Salamat Hashim)에 의해 사실상 운영되었으며, 공식적으로는 1984년 결성되었다(Gershman, 2001). 한편 MNLF은 1972년 모조직인 무슬림독립운동(MIM)의 무장단체로서 필리핀국립대학교 정치학 강사출신인 미수아리(Nur Misuari)를 지도자로 하여 결성되었다. 1976년 리비아의 중재로 MNLF는 필리핀정부와 트리폴리협정을 체결하였다. 이 협정의 주요 내용은 민다나오, 술루, 팔라완 지역 내 13주에 무슬림자치기구를 세운다는 것이었다(박광섭, 2004).〈1976년 트리폴리협정 체결이라는 골격 위에서 필리핀 정부는 1989년 8월 무슬림 지역 13개 주(추후 1개 늘어 14개 주)와 9개 시를 "무슬림민다나오자치지역

---

109) 1976년 트리폴리협정 체결이라는 골격 위에서 필리핀 정부는 1989년 8월 무슬림 지역 13개 주(추후 1개 늘어 14개 주)와 9개 시를 '무슬림민다나오자치지역(ARMM)'으로 지정하는 데 합의하였다. 또한 동년 11월에는 자치지역 귀속 여부를 묻는 주민투표 결과 남라나오, 마긴다나오, 술루, 타위타위 등 4개 주만이 ARMM에 포함되었으며, 2001년 8월 자치지역확대 주민투표 결과 마라위시와 바실란주가 자치지역에 포함되었다.

(Autonomous Region in Muslim Mindanao; ARMM)"으로 지정하는 데 합의하였다. 또한 동년 11월에는 자치지역 귀속 여부를 묻는 주민투표 결과 남라나오, 마긴다나오, 술루, 타위타위 등 4개 주만이 ARMM에 포함되었으며, 2001년 8월 자치지역 확대 주민투표 결과 마라위시와 바실란주가 자치지역에 포함되었다.〉그 후 회교도 거주지역의 지도자에 대한 마르코스의 회유정책(재정지원과 정치적 타협)으로 MNLF는 1981년에 들어 1만 명 이하의 세력으로 축소되기도 하였다. 결국 MNLF는 필리핀정부와의 정치적 타협으로 인해 그들 자신의 세력 약화를 자초했으며, 이러한 온건적 대정부 투쟁방식이 강경노선을 지향하던 살라맛 하심을 중심으로 한 MILF라는 또 다른 회교무장단체를 탄생시킨 것이다.

MILF의 목표는 필리핀 남부 민다나오 섬을 중심으로 독립적인 이슬람국가를 설립하는 것이다. 특히 그들은 군사적·정치적·경제적 독립자존을 위해서만큼은 필리핀정부와 타협하지 않는다는 강경노선을 견지하고 있다. MILF 측은 전투력을 갖춘 요원 12만 명 이상을 확보하고 있다고 주장하고 있으나 필리핀정부는 그 세력을 1만~1만 5천 명 정도로 추산하고 있다(Huang, 2002).

1996년 8월 필리핀 라모스정부와 MNLF 간의 민다나오 평화협정 체결은 이슬람 반군세력으로서 강경노선을 펼치던 MILF의 반정부 테러활동을 가속화는 계기가 되기도 하였다.〈라모스 정부는 회교회의기구 및 인도네시아 등의 중재에 따라 1993년 10월부터 MNLF와 수십 차례 교섭 끝에 1996년 6월 평화협정안에 합의하였고, 동년 8월 마닐라에서 평화협정에 정식 서명하였다. 민다나오 평화협정의 주요 내용은 평화 및 개발 특별지역 지정(1976년 트리폴리협정에 명시된 민다나오 회교지역 14개 주와 9개 시를 특별지역으로 선포), 평화와 개발을 관장할 한시 기구로서 남부필리핀위원회 설치, 일부 MNLF 요원의 군경 전환, 지역 치안을 담당할 보안군 설치 등이었다.〉특히 민다나오 평화협정 체결로 인한 MNLF의 무장투쟁 포기 그리고 그들 일부의 정부군 편입 현상은 살라맛 하심이 이끄는 MILF로 하여금 MNLF에 대한 배신감과 함께 위기감을 고조시켜 더욱 과격한 테러범행을 저지르게 하였다.

또한 라모스정부 이후에 들어선 에스트라다정부는 MILF 측과 지속적인 협상을 시도하면서도 다른 한편으론 MILF의 테러공격에 대한 과감한 응징을 주저하지 않았다. 특히 2000년 5월 에스트라다정부는 군작전을 통해 MILF의 아부바카르 캠프를 기습하여, MILF 측에 치명적인 타격을 입히기도 하였다. 그러나 필리핀군의 공격으로 말미암아 MILF 측은 보복조치로 마닐라에서 연쇄폭탄테러를 감행하였으며, 인도네시아 주재 필리핀 대사를 목표로 암살 테러공격을 주도하기도 하였다.

이러한 양측 간의 첨예한 대결 구도는 2001년 8월 말레이시아의 중재로 아로요정부와 MILF 간의 평화협정을 체결하기에 이른다(박광섭, 2004). 이 평화협정의 주요 내용은 즉시 휴전, 전쟁지역 복원, 정부군이 장악한 이슬람 지역 반환 협상 착수, 회교회의기구가 임명하는 감시위원회 구성 등을 담고 있었다.

그러나 2003년 필리핀군은 약 2년 동안의 휴전을 깨고 대MILF와의 전쟁을 재개하였다. 아로요정부는 MILF 거점지역인 코타바토 북부의 남부지방에서 반테러리즘을 위한 미국과의 합동군사훈련을 착수하면서 자연스럽게 MILF을 향한 공격을 재개하였다. 아로요정부의 MILF 공격에 대한 근거는 MILF가 동남아 전지역의 이슬람화를 목표로 테러활동을 벌이고 있는 JI와의 네트워크를 형성하고, 더 나아가 국제테러조직 알 카에다와의 연계성을 지니고 있다는 확신 때문이었던 것으로 해석된다.

3. 아부사야프그룹

필리핀 남부 바실란 섬 울라마(Ulama; 이슬람교의 법·신학 지도자)의 아들로 태어난 압둘라작 잔잘라니(Ustadz Abdurajak Janjalani)는 1990년대 초 MNLF로부터 분리하여 ASG(Abu Sayyaf란 아랍어로서 '총검의 운반인/총검의 심부름꾼; Bearer of the Sword'이라는 의미)를 창설하였다. 압둘라작 잔잘라니는 1980년대 '알 이슬람 타블리그(Al Islamic Tabligh)'라는 무슬림 근본주의 운동 조직과 연계되어 있었다(Niksch, 2002). 그 조직은 사우디아라비아와 파키스탄으로부터 중동지역에서 공부하고 있는 젊고 유망한 이슬람교도를 돕는다는 명목 아래 재정적인 지원을 받았다. 압둘라작 잔잘라니는 사우디아라비아와 리비아에서 유학하면서 급진적인 성향을 보였다. 그는 고향 바실란 지역으로 돌아와 아프간 무자헤딘(전사)으로서 소련에 대항하며 싸웠던 필리핀사람들(Filipinos)과 MNLF 멤버들을 ASG 요원들로 신규 모집하기도 하였다(Richburg, 1994).

ASG는 이슬람교도가 많이 살고 있는 바실란과 민다나오 서부 해안지역을 거점으로 삼아 주로 필리핀 크리스천을 비롯한 외국인을 대상으로 살해, 폭파, 납치, 강탈을 자행하는 과격 무장단체이다. 그 규모는 1995년 600~700명 정도까지 확장되기도 하였으나, 2006년 현재 150~200명 정도의 핵심 전투요원들로 이루어져 있는 것으로 추정된다. 특히 ASG는 1995년 이후 필리핀정부와 MNLF 간의 신속한 평화협상 전개 과정과 2002년 이후 필리핀과 미국 간의 대테러리즘을 위한 합동군사훈련이 진행되기 시작하면서 세력이 현격히 저하되었다. 또한 ASG의 창설자인 압둘라작 잔잘라니는 1998년 12월 필리핀 경찰과 교전 중 사망하였으며, 2006년 현재 그의 동생인 카다피 잔잘라니(Khaddaffy Janjalani)와 중심 조직원인 갈립 안당(Ghalib Andang)이 총지휘권을 승계 받은 것으로 추정된다.

ASG의 테러행위는 2000년도에 들어서면서부터 더욱 과격해지기 시작하였다. 특히 그들은 외국인을 납치하여 몸값을 요구하는 새로운 테러범행을 자행하기에 이른다. 이를테면 2000년 4월 갈립 안당의 지휘 아래 ASG 테러리스트들은 초고속정을 타고 말레이시아 사바주에 있는 관광객 휴양지를 기습 공격하여 말레이시아인, 프랑스인, 독일인, 핀란드인, 남아공인을 포함한 외국인 21명을 납치하기도 하였으며, 2000년 7월에는 프랑스 기자 3명을 납치하여 인질극을 벌이기도 하였다(Niksch, 2002). 결국 그들은 관련국들로부터 상당한 몸값을 받아 챙긴 후 인질을 석방했다. '런던 인디펜던트'의 보도 자료에 의하면 당시 ASG가 인질의 몸값으로 챙긴 금액은 1,000~2,500만 달러에 이른다고 한다(Fisk, 2000). 이와 같이 2000년부터 외국인을 인질로 납치하여 몸값을 요구하는 ASG의 과격한 테러행위 배경에는 그들의 세력규모를 1천 명까지 확장하고, 나아가 더 많은 초고속정 확보 및 고성능 무선장비 구입을 위한 ASG의 전략이었던 것으로 필리핀 정보당국은 파악하고 있다(Tan, 2001). 뿐만 아니라 필리핀정부가 2000년도에 들어서면서 미국을 비롯한 여러 국가들과 테러리즘 퇴치를 위한 국제공조체제를 강화하였으며, 국제테러조직 알카에다의 ASG 자금지원을 적극 수사함으로써 ASG 스스로 강하게 위기감을 느꼈던 것으로 여겨지며, 특히 재정확보 없이는 조직이 생존하기 어렵다는 판단에서 외국인 납치를 통한 몸값 요구라는 치졸한 테러방식을 취할 수밖에 없었던 것으로 분석된다.

ASG는 카다피 잔잘라니의 지휘체계하에 2000년 5월 27일 초고속정을 이용하여 술루해를 가로지른 후 필리핀 팔라완섬에 있는 관광객 휴양지를 기습 공격하여 미국인 3명을 포함한 내외국인 20명을 인질로 납치하기도 하였다. 또한 그들은 2001년 6월 인질로 납치했던 미국인 중에서 1명을 잔혹하게 참수하기도 하였으며, 2002년도에는 미국인 기독교 선교사 형제(마르틴 번함/그라시아 번함)와 필리핀 간호사를 인질로 납치하여 몸값을 요구하기도 하였다. 그 외에도 필리핀 팔라완에서 유괴된 대부분의 사람은 1명당 1백만 달러씩 몸값을 지불한 이후 인질범으로부터 풀려나기도 하였다(Niksch, 2002). 2000년도와 2001년도를 통틀어 ASG는 바실란과 민다나오에 있는 상당수의 필리핀사람들을 납치하였으며, 몇 명은 몸값을 지불한 후 석방되기도 하였지만 대부분 안타깝게도 살해되었다.

Al-Qaeda 등 국제테러조직의 필리핀 진출배경은 무엇일까?

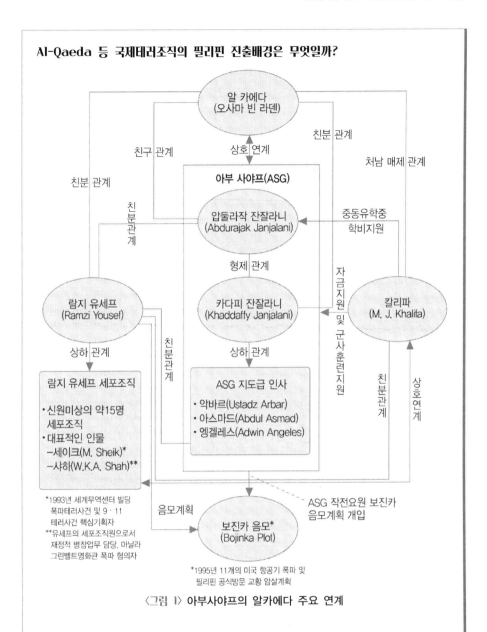

〈그림 1〉 아부사야프의 알카에다 주요 연계

알카에다는 사우디가 미국의 전쟁거점으로 이용된 시점인 1991년 걸프전을 전후하여 동남아 현지의 호전적인 무슬림 단체들과 공동전선을 펴면서 10여 년 이상 이 지역을 침투 활동해왔다. 필리핀으로의 알카에다 진출도 이때부터 본격적으로 진행된 것으로 여겨진다.

2003년 8월 태국에서 체포된 JI 조직의 동남아시아 활동 책임자인 함발리는 줄키플리라고 알려진 인물을 통해 약 2만5천 달러(약 3천만 원)의 자금을 필리핀 내

테러조직에 제공했다고 자백한 바가 있다.110) 또한 글로리아 아로요 필리핀 대통령은 알카에다와 연계된 이슬람 테러조직 아부사야프 조직원 4명을 TNT 36kg과 함께 체포, 스페인 마드리드 폭탄 테러와 비슷한 규모의 테러 공격을 차단했다고 공식 발표하기도 하였다.111) 이러한 일련의 사건은 알카에다의 필리핀 진출을 사실상 입증하고 있다고 볼 수 있다. 그렇다면 알카에다의 필리핀 진출 배경은 무엇인가?

첫째, 필리핀은 분리독립운동 세력이 존재하고 있고, 좌파 공산게릴라 세력까지 활동하고 있으며, 이들에 의해 각종 형태의 테러가 발생하여 국내적으로 정치적 불안요인이 내재해 있기 때문에 국제테러집단 특히 알카에다 조직이 은거, 활동할 수 있는 충분한 조건을 갖추고 있는 국가라는 점이다. 이를테면 필리핀 남부 민다나오 섬은 분리독립운동을 전개하는 무장회교세력, 즉 MNLF, MILF, ASG 등의 주 거점 지역으로서 중앙정부의 전통적인 차별과 소외, 종교적 박해 등에 대한 반발로 테러를 저지르고 있으며, 북부 루손지역에서는 공산 게릴라계 신인민군(NPA)이 반정부 활동을 하고 있다.

둘째, 필리핀에는 약 400만 명의 이슬람교도가 있기 때문에 중동지역의 과격 이슬람 테러조직이 종교적 유대를 바탕으로 한 국제적 연계망을 구축할 수 있는 토대가 마련되어 있다는 점이다. 필리핀의 민다나오섬은 100년 전만 하더라도 회교도가 다수였던 지역이었는데, 스페인 식민통치 시대부터 지속되어 온 가톨릭 이주정책으로 인해 회교세력은 점차 소수종파로 전락하였다. 현재 이 지역 이슬람교도는 민다나오 전체인구(1,600만 명)의 25%에 불과하다.112) 그러나 이들은 필리핀 내 다수종파인 가톨릭에 대항하면서 정치적 독립을 추구하고 있는가 하면, 중동의 과격 이슬람 테러집단과 연계가 가능한 근본주의자들 또한 내부적으로 상당수 포함되어 있다. 특히 필리핀의 이슬람 반군세력은 분리독립운동을 전개하는 과정에서 중동의 이슬람 근본주의 세력과 오랜 연계를 형성해 왔던 것으로 파악되고 있다.

---

110) 미국은 구금 중인 알카에다 및 제마 이슬라미야 조직의 테러 용의자들이 필리핀 내 테러조직에 자금을 제공해온 사실을 자백했다고 필리핀 보안 관리들이 2004년 5월 6일 밝혔다. AP, "알 카에다, 필리핀 테러조직 지원,"「중앙일보」2004년 5월 6일 참조.

111) 아로요 대통령은 2004년 3월 30일 동남아지역 알 카에다 연계 테러 조직인 제마 이슬라미야(JI)와 관련된 아부 사야프 조직원들이 인구 100만 명이 사는 수도 마닐라의 열차와 쇼핑몰 폭파를 계획했었다고 밝혔다. 유철종·윤혜신, "테러용의자 곳곳서 체포,"「중앙일보」2004년 3월 31일 참조.

112) 박광섭, "9.11테러 사태이후 필리핀과 미국간의 관계강화: 지역안보의 함의,"『국가전략』, 제10권, 제2호 (2004), pp. 52-53.

셋째, 1990년대 이후 세계화의 여파와 더불어 1997년의 동아시아 금융위기, 그리고 필리핀 정치지도자들의 경제정책의 실패는 국제테러집단과 연계된 테러활동이 국내적으로 급격히 증대되는 원인이 되고 있다는 점이다. 교통통신의 발달 및 인터넷의 비약적인 발전과 국경을 초월한 세계화의 추세는 테러집단 간의 물적, 인적, 정보교류의 확대는 물론 정치적, 이념적, 전략/전술적 연대를 강화시키는 요인으로 작용하고 있다. 더욱이 1997년 동아시아 금융위기로 심각한 경제위기에 봉착한 필리핀은 정치지도자들의 경제정책의 실패와 함께 경제사정이 더욱 악화되고 빈부격차 현상이 심화되면서 경제적으로 소외된 계층이 크게 늘어남에 따라 다양한 형태의 테러가 보다 더 발생하고 있다. 동아시아 금융위기 직후인 1998년 6월 출범했던 에스트라다정부는 당해연도 마이너스 경제성장률(−0.5%)을 마크했으며, 2001년 1월 대통령 직을 승계한 아로요정부 역시 2003년 현재 국가부채가 1천억 달러에 달함으로써 GDP의 90%에 육박했으며, 만성적인 재정적자(2003년 5월 현재 재정적자는 127억 필리핀페소, 약 2,600억 원에 해당)를 나타냈다.[113] 실업률은 2004년 4월 말 공식발표에 의하면 13.7%를 마크했다.[114] 이러한 경제상황의 악화는 필리핀이 고질적으로 안고 있는 빈부격차 문제를 더욱 심화시켜 사회적 불안을 야기하고 있으며,[115] 이는 테러집단들의 테러행위를 보다 더 적극적으로 할 수 있는 기회를 제공하고 있는 것이다. 이를테면 동아시아 금융위기가 몰아친 1998년 이래 필리핀 정치지도자들의 경제정책의 실패와 더불어 공산게릴라 NPA 세력은 다시 증대될 조짐을 보이고 있음은 물론, MILF와 MNLF의 양대 이슬람분리주의 단체, 여기서 파생된 ASG 등이 활발히 활동 중이다.

넷째, 9.11테러 이후 아로요정부의 친미외교와 사회분열은 이슬람반군을 자극해 오히려 테러위협을 고조시키는 요인으로 작용함에 따라 필리핀은 알카에다와 같은 국제테러조직의 거점이 되고 있다는 점이다. 아로요 대통령은 9.11테러 직후 미국이 시작한 '테러와의 전쟁'에 즉각적으로 동참하였으며, 2002년에는 미군의 동남아시아 지역 내 군사활동을 목적으로 필리핀 영토를 공급기지로 활용할 수 있는 협정을 부시행정부와 체결하였다.[116] 필리핀정부가 이러한 대미외교를 적극적으로 지향하는 이유는 미국의 경제적 지원과 자국내 이슬람세력 제어라는

---

113) 이광회, "아로요 집권 3년: 깊은 수렁에 빠진 필리핀," 「조선일보」 2004년 2월 1일.

114) 강김아리, "아로요 집권 2기: 빈곤층 분노," 「한겨레신문」 2004년 6월 27일.

115) 필리핀 전체 인구(8천 4백만)의 약 5~10%는 상상을 초월할 만큼 부의 축적을 누리고 있으며, 전체 인구의 약 40%는 하루 1달러 미만으로 살아가는 극빈층이다.

116) 박광섭, op. cit., p. 36.

두 마리 토끼를 동시에 잡으려는 외교전략 때문이다. 하지만 이는 한동안 잠잠했던 이슬람반군을 오히려 자극함에 따라 그들로 하여금 테러행위의 빌미를 제공하는 역기능을 낳기도 하였으며, 국내의 민족주의자들로 하여금 아로요정부의 친미외교에 대한 비난을 고조시키기도 하였다.

마지막으로, 필리핀을 포함한 동남아 역내 국가 사이에 추진되고 있는 자유무역지대의 형성은 국제적 조직범죄와 테러세력 간 연계를 가능하게 하여 그들의 활동을 보다 용이하게 한다는 점이다. 다시 말해서 세계화 추세와 더불어 최근 동남아 역내 국가들 간 자유무역지대가 결성됨에 따라 필리핀에서 활동하고 있는 테러집단들은 물론 동남아 테러집단들이 마약 및 무기밀매, 인신매매, 돈세탁 등을 일삼는 국제적 조직범죄와 연계를 통하여 자금을 확보하고 테러에 필요한 무기 및 폭발물을 구입할 수 있는 기회가 확대되고 있다는 점이다.

〈기타 좌익 무장단체〉

1) 신인민군(New People's Army; NPA)

- 1968월 모택동주의 필리핀공산당 재건 직후 시손(Jose Sison)이 공산당의 무장조직으로 결성

- 1980년대 중반에 크게 세력을 확장하여 60개 주에 걸친 전국의 약 1/4을 장악하고 1987년 25,000명까지 세력을 확장한 바 있음

- 1985년 말 마닐라 근교 수도권 지역에서는 도시게릴라 부대 알렉스 본카야오단(Alex Boncayao Brigade; ABB)이 대정부 전복 활동을 함

- 1991년 8월 5일 철저한 무장투쟁을 주장하는 킨타나르사령관 체포 이후 라모스 정부의 사면과 회유로 세력이 감소되고 민간의 지지를 받지 못하게 되어 1997년에는 6,800명 정도로 감소됨(현재는 루손 섬의 Bicol 지역 등 일부 산악지역만 장악)

- 아요로 대통령이 아부사야프(Abu Sayyaf) 등 이슬람 반군문제에 전념하는 사이 세력을 확대, 현재 10,000명 선으로 추산(미국정부에 의해 테러단체로 지정)

2) 민족민주전선(National Democratic Front; NDF)

* 공산당 계열의 통일전선조직으로 1973. 4월 창설되어 New People's Army
  의 정치기구 역할을 주로 하고 있으며, 좌익계열의 지하조직과 산하단체
  14개를 대표
* 필리핀 정부는 1992년 이래 네덜란드에 망명해 있는 NDF 지도자 시손(Jose
  Sison)의 귀국을 종용하면서 회유하는 한편 NDF와의 평화협상을 진행하여
  1995년 화해 선언 채택
* 라모스 정부는 1998년 3월 16일 NDF와 인권 및 인도 국제법 존중에 관한
  협정(평화협정의 요소 중 하나)에 서명하였으나 적대행위의 전면 중단 등 본격
  적인 평화협정은 미타결
* 2001년 1월 아로요 정부 출범 이후 평화협상 진행 중이나 NDF 측은 NPA
  및 시손에 대한 테러단체·테러리스트 지정해제를 요구하고 있어 협상에
  진전 별무

3) 공산당(Communist Party of Philippines; CPP)

* 1930년 11월 7일 창설되었으며, 1945년 친중공파(CPP)와 친소파로 분열되
  었다가 친소파는 소멸
* 1957년 6월 공산당 불법화로 해체되었다가 1968년 12월 재건되었으며,
  1992년 9월 22일 라모스 정부에 의해 합법화

┃ 핵심요약: 필리핀 모로(Moro) 분리주의 운동

1. 배경

  ☞ 필리핀 모로는 스페인 식민지배 시기 동안 수많은 희생을 감수하면서 저항
    하여 독립적인 술탄통치(Independent Sultanate)를 남부 민다나오 지역을
    중심으로 유지할 수 있었다.
  ☞ 따라서 역사적으로 스페인에 식민지배를 받았던 Filipinos와는 구별되며,
    또한 문화적인 측면에서 Filipinos가 가톨릭문화를 지니고 있었다면 이들
    은(모로) 이슬람문화를 지녀왔다는 점에서 필리핀 본국과는 다른 독립적
    인 국가를 설립하겠다는 목표로 분리주의 운동을 벌이고 있는 것이다.

2. 모로 분리주의 운동을 이끌고 있는 대표적인 이슬람단체: 이슬람 무장단체

(1) MNLF(모로민족해방전선)

☞ 1972년 필리핀국립대학교 정치학 강사 출신인 Nur Misuari를 지도자로 결성됨

☞ 1972년 10월 마르코스 계엄령 선포 직후 지방경찰서를 습격하여 무장투쟁에 돌입

☞ MNLF의 병력: 최대 5~6만 명으로 확장. 단, 1990년대 냉전체제 붕괴 이후 병력 수가 축소되었다는 정보가 일반론.

☞ MNLF의 목표: 명분상의 목표는 전면 독립이며, 실제적인 목표는 자치 확대였다.

☞ MNLF의 대표적인 지원세력은 OIC(이슬람회의기구)이었으며, 그 회원국 중 대표적으로 리비아가 지원하였다.

☞ 정부군과 MNLF 간의 약 30년 정도 충돌로 약 12만 명 정도가 사망한 것으로 추정됨

☞ 1976년 리비아의 중재로 필리핀 마르코스 정부와 MNLF 간의 평화협정 체결, 평화협정의 주요 내용: 민다나오, 술루, 팔라완 지역 내 13개 주에 무슬림자치기구를 설치한다는 것

☞ 그 후 마르코스의 회유정책(재정지원과 정치적 타협)으로 MNLF 병력 축소

☞ 1996년 라모스 대통령은 MNLF와 평화협정을 재체결하였음. 평화협정의 주요 내용: 민다나오 지역의 평화와 개발을 관장할 한시적인 기구로서 남부필리핀위원회를 설치 운영한다는 것이었으며, 이러한 평화협정 재체결로 말미암아 일부 MNLF 요원을 군경으로 전환 운영하여 결국 MNLF의 병력을 축소 약화시키기도 하였다.

(2) MILF(모로이슬람해방전선)

☞ MILF는 MNLF에 비해 반정부 투쟁방식이 보다 더 강경한 입장을 취했다는 점: 강경노선 견지

☞ 1977년 MNLF로부터 분파하여 운영됨

☞ 지도자: 강경파였던 Salamat Hashim

☞ 1984년 공식적으로 결성됨

☞ 목표: 필리핀 남부 민다나오 섬을 중심으로 독립적인 이슬람국가 건설

☞ MILF는 군사적/정치적/경제적 독립자존을 위해 필리핀 정부와 타협하지 않는다는 강경노선 견지

☞ MILF의 병력: MNLF 측은 12만 명으로 주장하기도 하였으며, 한편 필리핀 정부 측은 1~1만5천 명으로 추산하기도 하였다.

☞ 1996년 라모스 정권과 MNLF 간의 평화협정 체결 이후 MILF는 배신감과 함께 위기감을 고조시켜 과격한 테러행위를 저지르기도 하였다.

☞ 에스트라다 정부는 MILF 측과 지속적인 협상을 시도하면서도 과감한 응징을 주저하지 않음에 따라 양측 간의 첨예한 대결구도가 생기기도 하였다.

☞ 아로요 정부는 미국과 합동군사훈련을 재개하면서 MILF측을 공격하기도 하였다.

• JI(Jemaah Islamiyah): 동남아 전 지역의 이스람화를 목표로 1995년 말레 이시아에서 결성되기도 하였다. 그리고 이 단체는 알카에다와의 연계성 을 지고 있었다는 것이 일반론

(3) 아부사야프(Abu Sayyaf)

☞ Abu Sayyaf는 반정부 투쟁방식에 있어서 강경노선을 견지했던 MILF보다 더 강경한 입장을 견지, 즉 Abu Sayyaf는 초강경파로 구성되어 운영

☞ Abu Sayyaf의 의미: 총검의 운반인, 총검의 심부름꾼(Bearer of the Sword)

☞ 1979년 소련의 아프가니스탄(이슬람국가) 무력 침공

☞ 필리핀 모로 근본주의자들 무자헤딘(Mujahedin)으로 파키스탄 페사와로 투입

☞ 그들 중 한 명이 Abdurajak Janjalani였다. Janjalani는 아프가니스탄에 소련 군과의 전투참여를 위해 파키스탄 근무

☞ Abdurajak Janjalani

• 바실란 지역의 Ulama의 아들(Ulama: 이슬람교의 법학/신학 지도자를 의 미함)

• 중동지역(리비아, 사우디아라비아, 시리아 등)에서 이슬람교 관련된 유학

• 유학 중 Mohammed Jammal Khalifa(오사마 빈 라덴과의 처남 매제관계) 의 재정적 지원을 받음. *M. J. Khalifa의 부인 네 명 중에서 두 번째 부인 이 Osama bin Laden의 누나

• 유학을 마치고 바실란 지역으로 돌아와 아프가니스탄 Filipino Muslim과 MNLF에서 이탈한 멤버들을 규합하여 1990년대 초 Abu Sayyaf 창설

☞ Abu Sayyaf: Basilan/Mindanao 서부 해안지역을 거점으로 크리스천과 외 국인을 대상으로 살해/납치/강탈을 자행하는 과격 무장단체로 활동 중(결 국 필리핀 국민들로부터 초강경파로 인식됨)

☞ Abu Sayyaf의 규모: 1995년 600~700명 정도였으나, 2006년 현재 150~200명 정도로 축소

☞ 1998년 12월 Abdurajak Janjalani 필리핀 정부군과 교전 중 사망

☞ 2006년 현재 동생 Khaddaffy Janjalani가 총지휘권을 승계 받음

☞ Abu Sayyaf는 Al Qaeda와 연계된 것으로 알려져 있음

제 7 장 | 필리핀 시민혁명 (People Power Revolution) : 1986년 EDSA혁명[117)

Ⅰ. 필리핀 시민혁명에 대한 다양한 표현

필리핀 시민혁명은 EDSA혁명(EDSA Revolution), 피플파워혁명(People Power Revolution), 황색혁명(Yellow Revolution) 등 다양하게 표현된다. 'EDSA혁명'이라고 부르는 이유는 마르코스 정권에 대한 필리핀 국민들의 대규모 시위가 '에피파니오 델로스 산토스대로(Epifanio de los Santos Avenue, EDSA)'에서 이루어졌기 때문이다.[118) 그리고 'EDSA혁명'은 마닐라 시민을 중심으로 한 필리핀 전 국민의 힘에 의해 성공한 것이라 하여 '피플파워혁명'이라고도 부르며, 노란색 조끼와 노란색 리본을 흔들며 대규모 시위행렬이 이어졌다고 하여 '황색혁명'이라고도 부른다.

한편, 필리핀 시민혁명을 제1차, 제2차, 제3차 EDSA혁명으로 구분하기도 한다. 이를테면 제1차 EDSA혁명(EDSA I) 은 1986년에 2월 22~25일 약 4일간 발생했던 Original EDSA 혁명을 의미하며, 제2차 EDSA혁명(EDSA II)은 2001년 1월 17~20일까지 약 4일간 에스트라다 대통령의 비리와 부정부패에 필리핀 국민들이 분노하여 EDSA 거리에 뛰쳐나와 저항함으로써 결국 그를 하야시킨 사건을 말한다. 또한 제3차 EDSA혁명(EDSA III)은 2001년 4월 약 7일간 대통령 직을 승계받은 글로리아 아로요 대통령이 하야한 에스트라다 전 대통령을 체포한 것에 항

---

117) 시민혁명이란 시민이 중심이 되어 통치형태의 변환을 가져오는 것을 말한다. 그렇다면 시민혁명과 같은 혁명은 언제 일어나는 것인가? 종국적으로는 통치형태의 중심 직책인 최고권력자의 정치적 권위가 흔들릴 때 일어난다. 흔들리는 정치적 권위를 최고권력자는 공권력을 이용하여 최대한 지키려고 하다가 결국 반대세력에 의해 무너지는 경우가 바로 혁명이다. 여기의 '필리핀 시민혁명'에 관한 내용은 2015년 (사)아시아문화학술원의 『인문사회21(등재지)』에 게재된 박광섭의 논문을 재구성한 것이다. 박광섭. 2015. "필리핀 EDSA 혁명의 발생 및 성공요인 분석." 『인문사회 21』. 6(4).: 929~958.

118) Epifanio de los Santos(1871~1928)는 스페인 식민지배 시기의 작가이면서 변호사이었던 사람으로서 스페인왕립아카데미의 회원이기도 했다.

233

의하기 위해 친에스트라다계 국민들이 EDSA에 나와 시위를 하다가 말라카냥 대통령궁으로 쇄도하려고 했던 사건을 의미한다(제3차 EDSA혁명은 사실상 실패함). 본래 EDSA II와 EDSA III라는 용어는 글로리아 아로요 대통령이 한 연설에서 처음으로 사용했던 것으로서 그 후 전문용어로 고착화되었으며, 여기에서는 제1차 EDSA혁명(EDSA I) 즉 Original EDSA 혁명을 다루고자 한다.

사실상 EDSA혁명은 평화적 시위를 통한 민주주의의 성공적 쟁취라는 점에서 필리핀 국민들의 가슴 속에 깊은 자긍심을 갖게 하는 역사적 사건이었다. 특히 당시만 하더라도 세계는 이 사건을 '민주화의 상징'으로 규정하고 각종 언론매체의 헤드라인을 장식했으며, 또한 필리핀식 시민혁명으로 분석하기도 했다.

Ⅱ. EDSA혁명의 발생배경 및 전개과정: 주요 포인트 및 사건을 중심으로

1. 발생배경

〈주요 포인트 Ⅰ〉: 부정부패 의혹에 휩싸이기 시작하는 마르코스: 장기집권과 권위주의체제 구축

마르코스는 1965년 대통령선거에 국민당 후보로 출마하여 자유당 후보였던 마카파갈(Diosdado Macapagal)을 제치고 대통령으로 당선되었다. 그는 1969년까지 전임 대통령들과 마찬가지로 최고 국정운영자로서 국가발전을 위해 활발한 활동을 전개했던 평범한 대통령이었다. 그러나 1969년 자유당 후보 오스메냐(Sergio Osmeña Jr.)를 상대로 재선(필리핀 최초)에 성공하면서 부정부패 의혹에 휩싸이기 시작한다. 이를테면 그는 금권선거와 매표행위 등을 통해 선거를 치렀던 것이다.[119]

---

119) 마르코스는 당시 대통령선거 승리를 위해 5,600만 달러(약 560억 원)를 국고로 투입했다고 한다 (Military Wiki, 2015).

마르코스의 두 번째 임기는 1973년에 끝나게 되어 있었다. 헌법상으로는 3선은 금지되어 있었다. 그러나 마르코스는 재임에 만족하지 않고 장기집권을 꿈꾸고 있었다. 그는 임기가 끝나기 전인 1970년부터 이 작업에 서서히 착수했다. 먼저 헌법개정 작업의 착수에서부터 시작했다. 특히 3선개헌을 골자로 헌법개정을 추구했다. 그러던 중 마르코스는 "정부 전복세력의 위협에 대처한다"는 명분으로 1972년 9월 계엄령을 선포하였다(Wilipedia, 2015a).

마르코스는 계엄령을 선포한 이후 "자유민주주의 정부형태는 무력한 정부"라고 주장하면서 의회를 해산시키고, '바타상 바얀(*Batasang Bayan*, The National Advisory Legislative Council)'이라는 국가자문기구를 설치하여 의회를 재구축하였다. 이 국가자문기구였던 '바타상 바얀'은 내각과 행정부 고위관리들로 구성되어 있었다. 뿐만 아니라 마르코스는 행정 기초단위인 바랑가이를 중심으로 전국에 약 35,000개의 이른바 시민의회(Citizens Assemblies, *Barangays*)를 만들었다. 이는 마르코스 정권이 정치적 절차의 정당성을 상실한 체제라는 점에서 형식적 정통성을 부가하기 위한 외형적 장치였으며, 나아가 정치적 동원장치를 마련했던 것으로 풀이된다.

1973년 1월 10일부터 15일까지 '시민의회'가 열려 반대토론이 금지된 가운데 무기명투표가 아닌 거수로 계엄 존속을 비롯한 신헌법안이 거의 만장일치로 통과되었다. 결국 이로 인해 마르코스는 장기집권을 위한 합법적 틀을 마련하는 데 성공하는 계기가 되었다. 특히 신헌법상 마르코스는 대통령직과 수상직을 무기한 겸임할 수 있게 되었고, 언제든지 자기에게 가장 유리한 시기에 정권을 이양할 수 있는 토대를 마련한 것이었다.

마르코스는 계엄령을 선포한 직후 모든 언론기관을 폐쇄하고 집회 및 시위를 금지시키는 한편, 전국의 각급 학교를 폐쇄했으며, 일반 시민의 무기 휴대를 금지했다. 아울러 부정부패 일소, 농지개혁, 군부의 위법자 색출 및 범죄조직의 소탕작업도 과감히 실시하기 시작했다. 특히 반정부인사와 언론인에 대한 검거선풍이 불어닥치고, 의회활동 중지 등 일체의 정치활동이 중단되었다. 1972년 계엄령 선포 당시에만도 8,221명에 달하는 야당인사, 언론인, 학생이 체포되었다(임성한, 1983: 111쪽). 이와 같이 마르코스는 계엄령 선포 이후 사회통제 메커니즘을 구축하였다.[120]

계엄통치에 대한 국내외적 비판과 압력이 가중됨에 따라 결국 마르코스는 1981년 1월 17일 8년간에 걸친 계엄령을 해제하였다. 특히 계엄령 해제는 교황 (John Paul II)의 필리핀 공식방문의 선제조건으로서 이루어졌다는 시각도 있다.

〈주요 포인트 II〉: 권위주의체제 구축 이후의 필리핀 경제: 1970년대 후반부터 급속히 퇴조, 부익부 빈익빈 현상 심화

필리핀 경제의 성장기조는 1970년대 후반부터 급속히 퇴조하기 시작했다. 무역적자 폭이 1978년 13억 7백만 달러에서 1981년 22억 8천만 달러로 커졌으며, 재정적자 규모가 1970년 GNP의 2%에서 국가의 과도한 공공투자로 인해 1982년 4% 이상으로 확대되었다. 뿐만 아니라 외채규모는 1975년도는 전년도보다 34.7% 증가했으며(40억 달러), 1978년 62억 달러, 1980년 85억5천4백만 달러로 급증했다 (Bello, 1982). 당시 마르코스도 필리핀 경제의 심각성을 시인한 바 있다.

당시 마르코스는 수출산업화 전략을 통해 신사회(New Society)를 표방하였지만 빈곤문제와 빈부격차문제를 해결할 수는 없었다. 오히려 부익부 빈익빈의 현상은 더욱 심화되었다. 마닐라 지역의 숙련노동자들의 1978년도 임금수준은 1972년도보다 23.9% 감소하였으며, 비숙련노동자들의 임금은 무려 31.6% 줄어들었다(Bello, 1982). 또한 극빈층의 경우 1971년 전체 가구의 38.7%에서 1975년에는 46.5%로 증가했다. 한편 상위 20%에 속하는 부유층의 소득분포는 1971년 54%에서 1980년 59.2%로 증가했다(Bello, 1982).

〈주요 포인트 III〉: 마르코스 권위주의체제하의 새로운 양상: 군부 내의 분열 양 상과 온건개혁세력으로서 교회의 역할 강화

마르코스 권위주의체제는 군부 내의 분열 양상을 만들어냈다. 마르코스는 국가정보기관과 대통령직속부대를 중심으로 군부 내 후원체제를 구축하였는데, 이는 필리핀군을 이질적인 두 부류의 군대로 분열시키는 결과를 초래했다. 이를테면 마닐라 주변에서 좋은 근무 여건과 진급의 특혜를 누리며 체제유지를 담당하

---

120) 1972년 계엄령 선포 시기부터 1981년 계엄령 해제 시기까지 무려 5~7만 명의 인사가 각종 계엄령 위반 또는 좌익혁명 동조혐의로 구속되고, 수백 명이 계엄군에 의해 사살, 실종되었다(Wurfel, 1988: pp. 122-127).

는 엘리트 부대와 각 지방에 배치되어 진급과 보수에서 훨씬 열등한 대우를 받으면서 '신인민군(NPA)'과 '이슬람무장단체'와의 전투임무를 수행해야 하는 부대로 양분시켰던 것이다.

특히 1981년 계엄해제와 더불어 단행된 마르코스 고향 일로카노스 출신인 베르(Fabian Ver) 장군의 육군참모총장 기용은 필리핀 군 장교들의 불만을 결집시키는 계기가 되었다. 필리핀군사관학교 출신 장교 1,000여 명은 "군 직업주의 회복, 군 내 부정부패 척결, 군에 대한 민간인의 신뢰회복"을 목표로 "필리핀군 개혁운동(the Reform AFP Movement; RAM)"이라는 조직이 결성되었다.[121] 그리고 RAM은 마르코스 군 운용에 불만을 느끼고 있었던 엔릴레(Juan Ponce Enrile) 국방장관과 필리핀군 개혁을 주창해온 필리핀수비대 사령관 라모스(Fidel V. Ramos) 장군의 후원을 받았다.

마르코스 권위주의체제는 좌파세력을 급속하게 증대시키는 결과를 초래했다. 이를테면 1972년 1,000~2,000명 규모이던 NPA가 1980년에 이르러서는 농촌지역을 중심으로 약 3,500명의 게릴라를 확보하는 급속한 성장세를 보였다(Kessler, 1989). 경제상황의 피폐 속에서 국가의 각종 탄압정책의 강화는 체제불만세력을 급진적으로 바꾸어 놓았으며, 이들로 하여금 '反마르코스 독재'를 타도하고 '필리핀 민중을 억압으로부터 해방'시킬 수 있는 유일한 길은 '무력혁명'이라는 신인민군의 노선을 수용하게 하였던 것이다. 1970년대 중반부터 사탕수수, 코코넛 등 대규모 농작물 재배지역에서 농민들이 각종 농민시위를 전개하면서 NPA를 지원한 것은 좋은 예이다.

이와 같이 체제를 유지하려는 지배세력과 무력혁명을 통해 이를 변혁시키려는 좌파세력 간의 양극화 양상은 급진적 사회변혁을 우려하고 있었던 온건개혁세력에게는 하나의 도전이었다. 그리고 그 온건개혁세력의 중심은 필리핀 전체

---

121) RAM은 1981년 필리핀군(AFP) 내부에서 후견정치(patronage politics)와 부정부패에 대한 불만을 지닌 소장파 장교들에 의해 조직된 개혁군 세력으로 필리핀군사관학교(the Philippine Military Academy) 71학번, 특히 호나산 중령을 비롯한 바탁 중령, 카푸난 중령 등이 주도했다. 그리고 RAM은 국방안보정보부(the Department of National Defense Security and Intelligence Force)의 지휘권하에서 활동하고 있었으며, 국방안보정보부는 1980년대 중반에는 국방장관 엔릴레(Juan Ponce Enrile)의 안보책임자이었던 호나산 대령(EDSA혁명 당시 1계급 진급한 상태였음)에 의해 통제를 받는 조직이 되었다. 결국 RAM은 당시 군 개혁을 희망하고 있었던 엔릴레 국방장관을 멘토로 국가안보에 대한 주요정보를 직접적으로 관할하는 호나산 대령이 움직이는 조직이었다고 볼 수 있다.

인구의 85%를 관장하는 가톨릭 교회였으며, 종국적으로는 그들의 역할 강화로
이어지는 결과를 초래했다.

〈주요 사건 Ⅳ〉: 마르코스의 정적 베니그노 아키노 암살사건

3년 간의 미국 망명생활을 마치고 총선에 대비하기 위해 귀국하던 베니그노
아키노(Benigno S. Aquino, Jr.) 상원의원이 마닐라 국제공항에서 암살되었다.[122]
베니그노 아키노 암살사건은 마르코스 정권의 정통성과 신뢰성을 결정적으로 훼
손하는 계기가 되었다. 특히 그 직후 급속히 확산되는 '마르코스 퇴진운동'은 국
내외 자본의 이탈을 비롯한 국제사회의 필리핀 지지를 보류 또는 철회하는 분기
점이 되었다. 이를테면 1983년 8~10월 불과 3개월 동안에 700만 달러(약 70억
원)의 국내외 자본이 이탈했으며, 필리핀의 외채상환 연기 요청을 한 달 전만 하
더라도 수용할 듯하던 IMF마저도 이를 보류하는 계기가 되었다.

또한 주목할 만한 것은 국내 신업자본가들로 구성되어 있는 마카티경영클럽
(Makati Business Club; MBC)이 아키노 암살사건 이후 반마르코스 진영에 가세하기
시작했으며, 이들은 반체제·반마르코스 세력을 지원하면서 국제사회에서의 필
리핀의 위상 확보를 위해 마르코스 대통령이 과감히 사임해야 한다는 점을 공식
적으로 밝히기도 하였다.

뿐만 아니라 필리핀군에 미치는 영향은 더욱 심각했다. 베니그노 아키노 암살
사건에 군이 개입되었다는 국민적 의혹은 필리핀 국민들의 군에 대한 신뢰가 급
격히 떨어지는 계기가 되었으며, 장교들의 사기 역시 저하되기 시작했다. 특히
1984년 11월 아키노 암살사건에 대한 군의 개입을 인정하는 아그라바 조사위원
회(Agrava Commission)의 보고서가 나온 이후 군 개혁을 주장해 온 RAM의 세력
확장이 더욱 힘을 받기 시작했다. 1985년에 이르러서는 필리핀군 장교의 10%인
1,500명 정도까지 회원이 늘어났으며, 이들은 필리핀군 참모차장 라모스와 국방
장관 엔릴레, 미국의 보호를 받으면서 그 세력이 더욱 확산되었다(Wurfel, 1988:
p. 291).

---

[122] 필리핀은 현재 베니그노 니노이 아키노(Benigno "Ninoy" Aquino) 암살사건을 역사적으로 기리기 위
해 마닐라 국제공항의 명칭을 베니그노 니노이아 키노국제공항(Benigno Ninoy Aquino International
Airport)으로 명명하고 있으며, 마카티 지역에 동상을 설치해 놓았다.

베니그노 아키노 암살사건 발생이후 마르코스 권위주의체제 청산을 위한 대규모 시위는 더욱 격화되었으며, 그 과정에서 아내였던 코라손 아키노(Corazon Aquino)가 대중의 중심적 인물로 떠오르기 시작했다.

〈주요 사건 Ⅴ〉: 마르코스의 조기 대통령선거 계획 발표와 실시(1986년 2월 7일): 혼란한 필리핀정국을 타개해 보려는 마르코스의 정치적 꼼수

위기에 몰린 마르코스 대통령은 1985년 11월 23일 본래의 대통령 선거일자보다 1년 앞당긴 그 이듬해, 즉 1986년 초 대통령선거를 치르겠다는 계획을 갑자기 발표했다. 이것은 혼란스러운 필리핀 정국을 타개해 보려는 마르코스의 정치적 꼼수였다. 예정된 선거일정을 고수한다는 것은 그에게 더 큰 위험이었으며, 그나마 조기 선거는 KBL이 지배하는 지방정치조직의 활용 및 좌파와 야당 간의 분열을 이용할 수 있다는 점에서 더 좋은 이점이 제공될 수 있다는 판단 때문이었다.[123] 물론 일각에서는 이 해결책을 미국 측이 제안했던 것으로 보기도 했다. 미국의 정치적 압력에 못 이겨 마르코스가 어쩔 수 없이 택했던 선거계획이었다는 해석이다.

마르코스의 조기 대통령선거 계획이 발표되고 난 후 좌파세력, 즉 NPA(New People's Army)의 정치기구의 역할을 주로 담당하고 있었던 민족민주전선(NDF) 측과 필리핀공산당(CPP) 측에서는 "이 선거는 마르코스의 독재를 연장시켜 줄 뿐이며, 미 제국주의 조정에 의해 움직여지는 반동들 간의 경쟁"이라고 비난하며 선거거부 결정을 내리고 투쟁에 나섰으며, 야당과 온건 개혁세력은 조기 선거에 참여하되 야당의 분열을 극복하고 단일후보를 내세워 승리해야 한다는 것이었다.

결국 대중적 지지를 한몸에 받던 코라손 아키노가 대통령 후보로 낙점되었고, 야당 정치인으로 살바도르 라우렐(Salvador Laurel)이 부통령 후보로 출마하게 되었다. 한편 마르코스 진영에서는 마르코스 본인이 대통령 후보로 재추대되었으며, 러닝메이트로는 친마르코스계였던 톨렌티노(Arturo Tolentino)가 부통령 후보로 출마하였다.

---

123) KBL은 타갈로그로 킬루싼 바공 리뿌난(The Kilusan Bagong Lipunan)을 말하는 것으로 영어로는 신사회운동(New Society Movement)을 의미하며, 마르코스가 이끈 정치조직, 즉 정당의 성격을 지니고 있었다.

1986년 2월 7일 대통령선거가 실시되었다. 이 선거는 폭력이 난무했으며 국민들로 하여금 부정선거 의혹을 증폭시켜 결과적으로는 국민적 통합을 일구는 계기가 되기도 하였다. 필리핀 선거 관련 자료에 의하면 1986년 2월 대선 시 선거폭력으로 인해 사망한 숫자가 무려 296명이나 된다(Timberman, 1992). 또한 선거관리위원회를 통한 마르코스의 개표 부정은 거센 국민적 저항에 부딪혔으며(당시 선거관리위원회는 공식적인 선거운동원을 통해 마르코스 승리를 선언하였지만), 특히 공인된 시민투표감시원이라고 할 수 있는 자유선거국민운동(National Movement for Free Elections) 측은 코라손 아키노의 승리를 선언했다.

이와 같이 대통령선거 결과가 혼탁해지면서 온건 개혁세력의 중심에 있었던 필리핀가톨릭주교단은 마르코스 측의 부정선거를 비난하는 성명서를 발표하였고, 비슷한 시점에 미 상원에서도 "필리핀 대통령선거는 공정하지 않았다"는 결의안을 채택하기도 하였다(Zunes, et al., 1999: p. 129).

2. 전개과정

〈주요 사건 Ⅰ〉: RAM의 쿠데타 음모, 엔릴레와 라모스의 체제이탈

EDSA혁명은 1986년 2월 말 RAM의 쿠데타 음모 사건과 마르코스 진영의 군수뇌부, 즉 국방장관 엔릴레와 필리핀군 참모차장 라모스의 반기로 본격화되기 시작했다.

당시 RAM은 마르코스의 부정선거 행위에 크게 반발하면서 쿠데타를 은밀하게 준비했다. RAM의 최초 계획은 1개 팀이 말라카냥 대통령궁을 습격하여 마르코스를 체포하는 것이었으며,[124] 그 밖의 잔여병력은 마르코스 정부군의 반격을 효과적으로 제지하기 위해 전략적 주요 거점지역인 공항, 군사기지, 텔레비전 및 라디오 방송국, 아기날도 캠프의 필리핀군(AFP) 본부, 고속도로 및 국도의 주요 교차로 등을 확보한다는 것이었다.

---

124) 엔릴레 국방장관과 부모 자식보다 더 가까운 사이였던 호나산 중령(Lt. Col. Gringo Honasan)이 1개 팀을 구성하여 1986년 2월 23일 새벽 2시 말라카냥 대통령궁을 습격할 계획이었다(Santiago, 1995).

그런데 아쉽게도 RAM의 쿠데타 음모가 마르코스 진영으로 알려지게 됨으로써 군 개혁세력의 반마르코스 움직임이 꺾이는 듯하였다. 이를테면 마르코스의 충복인 필리핀군 참모총장 베르가 대통령안보실 소속 도로말 소령(Maj. Edgardo Doromal)으로부터 쿠데타 음모 사실을 알게 되고, 이에 말라카냥 대통령궁의 철통방어에 나섰다. 그리고 그는 마르코스 대통령의 명을 받아 도로몰 소령을 이중첩자로 몰아 체포하고,[125] RAM에 가담했다는 의혹을 제기하여 말라자칸 중령, 아로민 소령, 브릴란테스 소령, 모랄레스 대위 등 군 장교들을 체포하기도 했다(Inquirer Research, 2014).

RAM 측에서는 본래의 계획이 틀어질 수밖에 없다는 사실을 인지했으며 사태의 추이를 긴밀히 살피기 시작했다. 이를테면 1986년 2월 22일 새벽 3시 마카티시(Makati City)에 있는 국방장관 엔릴레의 사택에 모여 회의하던 호나산 대령은 자신들이 계획했던 공격지점에 정확히 정부군의 해병 대대병력이 포진되었음을 알게 된다(Inquirer Research, 2014). 그리고 그는 많은 병력이 말라카냥 대통령궁을 보호하기 위해 배치되어 있다는 사실도 인지하게 된다. 한편 정부군을 이끄는 베르 참모총장은 메트로폴리탄 사령부 장교인 아바딜랴 대령(Col. Rolando Abadilla)에게 개혁군을 이끄는 호나산 대령으로 하여금 어떤 무분별한 행동도 해서는 안 된다는 사실을 전달하고 대화를 시도할 것을 명령한다(Inquirer Research, 2014).

RAM의 쿠데타 음모 노출과 함께 호나산 대령과 동료 카푸난 대령은 1986년 2월 22일 정오 국방장관 사택을 다시 방문하여 직속상관인 엔릴레에게 RAM의 모든 세력을 모을 수 있도록 명령을 내려달라고 요청한다. 국방장관 엔릴레는 이 요청을 받아들여 개혁세력에 참여하는 모든 사람이 필리핀군(AFP) 본부인 캠프 아기날도에 집합할 수 있도록 하달한다.

이러한 급박한 상황에서 엔릴레와 RAM의 주요 인물들은 새로운 방향 설정이 필요하다는 데 인식을 같이하고, 그 방향의 중심은 국민적 지지를 얻는 데 있다고 판단한다. 이러한 인식과 함께 그들은 필리핀 경찰청장을 겸직하던 육군 참모차

---

125) 도로말 소령은 RAM의 지시를 받고 말라카냥 대통령궁에서 스파이로 활동했으나 결국 그는 후에 직속 상관인 필리핀군 참모총장 베르(Fabian Ver)의 아들인 아르윈 베르 대령(Col. Irwin Ver)에게 그 쿠데타 음모 사실을 고백하게 된다(Inquirer Research, 2014). 이로 인해 도로말 소령은 결국 이중첩자로 몰려 마르코스 진영에 의해 체포되는 것이다.

장 라모스 장군에게 도와 줄 것을 요청했고, 이에 라모스는 엔릴레를 중심으로 하는 군 개혁주의자들의 반마르코스 움직임을 적극 지지한다는 입장을 취했다.

그리고 엔릴레와 라모스는 1986년 2월 22일 오후 6시 45분 필리핀군 본부에서 기자회견을 하는데 이 자리에서 마르코스 정권에 대한 지지를 공식적으로 철회한다. 엔릴레는 오프닝 멘트에서 "We are going to die here fighting."이라고 표현함으로써 마르코스 정권에 죽을 각오로 맞서 투쟁하겠다는 의지를 분명히 밝혔으며, 라모스는 "We do not consider President Marcos as now being a duly constituted authority."라고 함으로써 마르코스를 정당하게 선출된 대통령으로 인정하지 않는다는 점을 분명히 했다(Wikipedia 2015b). 결국 필리핀군 수뇌부인 국방장관 엔릴레와 필리핀군 참모차장 라모스가 마르코스 진영으로부터 이탈이 현실화된 것이다.

〈주요 사건 II〉: 신 추기경의 메시지
☞ 사실상 마르코스정권에 대한 반정부운동 공식 지원

필리핀 국민에게 막강한 정신적 영향력을 지니고 있는 마닐라가톨릭주교단 소속 신추기경(Cardinal Sin)은 1986년 2월 22일 오후 9시 마르코스 정권에 의해 유일하게 통제받지 않고 있었던 라디오방송국 '라디오 베리타스(Radio Veritas)'에 생방송으로 출연하여 "Leave your homes now ...I ask you to support Mr. Enrile and Gen. Ramos, give them food if you like, they are our friends."라고 함으로써 국방장관 엔릴레와 필리핀군 참모차장 라모스의 지지를 표명하고, 필리핀군(AFP) 본부인 아기날도 캠프와 필리핀경찰(PNP) 본부인 크라메 캠프 사이에 있는 EDSA 시위대에게 음식을 비롯한 각종 생필품을 제공해 줄 것을 필리핀 국민들에게 부탁하면서 마르코스정권에 대한 반정부운동을 사실상 공식적으로 지원하기 시작했다(Wikipedia 2015b).[126]

신 추기경의 생방송 메시지가 나오기 전까지만 하더라도 사람들은 엔릴레와 라모스를 비롯한 반정부운동이 마르코스정권의 강력한 대응으로 인해 결코 성공

---

126) 라디오 베리타스(Radio Veritas)는 1969년 동남아주교단회의(the Southeast Asian Bishops' Conference)에서 발족된 것으로 비상업적 가톨릭 라디오 방송국이다.

하기 쉽지 않을 것이라는 부정적 시각을 지니고 있었다. 그러나 신 추기경의 메시지가 필리핀 국민에게 전달된 후 EDSA혁명은 더욱 강하게 전개되었다.

〈주요 사건 Ⅲ〉: 대중시위 확산 ☞ 한층 더 격렬해지는 시위 현장

마르코스를 향한 필리핀 국민의 대중적 시위는 더욱 확산되기 시작했다. 1986년 2월 23일 새벽 마르코스 정부군이 지방에 있는 필리핀 국민들까지 청취 가능한 '라디오 베리타스'의 메인송신기를 파괴하자 방송국 측은 제한된 방송만이라도 필리핀 국민에게 송출한다는 목적으로 비상송신기를 가동하였다(Duncan, 2003; p. 20). 수많은 필리핀 국민들은 계속하여 EDSA로 쏟아져 나와 시위대에 합류하였다. 당시 대부분의 필리핀 국민들은 '라디오 베리타스'에 귀를 기울이며 마리아상과 로사리오를 들고 기도로 무장한 채 시위를 벌이기도 했다. 거리의 분위기는 많은 가족들이 함께 참여함으로써 축제를 벌이는 것 같았으며, 군중들을 재미있게 해주는 사람들이 있는가 하면, 신부나 수녀들은 잠을 잊은 채 기도로 시위대를 리드하는 모습이 보이기도 했다(Wikipedia 2015c). 그들은 모래자루, 나무, 차량 등을 이용하여 EDSA의 여러 곳에 바리게이드를 치기 시작했다. 어떤 사람들은 바얀코(Bayan Ko, My Land; 1980년대 데모 및 시위 주제가)를 부르기도 했으며(Taylor, 2002: p. 210), 어떤 사람들은 수신호로 자주 L자를 표시하기도 하였다. L자는 Laban으로서 fight를 의미한다(Crisostomo, 1987; p. 217).

2월 23일 점심 이후에는 엔릴레와 라모스가 그들의 입지를 더욱 강화하기로 결정하면서 필리핀군(AFP) 본부인 아기날도 캠프부터 필리핀경찰 본부인 크라메 캠프까지 군중의 환호와 함께 가로지르며 시위에 직접 동참하기도 했다(Mercado; Tatad, 1986). 당일 오후 중반에는 '라디오 베리타스'가 양 캠프의 북쪽과 남쪽으로 탱크가 접근하고 있으며, 동쪽은 해병대원들이 진격하고 있다는 릴레이 방송을 급박하게 보내기도 했다. 사실상 '라디오 베리타스'는 시위대에 음식과 의약품을 비롯한 각종 생활필수품을 제공해 줄 것과 마르코스 정부군의 움직임을 시위대에 빠르게 전달하는 두 가지의 중요한 역할을 담당하고 있었다.

한편, 정부군 아르테미오 타디아르(Artemio Tadiar) 준장이 이끄는 기갑부대와 해병대는 수만 명으로 둘러싸인 캠프 —아기날도 캠프와 크라메 캠프— 주변으로부터 약 2킬로미터 정도밖에 떨어져 있지 않은 올티가스 대로(Ortigas Avenue)

까지 진격해 있었다(Lizano, 1988). 로사리오를 쥔 수녀들은 탱크 앞에서 무릎을 꿇고 기도했으며, 정부군을 막기 위해 남녀노소 할 것 없이 모든 사람이 어깨동무를 한 채 스크럼을 짜고 있었다. 타디아르 준장은 군중을 향해 위협했지만 더이상 진격하지는 못했다. 결국 얼마 되지 않아 그들은 발포를 포기한 채 퇴각했다.

그런데 그날 저녁 무렵 '라디오 베리타스'의 비상송신기가 멈추는 일이 발생했다. 결국 방송인들은 방송을 이어가기 위해 또 다른 방송국으로 이동할 수밖에 없었는데, 그 방송국이 '라디오 반디도(Radio Bandido)'이다. '라디오 반디도'는 마르코스 정부군의 통제권으로부터 벗어나 비밀장소에서 송신기를 설치 운영하고 있었다. 그곳에서 준 케이슬레이(June Keithley)와 엔젤로 카스트로(Angelo Castro)라는 두 유명 방송인이 '라디오 베리타스'에서 진행했던 그 프로그램을 밤새 이어가며 반마르코스 시위대를 이끌었다(Mercado; Tatad, 1986).

〈주요 사건 Ⅳ〉: 계속되는 군의 체제 이탈

2월 24일 새벽 마르코스는 해병대를 동원하여 처음으로 최루가스를 시위대에 발포하였다. 그리고 그때 약 3,000명의 해병대원을 필리핀군(AFP) 본부인 아기날도 캠프의 동쪽 방향을 진격시켜 그곳을 장악하게 했다(Mercado; Tatad, 1986). 그 비슷한 시점에 중무장한 헬리콥터 7대가 필리핀경찰 본부인 캠프 크라메 쪽으로 다가오자 캠프 내 개혁군 측에서는 긴장감이 고조되었다. 그런데 헬리콥터 7대는 공격을 거부하고 개혁군이 있는 캠프에 안착했다. 뿐만 아니라 안토니오 소텔로(Antonio Sotelo) 대령이 이끌던 공군 15사단 전원이 체제를 이탈하여 개혁군 측과 연합했다(Crisostomo, 1987; p. 226).

그 외에도 상당수의 군병력이 엔릴레와 라모스가 이끌던 군개혁주의 세력과 연합하여 반마르코스 진영을 키워 나갔다. 당시 어느 한 군 사령관은 "95%의 필리핀군이 마르코스를 반대하고 있다"라고 증언하기도 하였다(Kessler, 1989).

이와 같이 마르코스는 체제 유지의 최후 보루라고 할 수 있는 군의 신뢰를 잃었던 것이다.

〈주요 사건 V〉: TV방송국 채널4 탈환과 개혁군의 마르코스 진영 공격

준 케이슬레이는 2월 24일 오전 6시 30분경 마르코스 가족이 말라카냥 대통령궁을 떠났다는 보고를 받고 라디오 방송을 통해 EDSA 시위대에 전달했다(Wikipedia 2015c). 시위대는 환호했고, 심지어 엔릴레와 라모스도 시위대에 합류하여 승리를 만끽하기 시작했다. 그런데 (2월 24일) 오전 9시경 마르코스가 정부군 통제하에 있던 TV 채널4에 나타나 자신은 결코 대통령 직에서 물러나지 않을 것임을 밝혔다(Maramba, 1987; p. 27). 마르코스의 TV 방송 이후 준 케이슬레이에 의한 보고 내용이 체제 이탈을 부추기려는 거짓보고로서 반마르코스 진영의 계산된 움직임이었음이 밝혀졌다.

그리고 오전 9시 50분경 정부군과 개혁군 간의 채널4 방송국 탈환을 목적으로 총격전이 벌어졌고 마르코스의 기자회견 방송이 중단되었다. 얼마 지나지 않아 TV 방송국 채널4는 개혁군과 시위대의 손에 들어가고 말았다.

늦은 오후에는 중무장한 개혁군 헬리콥터가 대통령 통제하에 있었던 필리핀 공군 본부를 공격했다(Mercado; Tatad, 1986). 또 다른 개혁군 헬리콥터는 말라카냥을 향해 로켓을 발사하기도 했다(Mercado; Tatad, 1986). 얼마 되지 않아 필리핀육사 출신의 장교들 대부분이 체제 이탈을 하였으며, 이들은 전세를 시위대 쪽으로 뒤집어 놓았다.

〈주요 사건 VI〉: 마르코스와 심복 참모총장 베르 장군과의 의미심장한 대화

필리핀군 참모총장 베르 장군은 대규모 시위사태의 심각성을 마르코스 대통령에게 보고하면서 발포명령만 내린다면 시위대를 해산시킬 수 있다는 점을 강조한다. 그러나 마르코스는 "My order is not to attack. My order is to disperse without shooting them. No, no, no! You disperse the crowds without shooting them. You may use any other weapon."라고 강조하면서 끝까지 발포명령을 내리지 못한 채 군중해산을 위해 다른 방법을 써 볼 것을 명령한다(Wikipedia 2015c). 이 부분은 마르코스의 인간적인 면을 느낄 수 있는 장면이기도 하다. 다른 면에서 보면 당시 마르코스는 전세가 피플파워(People Power) 쪽으로 기울어진 것으로 판단했던 것이 아닌가라는 분석도 가능하리라 본다.

〈주요 사건 Ⅶ〉: 2개의 대통령 취임식

2월 25일 오전 10시 15분 코라손 아키노는 캠프 크라메에서 약 1㎞ 떨어진 그린힐스의 '클럽 필리피노'에서 대통령 취임식을 거행했다(Crisostomo, 1987; p. 257). 이 취임식에는 군개혁주의 세력의 중심인물인 엔릴레와 라모스를 비롯한 많은 정치인이 참석했으며, 특히 거의 200만 명에 가까운 필리핀 국민이 참석한 가운데 거행되었다. 참석한 필리핀 국민들은 노란 리본과 노란 티셔츠를 입고 바얀코(Bayan Ko, My Land)를 부르면서 코라손 아키노 여사의 대통령 취임을 축하해 주었다.

약 한 시간 뒤 마르코스는 100여 명의 지지자와 함께 말라카냥 대통령궁 발코니에서 취임식을 거행했다. 이 장면이 정부군 통제하에 있던 TV 채널을 통해 중계되었는데, 외교사절들은 전혀 초대되지 않은 상태에서 취임식이 치러졌다(Mercado; Tatad, 1986). 취임식이 진행되는 동안 말라카냥 대통령궁에서 100m 정도밖에 떨어지지 않은 곳에서 수만 명의 군중이 시위를 벌였으며, 과격한 시위자들은 말라카냥 대통령궁 진입을 시도하려고 하다가 대통령궁 경비대와 충돌하기도 했다(Mercado; Tatad, 1986).

〈주요 사건 Ⅷ〉: 마르코스의 도피

2월 25일 오후 5시경 마르코스는 국방장관 엔릴레에게 전화를 걸어 자신이 말라카냥에서 안전하게 나갈 수 있도록 약속해 줄 것을 부탁했으며, 저녁 8시 45분 마르코스 가족과 베르를 비롯한 충신주의자들이 짐을 꾸려 미국이 제공한 헬리콥터 4대에 나누어 탑승하기 시작하여 9시 5분에 이륙하여 9시 45분 클라크 공군기지에 도착했다(Weiner and Manegold, 1986). 그리고 9시 52분에 라디오 방송을 통해 마르코스가 필리핀을 떠났음이 발표되었다.

마르코스 일행은 클라크 공군기지에 도착하여 8시간 뒤 미 공군기로 갈아탄 후 괌으로 이동하여 마지막 목적지인 하와이로 출발해서 그 다음날인 2월 26일 도착했다(Weiner and Manegold, 1986). 결국 마르코스의 도피로 인해 1986년 EDSA혁명은 성공적으로 마무리되었다.

Ⅲ. EDSA혁명의 발생요인 분석

1. 근본적/내재적 접근

EDSA혁명의 발생요인은 근본적/내재적 접근을 통해 분석할 수 있다. 그 근본적/내재적 접근을 통한 분석은 크게 두 가지 측면, 즉 정치적인 측면과 경제적인 측면에서 가능하다.

첫째, 정치적인 측면에서 EDSA혁명의 발생요인을 찾아보면 결국 마르코스의 장기집권, 부정부패, 권위주의 체제가 갖는 한계 때문인 것으로 분석할 수 있다. 앞의 Ⅱ-1 발생 배경의 주요 포인트 Ⅰ에서 언급한 바와 같이, 마르코스는 1972년 9월 정국을 비상시국으로 단정하고 계엄령을 선포한 후 '바타상 바얀'이라는 국가자문기구를 설치 운영함으로써 사실상의 의회 기능을 마비시켜 입법부를 장악했으며, 형식적 정통성을 갖추기 위해 전국적으로 약 35,000개의 이른바 '시민의회(barangays)'를 가동, 무기명투표가 아닌 거수로 계엄 존속을 비롯한 신헌법안을 통과시켜 장기집권의 합법적 틀을 마련했다. 특히 마르코스는 신헌법상 자신이 대통령직과 수상직을 무기한으로 겸임할 수 있도록 했으며, 언제든 가장 유리한 시기에 정권을 이양할 수 있는 토대를 마련해 놓기도 했다. 뿐만 아니라 그는 20여 년간의 장기집권 과정에서 각종 부정부패, 이를테면 금권선거를 비롯한 매표행위 등 선거폭력을 저질렀으며, 언론기관의 폐쇄, 집회 및 시위의 금지 등 민주주의의 기본권마저도 박탈하는 등 각종 사회통제의 메커니즘을 구축했다. 이와 같이 마르코스의 지나친 정치적 야욕은 필리핀 국민들로 하여금 정권에 대한 정통성과 신뢰성을 상당부분 잃게 만드는 계기가 되었으며, 이는 시간의 흐름 속에 1986년 EDSA혁명을 발생시키는 근본적이고도 내재적인 요인이 되었던 것으로 분석할 수 있다.

둘째, 경제적인 측면에서 EDSA혁명의 발생요인을 찾아보면 결국 마르코스 정권의 경제적 실패, 그로 인한 부익부 빈익빈 현상의 심화 때문인 것으로 분석할 수 있다. 앞의 Ⅱ-1 발생 배경의 주요 포인트 Ⅱ에서 언급한 바와 같이, 마르코스 집권 초기, 특히 1970년대 초반까지는 필리핀 경제가 상승곡선을 그리는 듯하였다. 이를테면 1975년까지 연평균 7%의 GNP성장률을 보였으며, 고용률도 1973~76년 사이에 연평균 3.6%가 증가하였고, 실업률도 1972년 7.0% 수준에서

1976년 5.2% 감소했다. 그런데 1970년대 후반부터 급속히 퇴조하기 시작했다. 무역적자 폭은 커졌으며(1978년 13억 7백만 달러, 1981년 22억 8천만 달러), 재정적자 의 규모 또한 1970년 GNP의 2%이었던 것이 국가의 과도한 공공투자로 인해 1982년 4% 이상으로 확대되었다. 외채규모는 1975년도에는 전년도보다 34.7% 증가한 40억 달러였으며, 1978년 62억 달러, 1980년 85억5천4백만 달러로 급증 하였다. 마르코스도 필리핀 경제의 심각성을 시인한 바 있다.127) 부익부 빈익빈 의 현상은 더욱 심화되었다. 마닐라 지역 숙련노동자의 1978년도 임금수준은 1972년도보다 오히려 23.9% 감소하였으며, 비숙련노동자의 임금은 무려 31.6% 줄어들었다. 그런가 하면 1971년 전체 가구의 38.7%를 차지하던 최저생계비 이 하의 극빈층이 1975년에는 46.5%로 증가하였으나 소득분포에서 상위 20%에 속 하는 계층이 차지하는 비중은 1971년 54.0%에서 1980년 59.2%로 높아졌다. 이와 같이 '먹고사는 문제'를 마르코스 정권이 해결하지 못함으로써 마닐라 시민을 중 심으로 한 필리핀 국민들에 의해 EDSA혁명이 일어날 수밖에 없었던 가장 근본적 이고 내재적인 요인이 아닌가라는 분석이다.

2. 직접적/확산적 접근

EDSA혁명의 발생요인은 직접적/확산적 접근을 통해 분석할 수도 있다. 그리 고 그 직접적/확산적 접근을 통한 분석은 두 가지 역사적인 사건, 즉 1983년 8월 21일 마닐라국제공항에서 발생한 니노이 아키노 암살사건과 마르코스의 조기 대 통령선거 계획발표 및 실시(1986.2.7) 사건을 중심으로 가능하다.

첫째, 니노이 아키노 암살사건은 마르코스 정권에 대한 정통성과 신뢰성을 훼손하는 결정적 계기가 됨으로써 필리핀 국민들로 하여금 EDSA혁명을 직접적 으로 발생시키고 확산시키는 중요한 원인이 되었다고 분석할 수 있다. 마르코스 는 니노이 아키노 암살사건 직후 급속히 확산되는 필리핀 국민들의 퇴진 요구에 시달렸으며, 이는 국내외의 자본 이탈현상을 비롯한 국제사회의 필리핀 지지를 보류 또는 철회하는 분기점이 되기도 하였다(앞의 Ⅱ-1 발생 배경의 주요사건 Ⅳ 참

---

127) 대통령 재임기간 중에 마르코스와 그의 가족·친지들은 횡령 및 기타 부정적인 수단으로 필리핀 경제를 유린했으며, 그 규모가 수십 억 달러에 달한다는 증거가 연이어 드러난 바 있다.

조). 또한 필리핀 내 산업자본가들로 구성되어 매우 보수적 집단으로 알려진 '마카티경영클럽'이 니노이 아키노 암살사건 이후 반마르코스 진영에 서서 '마르코스 사임 요구'를 공식화한 것은 당시만 하더라도 충격적이었으며 이는 필리핀 일반 국민들의 반마르코스 정서에 불을 지피는 계기가 되기도 하였다. 뿐만 아니라 니노이 아키노 암살사건은 군부 내 개혁을 주창하면서 마르코스 정권을 붕괴시키기 위한 매우 저돌적인 방식, 즉 쿠데타까지 시도하려 했던 RAM의 세력 확장의 기회가 되기도 했으며, 이는 또한 필리핀 군부의 분열 및 체제이탈을 부추겨 EDSA혁명의 주요 추진동력으로 작동되는 요인이 되었다. 결국 니노이 아키노 암살사건은 마닐라 시민을 중심으로 한 필리핀 전체 국민의 마르코스 퇴진운동을 직접적으로 확산시키는 중요한 출발점이 되었다고 분석할 수 있다.

둘째, 조기 대통령선거 계획발표 및 실시 사건은 위기의식을 느낀 마르코스가 KBL이 지배하는 지방정치조직을 활용하고, 좌파세력과 야당 간의 분열을 야기시켜 이득을 챙겨 보려는 정치적인 꼼수라는 점에서 정국은 혼란에 빠지게 되고, 이는 결국 필리핀 국민들로 하여금 반마르코스 정서를 더욱 키워 EDSA혁명을 확산시키는 또 다른 중요한 요인이라고 분석할 수 있다. 이를테면 위기에 몰린 마르코스 대통령은 1985년 11월 23일 본래의 대통령 선거일자보다 1년 앞당긴 1986년 초 대통령선거를 치르겠다는 계획을 급작스럽게 발표하였고 이로 인해 좌파세력, 즉 NPA의 정치기구의 역할을 담당하고 있었던 민족민주전선(NDF)과 필리핀공산당(CPP)의 반정부운동(대통령선거 전면거부 결정)은 더욱 격화되었으며, 부분적으로 이에 동조했던 필리핀 국민도 있었지만 대다수는 야당과 필리핀가톨릭주교단이 이끄는 온건개혁주의 세력 편에 서서 조기선거에 참여하여(야당 단일후보로 코라손 아키노를 내세워) 대통령선거를 승리로 이끌 수 있도록 도왔다. 결과론이지만 마르코스의 정치적 꼼수는 좌파세력이 아닌 온건개혁주의 세력을 중심으로 필리핀 국민이 총궐기하고 단합하는 계기가 되었다고도 분석할 수 있다.

Ⅳ. EDSA혁명의 성공요인 분석

1. 종교/신앙론적 접근

EDSA혁명이 성공할 수 있었던 근본적인 요인에 대한 첫 번째 해답 찾기는 종교/신앙론적 접근에서 가능하리라 본다. 다시 말해 앞의 Ⅱ-2 전개 과정의 주요 사건 Ⅵ에서 언급한 바와 같이 마르코스와 그의 심복 베르와의 대화록은 이러한 분석론적 추론을 가능하게 한다. 만약 마르코스가 베르의 보고 내용에 따라 시위대를 향한 발포명령을 내렸다면 EDSA혁명의 시위현장은 엄청난 인명피해와 함께 걷잡을 수 없는 혼란이 가중되었을 것은 뻔하다. 그리고 그 혼란과정은 4일간의 무혈투쟁의 승리로만 끝나지는 않았을 것이다. 이러한 관점에서 '보이지 않는 손(hidden hand)'-기도의 힘(the power of prayer to God)- 에 의해 마르코스가 움직여졌던 것은 아니었을까? 그것은 곧 '필리핀 국민들에 대한 신의 각별한 은총과 축복'은 아니었을까? 이것은 EDSA혁명의 성공요인을 지극히 종교/신앙론적 접근에서 바라볼 때 가능한 추론이다.

2. 역할론적 접근

EDSA혁명이 성공할 수 있었던 근본적인 요인에 대한 또 다른 해답 찾기는 역할론적 접근에서 가능하다. 첫 번째로 온건개혁세력으로서 가톨릭교회의 추진동력 역할, 두 번째로 군수뇌부 및 RAM의 체제이탈을 통한 군부의 역할, 세 번째로 매스 미디어로서 방송의 역할, 네 번째는 외부행위자로서 미국의 역할 등을 들 수 있다.

온건 개혁세력으로서 가톨릭교회의 추진동력 역할: 마르코스의 권위주의 독재체제하에서 NDF와 CPP의 행동조직의 성격을 띠고 있던 NPA는 당시 소련의 지원을 받아 반정부 무력투쟁을 지속적으로 벌였으며, 이 과정에서 필리핀 정국은 마르코스 집권세력과 좌파세력 간의 싸움으로 비추어지기 시작했다. 이를 지켜보던 온건 개혁주의 성격을 띤 가톨릭교회는 양분화된 필리핀 정국에서 좌파세력이 정권을 잡게 되면 필리핀이 '공산주의 국가'가 될 수 있다는 깊은 우려 속에 결국 현실정치에 개입하게 되었다. 가톨릭교회의 필리핀 현실정치 개입의 중심에는 마닐라가톨릭교구장을 맡고 있던 신 추기경(Cardinal Sin)이 있었으며, 그는 필리핀 전체 국민의 85%가 가톨릭신자라는 점에서 엄청난 영향력을 발휘했다. 그는 좌파세력의 마르코스 조기 대통령선거 계획 및 실시에 대한 전면거부 노선과는 다른 국민적 통합을 통한 공정한 선거를 주장하고, 그 과정에서 1983년 8월 마르코스 추종세력에 의해 암살당했던 니노이 아키노 야당지도자의 부인인 코라손 아키노를 국민후보로 내세워 마르코스와 대권레이스를 펼치도록 했다. 여기에서 마르코스는 부정선거 의혹을 증폭시켜 국민적 저항에 부딪히게 되었고, 결국 가톨릭교회는 (필리핀 국민 편에 서서 반마르코스 진영을 구축함으로써) 1986년 EDSA혁명의 성공을 위한 중요한 추진동력의 역할을 담당했던 것이다.[128]

군수뇌부 및 RAM의 체제이탈을 통한 군부의 역할: 엔릴레 국방장관과 라모스 육군참모차장 겸 필리핀경찰청장의 마르코스정권에 대한 반기와 체제이탈은 EDSA혁명의 기폭제가 되었다고 볼 수 있다. 특히 그들은 급박한 상황에서 기자회견을 열어 '1986년 2월 7일 실시되었던 조기 대통령선거'의 부당함을 폭로하면서 마르코스 정권에 대한 지지를 철회하고 코라손 아키노의 대통령선거 승리를 인정함으로써 필리핀 국민들로 하여금 "마르코스는 국가체제 유지의 최후보루라고 할 수 있는 군마저도 신뢰를 잃고 있다"는 점을 각인시키는 중요한 모멘텀을 제공해 주었다. 그리고 이는 종국적으로 필리핀 국민들의 반마르코스 정서를 더욱 부추기는 불쏘시개의 역할을 담당했던 것이다. 뿐만 아니라 필리핀군사관학교(PMA) 출신의 소장파 장교들로 구성되었던 RAM의 역할은 그 후 '계속된 필리핀군의 체제 이탈'을 가속화했으며, 그들의 쿠데타 음모가 마르코스 진영에 의해 발각되면서 새로운 전략적 방향을 설정, 그 방향의 중심에 '국민적 지지'라는 목표를 세우고, 그것을 실현시키려는 과정에서 '군과 국민 간의 간극'을 최대한 좁혀 나갈 수 있었다. 결국 마르코스체제에서 중핵의 위치에 있던 군 수뇌부 및 RAM의 체제이탈을 통한 군부의 역할은 EDSA혁명을 성공시키는 중요한 요인이 되었던 것이다.

---

128) (역사에서 가설은 성립되지 않지만) 역설적으로 필리핀이 가톨릭국가가 아니었다면 어찌 되었을까? 국민적 통합을 일구어내는 데 구심점을 잃고 4일 간이 아닌 상당한 기간 동안 혼란이 지속될 수도 있었을 것이라는 추론이 가능하다.

　　매스 미디어로서 방송의 역할: 엔릴레와 라모스의 1986년 2월 22일 오후 6시 45분 기자회견 내용이 몇 시간 후에 '라디오 베리타스(Radio Veritas)'를 통해 전국적으로 방송이 되었으며, 또한 그 뒤를 이어 신 추기경의 메시지(사실상의 반마르코스 공식 인정: 시위대에게 음식을 비롯한 각종 생필품을 지원해 줄 것을 필리핀 국민들에게 부탁하는 내용)가 '라디오 베리타스'를 통해 필리핀 국민에게 전달되었다. 그 후 EDSA혁명의 시위현장은 한층 더 격렬해졌으며, 필리핀 국민들의 반마르코스 정서는 더욱 커져만 갔다. 뿐만 아니라 1986년 2월 23일 새벽 마르코스 정부군에 의한 공격으로 '라디오 베리타스'의 메인송신기가 파괴되자 방송국 측은 제한된 방송만이라도 필리핀 국민들에게 송출한다는 목적으로 비상송신기를 가동, 마르코스 정부군의 움직임을 시위대에 빠르게 전달하는 중요한 역할을 담당했다. 그날 저녁 무렵 '라디오 베리타스'의 비상송신기가 멈추고 난 이후에는 또 다른 방송국인 '라디오 반디도(Radio Bandido)'가 그 역할을 이어 갔으며, 그 과정에서 비밀리에 리포트를 했던 준 케이슬레이(June Keithley)의 역할은 시위대에게 큰 힘이 되었던 것이 사실이다. 이와 같이 매스 미디어로서 방송의 역할은 EDSA혁명의 중요한 성공요인이었다.

　　외부행위자로서 미국의 역할: 필리핀 외교사적 관점에서 필-미관계는 전통적으로 공고하게 유지되어 왔다. 특히 마르코스 정권 당시 대미관계는 그 어느 정권보다도 매우 밀접했다. 그럼에도 미국은 1986년 EDSA혁명이 발생했을 때 왜 마르코스 정권의 위기상황을 관망했을까? 미국의 필리핀 마르코스 정권 위기상황에 대한 관망 시점은 1983년 8월 21일 발생했던 니노이 아키노 야당지도자 암살사건으로 거슬러 올라가야 한다. 니노이 아키노 암살사건은 국내외적으로 마르코스 정권의 신뢰성을 결정적으로 훼손시키는 계기가 되었으며, 특히 그 직후 급속히 확산되는 필리핀 내 '마르코스 퇴진운동'은 미국의 마르코스 정권 지지를 보류 또는 철회하는 분기점이 되었다고 분석할 수 있다. 더욱이 1986년 2월 7일 실시된 조기 대통령선거는 필리핀 국민들로 하여금 부정선거 의혹을 증폭시켜 온건개혁세력이던 가톨릭교회의 지원과 함께 반마르코스 진영을 구축하게 하는 계기를 제공했으며, 이는 국제정치의 중심에 서서 필리핀을 외교적으로 적극 지원하던 미국에게까지 영향을 주어 마르코스 정권에 대해 등을 돌리게 하는 역기능 현상을 낳게 하기도 하였다. 이를테면 필리핀 대통령선거 결과가 혼탁해지자 미국 상원은 '필리핀 대통령선거는 공정하지 않았다'는 결의안을 채택하기도 했었다(Zunes, et al., 1999: p. 129). 또한 마르코스는 대규모 시위가 한층 더 격렬해지던 2월 24일 오후 3시경(마닐라 현지시간) 워싱턴의 반응을 살피기 위해 미 상원의원 라살트(Paul Laxalt)에게 전화를 걸어 자문을 구하기도 했다. 그때 라살트는 "cut and cut cleanly, 깨끗이 물러나라"는 메시지를 강하고 짧게 전달했다(Ellison, 2005: p. 244). 국내정치와 국제정치는 불가분의 관계라는 점에서 필리핀 국내정치, 즉 마르코스 정권의 혼탁함을 외부행위자인 미국이 더이상 묵과하지 않았고, 그러한 미국의 입장이 국제사회에 영향을 주어 국제사회 역시 필리핀(마르코스 정권)을 더이상 돕지는 않았다. 이러한 일련의 흐름이 결국 1986년 EDSA혁명의 성공으로 이어지는 중요한 요인이었다.

V. 필리핀 시민혁명이 주는 교훈 및 주요 함의

1. 교훈

'1986년 필리핀 피플파워'는 6.29선언을 이끌었던 한국의 6월 항쟁(민주화 운동)에도 영향을 주었다고 생각한다. 마치 튀니지에서 시작된 재스민혁명이 인접국인 이집트, 예멘, 리비아에 영향을 주었던 것처럼, 필리핀 피플파워가 주는 교훈은 무엇일까?

장기집권을 통한 독재자의 말로가 비참하게 끝난다는 사실이다. 세계사의 흐름에서 이러한 교훈은 수없이 많다. 대표적으로 한국의 박정희 대통령의 말로가 비참했으며, 루마니아의 최고권력자였던 차우세스쿠의 멘붕정책은 총살형으로 마무리되었다.

2. 주요 함의

지금까지 EDSA혁명의 발생요인 및 성공요인을 분석한 결과 EDSA혁명은 일종의 '필리핀 국민의 힘에 의한 혁명(Filipinos Power Revolution)'으로서 Filipinos가

중심이 되어 마르코스 통치형태의 변환을 가져 온 것으로 해석할 수 있다.[129)] 따라서 다음과 같은 두 가지의 주요 함의를 찾아낼 수 있다.

첫째, 필리핀 EDSA혁명과 같은 '혁명'은 종국적으로는 국가 통치형태의 중심적 지위에 있는 최고 권력자의 정치적 권위가 그 구성원들의 내면적 가치에 의해 흔들리게 될 때 발생된다는 함의를 지닌다. 즉, 흔들리는 정치적 권위를 국가의 최고 권력자는 자신이 지니고 있는 권력을 이용하여 최대한 지키려고 하다가 결국은 반대세력에 의해 무너지는 경우가 바로 '혁명'이라는 것이다. 필리핀 EDSA혁명 역시 이러한 차원에서 이해할 수 있다. 이를테면 국가 통치형태의 중심적 지위에 있던 최고 권력자 마르코스의 정치적 권위가 필리핀 국민들의 내면적 가치에 의해 흔들림으로써 그는 자신의 지위를 지키기 위해 지니고 있던 권력을 최대한 활용하려 했으나 결국은 반대세력인 '국민의 힘(people power)'에 의해 무너진 역사적인 사례인 것이다.

둘째, 필리핀 EDSA혁명과 같은 '국민의 힘에 의한 혁명'은 복수의 다양한 요인이 유기적으로 네트워크를 형성하여 작동될 때 성공 가능성이 높다는 함의를 지닌다. 즉 '피플파워 혁명'은 국민의 간절한 바람, 국민통합을 주도하는 인물이나 세력, 군부의 지원, 매스 미디어의 역할, 국제사회의 호응 등 복수의 다양한 요인이 유기적으로 네트워크를 형성하여 작동함으로써 성공 가능성이 높아진다는 것이다. 필리핀 EDSA혁명도 이러한 차원에서 진행됨에 따라 성공할 수 있었던 것으로 해석할 수 있다. 이를테면 '필리핀 국민들의 민주화를 향한 간절한 소망'이 핵심적 요인으로 작동되고, 이 핵을 중심으로 하여 '국민통합을 주도한 가톨릭교회의 신 추기경을 비롯한 온건개혁주의 세력', '엔릴레·라모스 등 군 수뇌부와 군부 내 개혁주의를 부르짖던 RAM의 마르코스체제 이탈', '매스 미디어로서 라디오 베리타스와 라디오 반디도의 역할', '국제사회의 정점에 서 있던 미국을 비롯한 우방국들의 Filipinos를 향한 암묵적 호응과 지원' 등이 주변적 요인으로 네트워크를 형성하여 작동됨으로써 무혈투쟁을 통한 민주주의의 승리, 즉 마르

---

129) 필리핀 정치평론가 Amando(2006)에 의하면, 1986년 EDSA혁명은 "황제의 도시 마닐라(Imperial Manila)"에 의해 이루어진 것으로서 진정한 '필리핀 피플파워 혁명(Filipinos Power Revolution)'이 아니라는 시각이 있다. 이는 1986년 EDSA혁명이 필리핀 전 지역에 있는 '필리핀 국민들(Filipinos)'에 의해 발생된 사건이 아닌 메트로 마닐라 광역도시를 중심으로 거주하고 있는 시민들에 의해 이루어진 사건으로 그 역사적 중요성을 격하시키고 있는 것으로 해석할 수 있다.

코스 장기 독재체제를 종식시킬 수 있었던 것이다. 결국 'EDSA혁명에 대한 복수의 다양한 요인의 유기적 네트워크의 형성과 작동'은 필리핀 정치의 기본원리를 근본적으로 바꾸어 놓는 역사적 분수령이 되었다고 평가할 수 있다.[130]

---

130) 이러한 필자의 논거 -EDSA혁명에 대한 복수의 다양한 요인의 유기적 네트워크의 형성과 작동- 는 싱가포르국립대학교 쿠라밍(Rommel Curaming) 교수와 호주의 멜버른대학교 클라우디오(Lisandro Claudio) 교수가 2010년 NUS Asia Research Institute에 공동으로 연구하여 발표한 EDSA혁명에 대한 냉철한 평가 -EDSA혁명을 종합국면적 사건으로 평가함- 와 그 맥을 같이한다고도 볼 수 있다(Curaming and Claudio, 2010).

필리핀 정치와 의회제도

Ⅰ. 정부 형태

필리핀은 미국식 대통령중심제를 채택하고 있으며, 정부의 형태는 공화국 형태를 띠고 있다. 1987년 신헙법에 의하면 필리핀 대통령은 국민이 직접 선거를 통해 선출한다. 임기는 6년 단임제를 채택하고 있다. 6년 단임제를 채택하게 된 배경은 과거 마르코스 대통령의 장기집권으로 인한 독재체제가 갖는 문제점을 극복해 보려는 의지로 해석된다. 대통령으로 입후보하려면 필리핀 태생 만 40세 이상의 국민으로 선거일을 기준으로 10년 이상 필리핀에 거주한 자이어야만 된다. 대통령 유고 시 부통령이 잔여임기를 승계하고, 정/부통령 둘 다 동시에 유고 시 상원의장과 하원의장 순서로 보궐선거까지만 대행한다. 부통령의 후보 자격은 대통령과 동일하다. 부통령의 임기는 대통령과 같이 6년이며, 단 1회에 한하여 연임할 수 있다. 부통령 유고 시에는 대통령이 상원의원이나 하원의원 중에서 지명하도록 되어 있다. 이 경우에는 상원과 하원의 과반수 이상의 동의가 필요하다.

Ⅱ. 의회: 양원제

필리핀은 현재 양원제를 채택하고 있다. 그러나 단원제를 채택했던 시기도 있었다. 미국 식민지배 초기였던 1898~1899년까지 약 1년간 의회 의원들이 미국 사람들로만 구성되어 운영되었는데 이때의 의회 시스템이 단원제였다. 그리고 1972년 마르코스 집권 당시 계엄령을 선포한 이후 사실상 의회는 단원제로 운영되었다. 당시 마르코스는 'Batasang Bayan(The National Advisory Legislative Council)'

이라는 국가자문기구를 설치하여 의회를 재구성하였다. 이때의 의회는 단원제의 성격을 띠었으며, 특히 국가자문기구였던 Batasang Bayan은 내각과 행정부 고위 관리들로 구성되어 의회를 장악하였다.

그러다가 1986년 'People's Power'로 많이 알려진 'EDSA Revolution'으로 인해 마르코스 정권이 붕괴하고 코라손 아키노 정권이 들어서면서 헌법개정을 위한 헌법위원회를 구성하여 1987년 신헌법이 탄생하게 되는데 이때 의회제도가 양원 제로 복원되어 오늘날까지 이어지고 있다.

계엄령을 선포하고 국가자문기구를 설치하여 입법부의 기능을 사실상 마비 시켰던 마르코스, 여기서 우리는 마르코스의 독재체제가 적나라하게 진행되었다 는 사실을 알 수 있다. 마르코스의 독재체제는 'EDSA Revolution'에 의해 종식된 다. EDSA Revolution이 일어나게 된 직접적인 배경은 1983년 8월 야당지도자였 던 니노히 아키노(코라손 아키노의 남편)가 미국 망명으로부터 귀국하다가 마닐라 국제공항(니노이 아키노를 기리기 위하여 마닐라국제공항이 니노이 아키노 국제공항으로 명명되어 있음)에서 피살당했던 1983년 8월로 거슬러 올라간다. 그 사건이 일어난 이후 필리핀 국민여론은 빠른 속도로 마르코스 정권에 대해 등을 돌렸고, 그것이 곧 마르코스를 퇴진시키게 되었던 정치사회적인 직접적 원인이 되었던 것이다. 필자는 개인적으로 마르코스가 퇴진하던 시점에 현지에서 유학을 했는데…그곳 에서 공부하면서 마르코스의 비참한 말로를 기록영화(Documentary Film)로 수업 시간에 보면서 열띤 토론을 벌렸던 기억이 난다(이 사건은 국민의 힘이 얼마나 무서운 지를 단적으로 보여 주었던 중요한 사건이었음).

Ⅲ. 상원과 하원의 구성과 권한

1. 상원의 구성

필리핀 상원은 전국을 선거구로 하여 35세 이상의 입후보자 중에서 득표순으 로 선출된 24명으로 구성된다. 특히 주목을 끄는 부분은 민주화 이후 상원이 부활 한 다음 치러진 1987년 선거에서 득표순위를 정하여 상위 12명은 6년 하위 12명은 3년으로 임기를 정하였다. 따라서 이후 3년마다 있는 선거에서 12명씩 선출하여 기존의 12명과 함께 24명으로 구성된다. 상원의원의 임기는 6년으로 하되 2회 이상 연임은 할 수 없도록 되어 있다.

연임금지제도는 1987년 신헌법이 만들어지면서 나타난 제도이다. 이 제도의 근본적 취지는 필리핀 정치의 특징상 고질적인 문제로 지적되어 왔던 '50~60개의 전통적인 정치가문(지역유지들) 중심의 과두지배 체제'에 대한 문제점을 타파해 보자는 것이었다. 그러나 실제적으로 실효성은 그다지 크게 나타나고 있지 못하다는 지적이 있다. 왜냐하면 연임금지 제도가 안고 허점, 즉 중임은 허용되고 있기 때문이다.

2. 상원의 주요 권한

상원이 주요 권한은 다음과 같다.

첫째, 법률안 발의권, 심의권, 의결권

둘째, 대통령 및 대법원장 탄핵심사결정권

셋째, 계엄령 연장권 및 취소권

넷째, 선전포고 동의권

다섯째, 조약 체결 및 사면에 대한 동의권 등이다.

3. 하원의 구성

필리핀 하원은 25세 이상의 입후보자 중에서 250명 이내로 구성된다. 특히 하원의원은 지역구의원과 비례대표의원으로 구분되는데, 비례대표의원은 상원의원과 마찬가지로 전국 선거구에서 선출된다.

지역구 하원의원 수는 200여 명이며, 비례대표의원 수는 전체 하원의원 총수의 20%, 즉 50명 이내로 제한되어 있다. 특히 지역구 하원의원은 유권자 수 25만 명당 1개 선거구가 만들어져서 1인이 선출된다. 하원의원의 임기는 3년으로 하되 3회 이상 연임할 수 없다.

4. 하원의 주요 권한

하원의 주요 권한은 다음과 같다.

첫째, 법률안의 발의권, 심의권, 의결권

둘째, 탄핵소추제기권

셋째, 예산안 및 공공채무관련 법안 심의권 등이다.

Ⅳ. 정당명부 비례대표제

필리핀의 정당명부 비례대표제(Party-List System)의 특징은 크게 두 가지로 설명할 수 있다.

첫째, 필리핀의 정당명부 비례대표제는 정당뿐만 아니라 각종의 사회단체, 이를테면 농민단체, 노동자단체, 도시빈민단체, 여성단체, 인권운동단체 등이 참여할 수 있다는 점이다. 따라서 엄격히 말하면 정당/사회단체명부 비례대표제인 셈이다. 그러므로 우리나라와 같은 정당명부 비례대표제와는 거리가 있다. (정당/사회단체명부 비례대표제의 도입 배경은 기득권을 가진 대규모 정당에게만 유리하고 좌파 정당 등 소규모 정당이 설 자리를 잃게 되자 이를 보완한다는 차원에서 각종 사회단체들의 대표성을 제고해 보겠다는 의도에서 만들어진 제도이다.)

둘째, 필리핀의 정당/사회단체명부 비례대표의 의석 배분 방식이 독특하다는 점이다. 즉 비례대표에 투표한 전국의 모든 표를 총집계하여 각 정당/사회단체별로 득표한 비율에 따라 확정한다. 그 득표율이 2~4%까지는 1석, 4~6%까지는 2석, 6% 이상이면 3석을 배분한다. (문제는 이와 같은 정당/사회단체명부 비례대표제의 의석배분 방식도 한계는 있다는 점이다. 대표적으로 상당한 득표율, 이를테면 10% 이상의 득표율에도 불구하고 3석밖에 배분을 못받는다는 점, 2%에 가까운 득표율에도 그 표가 사실상 무효화된다는 점이다. 실제로 2001년 총선에 모 사회단체가 11.4%의 득표율인 데도 3석밖에 의석을 배분받지 못했으며, 수많은 군소정당 및 사회단체들이 2% 가까운 득표율을 받았음에도 그 표가 무효화되었다.)

V. 정당제도

필리핀의 정당제도는 1946년 독립 이후 국민당(NP)과 자유당(LP)의 양당체제로 구축되어 있었으나, 20여 년(1965~1986)에 걸친 마르코스 대통령의 장기집권 과정에서 전통정당이 몰락하고 정당제도 자체가 의미를 상당부분 상실한 상태이다. 특히 1986년 아키노 정부 출범 이후 선거 등 필요에 따라 정당이 급조되고 정치인 개인의 이해관계에 따라 이합집산하는 양상을 보이고 있다.

필리핀 정당은 크게 세 가지 유형으로 구분된다. 첫째, 전통적인 정당의 성격을 지닌 메이저정당, 둘째 의회 의석 확보를 위한 정당명부제에 기초한 마이너정당, 셋째 지방조직으로 활동하는 지역 및 지방정당 등이다.

대표적인 메이저정당을 소개하면 다음과 같다. 2016년 총선결과, PDP-Laban (Philippine Democratic Party-People's Power; Partido Demokratiko Pilipino-Lakas ng Bayan; 1982년 창당; 현 필리핀 집권당): 하원 121석(121/297), 상원 4석(4/24), Liberal Party(1946년 창당): 하원 27석(27/297), 상원 5석(5/24), Nationalist Party(1903년 창당): 하원 19석(19/297), 상원 1석(1/24), Nationalist Peoples's Coalition(1991년 창당): 하원 33석(33/297), 상원 3석(3/24)

한마디로 필리핀 정당제도는 기반이 매우 취약하고, 인물 위주의 정당이 주류를 이루며, 진정한 경쟁적 정당제도가 확립되었다고 보기 어렵다.

VI. 의회의 입법 절차

첫째, 법안발의: 하원의원이나 상원의원이 법안부서에서 법안을 준비하여 발의한다. 발의된 법안은 법안색인서비스(The Bills and Index Service)에 파일로 보관된다. 보관된 지 3일째 되는 날 그 파일은 제1차독회를 위해 직무령(the Order of Business)에 포함된다.

둘째, 제1차 독회: 제1차 독회는 하원의 사무총장[상원은 사무처장]이 floor에서 법안발의자를 비롯하여 법안의 주제와 파일넘버를 읽는다. 그리고 난 후 하원의장(또는 상원의장)은 가장 적합한 위원회를 찾아 법안을 위원회로 회부한다.

셋째, 위원회 숙려 및 활동: 위원회는 법안에 대한 공청회의 필요성 여부를 평가한다. 즉, 공청회를 할 필요가 있다고 판단되면, 법안과 관련된 전문가들을 모아 놓고 공청회를 시도하지만, 공청회를 열 필요성이 없다는 판단되면 위원회 내에서만 논의를 거친다. 공청회의 결과와 위원회 논의의 결과에 따라 법안이 수정 보완될 수도 있고 대안이 제시될 수도 있다. 그리고 난 후 '위원회보고서'가 작성된다. 작성된 '위원회보고서'는 공식적으로 본회의(총회)업무담당국에 이관 된다. 본회의업무담당국으로 이관된 '위원회보고서'는 법안색인서비스에 다시 등 록되고, 법규위원회로 회부된다. 법규위원회는 제2차 독회를 위해 스케줄을 잡 는다.

넷째, 제2차 독회: 제2차 독회에서 하원의 사무총장[상원은 법안을 발의한 상원의원]은 '위원회보고서'의 파일넘버·주제·법안의 내용 등을 floor에서 읽 고, 참석 의원들과 함께 충분한 토론을 시작한다. 토론을 하면서 '위원회보고서' 의 원안이 수정 보완될 수도 있다. 수정 보완작업은 일반적으로 구두 또는 거수 방식으로 이루어진다. 수정안이 만들어지면 제3차 독회 3일 전에 모든 의원에게 그 안이 배포된다.

다섯째, 제3차 독회: 제3차 독회에서 하원 사무총장[상원은 법안을 발의한 상원의원]은 그 수정안의 파일넘버와 법안주제만을 읽고 표결에 들어간다. 표결 은 기명투표를 통해 출석의원 과반수의 찬성으로 통과시킨다. 만약 통과되지 않 으면 기록만 보관된다. 제3차 독회에서 통과된 법안은 상원으로 이관된다(상원의 경우, 하원으로 이관).

여섯째, 하원(상원)에서 결의된 법안에 대한 상원(하원)의 활동: 상원은 하원과 마찬가지로 동일한 법적절차, 즉 제1독회, 제2독회, 제3독회를 거친다.

일곱째, 양원제적 컨퍼런스위원회: 그 법안이 상원(하원)에서 통과되어 다시 하원(상원)으로 돌아오면 상/하 양원으로부터 위원들이 위촉되어 구성되는 양원 제적 컨퍼런스위원회(Bicameral Conference Committee)가 만들어진다. 양원제적 컨 퍼런스위원회는 그 법안의 의견 차이나 불일치를 여러 각도에서 검토하고 조정 하며 해결하기 위해서 만들어진 것이다. 컨퍼런스위원회는 법안에 대한 충분한 논의를 거쳐서 보고서를 작성한다. 위원장과 모든 위원들이 서명한 '컨퍼런스위 원회 보고서'는 승인을 위해 상/하 양원에 제출된다. 상/하 양원으로 제출된 '컨퍼런스위원회 보고서'는 상원의장과 하원의장의 서명을 받게 된다. (사실상 '컨퍼런스위원회 보고서'는 그 법안에 관한 최종안인 셈이다. 따라서 최종안이 만들어지면 더이상의 수정/보완은 불가하다.)

여덟째, 대통령에게 최종 승인을 위해 법안 제출: 상원의장과 하원의장이 서명한 법안은 최종 승인을 위해 대통령에게 제출된다.

아홉째, 대통령의 최종 승인과 거부: 대통령은 법안을 제출받은 이후 30일 이내에 최종 승인과 거부를 결정한다. 대통령이 승인을 하면 당연히 그 법안은 법으로 효력이 발생된다. 그러나 대통령이 거부 의사를 밝히면 그 법안은 다시 본래 발의되었던 상원이나 하원으로 이관된다. 그런데 의회가 대통령의 거부권 행사를 무효로 처리하면 상/하 양원은 각각 그 법안을 재검토할 수 있다. 특히 상/하 양원에서 법안이 다시 2/3 이상의 투표로 통과가 된다면 법으로 확정된다. 만약 대통령이 30일 이내에 승인/거부 의사를 밝히지 않으면 법안은 또한 자동적으로 법으로 확정된다.

VII. 필리핀 민주주의의 전망

민주주의에 대한 매우 기초적인 개념, 특히 정치적인 측면과 경제적인 측면에서 논리를 전개하면 다음과 같다.

정치적인 측면에서 민주주의는 독재체제에 대한 반대개념으로 이해할 수 있다. 필리핀 국민들이 마르코스의 독재체제를 무너뜨리고, 가장 위로는 대통령부터 가장 아래로는 바랑가이 대표까지 선거제도를 통해 선출하고 있다는 점, 또한 외형적으로는 서구 민주주의 가치와 시스템을 여타 아시아 국가에 비해 일찍이 받아들여 학습을 해왔다는 점에서 분명 필리핀은 민주주의의 과정(즉, 민주화)에 놓여 있다고 볼 수 있다. 그러나 실제적으로 그 내용물을 보면 거대한 정치가문들을 기반으로 엘리트주의적 시스템 위에서 정치가 이루어져 왔다는 점이다. 부패 대통령으로 낙인 찍혀 대통령직을 사임해야 했던 서민 출신의 에스트라다, 2004년 아로요 대통령 후보와 120만 표라는 차이로 대통령직을 포기해야 했던 빈민 출신의 포 후보, 이들의 정계 입문이 단순히 부패했고 대통령 선거 과정에서 영향력이 부족했기 때문이었을까? 거대 정치가문과는 확연히 구분되는 서민층이나 빈민층 출신이었기 때문은 아니었을까? 냉정하게 보면 이들의 국가지도자 진출이 구조적으로 쉽지 않았던 것이다. 바로 이것이 필리핀 민주주의의 상징적인 사례이기도 하다. 거대 정치가문에 기반을 두고 움직이는 엘리트 중심의 시스템이 구축되어 있는 필리핀, 즉 필리핀의 엘리트 민주주의는 한동안 변하기 쉽지 않을 전망이다. 그 이유는 그 뿌리가 오랜 역사적 배경, 즉 고대의 바랑가이의 다투시스템(Datu system), 스페인 지배시기 대토지를 소유하는 이권을 챙겼던 마을 촌장 중심의 특권계층시스템, 미국 지배시기의 지역유지 중심의 지배계층시스템 위에서 이루어져 왔기 때문이다.

경제적인 측면에서 민주주의는 개인의 자유와 더불어 경제적 평등을 확립하는 개념이다. 필리핀의 경우 개인의 자유에 토대를 둔 시장경제제도가 그 근간을 이루는 것은 사실이지만, 과연 있는 자와 없는 자 간의 격차가 줄어들어 있는 것인가? 필리핀 전체 인구의 약 5~10%(대지주 출신의 유력가문)는 상상을 초월할 만큼 부의 축적(국부의 50% 이상 점유)을 누리고 있으며, 전체 인구의 약 35%(약 3천만 명 이상)는 하루 1달러(연 소득 270달러 정도) 미만으로 살아가는 극빈층이다. 이와 같이 극심한 경제적 불평등의 현상을 고려해 볼 때 필리핀에서의 민주주의의 실현은 요원한 과제이기도 하다.

필리핀과 중국 간 남중국해 스카버러 숄 영유권 분쟁[131]

Ⅰ. 남중국해와 스카버러 숄이란?

남중국해는 태평양의 일부로 중국과 인도차이나 반도, 보르네오 섬, 필리핀으로 둘러싸인 바다를 말한다. 말레이시아, 베트남, 브루나이, 싱가포르, 대만, 중국, 캄보디아, 필리핀을 접하고 있는 남중국해의 넓이는 350만 km²로 오대양을 빼고는 가장 넓은 바다이다. 이 해역은 해상교통의 요충지이기도 하다. 이를테면 하루 평균 천만 배럴에 달하는 원유와 세계 물동량의 50% 이상이 남중국해를 통해 옮겨지고 있다(Wikipedia, 2015a). 더욱이 남중국해는 천연자원의 보고로도 알려져 있다. 이를테면 이 해역에는 77억 배럴의 석유가 확인되었으며, 예상 매장량은 280억 배럴에 달하는 것으로 보고되어 있다(Wikipedia, 2015a). 천연 가스 매장량의 경우 7,500 km³에 달할 것으로 예상되고 있는 곳이 바로 남중국해이다(Wikipedia, 2015a). 이러한 남중국해의 전략적 해상교통로와 풍부한 자원은 주변국 간 영토분쟁으로 이어지는 원인이 되고 있다.

남중국해에서 가장 중요한 영토분쟁의 축은 주로 베트남과 중국 사이에 논란이 되는 시사군도, 필리핀·베트남·말레이시아·브루나이·대만·중국 등이 복잡하게 맞물려 있는 난사군도, 얼마 전 필리핀과 중국 간에 영유권 분쟁으로 국제사회의 우려를 낳았던 스카버러 숄(Scarborough Shoal) 등을 들 수 있다.

---

131) 여기의 '필리핀과 중국 간 남중국해 스카버러 숄 영유권 분쟁'에 관한 내용은 2015년 한국아시아학회의 『아시아연구(등재지)』에 게재된 박광섭의 논문을 재구성한 것이다. 박광섭. 2015. "남중국해 스카버러 숄 영유권을 둘러싼 필리핀과 중국 간 분쟁양상의 본질: 영유권 주장의 근거와 분쟁해결 접근방식의 차이." 『아시아연구』. 18(1): 161-200. 또한 여기에서는 필리핀명(바조 데 마신록Bajo de Masinloc 또는 파나탁 숄Panatag Shoal)과 중국명(황옌다오Huangyan Island)을 배제하고 영어명 Scarborough Shoal을 소리 나는 그대로 읽어 '스카버러 숄'로 표현하고자 한다. 특히 "산호초와 암초로 이루어진 매우 작은 섬"을 의미하는 'Shoal'을 소리 나는 그대로 '숄'이라고 표현하는 이유는 우리말로 정확한 단어가 없기 때문이다. 즉 사전적으로 Shoal이 모래톱·사주(砂洲)·섬 등으로 해석되는데, 그 어떤 것도 의미를 정확히 담아내지 못하고 있다.

이 중에서 스카버러 숄 영유권 분쟁 문제에 주목하고자 한다. 왜냐하면 최근 필리핀과 중국 간의 외교관계에서 스카버러 숄 영유권 분쟁문제가 주목을 받기 때문이다.

본래 '스카버러'라는 숄 명칭은 1784년 9월 12일 이 해역 운항 중 사고로 좌초되어 난파되던 동인도회사의 차무역(tea-trade) 선박 명칭 '스카버러(Scarborough)'에서 오는 것이다(Wikipedia, 2014b). 전체 둘레가 55㎞ 정도인 스카버러 숄은 삼각형 모양으로 대부분 매우 작은 섬, 산호초, 암초, 바위 등으로 이루어졌으며 주변은 150㎢의 얕은 해역이 있다(Wikipedia, 2014b). 특히 스카버러 숄 대부분은 수면 아래 잠겨 있으며 돌출부위의 높이는 0.5~3m 정도밖에 되지 않는다(Wikipedia, 2014b). 이렇게 보잘것없어 보이는 스카버러 숄을 둘러싼 필리핀과 중국 간의 영유권 분쟁양상의 본질은 무엇일까? 필리핀과 중국 간 스카버러 숄 영유권 분쟁양상이 펼쳐지는 본질적인 문제는 과연 무엇일까?

Ⅱ. 스카버러 숄 영유권을 둘러싼 필리핀과 중국 간의 분쟁 양상

남중국해 스카버러 숄 영유권을 둘러싼 필리핀과 중국 간의 분쟁양상은 2012년 4월 이후 적나라하게 드러나 주변국의 우려를 낳기도 하였다. 실제적인 분쟁의 발단은 필리핀 해군 정찰기가 2012년 4월 8일 스카버러 숄 인근해역에서 조업 중이던 중국 어선 8척을 발견하고 난 직후 해밀턴급 해양경비선 'BRP 그레고리오 델 필라'를 급파하여 이들을 나포하려고 시도함으로써 시작되었다(박광섭, 2013: 27). 이에 중국 측은 조업 순찰활동을 벌이고 있었던 자국의 해양감시선 2척을 현장에 급파하여 필리핀 해군의 나포 시도를 강력히 저지하였다(Inquirer.net May 9, 2012; Santos, 2012). 이 사건이 벌어지고 난 이후부터 스카버러 숄을 둘러싼 양국 간의 긴장은 더욱 고조되었다.

다행스럽게도 양국은 직접적인 무력충돌을 피하긴 했지만 스카버러 숄을 둘러싼 분쟁의 가열조짐은 더욱 확산되기도 하였다. 이를테면 양국 네티즌 간의 '사이버공격'이 전개되기도 하였으며, 양국 일부 국민들은 항의시위를 벌이기도 하였다.132) 뿐만 아니라 중국 정부는 필리핀산 바나나의 수입검역을 강화하여 필리핀에 대해 경제적 보복을 취하기도 하였으며 더 나아가 필리핀관광을 일시적으로 중단함으로써 피해를 입히기도 하였다.133)

스카버러 숄을 둘러싼 필리핀과 중국 간의 분쟁양상은 남중국해 일부 해역에 대한 양국의 휴어기(조업금지기간) 선포 조치에서도 드러났다. 중국 정부는 어족보호 명목으로 스카버러 숄을 포함한 북위 12도 이상의 남중국해에서 2012년 5월 16일부터 8월 1일까지 모든 선박의 조업을 금지하는 조치를 취했다(Aning & Bordadora. 2012). 이 조치의 내용을 면밀히 살펴보면 중국 정부가 스카버러 숄을 둘러싸고 가열되는 필리핀과의 분쟁을 봉합하여 해결해 보려는 의도가 있었던 것으로 해석할 수도 있지만, 다른 한편 모든 선박의 조업을 금지하는 조치였다는 점에서 자국의 주권이 미치는 해역에서는 반드시 행정권을 행사하겠다는 강한 의지로 해석되어 필리핀에게는 일종의 경고 메시지로 받아들여질 수도 있었다. 실제 필리핀 정부는 중국 정부의 조치에 대해 냉랭한 반응을 보이면서 대응책의 일환으로 유사조치를 취하기도 하였다. 외무장관 알베르트 델 로사리오(Albert F. Del Rosario)는 성명을 통해 "중국의 휴어기 대상해역 가운데 필리핀의 배타적 경제수역(EEZ)에 포함되는 부분만큼은 인정할 수 없다."라고 못 박으면서 "아키노 행정부는 명목상으로 해양자원 고갈을 감안하고 일정 기간 어자원을 확충할 수 있는 독자적인 휴어기(2012년 5월 16일~7월 15일)를 선포한다."고 발표하기도 하였다(AFP, 2012). 이와 같이 양국은 스카버러 숄을 둘러싸고 신경전을 벌이기도 하였다.

---

132) Wikipedia(2014a)에 의하면 2012년 4월 20~21일 중국 해커들이 필리핀국립대학교(U.P.) 웹사이트를 공격하자 필리핀 해커들이 중국 정부기관과 대학 관련 사이트를 해킹하며 반격에 나서기도 하였다. 그리고 2012년 5월 11일 필리핀 일부 정당과 시민단체 회원들은 필리핀 마닐라 주재 중국대사관 앞에서 중국의 남중국해 영유권 주장에 항의하는 시위를 벌였다(윤현종, 2012). 한편 중국인들도 필리핀대사관 앞에서 시위로 맞불을 놨다. 중국 베이징 주재 필리핀대사관 앞에서는 2~3개 그룹의 시위대가 공안의 삼엄한 감시 속에 필리핀 정부를 비난하는 시위를 벌이기도 하였다.

133) 중국 정부는 필리핀산 과일류, 특히 바나나의 수입검역을 강화하면서 실제로 경제적 보복 조치를 취하기도 하였다. 필리핀 바나나재배농가수출협회에 의하면 2012년 4월 중국의 검역 기준 강화 이후 바나나 농가가 입은 손실은 당시 14억4,000만 페소(약 368억 원)를 넘어선 상태였다(이장훈, 2012). 더욱이 중국의 경제적 압박 카드는 여기에 머물지 않고 필리핀 관광산업까지 파급효과를 내기도 했다. 이를테면 중국 정부는 2012년 5월 10일 국내여행사들에게 필리핀으로 가는 단체여행을 중단해 줄 것을 요청했으며, 이에 중국의 주요 여행사들은 관광 담당부처인 국가여유국의 지시로 필리핀 관광 상품을 팔지 않았다(Bodeen, 2012). 또한 필리핀에서 관광 중인 자국민에게 '필리핀을 철수하라'고 지시하기도 하였다(Bodeen, 2012).

스카버러 숄을 둘러싼 양국 간의 긴장감은 2014년 현재에도 여전히 상존하고 있다. 미국의 조정으로 마련된 '2012년 협약'에 의하면 필리핀과 중국은 영유권분쟁문제를 근본적으로 해결할 수 있는 협정을 맺을 때까지는 스카버러 숄로부터 무력을 철수한다는 것이었다(Wikipedia, 2014a). 그런데 아쉽게도 중국은 그 협약을 지금까지 제대로 준수하지 않고 있는 상황이다. 다시 말해 중국은 스카버러 숄 인근해역에 여전히 군사력을 그대로 유지하고 있다는 점이다.[134] 이러한 중국의 태도에 대해 필리핀 아키노 대통령은 독일 나치의 체코슬로바키아 합병에 중국 정부를 비유하면서 맹비난한 바 있다(Bradsher, 2014).

또한 필리핀 정부는 스카버러 숄 인근해역에서 보이는 중국의 일방적 행동을 우려하며 대응책 마련에 고심하고 있기도 하다. 필리핀 외교부에 의하면 중국은 2012년 7월까지 스카버러 숄 입구에 장애물을 설치하였으며(Callar, 2012; Keating, 2012), 그 후 '중국 해양 감시 및 어업법 시행 지휘부'에 속하는 선박들이 분쟁지역인 스카버러 숄 근처에서 관찰되어 왔다는 것이다(Reyes, 2012). 뿐만 아니라 중국 정부 소속 선박들이 그 해역을 항해하는 필리핀 선박들을 쫓아냈다는 것이다(ABS_CBNnews.com, 2012). 따라서 필리핀 정부는 대응 차원에서 이러한 중국의 행태에 대해 '냉-대치국면(cold-standoff)'으로 묘사하면서 스카버러 숄에 선박을 재투입할 준비가 되어 있다고 엄포를 놓기도 하였다(Quismundo, 2012).

양국 간 긴장이 고조되는 가운데 최근 스카버러 숄 인근해역의 분위기는 마치 '힘센 수탉이 다리 한 쪽을 들고 날개를 펼친 채 먹이를 주워 먹고 있는 암탉의 주변을 맴돌고 있는 모습'과 같아 보인다. 이를테면 중국은 스카버러 숄 내에서 자국의 강력한 군사적인 힘을 유지하면서 비중국어선(non-Chinese fishing boats)의 경우 자국 정부로부터 승인을 받도록 하는 새로운 법을 마련하여 필리핀을 옥죄고 있으며, 필리핀은 이러한 중국의 조치에도 불구하고 직접적인 충돌을 피하면서 어업활동을 계속적으로 이어가고 있는 형국이다(Romero, 2014). 결국 스카버러 숄을 둘러싼 필리핀과 중국 간의 영유권 분쟁문제는 여전히 진행형이다.

---

134) 공동체정책연구원(Institute for Communitarian Policy Studies) 아미타이 에치오니(Amitai Etzioni) 원장은 중국의 (스카버러 숄 인근해역에) 지속적인 군사력의 유지는 결과적으로 미국의 전쟁준비를 덮어주는 '피그리프(fig leaf)'라고 비난하면서 최근 오바마 행정부가 펼치고 있는 '아태지역으로의 재균형 전략'에 대한 정당성을 확보해 주고 있는 것이라고 지적한다(Etzioni, 2014). 여기서 '피그리프'란 잘못된 것을 가려주는 가리개 또는 추한 것을 덮어주는 덮개 등을 의미하는 것으로 '은폐' '변장' 등으로 해석할 수 있다.

Ⅲ. 스카버러 숄에 대한 필리핀과 중국 간의 영유권 주장의 근거

1. 필리핀의 영유권 주장의 근거

필리핀은 스카버러 숄에 대해 '지리적 근접성과 배타적 경제수역(EEZ)의 원칙'을 내세우고 있다. 스카버러 숄은 필리핀 수빅만의 서쪽으로 약 107해리(198km; 1해리=1.853km) 정도 떨어져 있으며, 가장 가까운 대륙/육지로는 약 119해리(220km) 정도의 거리에 있는 필리핀 루손섬 잠발레스의 팔라윅(Palauig)이다(DFA, 2012a). 반면에 중국은 스카버러 숄에서 가장 가까운 섬이 하이난다오(海南島)인데, 그 거리가 약 500해리(927km)나 떨어져 있다. 이렇다 보니 필리핀은 중국에 비해 지리적 인접성이 월등하며 또한 그 거리가 1982년 유엔해양법협약(UNCLS)에서 국제적으로 받아들여진 200해리(370.6km)의 EEZ 원칙에도 부합하다고 주장하고 있다.

또한 필리핀은 스카버러 숄에 대한 영유권 주장을 국제법에서 제시하는 '사법적 기준(the juridical criteria)'에 그 근거를 두고 있다는 점을 부각하기도 한다. 즉 필리핀은 국제법상 사법적 기준으로 스카버러 숄에 대한 '실효지배(effective occupation)'를 독립 이후 지속적으로 행사해 왔다는 점을 주장한다(Wikipedia, 2014b; DFA, 2012a).[135] 특히 미국이 수빅만을 해군기지로 활용한 당시만 하더라도 미 해군과 필리핀 해군은 '방위목적'으로 스카버러 숄을 활용하기도 했으며,[136] 1965년에는 8.3m의 국기게양대를 설치하여 필리핀국기를 게양하기도 했다는 것이다(DFA, 2012b). 1992년 미군이 철수하고 난 이후에도 필리핀 해군은 스카버러 숄에서 등대를 개축하고 이를 등대목록(the List of Lights)을 출판하는 국제해양조직(International Maritime Organization)에 보고했다고 주장한다(DFA, 2012b). 뿐만 아니라 필리핀 어민들은 스카버러 숄을 항상 자신들의 소유라고 생

---

135) 필리핀은 국제법상 '실효지배'에 대한 중요성을 국제사법재판소의 판례를 들어 스카버러 숄이 자국의 영토임을 강조하기도 한다. 이를테면 스페인과 네덜란드 간 영유권 분쟁지역이었던 팔마스섬(the Island of Palmas)의 경우, 스페인이 역사성을 내세워 영유권을 주장했지만 국제사법재판소는 네덜란드의 '실효지배'를 인정했다는 판례이다(Department of Foreign Affairs, 2012a).

136) 여기서 "스카버러 숄을 미국 해군과 필리핀 해군이 방위목적으로 활용했다."는 것은 미국 해군이 수빅만에 주둔하고 있을 때만 하더라도 미국 해군은 미국 해군대로 필리핀 해군은 필리핀 해군대로 이 숄을 전투훈련의 표적, 특히 전투기들의 사격훈련 표적으로 이용했다는 것을 의미한다.

각하고 그 인근해역에서 자주 어업활동을 해왔다는 것이다. 이와 같이 필리핀은 국제법상 '실효지배'의 중요성을 내세워 스카버러 숄이 자국의 영토임을 분명히 하고 있다.

특히 필리핀은 마르코스 행정부 당시였던 1978년 6월 11일 채택한 '대통령령 1599호'에 200해리까지 주권적 권리를 행사할 수 있다는 EEZ를 포함시켜 스카버러 숄과 스프라틀리군도(Spratly Islands)를 비롯한 남중국해 일부의 영유권을 주장하고 있다(Wikipedia, 2014b). 더욱이 2009년에는 아로요 대통령이 필리핀기선법(the Philippine Baselines Law)을 제정하여 스카버러 숄과 칼라얀군도(the Kalayaan Island Group)를 자국의 영토로 규정하여 선포하기도 하였다(박광섭, 2012a: 122-123).

2. 중국의 영유권 주장의 근거

중국은 스카버러 숄에 대한 '역사성'을 내세우고 있다. 역사적으로 스카버러 숄은 중국 어민들이 원나라 때부터 조업해 온 어장이라고 주장한다(Arches II, 2012; Wikipedia, 2014b). 또한 1935년 중화민국 정부시절 스카버러 숄은 자국의 영토라고 주장하는 중사군도(Zhongsha Islands; Macclesfield Bank)의 일부분으로 지도에 그려졌고, 1947년에는 스카버러 숄의 지명을 '민주초(民主礁)'로 바꿔 중국의 판도 안에 있었다는 것이다(Zou, 2005: 63). 그 후 줄곧 이 숄을 '민주초'로 부르던 중국이 '황옌다오'라는 지명으로 바꿔 부른 것은 1983년 '중국지명위원회'가 '황옌다오'를 정명(正名), '민주초'를 부명(副名)으로 바꾸고 나서부터라는 것이다(Zou, 2005: 62).[137]

---

137) 이와 같은 이유로 대만 역시 중국과 마찬가지로 스카버러 숄에 대한 영유권을 주장하고 있다. 대만 정부는 스카버러 숄의 중요한 이해당사국으로서 자국을 소외시키고 독단적으로 분쟁을 해결하려는 것을 좌시하지 않겠다는 입장이며, 특히 필리핀의 영유권 주장은 받아들일 수 없다면서 비난을 쏟아내고 있는 상황이다(Zou, 2005: 62).

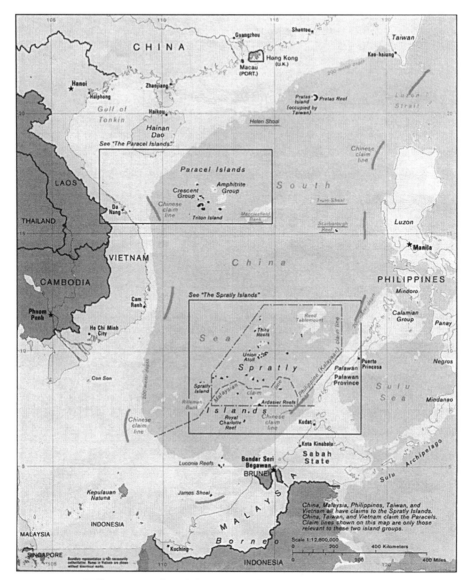

〈그림 9-1〉 중국이 주장하고 있는 남해구단선(nINE-dOTTED lINE)

출처: https://upload.wikimedia.org/wikipedia/commons/thumb/c/ce/9_dotted_line.png/800px-9_dotted_line.png(검색일: 2021. 1. 29)

〈참고〉 남해구단선: 남중국해 주변을 따라 그은 9개 점선

중국의 스카버러 숄에 대한 영유권 주장의 또 다른 근거는 '남해구단선(南海九段線; nine-dotted line)'에서 찾을 수 있다. '남해구단선'은 남중국해 주변을 따라 그은 9개의 점선으로, 이를 이으면 알파벳 U자 모양이어서 'U형선(u-shape line)'이라고 한다. 본래 남해구단선의 원형은 1947년 중화민국 국민당정부에 의해 최초로 제작된 지도에 담겨서 출판된 '남해십일단선(eleven-dotted line)'이라는 것이다(Lague, 2012). 그런데 1949년 중국 공산당이 정권을 잡은 후 11단선은 저우언라이의 승인을 받아 9단선으로 수정되어 현재까지 오고 있는 것으로 중국은 주장한다(Brown, 2009). 중국 정부가 제시하고 있는 '남해구단선'은 스프라틀리군도(Spratly Islands; 南沙群島), 파라셀군도(Paracel Islands; 西沙群島), 스카버러 숄(Scarborough Shoal; 황옌다오; 黃巖島) 등 남중국해의 80% 이상을 차지하고 있어서 이 해역을 자국 영토로 주장하는 것이다.138) 그러다보니 스카버러 숄에 대한 영유권 주장은 중국의 입장에서는 당연한 것으로 여겨지고 있다.

더욱이 중국은 2012년 7월 24일 하이난성 난사군도(南沙群島) · 시사군도(西沙群島) · 중사군도(中沙群島; Macclesfield Bank) 사무소를 폐지하고 이를 통합해 시 단위의 싼사시(三沙市)를 설립하였다(Olesen, 2012). 이는 중국이 스카버러 숄을 포함한 남중국해의 행정관리를 강화하고 본격적인 실효지배를 실시함은 물론, 효율적으로 영유권을 주장하려는 의도가 실려 있는 것으로 분석된다.

---

138) 그런데 문제는 중국이 남중국해와 관련하여 '남해구단선을 어떻게 만들게 되었는지'에 대한 구체적이고 충분한 자료를 제시하지 못하고 있다는 점이다. 특히 이러한 시각은 중국 내부 대부분의 중국인 전문가들을 제외한 국제문제 전문가들의 일반적 견해이기도 하다. 하물며 위키리크스가 2008년 9월 출판한 미국 외교 케이블에 의하면, 중국 주재 미국대사관은 해양법 전문가이면서 중국 고위 관료인 인웬켕(Yin Wenqiang)이 '남해구단선'의 역사적 근거에 대하여 솔직히 잘 모르겠다는 점을 '인정했다'고 보고한 바 있다(Lague, 2012).

Ⅳ. 필리핀과 중국 간의 분쟁해결 접근방식의 차이

1. 필리핀: 아이디얼폴리틱 접근방식 선호

필리핀은 스카버러 숄 영유권 분쟁을 해결하기 위해 '아이디얼폴리틱 접근방식(Idealpolitik Approach)'을 선호하고 있는 것으로 파악된다. 아이디얼폴리틱 접근방식이란 '이상주의정치를 통한 접근방식'을 의미하는 것으로서 '국제사회'라는 것은 본질적으로 —인간의 '이성'과 '양심'에 호소하여— '선'과 '윤리/도덕'이 지배하는 공동체이어야 한다는 '정직성'을 강조하고 있으며, 더 나아가 그러한 공동체를 구현하기 위해서는 "국가(인간의 공동체)가 어떻게 행동해야 하는가 또는 행동하지 않아야 하는가"라는 '당위성'에 입각하여 국제문제를 접근하려는 국제정치학 전통이론 중의 하나이다(박광섭, 2012b: 21-22; 김순규, 1997: 57-58).[139] 따라서 필리핀 정부는 스카버러 숄 영유권 분쟁 당사국인 중국 정부가 이성과 양심적 판단에 의거하여 행동해 주길 바라고 있으며, 더 나아가 좁게는 동남아지역 넓게는 아태지역의 평화와 안정을 위해 무력 사용을 최대한 자제해 줄 것을 요구하고 있는 것이다.

특히 필리핀 정부는 막강한 하드파워(hardpower; 군사력과 경제력 등)를 앞세운 중국에 맞서 스카버러 숄 영유권 분쟁해결을 위한 아이디얼폴리틱(이상주의 정치)의 일환으로 단계별 접근방안을 원칙적으로 제시하고 있다. 1단계로는 무력행위 자제를 통한 이성적/도덕적 접근방안을, 2단계로는 국제공조를 통한 다자적 접근방안을, 3단계로는 국제해양법재판소(ITLOS) 회부를 통한 국제법적 접근방안을 제시하고 있다. 이를 좀더 구체적으로 살펴보면 아래와 같다.

첫째, 필리핀은 스카버러 숄 영유권 분쟁해결을 위해 무력행위 자제를 통한 이성적/도덕적 접근을 시도하고 있다. 대표적인 사례로는 스카버러 숄을 둘러싼 중국과의 대치국면이 이어지던 가운데 무력충돌만은 반드시 피해야 한다는 명분을 내세워 필리핀 아키노 대통령이 취했던 조치, 즉 2012년 5월 18일 중국 측을 향해

---

139) 아이디얼폴리틱(Idealpolitik) 접근방식은 본문에서도 언급한 바와 같이 인간의 이성적 사고와 행동에 호소함으로써 국제협력을 통한 무력충돌의 사전 방지와 국제분쟁의 평화적 해결을 국제정치의 본질로 보고 있으며, 국제사회의 평화실현을 위해 기존 국제질서의 개혁과 국제법 및 초국가적 기구의 설립을 요구한다. '아이디얼폴리틱'을 주장하는 학자로는 프리드리히(Carl J. Friedrich), 클라우드(Inis L. Claude) 등이 있다(박광섭, 2012b: 21-22; 김순규, 1997: 57-58).

항의 차원에서 어업선단을 이끌고 스카버러 숄 해역으로 들어가려 했던 자국의 예비역 해군 대령 출신 니카노르 펠던(Nicanor Faeldon)의 행동계획을 무산시켰던 일을 들 수 있다(Quismorio, 2012). 당시 펠던은 어업선단을 이끌고 들어가 스카버러 숄에 필리핀 국기 게양을 고려했던 것으로 알려져 양국 간 무력충돌의 가능성에 무게가 실리기도 했다. 필리핀의 분쟁해결을 위한 이성적 접근에도 불구하고 중국은 스카버러 숄이 자국영토라며 일방통행식 행보로 일관하고 있는 것으로 보인다. 이를테면 필리핀 군부는 2014년 2월 24일 스카버러 숄 인근해역에서 중국 해양경비선이 필리핀 어선을 향해 물대포를 발사했다고 밝혔다(Keck, 2014). 이와 관련 필리핀 엠마누엘 바우티스타(Emmanuel Bautista) 참모총장은 이 지역에서 양국 간 대립이 심화되는 것을 바라지 않는다고 언급함으로써 중국 측이 더이상 비이성적 태도를 보여서는 안 된다는 점을 강조했다. 더욱이 필리핀 정부는 최근까지도 스카버러 숄 영유권 분쟁해결을 위해 아이디얼폴리틱 접근방식을 선호하는 또 다른 조치를 취하고 있는 것으로 파악된다. 이를테면 2014년 10월 4일 아키노 대통령은 상원 예산청문회에서 스카버러 숄 인근 해역인 스프라틀리군도(난사군도)의 활주로 개보수 사업을 포함한 분쟁도서에서 군사시설 개발행위를 전면 중단하도록 지시하였다(Mogato, 2014). 이것은 스카버러 숄을 포함한 남중국해 영유권 분쟁문제를 국제해양법재판소(ITLOS)에 의해 해결하려는 필리핀의 도덕적 입지 강화조치로서 전형적인 아이디얼폴리틱 접근방식의 사례로 해석될 수 있다.

둘째, 스카버러 숄 영유권을 둘러싼 중국과의 분쟁과 관련하여 아이디얼폴리틱의 일환으로 필리핀 정부가 제시한 두 번째 접근방안은 국제공조를 통한 다자적 접근의 시도이다. 필리핀의 다자적 접근의 시도는 우선 아세안(ASEAN)의 틀을 활용하여 스카버러 숄 영유권 분쟁문제를 해결하려 하는 것이다. 즉 필리핀은 2002년 아세안이 중국과 함께 합의한 '남중국해 당사국 행동선언(DOC)'의 전면적 이행과 분쟁지역 내 무력사용 금지 등을 국제법적으로 강제할 수 있는 '남중국해 행동수칙(COC)'의 신속한 제정을 지속적으로 촉구하고 있다.140) 이를

---

140) 아세안은 남중국해 분쟁 악화를 막으려고 2002년 중국과 정치적 선언의 성격을 지닌(법적 강제성 없는) '남중국해 당사자 행동선언(DOC; Declaration on the Conduct of Parties in the South China Sea)'를 채택한 데 이어 법적 구속력을 갖춘 '남중국해 행동수칙(COC; A Code of Conduct in the South China Sea)' 체결을 추진 중이나 진전을 보지 못하고 있다. 사실상 DOC는 남중국해 문제 해결을 위한 최종원칙 또는 행동강령을 포함하고 있는 것이 아니라 다음 단계를 위한 중간적

테면 아키노 대통령이 2011년 중국을 공식 방문했을 때 후진타오 국가주석과의 정상회담에서도 남중국해 영유권 분쟁문제는 DOC를 실현시키는 차원에서 그 해법을 찾아야 한다고 강조했으며(박광섭, 2012a), 아세안 정상회담이 열릴 때마다 지속적인 평화 유지를 위해 DOC를 엄수하도록 대책을 강구하는 한편 남중국해 분쟁 해결을 목적으로 법적 구속력을 갖춘 COC의 조기 체결을 위해 아세안 지도 자들의 협력을 강조하고 있다(DFA, 2013a; 2013b; Gutierrez, 2014). 뿐만 아니라 아 키노 대통령은 2014년 5월 제24차 아세안 정상회담(미얀마 네피도) 참석 전 성명을 통해 "역내 다른 나라에도 영향을 미치는 현안을 푸는 데 필리핀과 중국 간의 대화만으로는 충분하지 않다."고 함으로써 남중국해 스카버러 숄 영유권 분쟁문 제에 대한 해결방안으로 양자적 접근이 아닌 다자적 접근의 중요성을 강조하기 도 했다(Teves, 2014). 또한 필리핀은 중국과 남중국해 영유권 분쟁을 빚고 있는 아세안 내 베트남, 말레이시아, 브루나이 등 '4개 당사국 합동회의'를 주도하여 다자적 접근을 시도하기도 하였다. 사실상 이 합동회의는 2012년 11월 제22차 아세안 정상회담(캄보디아 프놈펜) 당시 아키노 대통령의 요청에 의해 이루어진 것이었다. 특히 필리핀은 베트남과 함께 중국의 남중국해 영유권 공세에 대해 깊은 우려를 표명하고 공조대응 방침을 분명히 했다. 이를테면 아키노 대통령은 2014년 5월 21일 응웬 떤 중(Nguyen Tan Dung) 베트남 총리와 마닐라에서 정상회 담을 갖은 후 "양국이 같은 해양국가면서 아세안 동료 회원국으로서 동일한 도전 에 직면하고 있는 만큼 상호 지속적으로 공조하면 해양자원을 제대로 지킬 수 있을 것."이라고 밝혔다(Vu, 2014).141) 더 나아가 필리핀은 2012년 4월 스카버러 숄 영유권 분쟁이 발생하고 난 이후 중국의 전방위 공세에 대한 대응방안으로 세계 최강 미국과 동아시아지역 강자 중의 하나인 일본을 끌어들여 '힘의 균형'을 맞춰 보려는 균형전략적 차원에서 국제공조를 시도하고 있다.142) 또 다른 한편

역할의 기능을 가지는 것으로 평가되고 있다. 반면에 COC는 남중국해에서 유엔 해양법 준수, 상호 불가침, 내정간섭 금지, 분쟁의 해소절차 구축 등의 내용을 포함할 것으로 보인다.

141) 응웬 떤 중(Nguyen Tan Dung) 베트남 총리는 중국의 최근 공세가 국제법 위반이자 극히 위험한 상황을 야기하고 있다는데 양측이 인식을 같이했다고 밝혔으며, 특히 중국이 파라셀군도(베트남명 호앙사, 중국명 시사군도) 부근에서 원유 시추를 추진하고 주변에 선박을 배치하는 것은 베트남의 대륙붕과 배타적 경제수역(EEZ)를 심각하게 침범하는 것으로 유엔해양법협약(UNCLOS)에도 위배 되는 행위라고 비난했다.

142) 현실적으로 군사적 열세인 필리핀은 최근 스카버러 숄 영유권 분쟁과 관련하여 미국과 일본의 개 입을 요구하고 있으며, 이를 통해 중국을 견제하려는 전략을 펼치고 있는 것도 사실이다. 미국의 경우 두 가지의 전략적 판단 ―'아태지역으로의 재균형정책' 차원에서 필리핀을 중심거점으로 활

274

아키노 행정부는 아태지역의 유일한 다자안보협의체의 성격을 지닌 ARF와 동아시아 포괄적 대화협의체의 성격을 지닌 EAS 등에서 영향력을 갖추고 있는 미국, 일본 등과 국제공조를 통해 중국에 대응하려는 전략적 의도를 지니고 있기도 하다.[143] 실제로 미국은 2012년 7월 캄보디아 프놈펜에서 열린 제19차 ARF에서 남중국해 이해당사국으로 구성된 아세안이 이미 합의한 유엔해양법협약(UNCLOS)을 토대로 스카버러 숄과 같은 사태를 해결해야 한다는 COC를 중국이 받아들일 것을 촉구함으로써 필리핀의 입장을 지지하고 그 공조를 공개적으로 과시하기도 했다(Jung, 2012). 뿐만 아니라 2014년 8월 미얀마 네피도에서 열린 제21차 ARF에서는 필리핀과 미국이 "남중국해 지역에서 긴장을 고조시킬 수 있는 활동을 중단하자."고 한 목소리를 내기도 했다(Richards, 2014). 또한 2012년 11월 캄보디아 프놈펜에서 개최되었던 EAS에서는 필리핀-베트남-미국-일본이 연합을 이루어 대중국 포위전선을 형성해 중국의 패권주의를 규탄하기도 하였다(Symonds, 2012). 2014년 11월 미얀마 네피도에서 열렸던 EAS에서도 필리핀은 미국, 일본 등 영향력을 갖춘 국가들과 공조를 통해 중국의 남중국해 영유권 강화 행보를 견제하기도 했다(NHK, 2014). 이와 같이 아키노 행정부는 ARF, EAS 등 다자간 접근이 가능한 '대화의 틀' 내에서 스카버러 숄 영유권 분쟁문제를 평화적으로 해결해 보려는 노력을 지속하고 있으며, 이러한 필리핀의 접근은 아이디얼

용할 가치가 있다는 판단과 종국적으로는 21세기의 새로운 라이벌국인 중국의 세력 확장을 견제하려는 판단— 에서 아키노 행정부의 요구를 긍정적으로 받아들이고 있는 상황이다(박광섭, 2013: 48-49). 사실상 필리핀과 미국은 1951년 '상호방위조약(MDT)'에 의거 오랜 전통적 안보협력관계를 유지해 온 것을 고려해 볼 때 스카버러 숄 영유권 분쟁으로 인해 필리핀이 중국으로부터 무력공격을 받을 경우 미국의 군사적 지원이 이루어질 가능성이 높다고 보여 진다. 또한 아키노 행정부는 중국의 군사력을 견제하기 위해 최근 아베 총리의 재무장을 지지한다는 입장을 밝혀 일본과의 공조에도 나선 상황이다. 이를테면 알베르트 델 로사리오 필리핀 외교장관은 영국 '파이낸셜 타임스' 인터뷰에서 "우리는 일본이 평화헌법을 개정해 재군비에 나서는 것을 매우 반기고 있다. 우리는 이 지역에서 힘의 균형을 맞출 요소를 찾고 있고, 일본은 세력 균형에 중요한 요소가 될 수 있다."고 밝혔다(Avendano, 2012). 이는 필리핀이 스카버러 숄을 둘러싸고 중국과 첨예한 마찰을 빚은 뒤 일본에게 중국을 견제하는 역내 '세력균형자'의 역할을 기대하고 있는 것으로 해석된다. 또한 이 같은 아키노 행정부의 입장 속에는 필리핀이 2차 세계대전 때 일본군에게 받은 아픔보다 최근 중국의 압박에 더 큰 우려를 갖기 시작했음을 보여주는 좋은 사례라고 볼 수 있다.

143) ARF(ASEAN Regional Forum)는 1994년 7월 방콕에서 출범하여 2015년 현재 27개국(아세안 10개국, 동티모르, 미국, 캐나다, 호주, 뉴질랜드, 일본, 한국, EU, 중국, 러시아, 북한, 몽골, 인도, 파키스탄, 방글라데시, 스리랑카, 파푸아뉴기니아)의 회원국으로 이루어져 있다. 또한 EAS(East Asia Summit)는 2005년 11월 쿠알라룸푸르에서 처음으로 16개국(아세안 10개국, 한국, 중국, 일본, 인도, 호주, 뉴질랜드) 정상이 만나 출범되었으며, 2010년 10월 미국과 러시아가 정회원국 자격을 얻게 됨으로써 2015년 현재 18개국으로 구성되어 매년 개최되고 있다.

폴리틱의 전형이라고 볼 수 있다.

셋째, 필리핀이 스카버러 숄 영유권 분쟁 해결을 위해 아이디얼폴리틱의 일환으로 제시하고 있는 마지막 3단계 접근방안은 국제해양법재판소(ITLOS) 회부를 통한 국제법적 접근을 시도하는 것이다.[144] 아키노 행정부는 2013년 1월 22일 중국과 벌이고 있는 남중국해 영유권 분쟁문제를 유엔 국제해양법재판소에 단독으로 중재를 요청했다. 당시 알베르트 델 로사리오 필리핀 외무장관은 마커칭(Ma Keqing) 필리핀 주재 중국대사를 소환해 남중국해 영유권 분쟁문제를 ITLOS에 회부하겠다는 내용의 구술서를 전달하기도 했다(AFP, 2013). 결국 이것은 필리핀이 중국 측에서 남중국해 영유권 주장의 근거로 삼고 있는 '남해구단선'의 유효성 여부를 국제무대인 ITLOS에서 따져 보겠다는 의도로 해석된다. 한편, ITLOS는 분쟁심리를 위한 재판부 구성을 마쳤다고 필리핀 측에 통보했다. 재판부는 독일(Judge Rüdiger Wolfrum)과 스리랑카(Judge Chris Pinto), 프랑스(Judge Jean-Pierre Cot), 폴란드(Judge Stanislaw Pawlak), 네덜란드(Judge Alfred Soons) 등 5개국 판사로 구성되었으며, 재판장에는 스리랑카 출신의 크리스 핀토(Chris Pinto) 판사가 선임되었다는 것이다(Casauay, 2013). ITLOS의 필리핀 정부를 향한 재판부 구성 통보는 중국 측에서 남중국해 영유권 분쟁해결을 위한 국제재판을 거부하더라도 ITLOS는 관련 절차를 밟아 강행하겠다는 것으로 해석될 수 있다. 더욱이 아키노

---

144) 국제해양법재판소(International Tribunal for the Law of the Sea; ITLOS)는 1982년 12월 10일 체결된 유엔해양법협약(UNCLOS)에 의거 1996년 10월 창설된 것으로 해양법 적용 및 해석에 관한 분쟁을 평화적 수단으로 해결하기 위한 목적을 지니고 있다. ITLOS는 독일 함부르크에 위치해 있으며, 2015년 현재 160+1개(EU)의 당사국으로 구성되어 있다(Wikipedia, 2015b). 일반적으로 1945년 창설된 국제사법재판소(ICJ)가 독도처럼 영토 영해를 둘러싼 분쟁을 다루는 반면에 국제해양법재판소(ITLOS)는 EEZ 등 그 밖의 해상 분쟁을 다루지만 그 구분은 명확하지 않다. 양자의 가장 큰 차이는 제소방식인데 ICJ는 분쟁당사국 쌍방 간의 동의가 반드시 필요하지만, ITLOS는 쌍방 중 어느 한 일방만으로도 제소가 가능하다는 점이다. 단 당사국이 강제관할권 배제선언을 할 경우 ITLOS에서 소송을 받아들이지 않을 수도 있다는 것이다(이 부분은 국제법 전문가들 간 이견이 있다. 즉 ITLOS가 소송을 받아들일 수도 있다고 주장한다). 여기서 '강제관할권 배제선언'이란 당사국이 유엔해양법협약상의 강제분쟁 해결절차에 회부되지 않도록 (이를 배제하기 위해) 선언서를 유엔 사무총장에게 제출하는 것을 의미한다. 2013년 1월 22일 필리핀 아키노 행정부가 남중국해 영유권 분쟁 문제를 국제해양법재판소(ITLOS)에 단독으로 제소한 것과 관련하여 중국의 입장이 관심거리인데, 중국은 2006년 자국의 영유권 주장으로 야기되는 분쟁타결에서 해양법협약의 간섭을 받지 않겠다고 선언했다는 것이다. 따라서 중국은 필리핀이 ITLOS에 남중국해 스카버러 쇼울 영유권 문제를 회부하더라도 이를 인정하지 않을 것이라고 주장한다. 문제는 ITLOS가 중국 측의 주장을 받아들일 것인가가 관건인데 최근 ITLOS는 중국 측의 주장을 받아들이지 않은 것으로 파악된다. 즉 ITLOS는 남중국해 스카버러 쇼울 영유권 분쟁 문제를 심리하기 위한 재판부 구성을 마치고 이를 필리핀 측에 통보했기 때문이다.

행정부는 2014년 3월 30일 남중국해 분쟁도서에 대한 자국의 권리 주장을 뒷받침하는 방대한 분량의 의견서를 ITLOS에 공식 제출하기도 했다. 알베르트 델 로사리오 필리핀 외무장관은 중국과의 영유권 분쟁과 관련한 필리핀 정부의 의견과 증거를 담은 4천 쪽 분량의 의견서를 ITLOS에 전송했다고 밝혔다(DFA, 2014). 이것은 필리핀 측이 스카버러 숄을 포함한 남중국해 영유권 분쟁문제를 당사국 간의 직접대화가 아닌 ITLOS 심리를 통해 국제법적으로 접근하여 해결의 실마리를 찾아보겠다는 강한 의지로 해석된다. 다시 말해서 필리핀 정부는 ITLOS 심리를 통한 국제법적 접근을 시도함으로써 남중국해의 약 80%에 달하는 해역에 대한 권리를 내세우는 중국 측의 주장과 스카버러 숄 등 분쟁도서 점거행위가 국제법상 '무효'이며 유엔해양법협약(UNCLOS)과도 배치된다는 자국 측 주장의 정당성을 확인받고자 하는 외교적 행위로 분석된다.

2. 중국: 리얼폴리틱 접근방식 선호

중국은 스카버러 숄 영유권 분쟁을 해결하기 위해 '리얼폴리틱 접근방식'을 선호하고 있는 것으로 파악된다. 여기서 리얼폴릭틱 접근방식이란 '현실주의정치를 통한 접근방식'을 의미하는 것으로서 인간은 본질적으로 '권력'에 대한 욕구를 지니고 있다는 전제하에 국가(인간의 공동체) 또한 '권력/힘'과 '이익'을 추구할 수밖에 없다 ―국력(national power)과 국가이익(national interests)에 대한 필연성― 는 것이며, 이러한 논리적 전개로 말미암아 "국제사회란 '권력/힘'이 무한하게 전개되는 공동체"이며, "국제사회의 기본적 분석단위인 '국가(nation-state)'가 실제로 어떻게 행동하는가?"라는 '사실성'에 입각하여 국제문제를 접근하려는 국제정치학 전통이론 중의 하나이다(박광섭, 2012b: 23-24; 김순규, 1997: 58-62).[145] 따라

---

145) 리얼폴리틱(Realpolitik) 접근방식은 '힘의 정치(power politics)'로서 다음과 같은 것을 강조한다. 첫째, 정치의 본질은 '힘을 위한 투쟁(struggle for power)'이며, 그러다 보니 '국제정치'라는 것은 '국력을 둘러싼 투쟁'이라는 것이다. 둘째, 국가 간의 관계에서 중심적 개념은 '힘(파워)으로서 정의되는 국가이익(national interest defined as power or defined in terms of power)'이며, 가장 필수적인 이익은 '국가안보(national security)'라는 것이다. 셋째, '힘(파워)를 위한 투쟁'이 전개되는 국제사회에서 상대적이긴 하지만 안전과 평화를 보장하는 조정원리는 '힘의 균형/세력균형(balance of power)'이라는 것이다. 이는 역설적으로 '힘의 균형'이 무너지면 '힘이 강한 자(강자)'가 '힘이 약한 자(약자)'를 지배하거나 영향을 주려고 하는 것으로 해석될 수 있다. 넷째, 리얼폴리틱에서는 '외교'란 파워(힘)를 저울질 하는 것이다. 그러다 보니 이 또한 '파워가 강한 자(강자)'는

서 중국 정부는 최근 군사력, 경제력 등 막강한 '하드파워'를 앞세워 '국가이익'의 최대 관심사를 의미하는 일명 '핵심이익(core interest)'으로 남중국해 영유권 문제를 지목하고 철저한 '자국중심주의'에 입각하여 필리핀은 물론, 분쟁당사국들과의 분쟁해결 과정에서 우위를 점유하기 위해 거침없는 행보를 이어가고 있다. 특히 남중국해 80% 이상을 자국 영토로 규정하는 '남해구단선' 논리를 비롯하여 싼사시(三沙市; Sansha City)를 설립하고 스카버러 숄을 포함한 남중국해 행정관리를 강화하면서 본격적인 '실효지배'를 주장하는 배경에는 중국의 '국력'이 뒷받침되기 때문에 가능한 것으로 분석된다.

스카버러 숄을 포함한 남중국해 영유권 분쟁문제와 관련하여 중국은 리얼폴리틱의 일환으로 크게 세 가지의 접근방식을 취하고 있는 것으로 보인다. 즉, 중국은 첫째, 강자에게 유리한 1 대 1 양자적 접근, 둘째 아세안 개별 회원국을 각개격파 식으로 접근하는 분열전략, 셋째 실력행사를 할 수 있는 제해권(制海權) 장악 등을 시도하고 있다. 이를 좀더 구체적으로 살펴보면 아래와 같다.

첫째, 중국은 스카버러 숄을 포함한 남중국해 분쟁해결을 위해 당사국 간 직접대화, 즉 1 대 1 양자적 접근을 선호하고 있다. 사실상 '1 대 1 양자적 접근'이란 국제관계(국가와 국가의 관계)에서 상대적 강자에게 유리할 가능성이 높다. 중국은 이를 최대한 활용하는 것이다. 즉 중국은 필리핀(다자적 접근 선호)에 비해 상대적으로 강자의 위치에 놓여 있으며, 이를 활용하여 스카버러 숄 영유권 분쟁문제를 해결하려고 하는 것이다. 이런 측면에서 중국은 최근 필리핀이 스카버러 숄 분쟁과 관련하여 제시한 3단계 접근방안을 사실상 거부했다고 볼 수 있다. 이를테면 필리핀 주재 중국대사 자오 지안화는 2014년 9월 30일 마닐라에서 열린 중국인민공화국 건국 65주년 행사에 참석, 연설을 통해 "중국은 남중국해에서 긴장을 과장하거나 쟁점화하는 것을 지지하지 않으며, 직접적인 분쟁당사자 간의 양자협상을 통해 사태를 해결해야 한다."고 말했다(Bauzon, 2014). 뿐만 아니라 중국 정부는 국제재판을 통해 스카버러 숄 분쟁문제의 해결점을 찾자는 필리핀 측의 요구를 사실상 거부했다고도 볼 수 있다. 이 거부의 배경에는 역시 강자의 입장에서 당사국 간 직접대화를 통해 해결해 보려는 중국 측의 의도가 있는 것으로 보이

'파워가 약한 자(약자)'를 외교적으로 고립시키려는 기술적 행위를 할 수 있는 것으로 해석될 수 있다. '리얼폴리틱'을 주장하는 학자로는 모겐소(Hans Morgenthau), 케난(G. f. Kennan), 키신저(Henny A. Kissinger) 등을 들 수 있다(박광섭, 2012b: 23-24; 김순규, 1997: 58-62).

며, 이와 같은 의도는 중국 외교부 대변인 홍레이의 언급에서도 잘 나타난다. 이를테면 2013년 1월 필리핀 정부가 스카버러 숄 영유권 분쟁문제를 유엔 국제해양법재판소(ITLOS)에 단독으로 중재를 요청하고 난 이후 중국 외교부 홍레이 대변인은 "중국은 난사군도와 그 부속 도서의 주권을 주장할 수 있는 법률적/역사적 근거가 있으며, 필리핀의 행동은 당사국 간 대화와 협상으로 영토분쟁을 해결하자는 중국과 아세안과의 약속을 지키지 않는 것."이라고 밝혔다(Jay, 2013). 또한 그는 "중국은 안정적인 양국관계와 남중국해 지역의 평화와 안정이라는 큰 틀에서 이 지역의 협력을 위해 노력해 왔고, 양자 간의 직접적인 대화를 분쟁해결의 원칙으로 주장해 왔다."고 강조했다(Jay, 2013). 더욱이 필리핀 정부가 2014년 3월 30일 남중국해 분쟁도서에 대한 자국의 권리주장을 뒷받침하는 방대한 분량의 의견서를 국제해양법재판소(ITLOS)에 제출하자 중국 정부는 남중국해 영유권 분쟁을 둘러싸고 필리핀이 주도하는 국제중재안을 수용할 의사나 재판절차에 참여할 의사조차도 없음을 밝혔다. 중국 외교부는 2014년 12월 7일 '남중국해 관할권 문제에 대한 필리핀의 중재안 제출에 관한 중국 정부의 입장'이라는 제목의 문건을 발표해 "해당 중재안을 수용하지도, 재판절차에 참여하지도 않을 것"이란 입장을 분명히 했다(The Chinese Foreign Ministry, 2014). 이것은 현실적으로 힘의 논리에서 유리한 중국 측이 국제법적 분쟁해결 방식이 아닌 자국중심주의에 입각하여 필리핀과 1 대 1 담판을 통해 스카버러 숄 영유권 분쟁문제를 해결해 보려는 것으로 해석된다.

둘째, 중국은 남중국해 영유권 분쟁과 관련하여 아세안과 미국과의 관계를 갈라놓으면서 동시에 아세안 개별 회원국을 각개격파 식으로 접근하는 분열전략을 펼치고 있다. 중국의 분열전략은 미국이 아세안과 공동으로 스카버러 숄을 포함한 남중국해 영유권 분쟁문제를 해결하려 하자 이들의 관계를 갈라놓으면서 아세안 개별 회원국을 '친중세력'과 '반중세력'으로 구분하여 관리하는 것이다. 실제로 중국 외교부장 왕이는 2014년 8월 10일 미얀마 네피도에서 개최되었던 제21차 ARF에서 "중국과 아세안은 남중국해의 평화와 안정을 유지할 수 있는 능력과 지혜가 있다."면서 이 문제는 중국과 아세안 간에 해결해야 할 사안이지 미국이 나설 문제가 아니라는 점을 거듭 강조했다(AFP, 2014). 그는 그 다음날 중국 외교부 홈페이지의 발표문을 통해 "일부 역외 국가가 앉으나 서나 불안해하면서 긴장을 과장하는 것은 무슨 의도인지, 설마 이 지역을 더 혼란스럽게 하려는 것은 아닌지 모르겠다.”면서 “역외 국가가 이곳에 와서 함부로 이러쿵저러쿵하는 데 대해 반대한다.”고 못박았다(Ministry of Foreign Affairs of the People's Republic of China, 2014). 이는 직접적인 분쟁당사국이 아닌 미국이 남중국해 영유권 문제를 간섭하는 것에 대해 더이상 묵과할 수 없다는 중국의 입장을 분명히 한 것이며, 이와 더불어 미국의 그와 같은 행위는 즉각 중단되어야 한다는 점을 촉구한 것으로 볼 수 있다. 더욱이 이 발표문은 남중국해 영유권 분쟁 해결을 위해 역외 국가인 미국과 역내 다자적 틀을 갖춘 아세안과의 공조 움직임을 견제하려는 중국 측의 의도도 들어가 있는 것으로 해석된다. 또한 중국은 스카버러 숄을 비롯한 남중국해 도서 분쟁 해결을 위해 아세안에 대한 분열전략으로 접근하고 있는데, 그것이 가장 노골적으로 드러나기 시작한 것은 아세안 회원국 중 대표적인 친중 세력으로 분류되는 캄보디아가 2012년 순회의장국을 맡으면서부터이다. 이를테면 2012년 7월 9일 캄보디아 프놈펜에서 개최되었던 아세안외무장관회담(AMM)에서 필리핀과 베트남은 관례대로 의장국이 공표하는 아세안 각료회의 공동성명에 중국이 자국의 배타적 경제수역(EEZ)과 대륙붕을 침범한 사실을 구체적으로 언급할 것을 요구했지만 의장국이자 중국과 가까운 캄보디아가 이를 거부하고 나섰다(Thul, 2012). 이로 인해 회의는 지연되었고 결국 아세안 창립 45년 만에 처음으로 ‘공동성명’을 내놓지 못했다. 공동성명 채택이 무산되자 필리핀과 베트남은 순회의장국인 캄보디아를 강하게 비난함으로써 아세안 내 회원국 간 분열이 수면 위로 드러나기 시작했다. 특히 필리핀 외교부는 성명을 발표하고 “캄보디아가 스카버러 숄에 대한 어떤 언급에도 반대 입장을 굽히지 않아 공동성명이 나오지 못했다.”고 주장했다(Rappler.com, 2012). 이것은 캄보디아가 남중국해 영유권 분쟁은 당사자끼리 해결할 문제로 국제사회가 개입해서는 안 된다는 중국의 입장을 대변한 것으로 해석될 수 있다. 중국은 최근 몇 년간 캄보디아에 수십억 달러의 원조와 투자를 했으며 AMM이 캄보디아에서 개최되기 직전에 수족구병 확산 차단을 위해 의료진을 파견하기도 했다(Loy, 2012). 이것은 중국이 경제력을 앞세워 캄보디아를 자국의 우호적인 세력으로 만든 대표적인 사례로 볼 수 있다. 또한 2012-AMM에 이어 제19차 ARF가 개최되었는데, 여기에서도 필리핀과 베트남은 미국의 후원을 받아 중국을 견제하기 위한 조치로 분쟁지역 내 무력

사용 금지 등을 국제법적으로 강제할 수 있는 '남중국해 행동수칙(COC)'을 마련하려 하였으나 친중국 성향을 보인 태국·캄보디아·라오스·미얀마 등의 반대에 부딪혀 채택하지 못하고 마찰을 빚기도 하였다.[146] 당시 힐러리 클린턴 미국 국무장관은 "남중국해 분쟁에서 어떤 국가도 강압이나 공갈, 위협, 무력 등에 의해 분쟁을 해결해서는 안 된다."며 중국에 은근히 압력을 가하기도 했으며, 더욱이 "중국은 남중국해 행동수칙(COC) 협상에 적극 나서야 한다."고 촉구하면서 필리핀과 베트남을 막후에서 지원하기도 하였다(Jung, 2012). 이에 반해 중국 양제츠 외교부장은 "남중국해 자원 개발과 수색 및 구조 활동을 위한 중국과 아세안 간 해양협력기금 창설"을 제안하면서 여기에 "30억 위안(약 5,400억 원)을 출자하겠다."는 뜻을 밝혀 인접 국가들인 태국·캄보디아·라오스·미얀마를 회유하여 지지를 얻어내는 데 성공하기도 했다(Jung, 2012). 결국 중국의 조치는 아세안 회원국들 간 내부 분열을 초래하는데 한몫을 하기도 하였다. 아세안의 분열은 계속되었는데, 특히 센카쿠열도 영유권 분쟁당사국인 일본까지 가세하여 중국을 협공하는 양상이 벌어지기도 하였다. 다시 말해서 남중국해 영유권과 관련하여 2012년 11월 20일 캄보디아 프놈펜에서 개최되었던 제7차 EAS 내에서도 분쟁당사국인 필리핀과 베트남은 '아태지역으로의 재균형 전략'을 가속화하는 미국과 센카쿠열도 영유권에 휘말린 일본의 후원을 끌어내어 공조체제를 구축한 후 친중세력인 태국·캄보디아·라오스·미얀마 등에 맞섬으로써 아세안의 분열은 더욱 깊어지는 결과를 초래하기도 하였다. 더욱이 중국은 태국·캄보디아·인도네시아 등에 대해서는 전폭적인 경제지원에 나서는 반면 필리핀·베트남 등 영유권 분쟁을 겪는 국가에는 차관 회수 등 공세정책을 가속화하기도 하였다(Torode, 2012). 이와 같이 중국의 행보는 힘(경제력)을 이용해 아세안 내 개별 회원국 간의 분열을 유도하고, 더 나아가 스카버러 숄을 포함한 남중국해 영유권 분쟁 문제와 관련하여 다자적 틀을 갖춘 아세안의 역량을 약화시키는 전략적 접근을 시도하고 있는 것으로 파악된다.

---

146) 2012년 7월 12~13일 캄보디아 프놈펜에서 열렸던 ARF에서 남중국해 영유권 분쟁에 대한 아세안 회원국들의 입장은 서로 달랐다. 즉, 미국의 후원을 받고 있는 필리핀과 베트남은 중국의 영유권 행위를 강력히 견제할 필요가 있다고 주장하였으며, 친중국 성향을 보인 태국 캄보디아 라오스 미얀마는 남중국해 분쟁이 중국과 아세안 간의 협력을 저해해서는 안 된다는 중국의 입장을 대변하였으며, 그리고 인도네시아 말레이시아 싱가포르 브루나이는 중립적인 입장을 견지했다(Jung, 2012).

셋째, 중국은 스카버러 숄을 포함한 남중국해 영유권 분쟁과 관련하여 해상의 군사, 통상, 항해 등에 관한 '국가이익'과 '국가안보'를 위하여 실력행사를 할 수 있는 제해권 장악을 노리고 있다. 중국의 제해권 장악 움직임은 2012년 11월 정권교체를 단행한 제18차 당대회에서 잘 나타났다고 볼 수 있다. 당시 후진타오 국가주석은 개막식 업무보고 연설에서 '해양강국건설'을 역설했다. 후 주석은 "해양자원 개발능력을 제고하고 단호히 국가의 해양이익을 보호해 해양강국을 건설해야 한다."고 선언했던 것이다(Xinhua, 2012). 후 주석의 발언은 향후 중국이 고성장에 따른 막대한 자원 수요를 해결하고, 해양주권과 해상교통로를 장악하는 등 아시아 지역에서의 주도권을 확고히 다지기 위해서는 '해양'을 반드시 지배해야 한다는 판단에서 나온 것으로 분석된다. 중국의 '해양강국'에 대한 의지는 시진핑 중국 공산당 총서기가 중앙군사위원회 주석 취임 이후 첫 방문지로 필리핀을 비롯한 베트남 등 주변국과 영유권 분쟁을 벌이고 있는 남중국해의 군부대를 선택했던 것에서도 잘 드러난다고 볼 수 있다. 시진핑은 2012년 12월 광저우(廣州) 전구(戰區)의 해군 남해함대와 집단군, 광저우 군구기관, 선전과 주하이(珠海)의 전차부대 등을 찾았다(박일근, 2012). 특히 그는 해군의 '하이커우(海口)함'에 올라 남중국해를 항해하며 함포 사격훈련 등을 지켜봤다(박일근, 2012). 이것은 시진핑 주석 역시 남중국해 영유권 문제를 국가의 '핵심이익'으로 간주하고 필리핀을 비롯한 분쟁당사국들과의 분쟁해결 과정에서 상대적 우위를 점유하기 위한 전략적 차원에서 이루어진 공세적 행보로 해석할 수 있다. 시진핑 시대에 접어들면서 중국은 해양굴기(海洋崛起)전략을 더욱 본격화하고 있다. 2013년 2월 시진핑 주석은 정치국 집단학습을 주재하면서 "중국은 평화를 사랑하고 평화발전의 길을 견지할 것이지만 정당한 권익을 절대 포기할 수 없으며, 국가의 핵심이익은 더더욱 희생할 수 없다"고 언급하며 남중국해를 포함한 해양분쟁과 관련하여 주권확보의 중요성을 재강조했다(배준호, 2013). 이러한 점에서 스카버러 숄에 대한 필리핀의 실효지배를 무력화하려는 것은 중국 해양굴기의 첫 단추를 끼우는 것에 불과하다고 볼 수 있다. 중국은 이미 지난 10여 년간 항공모함 취역과 심해잠수정 탐사활동 등 군과 민간을 막론하고 바다에서의 영향력을 확대해왔다. 2012년 중국은 구소련의 미완성 항공모함을 개조한 랴오닝호를 취역시켰으며, 함재기인 '젠-15'의 항모 이착륙 비행에 성공했다(배준호, 2013). 최근에는 북해와 남해·동해 함대에 각각 중국형 이지스함인 '052C형 구축함'을 배치하는 등 대양해군의 길을 착실히 밟고 있다(배준호, 2013). 이것은 중국이 19세기 청일전쟁에서 패해 아시아의 제해권을 일본에게 내준 뒤 다시 개혁개방을 거쳐 '바다'로 나아가고 있다는 것을 반증해 주는 것이다. 중국의 제해권 강화는 미국의 '아시아 중시 정책(pivot to Asia)'과 '공해전(Air-sea battle) 독트린'에 맞서 추진해 온 '반접근-지역거부(Anti-Access or Area Denial; A2/AD)' 전략을 위한 선행 조치이기도 하다.[147] 본래 중국의 A2/AD전략은 아시아·태평양 지역에서 압도적인 전력을 보유하고 있는 미군의 영향력을 억제하고 중국군의 활동영역을 단계별로 넓히겠다는 것이다. 최근 스카버러 숄과 관련한 중국의 대필리핀 영유권 분쟁정책은 이러한 A2/AD 전략과도 맞물려 있는 것으로 볼 수 있다. 왜냐하면 중국은 자국의 산업시설 등이 위치한 연해부로부터 미군을 되도록 멀리 떼어 놓기 위한 A2/AD전략과 더불어 '통합과 헤지(hedge)'를 기본으로 한 미국의 대중전략을 거꾸로 활용하는 분쟁 유도 전략을 구사하고 있기 때문이다. 다시 말해 미국의 기본전략이 중국을 미국 주도의 국제질서에 끌어들이고(통합) 필리핀·한국·일본 등과 동맹을 통해 중국을 견제(헤지)하려는 것이라면, 중국은 필리핀·일본 등과의 (스카버러 숄, 센카쿠 열도 등에서) 영유권 분쟁을 통해 미국으로 하여금 중국과 '경제협력'을 택할 것인지 동맹국에 대한 '의리'를 택할 것인지에 대해 선택하도록 하기 때문이다. 또한 중국이 스카버러 숄을 포함한 남중국해 인근해역에 대한 영유권을 주장하고 있는 배경에는 그들의 해양팽창전략, 이른바 도련선(島連線; Island Chains)전략이라는 것이 있다. 중국의 도련선전략은 섬을 사슬처럼 이어 해양방위(maritime defense) 경계선을 만든 후 제해권을 장악한다는 것이다. 즉 중국은 2010년까지는 일본의 오키나와～대만～필리핀～남중국해～말레이시아를 잇는 제1도련선의 해양권을 확보하고, 2020년까지는 일본～사이판～괌～인도네시아를 잇는 제2도

---

147) 미국 국방부는 2012년 1월 5일 「미국의 글로벌 리더십 유지: 21세기 국방을 위한 우선순위(Sustaining U.S. Global Leadership: Priorities for 21st Century Defense)」라는 제목의 신국방전략지침(New Strategic Guidance for the Department of Defense)을 발표했다. 이 신국방전략지침은 도전적인 글로벌안보환경에서 미국이 수행해야 할 핵심적인 군사임무를 담고 있는데, 여기에는 특히 '아태 지역으로의 재균형 전략', 일명 '아시아 중시정책(pivot to Asia)'의 필요성이 강조되어 있다(박광섭, 2013: 41). 한편, '공해전(Air-sea battle) 독트린'은 주로 공군력과 해군력을 통합적으로 운용해 아시아에서 군사력 우위를 유지하려는 미군의 군사전략이다. 이 군사전략은 중요한 이해관계가 걸린 영토에 대한 미국의 접근을 막으려는 중국의 'A2/AD전략'을 무력화하겠다는 목적을 갖고 있다.

련선을 장악하며, 2040년에는 미 해군의 태평양・인도양 지배권을 저지한다는 전략을 세워 놓고 있다(Pedrozo, 2010). 이와 같이 스카버러 숄 영유권 분쟁문제와 관련하여 중국은 파워를 갖춘 대국으로서 남중국해 전역, 더 넓게는 태평양・인도양을 향해 접근하고 있으며, 특히 "파워/힘으로 정의되는 국가이익과 국가안보"를 위해 상대적으로 파워가 약한 소국인 필리핀을 대상으로 리얼폴리틱(realpolitik)을 펼치고 있는 것으로 분석된다.

필리핀 두테르테 집권 이후 동향

Ⅰ. 정치·사회동향

1. 정치분야: 두테르테 정부 출범과 국정운영상의 핫이슈

〈표 10-1〉에서 보는 바와 같이, PDP-Laban당 소속의 두테르테(Rodrigo Duterte)는 2016년 5월 대선에서 약 39%의 득표로 대통령에 당선되어 권력 기반을 구축하였다.

〈표 10-1〉 2016년 5월 9일 대선 결과

후보	Rodrigo Duterte	Mar Roxas	Grace Poe	Jejomar Binay	Miriam Defensor Santiago
정당	PDP-Laban[1]	Liberal	Independent	UNA[2]	PRP[3]
득표율	39.0%	23.5%	21.4%	12.7%	3.4%

[1]PDP-Laban: Philippine Democratic Party-Power of the Nation; 필리핀 집권당(the ruling political party in the Philippines).
[2]UNA: The United Nationalist Alliance
[3]PRP: People's Reform Party

그렇다면 두테르테 후보는 어떻게 필리핀 대통령으로 당선된 것인가? 그 주요 배경과 원인을 살펴보면 다음과 같다. 필리핀 국민들은 그동안 강력범죄가 빈번히 발생됨에도 불구하고 공권력이 제대로 작동되지 못하는 것에 대한 불만과 불안을 지니고 있었다. 이를테면 2015년도 상반기 88건의 범죄가 필리핀에서 발생했는데, 이 수치는 2014년도 상반기보다 무려 46%가 늘어난 것이었다. 이 중 살인·강간 등 강력범죄도 35건에 이르렀다. 필리핀통계청 자료에 의하면 인구 10만 명당 범죄 발생빈도가 2012년 226건에서 2014년 1004건으로 약 5배 정도 급격히 증가추세를 보였다. 또한 열악한 사법시스템과 경찰의 만연한 부패, 예를 들면 간단한 절도사건을 처리하는 데에도 몇 개월에서 몇 년까지 걸리는 시스템 때문에 범죄는 더욱 늘어나는 추세가 지속되었다. 두테르테는 바로 이러한 필리핀의 치안불안 문제를 부각시키며 그들의 마음을 사로잡아 제16대 대통령으로 당선된 것이라는 분석이 지배적이다.

두테르테 대통령의 국정운영상 핫이슈는 다음과 같다.

첫째, 범죄와의 전쟁(Duterte Crime Fighting Game; 6-Month Anti-Crime Plan): 두테르테의 공약 중 핵심은 취임 6개월 안에 범죄(마약, 살인, 강간 등 각종 강력범죄)를 뿌리 뽑겠다는 '범죄와의 전쟁'을 선포한 것이다. 그는 이를 위해 경찰 3,000명을 증원하고 급여를 올려주겠다고 약속하기도 했으며, 범죄 용의자와 범죄 조직원을 체포하는 과정에서 저항할 경우 사살할 수 있는 권한을 경찰에게 부여하기도 했다. 더 나아가 필요 시 군대에서 저격수와 명사수를 동원해 범죄 소탕작전에 투입하는 방안도 제시하면서 '범죄와의 전쟁'에 대한 강한 의지를 표명하기도 했다.

☞ 두테르테 대통령은 2016년 6월 취임 직후 '마약과의 전쟁'을 선포했다. 마약범죄에 대한 강력한 단속을 벌이면서 두테르테 대통령의 지지율은 초반 83%까지 치솟기도 했다. 그러나 '마약과의 전쟁'이 초법적인 양상을 띤다는 비판과 함께 지지율은 급락세를 보이기도 했다. 2016년 9월 필리핀 여론조사기관 SWS가 전국 성인남녀 1,500명을 대상으로 조사한 결과 두테르테 대통령의 지지율은 48%에 그쳤다.

☞ 그런데 이러한 두테르테 대통령의 지지율 하락세는 2017년 말부터 다시 급등한 것으로 조사되었다. 이를테면 여론조사기관 Pulse Asia가 2017년 12월 필리핀 전역의 18세 이상 성인남녀 1,200명을 대상으로 조사한 결과, 두테르테 대통령의 국정운영에 대한 지지율은 82%를 기록했다. 이것은 강력범죄와 연루되어 있는 '마약과의 전쟁'만큼은 치안확보 및 사회정의를 위해 지속될 필요가 있다는 필리핀 국민들의 심리가 그대로 반영된 것으로 해석된다.

☞ 다만 '마약과의 전쟁' 선포 이후 약 7,000여 명 이상이 살해되는 등 인권문제가 발생함에 따라 국제사회 및 인권단체를 중심으로 두테르테 대통령에 대한 비난 여론이 향후 조성될 가능성은 여전히 있어 보인다.

둘째, 연방제(Federalism): 두테르테는 수도권(메트로 마닐라)에 집중되는 현행 중앙집권적 정부형태를 연방제 도입을 통해 해결하는 방안을 제시하였다. 이는 크게 세 가지 이유가 있는 것으로 보인다. 첫째, 필리핀의 지리적 환경, 즉 섬으로 이루어져 있는 군도국가라는 점에서 연방제 도입 운영의 필요성을 강조한 것으로 해석된다. 둘째, 연방제 도입을 통해 무슬림지역의 자치권을 부여 및 강화함으로써 이슬람무장단체의 반정부활동을 상쇄하고 이를 해결해 보려는 것으로 해석된다. 셋째, 연방제 도입을 통해 메트로 마닐라 중심의 경제활동을 외곽 빈민가로 분산시켜 부의 분배정책을 추진해 보겠다는 것으로 해석된다. 단, 연방제 도입문제는 개헌(필리핀 헌법 개정)이 필요하다.

셋째, 가족계획(Abortion and Contraception Issues): 두테르테는 필리핀의 고도 인구성장 완화를 위해 3자녀 제한정책 방안을 제시하였다. 이를 위해 (사실상의 가톨릭국가임에도 불구하고) 콘돔과 피임약을 무료로 배포하겠다고 밝혔다. 실제로 1995~2000년까지 필리핀의 인구증가율은 약 3.21%로 상당히 높다. 그 이후 2005~2010년까지 약 1.95%, 2010~2015년까지 약 1.72%였다.[148] 뿐만 아니라 2017년 필리핀의 인구증가율은 세계평균 1.06%보다 약 1.5배 높은 1.57%였다 (CIA-The World Factbook, 2018). 또한 출산율은 2017년 기준 1천명 당 23.7명을 보여 세계평균 18.5명보다 5.2명이 많은 것으로 조사되었다(CIA-The World Factbook, 2018).

〈표 10-2〉 필리핀 인구추이(1960~2015)

1960	1970	1975	1980	1990
27,087,685	36,684,486	42,070,660	48,098,460	60,703,206
1995	2000	2007	2010	2015
68,616,536	76,506,928	88,566,732	92,337,852	100,981,437

출처: Philippine Statistics Authority. "Population of the Philippines: Census Years 1799 to 2010." https://web.archive.org/web/20120704171010/http://www.nscb.gov.ph/secstat/d_popn.asp (검색일: 2018. 3. 28)

---

148) "Population Statistics." in www.popcom.gov.ph. (Search Date: December 21, 2017)

2. 사회분야: 사회불안요인 및 테러위협 존재

❖ 계층 간 소득격차로 인한 사회불안요인 상존

필리핀의 National Statistical Coordination Board의 자료에 의하면 2012년 기준 전체 국민(약 9,500만 명)의 25.2%(약 2,400만 명)가 일평균 2달러 미만으로 생활하고 있으며,[149] The World FactBook-CIA 자료에 의하면 2017년 기준 전체 국민(약 1억 4백만 명)의 21.6%(약 2,250만 명)가 빈곤층에 속하는 것으로 파악된다.[150]

〈표 10-3〉 필리핀의 빈곤층(US$ 2 미만) 추이

2006	2009	2012
32.9%	26.3%	25.2%

출처: National Statistical Coordination Board. "Philippine Statistics Authority". https://web.archive.org/web/20121113152939/http://www.nscb.gov.ph/stats/statWatch.asp (검색일: 2018. 3. 28)

세계은행 자료에 의하면 필리핀의 지니계수(Gini's coefficient)는 2012년 43.0에서 2015년 40.1로 소폭 하락하였으나 베트남(37.6, 2014년), 태국(37.8, 2013년), 인도네시아(39.0, 2016년) 등 주요 동남아시아 국가들에 비해 여전히 높은 수준이다.

| 지니계수(Gini's coefficient)란?

☞ 지니계수는 사회적인 문제로 대두되고 있는 소득분배의 차이를 표시하는 통계수치를 말한다. 다시 말해서, 지니계수는 한 나라 국민의 소득불평등을 나타내는 그래프이다. 지니(Gini)라는 이름은 이탈리아 통계학자(statistician) '코라도 지니(Corrado Gini)'의 이름에서 따온 것이다.

☞ 지니계수는 완전균등분배를 원칙으로 실제 소득의 불균형이 어느 정도인지 측정하는 것인데, 일반적으로 지니계수가 0.4(40)이상이면 소득불균형과 빈부격차가 높다고 판단하며 0.7(70)이상이면 사회적 혼란이 일어날 수 있다고 한다.

✓ 참고: 한국의 지니계수는 2015년 29.5이며, 미국(41.1, 2013년), 캐나다(31.6, 2012년), 영국(31.6, 2014년), 일본(37.9, 2011년) 등에 비해 낮은 편이다.

---

149) National Statistical Coordination Board. "Philippine Statistics Authority". https://web.archive.org/web/20121113152939/http://www.nscb.gov.ph/stats/statWatch.asp (Search Date: March 28, 2018)

150) The World FactBook-CIA. "Philippines". 검색일 2018. 3. 28.

❖ 모로(Moro) 분리주의 운동을 이끌고 있는 이슬람 무장단체와 공산반군 등
  에 의한 테러 위협 존재

모로 분리주의 운동을 이끄는 대표적인 이슬람 무장단체는 모로민족해방전
선(MNLF, 1972년 결성), 모로이슬람해방전선(MILF, 1977년 MNLF로부터 분파), 알카에
다 및 IS(Islamic State)와 연계된 아부 사야프(Abu Sayyaf), 방사모로이슬람자유전사
(BIFF), 마우테그룹(Maute Group) 등이 있다.

| 방사모로이슬람자유전사(Bangsamoro Islamic Freedom Fighters; BIFF)

☞ BIFF는 2010년 MILF로부터 탈퇴한 아메릴 움브라 가토(Ameril Umbra Kato)
  에 의해 창설된 이슬람 무장단체로서 주로 민다나오의 마긴다나오(Maguindanao)
  에서 활동 중이다.

☞ 가토를 중심으로 하는 BIFF 핵심 멤버들은 필리핀 정부와 평화협상을 통해
  자치권을 부여받은 MILF의 기조를 반대하며 '완전한 이슬람 독립국가 건설'을
  목표로 (대필리핀 정부를 향해) 무장투쟁을 지속하고 있다.

☞ BIFF의 핵심부는 그들의 병력이 약 5천 명이라고 주장하지만 필리핀 정부는
  약 300명 정도로 추산하고 있다.[151]

☞ 필리핀 정부는 2014년 3월 MILF와 '방사모로에 관한 포괄협정' 체결 이후
  MILF로부터 탈퇴하여 무장투쟁을 전개하고 있던 BIFF 소탕을 위해 군사작전
  을 펼쳤으며, 이 과정에서 BIFF의 메인 캠프를 공격하여 약 500여 명의 BIFF
  의 멤버를 포획 및 사살하기도 했다.[152]

☞ BIFF 측은 2015년 4월 15일 BIFF의 지도자 '아메릴 움브라 가토'가 심장마비
  로 사망했으며, 2인자인 이스마엘 아부바카르(Ismael Abubakar; 일명 봉고스
  /Bongos)가 그 뒤를 이어 조직을 이끌고 있다고 발표했다.[153]

---

151) Philippine Daily Inquirer. 2015. "Is BIFF the MILF's 'BFF(Bound to be Family Forever)'?"
     http://newsinfo.inquirer.net/669597/is-biff-the-milfs-bff (Search Date: April 1, 2018)

152) Pacardo, Louie O., and Albert F. Arcilla. 2014. "Soldiers overrun rebel camp in Maguindanao".
     Business World. February 2, http://www.bworldonline.com/content.php?section=Nation&title
     =Soldiers-overrun-rebel-camp-in-Maguindanao&id=82861 (검색일: 2018. 4. 1)

153) Torres, Joe. 2015. "Philippines rebel chief dies of heart attack". UCANews. 14 April, https://
     www.ucanews.com/news/philippines-rebel-chief-dies-of-heart-attack/73376 (검색일: 2018. 4. 1)

2017년 5월 두테르테 대통령은 인구 약 2천만 명의 민다나오 섬 전역에 계엄령을 선포했다. ※ 계엄령을 선포하게 된 주된 이유는 필리핀에서 활동 중인 동남아 이슬람국가(IS) 조직 지도자 하필론(Isnilon Hapilon)의 체포 작전 과정에서 필리핀 내 IS연계 이슬람반군 세력으로 알려져 있는 아부사야프와 마우테그룹이 라나오 델 수르주의 중심도시인 마라위시(Marawi City)를 무력으로 점령하는 사건이 발생했기 때문이다. 이와 같이 필리핀은 최근 테러 위험이 증가하고 있다.

| 마우테그룹(Maute Group)

☞ 일명 '라나오의 IS(the Islamic State of Lanao)'로 알려진 마우테그룹은 필리핀 민다나오 라나오 델 수르(Lanao del Sur)에 기반을 두고 활동 중인 전 MILF 요원을 포함한 '압둘라 마우테(Abdullah Maute)' 추종 세력으로서 극단적 이슬람무장단체를 가리킨다.

☞ 마우테그룹은 라나오 델 수르 내 부틱(Butig)에 정착하면서 금품을 노리는 행위인 'protection racket'를 거듭해 왔으며, 이로 인해 필리핀 정부로부터 테러리스트로 지목된 단체이다.

☞ 마우테그룹의 지도자: 마우테 형제, 즉 Omar Maute(2017. 10. 16 사망), Abdullah Maute(2017. 8 사망)

☞ 마우테그룹의 출범 및 활동시점: 2012년 출범, 2013~2017년 활동

☞ 마우테그룹의 해체 시점: 2017년

☞ 마우테그룹과 연계된 주요 조직: KIM(Khalifa Islamiyah Movement) * KIM은 민다나오에서 이슬람 독립국가 건설을 목적으로 조직된 조직으로서 주로 아프가니스탄에서 훈련받은 성직자들로 구성되어 있으며, 동남아 테러리스트 단체인 JI(Jemaah Islamiyah)와 아부사야프(Abu Sayyaf)와 또한 연계되어 있는 것으로 알려져 있음.

☞ 마우테그룹 사이즈: 필리핀 정부는 2017년 5월 23일 이전 약 500명으로 추산

☞ 마우테그룹의 주요 수입원: Protection rackets(금품을 노리는 행위)

공산 반군인 신인민군(New People's Army)은 규모가 약 5천 명으로 과거에 비해 축소되었으나 루손섬과 민다나오섬을 거점으로 토지개혁, 연립정부 구성 등을 주장하며 정부 관계자 등을 겨냥한 무장투쟁을 이어가고 있다. 특히 2016년 8월 필리핀 정부는 공산 반군과 평화협상을 재개하면서 무기한 휴전에 합의하였

으나, 2017년 2월 반군 측이 휴전 철회를 선언한 이후 동년 4월 평화협상을 재개하는 등 휴전 철회와 협상을 반복하면서 사회불안을 야기하고 있다.

> **| 신인민군(NPA: New People's Army)**
> ☞ 지도자: Jose Maria Sison
> ☞ 작전개시일(Dates of operation): 1969. 3. 29
> ☞ 주요 목적/동기: 프롤레타리아혁명, 민족민주혁명, 테러리즘
> ☞ 주요 활동영역: 필리핀 전역
> ☞ 추종 이념: Marxism-Leninism-Maoism
> ☞ 주목할 만한 사건: 1989. 4. 21 미 육군 대령 James N. Rowe 암살
> ☞ 필리핀 정부를 비롯한 미 국무부, EU 등에 의해 테러리스트 조직으로 지명
> ☞ 사이즈: 필리핀 정부는 약 5천 명 정도로 추산(2017년 기준)

Ⅱ. 경제동향

1. 국내경제분야

2017년 IMF 통계자료에 의하면 필리핀 경제규모(명목GDP 기준)는 세계 34위, 아시아 13위이며, 아세안 10개국 중에는 인도네시아, 태국에 이어 3위를 기록하고 있는 것으로 파악된다.[154] 또한 〈표 10-4〉에서 볼 수 있듯이 필리핀의 GDP규모는 2014년부터 꾸준히 상승세(전년대비 2015년 2.88%, 2016년 4.13% 증가)를 보이다가 2016년 두테르테 정부가 들어서고 난 이후 더욱 상승세(전년 대비 2017년 5.34%, 2018년 11.39% 예상)가 유지하고 있는 것으로 보인다.

---

154) IMF. "World Economic Outlook Database." http://www.imf.org/external/pubs/ft/weo/2016/01/weodata/index.aspx (검색일: 2018. 4. 25)

〈표 10-4〉 국내경제 주요 지표

경제지표	2014	2015	2016	2017	2018[1]
GDP(억 달러)	2,846	2,928	3,049	3,212	3,578
전년대비 GDP(%)	–	2.88	4.13	5.34	11.39
1인당 GDP(달러)	2,842	2,866	2,927	3,022	3,301
전년대비 1인당GDP	–	0.84	2.12	3.25	9.23
경제성장률(%)	6.1	6.1	6.9	6.6	6.7
실업률(%)	6.8	6.3	5.5	6.0	–
물가상승률(%)	4.2	1.4	1.8	3.1	3.0

[1]전망치

출처: 한국수출입은행(2018 세계국가편람/필리핀), CIA-The World Factbook(Philippines, 검색일: 2018. 4. 25)

필리핀의 1인당 GDP 규모의 경우에도 동남아 시장에서 여섯 번째(싱가포르, 브루나이, 말레이시아, 태국, 인도네시아, 필리핀 순)로서 상승세를 이어가는 것으로 파악된다. 이러한 흐름으로 인해 IMF는 필리핀을 동남아시아에서 경제적으로 떠오르는 나라로 지목하고 있다.

필리핀 경제는 2010년 노이노이 아키노 행정부 출범 이후 매년 6% 수준의 고성장을 지속하고 있으며, 특히 두테르테 대통령 취임 이후에도 6% 중후반대의 성장세를 유지하고 있는 것으로 파악된다<표 10-4 참고>. 특히 2017년 6.6%의 필리핀 경제성장률은 주요 신흥국 중 중국(6.9%), 베트남(6.8%) 다음으로 높은 성장률이다. 전문가들은 필리핀 경제성장의 주 원동력을 해외근로자 송금 유입(후술 예정) 등에 따른 견고한 민간소비 및 투자 증가, 공공지출 확대 및 수출 호조(후술 예정)로 분석하고 있다. *두테르테 정부는 2017년 공공분야 인프라 지출예산을 전년대비 13.8% 증가한 8,607억 페소(GDP의 약 5.4%)로 책정하였으며, 점진적으로 인프라 지출을 GDP의 7.4%까지 상향하여 2022년까지 9조 페소를 인프라 사업에 투자할 계획인 것으로 알려져 있다.[155]

---

155) 한국수출입은행. 2017. "필리핀 국가신용도 평가리포트." https://www.koreaexim.go.kr/site/main/index001 (검색일: 2018. 4. 25).

필리핀의 실업률은 2014~2017년까지 평균 6.15%였으며, 이는 최근 동남아시아 주요 국가들에 비해 높은 것이다. 이를테면 2017년 기준 태국 0.7%, 싱가포르 2.2%, 베트남 2.3%, 말레이시아 3.4%, 인도네시아 5.4%의 실업률을 마크했다.

필리핀의 물가상승률은 2014년 태풍 피해로 인한 식료품 가격 상승, 담배세 및 주류세 인상 등으로 4.2%까지 상승했으며, 2015년에는 원유 등 국제 원자재 가격 하락에 따른 수입물가 안정화로 1.4%로 둔화되었다. 2016년에도 국제 원자재 가격 하락세 지속, 풍작에 따른 농산물 가격 안정 등으로 전년과 비슷한 1.8% 수준의 물가상승률을 기록했다. 그런데 두테르테 행정부 출범 이후 2017년에는 식료품 가격 상승, 소비세 인상 및 페소화 약세에 따른 수입물가 상승이 일어남으로써 3.1%로 확대되었으며, 2018년의 경우에도 2017년 수준을 크게 벗어나지 않을 것으로 전망했다(한국수출입은행 해외연구소 자료, 〈표 10-4〉 참조).

2. 해외근로자 분야

2013년 CFO(Commission on Filipinos Overseas)는 100여 개 이상의 국가에서 활동하고 있는 필리핀 해외근로자가 약 1천만 명 이상 되는 것으로 발표한 바 있다.[156]

필리핀 해외근로자는 주로 미국(3,416,840명), 사우디아라비아(1,020,000명), UAE(679,819명), 캐나다(662,600명), 말레이시아(325,089명), 일본(260,553명), 호주(232,386명), 카타르(195,558명), 싱가포르(163,000명) 등에 분포해 있다(〈표 10-5〉 참조). 한국문화홍보원 자료에 의하면 한국에도 63,464명의 필리핀 해외근로자가 있는 것으로 파악된다.

---

156) CFO(Commission on Filipinos Overseas). 2013. "Stock Estimate of Filipinos Overseas As of December 2013" http://www.cfo.gov.ph/images/stories/pdf/StockEstimate2013.pdf (검색일: 2018. 4. 26)

〈표 10-5〉 필리핀 해외근로자 주요국 분포 현황

1	United States 3,416,840	16	South Korea 63,464
2	Saudi Arabia 1,020,000	17	New Zealand 40,347
3	United Arab Emirates 679,819	18	Israel 31,000
4	Canada 662,600	19	Papua New Guinea 25,000
5	Malaysia 325,089	20	Germany 20,589
6	Japan 260,553	21	Thailand 17,574
7	Australia 232,386	22	Netherlands 16,719
8	Qatar 195,558	23	Macau 14,544
9	Singapore 163,000	24	Sweden 13,000
10	Kuwait 139,802	25	Ireland 12,791
11	Hong Kong 186,869	26	Austria 12,474
12	Italy 113,686	27	Norway 12,262
13	Spain 115,362	28	China 12,254
14	United Kingdom 112,000	29	Switzerland 10,000
15	Taiwan 108,520	30	Kazakhstan 7,000

출처: Wikipedia(Overseas Filipinos, 검색일: 2018. 4. 26)

필리핀 중앙은행(Bangko Sentral ng Pilipinas; BSP) 보고서에 의하면 2017년 필리핀 해외근로자 개인 송금액이 311억 달러를 기록하여 필리핀 GDP의 약 10%를 차지하고 있는 것으로 보고되었다.[157] 이는 2016년 대비 15.6% 증가한 수치이다. 특히 필리핀 해외근로자 송금액은 사우디아라비아, UAE, 카타르, 쿠웨이트 등 중동지역이 차지하는 부분이 적지 않다. 이는 필리핀의 경우 국제유가 및 중동정세에 (적지 않게) 영향을 받고 있음을 의미하기도 한다.

---

[157] BSP Report. 2018. "Overseas Filipinos' remittances hit record levels in 2017" http://www.sunstar.com.ph/article/419678/ (검색일: 2018. 4. 26)

〈표 10-6〉 **필리핀 해외근로자 송금액(억 달러)**

	2013	2014	2015	2016	2017
송금액(억 달러)	230	246	256	269	311
전년대비 증가율(%)	–	7.0	4.1	5.1	15.6
송금액/GDP(%)	8.5	8.7	8.8	8.8	10.0

출처: 한국수출입은행(필리핀 국가신용도 평가리포트), BSP Repot(2018)

필리핀 해외근로자 송금액은 〈표 10-6〉에서 보는 바와 같이 거의 매년 증가해 왔으며(2013~2017, 평균 증가율 7.95%), 필리핀 GDP 대비 해외근로자 송금액 비중(%)도 매년 8%대 이상이었다. 이는 해외근로자 송금액이 필리핀 경제에 미치는 영향이 크다고 볼 수 있다. 이를테면 필리핀 해외근로자 송금액은 필리핀 외환보유고 유지, 국내소비 촉진 등에는 긍정적인 영향을 미칠 것으로 보인다. 단, 이는 장기적인 투자로 연결되기 어려운 점이 있어서 필리핀 경제구조의 취약성이 드러나는 부분이라고도 할 수 있다.

3. 대외거래분야

〈표 10-7〉에서 보는 바와 같이 필리핀은 수출보다는 수입이 많은 무역수지 적자 구조를 띠고 있다. 특히 2016년부터 그 적자폭이 크게 확대되고 있음을 알 수 있는데, 이것은 인프라 프로젝트 추진에 따른 자본재 수입 급증으로 나타나는 현상으로 보인다.[158] 또한 2016년부터 무역수지 적자 폭이 크게 확대됨에 따라 경상수지 흑자 폭이 2015년 72억6천6백만 달러에서 2016년 6억2백만 달러, 2017년 9억1천9백만 달러, 2018년 16억2천5백만 달러로 축소되고 있음을 알 수 있다.

필리핀은 2016년 기준 일본(21%), 미국(16%), 홍콩(12%), 중국(11%)에 수출이 집중되어 동 국가들의 경기변동에 영향을 많이 받는 구조이다.

---

158) 자본재(資本財, capital goods)는 생산에 사용·소비되는 토지 이외의 재화(재물, property)를 말한다. 이를테면 공장설비·기계·도구·원료와 같이 사람이 만든 생산요소로서 토지·노동력과 함께 생산의 3요소로 지칭된다.

〈표 10-7〉 대외거래 주요 지표

경제지표	2014	2015	2016	2017	2018¹
수출(백만 달러)	49,823	43,197	43,444	53,891	58,515
주요 수출대상국²	Japan 20.9%, US 15.6%, Hong Kong 11.5%, China 11%, Singapore 6.6%, Germany 4.1%				
수입(백만 달러)	67,155	66,507	77,524	90,527	95,903
주요 수입대상국²	China 18.6%, Japan 11.8%, US 9%, Thailand 7.3%, South Korea 6.1%, Singapore 6.1%, Indonesia 5.1%				
무역수지(백만 달러)	−17,331	−23,309	−34,079	−36,637	−37,388
경상수지(백만 달러)	10,756	7,266	602	919	1,625

¹전망치
²2016 기준
출처: 한국수출입은행(2018 세계국가편람/필리핀), CIA-The World Factbook(Philippines, 검색일: 2018. 4. 26)

만성적인 인프라 부족으로 신음하고 있는 필리핀은 2010년 아키노 행정부 출범 이후 PPP(Public-Private Partnership) 프로젝트를 통해 인프라 개발을 추진해 왔으며, 2016년 새롭게 출범한 두테르테 행정부 역시 인프라 개발을 국정의 최우선 과제로 삼아 경제정책 －일명 두테르테노믹스(DuterteNomics)－ 을 추진하고 있다.159)

필리핀의 만성적인 인프라 부족 현상은 〈표 10-8〉 아세안 주요 6개국 인프라 순위에서도 알 수 있다. 필리핀의 인프라 수준은 아세안 국가들 중 거의 최저 순위에 머물고 있다. 이를테면 세계경제포럼(WEF)의 '세계경쟁력리포트(The Global Competitiveness) 2017~2018'에 의하면 필리핀의 '전체 인프라 질(Quality of Overall Infrastructure)'의 순위가 113위로 태국, 인도네시아, 베트남 등에 비해 훨씬 뒤쳐져 있다. 특히 도로, 철도, 항구, 공항 등 필리핀의 교통인프라가 여타 아세안 국가들에 비해 좋지 않은 상태이다. 이것은 필리핀 정부가 향후 인프라 구축을 위한 경제정책을 과감히 추진할 필요가 있음을 의미한다.

---

159) Public Private Partnership(민관협력사업): 주로 개도국 정부나 공기업이 예산 부족으로 사업 진행이 힘든 프로젝트에 민간기업 참여를 유도해 인프라 등을 건설하고 운영수익을 제공하는 방식의 사업을 말한다.

〈표 10-8〉 아세안 주요 6개국 인프라 순위

구분	전체 인프라 질	교통인프라				전력 및 통신 인프라		
		도로	철도	항구	공항	전력공급	이동전화 가입자	유선전화 가입자
싱가포르	2	2	4	2	1	3	23	27
말레이시아	21	23	14	20	21	36	28	71
태국	67	59	72	63	39	57	5	91
인도네시아	68	64	30	72	51	86	18	104
베트남	89	92	59	82	103	90	44	96
필리핀	113	104	91	114	124	92	88	105

출처: World Economic Forum, The Global Competitiveness Report 2017-2018

| 두테르테노믹스(DuterteNomics)

❖ 두테르테노믹스는 두테르테 대통령 임기 동안 인프라 개발을 주요 동력으로 삼아 필리핀 부흥을 도모하는 경제 정책을 말한다.

☞ 2017년 현재 GDP의 5.4% 수준인 인프라 지출을 2022년 GDP의 7%까지 확대 예정
  • 총 1,680억 달러(약 189조 원)를 인프라 개선에 투자할 예정이며, 인프라 개발재원의 70~80%는 자체조달, 나머지는 다른 나라의 원조로 금융조달
  • 인프라 투자의 상당부문은 PPP(Public-Private Partnership) 프로젝트와 정부차관을 통해 집행될 예정
  • 디오크노 예산부장관은 인프라 프로젝트 확대로 앞으로 '인프라 황금기'가 도래할 것으로 평가

☞ 'BUILD, BUILD, BUILD' 프로그램
  • 두테르테노믹스 정책에 따른 6개년 인프라 건설 프로그램으로 교통(도로, 교량, 공항 및 항만 포함), 홍수관리, 수자원, 에너지, 통신, 하수도 및 위생처리시설, 고체 폐기물관리 등의 총 4,895여 개의 프로젝트 실행 계획
  • 2017 현재 필리핀 정부는 교통분야 약 75개의 프로젝트 주력

☞ 필리핀 국가경제개발청은 2018년 3월 TRIP(a three-year rolling infrastructure program)을 발표
  • TRIP에 따르면, 2018년 약 260억 달러, 2019년 약 236억 달러, 2020년 약 258억 달러를 인프라 프로젝트에 할당

> • 필리핀 정부는 3년 동안 인프라 예산을 교통 분야 64.57%, 사회기반시설 17.64%, 수자원 6.62% 할당 예정
> • 대표 프로젝트: Luzon-South Luzon 연결도로, 세부의 Cordova 교량 프로젝트, Cavite-Laguna 고속도로, Mega Manila 지하철 건설 등
>
> 출처: KOTRA

〈표 10-7〉에서 보는 바와 같이 필리핀은 2014~2017년까지 만성적인 무역수지 적자에도 불구하고 BPO산업과 관광업에 따른 서비스수지 및 해외근로자 송금에 따른 본원소득수지의 흑자로 인해 경상수지 흑자세를 이어갔다.

> **| BPO(Business Process Outsourcing; 업무프로세스아웃소싱)**
>
> ☞ 필리핀은 풍부한 영어구사 인력, 저렴한 인건비, 인터넷 기반의 통신 인프라, 정부의 적극적 육성 정책을 기반으로 업무 프로세스 아웃소싱(BPO) 산업이 성장세를 지속하고 있다. *BPO는 콜센터를 비롯해 데이터 입력, 소프트웨어 개발 등 각종 비즈니스에서 수행되는 업무 아웃소싱 전문산업을 의미한다.
> • 글로벌 리서치 기업인 Tholons의 2016년 100대 세계 BPO지역 순위에 따르면, 필리핀은 세계 1위 BPO지역인 인도의 벵갈루루에 이어 마닐라와 세부지역이 각각 2위와 7위를 차지함.
> • 다만, 현재 필리핀 BPO 산업의 약 70%가 미국기업의 아웃소싱인 것을 감안할 때, 미국 트럼프 정권의 국내기업 보호정책은 동 분야의 잠재적 위험요소가 될 가능성이 있음.
>
> 출처: 한국수출입은행

Ⅲ. 대외관계 동향

1. 미국관계: 군사, 안보, 경제 등 전방위적으로 긴밀한 관계 유지

필리핀과 미국은 1951년 체결된 상호방위조약(MDT)에 따라 군사적으로도 긴밀한 관계를 유지하고 있으며, 이슬람세력 진압 지원 등 아시아태평양 지역 내 안보 이슈에 대해 인식을 같이하고 있다. 특히 중국과의 남중국해 영유권 갈등 고조로 2014년 4월 미국의 필리핀 군사기지 공유를 주요 내용으로 하는 '방위협력확대협정(EDCA; Enhanced Defense Cooperation Agreement)'을 체결한 이후 2016년 1월부터는 8개 군사기지를 미군이 사용하도록 허가하고 있다. 8개 군사기지 중 5개는 군용 활주로이며, 2개는 해군용 기지, 나머지 1개는 정글 훈련용 캠프로 이용하고 있다.[160] *특히 필리핀군이 미국에 제공하는 군사기지 가운데 3개는 남중국해와 인접한 서부 팔라완섬에 있다는 점을 주목할 때 미국의 중국 견제전략으로 필리핀을 이용하고 있는 것으로 해석된다.[161]

미국은 필리핀의 제2위 교역대상국이자 주요 투자국으로 매우 밀접한 관계를 유지하고 있으며, 미국 체류 필리핀인은 300만 명, 필리핀 체류 미국인은 10만 명에 달하는 등 경제·사회적 유대 관계가 높다.

> **| 필리핀-미국 안보협력의 법적 틀(Legal Framework): MDT, VFA, EDCA**
>
> (1) 상호방위조약(Mutual Defense Treaty; MDT, 1951년 8월 30일 체결): MDT는 필리핀과 미국 간 안보협력 관계의 전반적인 틀을 제공하고 있으며, 이는 전문 및 8개 조항으로 이루어져 있다. 특히 MDT에서 주목을 끄는 부분은 필리핀과 미국 중 어느 일방의 메트로폴리탄(metropolitan)이나 태평양 지역(Pacific area)이 외부세력에 의해 무력공격(armed attack)을 받게 될 경우 양국은 개별적 자위권·집단적 자위권을 발동하여 서로 지원하는 것을 규정하고 있다 (MDT 제2조; 제4조; 제5조).

---

160) 필리핀 내 8개의 미군기지 중 확인이 가능한 7개 기지는 다음과 같다. Subic Bay Naval Base(Luzon), Clark Air Base(Luzon), Antonio Bautista Air Base (Palawan), Basa Air Base (Pampanga), Fort Magsaysay (Nueva Ecija), Lumbia Airport (Cagayan de Oro), Benito Ebuen Air Base (Mactan, Cebu).

161) 남중국해는 원유(110억 배럴), 천연가스(190조 ft3) 등 풍부한 에너지자원이 매장되어 있고, 전 세계 해상무역량의 40% 이상이 통과하는 곳으로 아시아 해상기지 건설을 위한 핵심 거점으로 인식되고 있다.

(2) 방문군지위협정(Visiting Forces Agreement; VFA, 1998년 7월 19일 체결):
VFA는 MDT를 보완하는 협정으로 "필리핀을 방문하는 미군의 지위에 관한
협정 즉, VFA-1"과 "미국을 방문하는 필리핀군의 지위에 관한 협정 즉, VFA-
2"로 구성되어 있는데, 일반적으로 VFA-1을 VFA로 지칭한다. VFA는 필리핀
에 일시적으로 파견되는 미군[162]에 대한 지침과 조건을 담고 있는 것으로써
전문 및 9개 조항으로 이루어져 있다.[163] 특히 VFA 조항 중에는 미군에 대한
비자 및 여권 정책 완화, 미국 군대에 의해 (또는 미국 군대를 대신하여) 필
리핀으로 수입되거나 인수된 미국 정부의 장비·자재·물자 등의 면세 수입,
미군 항공기와 선박의 필리핀 자유 입항 등이 포함되어 있으며, 필리핀이 미
국의 안보와는 관련성이 없고 또는 미국 국내법 하에서만 처벌할 수 있는 것
이 아니라고 한다면 해당 지역에서 범죄를 저지르거나 기소된 미군 병력에
대해 1차적 관할권을 갖는다는 내용도 담고 있다(VFA 제3조; 제5조; 제7조).

(3) 방위협력확대협정(Enhanced Defense Cooperation Agreement; EDCA, 2014
년 4월 28일 체결): EDCA는 MDT와 VFA를 토대로 설계된 협정으로 전문 및
12개 조항으로 이루어져 있다. 특히 EDCA는 미국이 필리핀 영토에 영구적인
군사기지를 설치하지 않는다는 것을 분명히 명시하고 있으며(EDCA 전문),
또한 필리핀이 미국으로 하여금 자국의 군사기지 이용을 10년간 허용하고 미
군이 배치되는 곳에 별도의 시설물을 설치할 수 있는 권한을 주는 것이 주요
내용이다.[164]

---

162) 여기서 '미군'이란 넓은 의미에서 VFA에 의거 필리핀에 일시적으로 파견된 미국인(United States
personnel)을 가리키는 것으로써 미국 군인은 물론, 미국 군대에 고용되어 있거나 동행한 미국 국
적의 개인(individuals)도 포함되는 것으로 표현하고자 한다.

163) VFA는 필리핀 상원의 비준에 따라 1999년 5월 27일부터 발효되었으며, 반면에 미국 정부는 미국
상원의 승인을 요구하지 않고 행정협정으로 효력을 발생시켰다.

164) 필리핀과 미국 간 EDCA가 체결됨으로써 미군은 1992년 철수 이후 다시 필리핀에 중장기 주둔이
가능해졌고, 남중국해를 마주보는 팔라완 섬의 안토니오 바우티스타(Antonio Bautista) 공군기지,
마닐라 북부 약 40마일에 위치해 있는 바사(Basa) 공군기지, 필리핀에서 가장 큰 군사시설로서 루
손의 북부 섬에 위치해 있는 포트 막사이사이(Fort Magsaysay), 민다나오의 남부 섬에 위치해 있
는 룸비아(Lumbia) 공군기지, 씨부 해안지역의 막탄 섬에 위치해 있는 막탄-베니토(Mactan-
Benito) 공군기지를 제공받게 되었다. 한편, EDCA 체결 이후 필리핀의 전직 의원들과 시민 운동가
들이 헌법에 규정된 상원의 동의를 거치지 않았다며 위헌 소송을 제기해 시행이 보류된 바 있으나
2016년 1월 필리핀 대법원이 EDCA에 대해 합헌 판결을 내리면서 1992년 미군이 필리핀에서 철수
한 이후 다시 미군 주력부대가 돌아갈 수 있는 길이 열리게 되었다.

2. 중국관계: 남중국해 영유권 분쟁으로 관계악화 가능성 잠재

중국은 2013년 이후 필리핀의 최대 수입국으로 경제 관계는 밀접하지만 남중국해 영유권 문제로 양국 관계악화 가능성이 잠재되어 있다. 특히 필리핀은 중국과의 해상분쟁에 대해 국제상설중재재판소(PCA)에 중재를 요청(2013. 1)하였고, 2016년 7월 PCA는 중국에 패소 판결을 내렸다. 그러나 중국은 이 판결을 인정하지 않고 필리핀에 대한 경협지원으로 분쟁 악화 방지를 위해 노력하고 있다. ※ 중국의 필리핀 경제협력지원: 중국은 2016년 10월 필리핀에 대해 150억 달러의 투자와 90억 달러의 차관 제공 등 240억 달러 규모의 경협지원을 약속했다.[165]

인프라 개발을 통해 경기부양과 빈곤탈출을 추진하는 두테르테노믹스 실현을 위해 중국 주도의 AIIB 가입, 대규모 인프라 투자 지원 요청 등 경제적인 측면에서는 중국과 우호적인 관계를 유지하고 있다.

3. 일본관계: 공적개발원조 지원 등으로 우호적 관계 지속

일본은 필리핀의 제1위 교역대상국이자 주요 투자국으로 2008년 양국 간 경제동반자협정(EPA) 발효로 경제협력관계가 더욱 긴밀해지고 있다. 이를테면 2017년 1월 필리핀을 방문한 아베 일본 총리는 향후 5년간 필리핀에 85억 달러 규모의 원조 및 투자 지원을 약속했다.[166]

양국은 중국과의 영유권 갈등이라는 외교 문제(필리핀-중국 간의 스카버러 숄을 비롯한 Spratly Islands 영유권 분쟁 문제, 일본-중국 간의 센카쿠열도 영유권 분쟁 문제)를 공유하고 있기 때문에 중국 영유권 문제에 대한 공동대응 방침에 합의(2013. 1)하는 등 외교적 협력관계도 강화하고 있다.

---

165) 한국수출입은행. 2017. "필리핀 국가신용도 평가리포트." keri.koreaexim.go.kr (검색일 2018. 5. 3)
166) Ibid.

부록

1 The ASEAN DECLARATION (BANGKOK DECLARATION)[167]

Adopted by the Foreign Ministers at the 1st ASEAN
Ministerial Meeting
in Bangkok, Thailand on 8 August 1967

The Presidium Minister for Political Affairs/ Minister for Foreign Affairs of Indonesia, the Deputy Prime Minister of Malaysia, the Secretary of Foreign Affairs of the Philippines, the Minister for Foreign Affairs of Singapore and the Minister of Foreign Affairs of Thailand:

MINDFUL of the existence of mutual interests and common problems among countries of South-East Asia and convinced of the need to strengthen further the existing bonds of regional solidarity and cooperation;

DESIRING to establish a firm foundation for common action to promote regional cooperation in South-East Asia in the spirit of equality and partnership and thereby contribute towards peace, progress and prosperity in the region;

CONSCIOUS that in an increasingly interdependent world, the cherished ideals of peace, freedom,,social justice and economic well-being are best attained by fostering good understanding, good neighbourliness and meaningful cooperation among the countries of the region already bound together by ties of history and culture;

---

167) ASEAN. 2021. "Bangkok Declaration".
  https://asean.org/the-asean-declaration-bangkokdeclaration-bangkok-8-August-1967/ (검색일:
  2021. 1. 3)

CONSIDERING that the countries of SouthEast Asia share a primary responsibility for strengthening the economic and social stability of the region and ensuring their peacefull and progressive national development, and that they are determined to ensure their stability and security from external interference in any form or manifestation in order to preserve their national identities in accordance with the ideals and aspirations of their peoples;

AFFIRMING that all foreign bases are temporary and remain only with the expressed concurrence of the countries concerned and are not intended to be used directly or indirectly to subvert the national independence and freedom of States in the area or prejudice the orderly processes of their national development;

DO HEREBY DECLARE:

FIRST, the establishment of an Association for Regional Cooperation among the countries of South-East Asia to be known as the Association of South-East Asian Nations (ASEAN).

SECOND, that the aims and purposes of the Association shall be:

1. To accelerate the economic growth, social progress and cultural development in the region through joint endeavours in the spirit of equality and partnership in order to strengthen the foundation for a prosperous and peaceful community of South-East Asian Nations;
2. To promote regional peace and stability through abiding respect for justice and the rule of law in the relationship among countries of the region and adherence to the principles of the United Nations Charter;
3. To promote active collaboration and mutual assistance on matters of common interest in the economic, social, cultural, technical, scientific and administrative fields;
4. To provide assistance to each other in the form of training and research facilities in the educational, professional, technical and administrative spheres;
5. To collaborate more effectively for the greater utilization of their agriculture and industries, the expansion of their trade, including the study of the problems of international commodity trade, the improvement of their transportation and communications facilities and the raising of the living standards of their peoples;
6. To promote South-East Asian studies;

7. To maintain close and beneficial cooperation with existing international and regional organizations with similar aims and purposes, and explore all avenues for even closer cooperation among themselves.

THIRD, that to carry out these aims and purposes, the following machinery shall be established:

(a) Annual Meeting of Foreign Ministers, which shall be by rotation and referred to as ASEAN Ministerial Meeting. Special Meetings of Foreign Ministers may be convened as required.

(b) A Standing committee, under the chairmanship of the Foreign Minister of the host country or his representative and having as its members the accredited Ambassadors of the other member countries, to carry on the work of the Association in between Meetings of Foreign Ministers.

(c) Ad-Hoc Committees and Permanent Committees of specialists and officials on specific subjects.

(d) A National Secretariat in each member country to carry out the work of the Association on behalf of that country and to service the Annual or Special Meetings of Foreign Ministers, the Standing Committee and such other committees as may hereafter be established.

FOURTH, that the Association is open for participation to all States in the South-East Asian Region subscribing to the aforementioned aims, principles and purposes.

FIFTH, that the Association represents the collective will of the nations of South-East Asia to bind themselves together in friendship and cooperation and, through joint efforts and sacrifices, secure for their peoples and for posterity the blessings of peace, freedom and prosperity.

DONE in Bangkok on the Eighth Day of August in the Year One Thousand Nine Hundred and Sixty-Seven.

For the Republic of Indonesia :

ADAM MALIK
Presidium Minister for Political
Minister for Foreign Affairs

For the Republic of Singapore :

S. RAJARATNAM
Minister of Foreign Affairs

For Malaysia :

TUN ABDUL RAZAK
Deputy Prime Minister,
Minister of Defence and
Minister of National Development

For the Kingdom of Thailand :

THANAT KHOMAN
Minister of Foreign Affairs

For the Republic of the Philippines :

NARCISO RAMOS
Secretary of Foreign Affairs

308

2 | CHARTER OF THE ASSOCIATION OF SOUTHEAST ASIAN NATIONS[168)

PREAMBLE

WE, THE PEOPLES of the Member States of the Association of Southeast Asian Nations (ASEAN), as represented by the Heads of State or Government of Brunei Darussalam, the Kingdom of Cambodia, the Republic of Indonesia, the Lao People's Democratic Republic, Malaysia, the Union of Myanmar, the Republic of the Philippines, the Republic of Singapore, the Kingdom of Thailand and the Socialist Republic of Viet Nam:

NOTING with satisfaction the significant achievements and expansion of ASEAN since its establishment in Bangkok through the promulgation of The ASEAN Declaration;

RECALLING the decisions to establish an ASEAN Charter in the Vientiane Action Programme, the Kuala Lumpur Declaration on the Establishment of the ASEAN Charter and the Cebu Declaration on the Blueprint of the ASEAN Charter;

MINDFUL of the existence of mutual interests and interdependence among the peoples and Member States of ASEAN which are bound by geography, common objectives and shared destiny;

INSPIRED by and united under One Vision, One Identity and One Caring and Sharing Community;

---

168) ASEAN. 2021. "ASEAN Charter". https://asean.org/storage/2012/05/The-ASEAN-Charter-14042020 -final.pdf (검색일: 2021. 1. 3)

UNITED by a common desire and collective will to live in a region of lasting peace, security and stability, sustained economic growth, shared prosperity and social progress, and to promote our vital interests, ideals and aspirations;

RESPECTING the fundamental importance of amity and cooperation, and the principles of sovereignty, equality, territorial integrity, non-interference, consensus and unity in diversity;

ADHERING to the principles of democracy, the rule of law and good governance, respect for and protection of human rights and fundamental freedoms;

RESOLVED to ensure sustainable development for the benefit of present and future generations and to place the well-being, livelihood and welfare of the peoples at the centre of the ASEAN community building process;

CONVINCED of the need to strengthen existing bonds of regional solidarity to realise an ASEAN Community that is politically cohesive, economically integrated and socially responsible in order to effectively respond to current and future challenges and opportunities;

COMMITTED to intensifying community building through enhanced regional cooperation and integration, in particular by establishing an ASEAN Community comprising the ASEAN Security Community, the ASEAN Economic Community and the ASEAN Socio-Cultural Community, as provided for in the Bali Declaration of ASEAN Concord II;

HEREBY DECIDE to establish, through this Charter, the legal and institutional framework for ASEAN,

AND TO THIS END, the Heads of State or Government of the Member States of ASEAN, assembled in Singapore on the historic occasion of the 40th anniversary of the founding of ASEAN, have agreed to this Charter.

CHAPTER I
PURPOSES AND PRINCIPLES

ARTICLE 1
PURPOSES

The Purposes of ASEAN are:

1. To maintain and enhance peace, security and stability and further strengthen peace-oriented values in the region;

2. To enhance regional resilience by promoting greater political, security, economic and socio-cultural cooperation;

3. To preserve Southeast Asia as a Nuclear Weapon-Free Zone and free of all other weapons of mass destruction;

4. To ensure that the peoples and Member States of ASEAN live in peace with the world at large in a just, democratic and harmonious environment;

5. To create a single market and production base which is stable, prosperous, highly competitive and economically integrated with effective facilitation for trade and investment in which there is free flow of goods, services and investment; facilitated movement of business persons, professionals, talents and labour; and freer flow of capital;

6. To alleviate poverty and narrow the development gap within ASEAN through mutual assistance and cooperation;

7. To strengthen democracy, enhance good governance and the rule of law, and to promote and protect human rights and fundamental freedoms, with due regard to the rights and responsibilities of the Member States of ASEAN;

8. To respond effectively, in accordance with the principle of comprehensive security, to all forms of threats, transnational crimes and transboundary challenges;

9. To promote sustainable development so as to ensure the protection of the region's environment, the sustainability of its natural resources, the preservation of its cultural heritage and the high quality of life of its peoples;

10. To develop human resources through closer cooperation in education and life-long learning, and in science and technology, for the empowerment of the peoples of ASEAN and for the strengthening of the ASEAN Community;

11. To enhance the well-being and livelihood of the peoples of ASEAN by providing them with equitable access to opportunities for human development, social welfare and justice;

12. To strengthen cooperation in building a safe, secure and drug-free environment for the peoples of ASEAN;

13. To promote a people-oriented ASEAN in which all sectors of society are encouraged to participate in, and benefit from, the process of ASEAN integration and community building;

14. To promote an ASEAN identity through the fostering of greater awareness of the diverse culture and heritage of the region; and

15. To maintain the centrality and proactive role of ASEAN as the primary driving force in its relations and cooperation with its external partners in a regional architecture that is open, transparent and inclusive.

ARTICLE 2
PRINCIPLES

1. In pursuit of the Purposes stated in Article 1, ASEAN and its Member States reaffirm and adhere to the fundamental principles contained in the declarations, agreements, conventions, concords, treaties and other instruments of ASEAN.

2. ASEAN and its Member States shall act in accordance with the following Principles:

   (a) respect for the independence, sovereignty, equality, territorial integrity and national identity of all ASEAN Member States;

   (b) shared commitment and collective responsibility in enhancing regional peace, security and prosperity;

   (c) renunciation of aggression and of the threat or use of force or other actions in any manner inconsistent with international law;

   (d) reliance on peaceful settlement of disputes;

   (e) non-interference in the internal affairs of ASEAN Member States;

   (f) respect for the right of every Member State to lead its national existence free from external interference, subversion and coercion;

   (g) enhanced consultations on matters seriously affecting the common interest of ASEAN;

   (h) adherence to the rule of law, good governance, the principles of democracy and constitutional government;

   (i) respect for fundamental freedoms, the promotion and protection of human rights, and the promotion of social justice;

   (j) upholding the United Nations Charter and international law, including international humanitarian law, subscribed to by ASEAN Member States;

   (k) abstention from participation in any policy or activity, including the use of its territory, pursued by any ASEAN Member State or non-ASEAN State or any non-State actor, which threatens the sovereignty, territorial integrity or political and economic stability of ASEAN Member States;

   (l) respect for the different cultures, languages and religions of the peoples of ASEAN, while emphasising their common values in the spirit of unity in diversity;

(m) the centrality of ASEAN in external political, economic, social and cultural relations while remaining actively engaged, outward-looking, inclusive and non-discriminatory; and

(n) adherence to multilateral trade rules and ASEAN's rules-based regimes for effective implementation of economic commitments and progressive reduction towards elimination of all barriers to regional economic integration, in a market-driven economy.

CHAPTER II
LEGAL PERSONALITY

ARTICLE 3
LEGAL PERSONALITY OF ASEAN

ASEAN, as an inter-governmental organisation, is hereby conferred legal personality.

CHAPTER III
MEMBERSHIP

ARTICLE 4
MEMBER STATES

The Member States of ASEAN are Brunei Darussalam, the Kingdom of Cambodia, the Republic of Indonesia, the Lao People's Democratic Republic, Malaysia, the Union of Myanmar, the Republic of the Philippines, the Republic of Singapore, the Kingdom of Thailand and the Socialist Republic of Viet Nam.

ARTICLE 5
RIGHTS AND OBLIGATIONS

1. Member States shall have equal rights and obligations under this Charter.

2. Member States shall take all necessary measures, including the enactment of appropriate domestic legislation, to effectively implement the provisions of this Charter and to comply with all obligations of membership.

3. In the case of a serious breach of the Charter or noncompliance, the matter shall be referred to Article 20.

ARTICLE 6
ADMISSION OF NEW MEMBERS

1. The procedure for application and admission to ASEAN shall be prescribed by the ASEAN Coordinating Council.

2. Admission shall be based on the following criteria:

   (a) location in the recognised geographical region of Southeast Asia;
   (b) recognition by all ASEAN Member States;
   (c) agreement to be bound and to abide by the Charter; and
   (d) ability and willingness to carry out the obligations of Membership.

3. Admission shall be decided by consensus by the ASEAN Summit, upon the recommendation of the ASEAN Coordinating Council.

4. An applicant State shall be admitted to ASEAN upon signing an Instrument of Accession to the Charter.

CHAPTER IV
ORGANS

ARTICLE 7
ASEAN SUMMIT

1. The ASEAN Summit shall comprise the Heads of State or Government of the Member States.

2. The ASEAN Summit shall:

   (a) be the supreme policy-making body of ASEAN;

   (b) deliberate, provide policy guidance and take decisions on key issues pertaining to the realisation of the objectives of ASEAN, important matters of interest to Member States and all issues referred to it by the ASEAN Coordinating Council, the ASEAN Community Councils and ASEAN Sectoral Ministerial Bodies;

   (c) instruct the relevant Ministers in each of the Councils concerned to hold ad hoc inter-Ministerial meetings, and address important issues concerning ASEAN that cut across the Community Councils. Rules of procedure for such meetings shall be adopted by the ASEAN Coordinating Council;

   (d) address emergency situations affecting ASEAN by taking appropriate actions;

   (e) decide on matters referred to it under Chapters VII and VIII;

   (f) authorise the establishment and the dissolution of Sectoral Ministerial Bodies and other ASEAN institutions; and

   (g) appoint the Secretary-General of ASEAN, with the rank and status of Minister, who will serve with the confidence and at the pleasure of the Heads of State or Government upon the recommendation of the ASEAN Foreign Ministers Meeting.

3. ASEAN Summit Meetings shall be:

   (a) held twice annually, and be hosted by the Member State holding the ASEAN Chairmanship; and

(b) convened, whenever necessary, as special or ad hoc meetings to be chaired by the Member State holding the ASEAN Chairmanship, at venues to be agreed upon by ASEAN Member States.

ARTICLE 8
ASEAN COORDINATING COUNCIL

1. The ASEAN Coordinating Council shall comprise the ASEAN Foreign Ministers and meet at least twice a year.

2. The ASEAN Coordinating Council shall:

   (a) prepare the meetings of the ASEAN Summit;
   (b) coordinate the implementation of agreements and decisions of the ASEAN Summit;
   (c) coordinate with the ASEAN Community Councils to enhance policy coherence, efficiency and cooperation among them;
   (d) coordinate the reports of the ASEAN Community Councils to the ASEAN Summit;
   (e) consider the annual report of the Secretary-General on the work of ASEAN;
   (f) consider the report of the Secretary-General on the functions and operations of the ASEAN Secretariat and other relevant bodies;
   (g) approve the appointment and termination of the Deputy Secretaries-General upon the recommendation of the Secretary-General; and
   (h) undertake other tasks provided for in this Charter or such other functions as may be assigned by the ASEAN Summit.

3. The ASEAN Coordinating Council shall be supported by the relevant senior officials.

ARTICLE 9
ASEAN COMMUNITY COUNCILS

1. The ASEAN Community Councils shall comprise the ASEAN Political-Security Community Council, ASEAN Economic Community Council, and ASEAN Socio-Cultural Community Council.

2. Each ASEAN Community Council shall have under its purview the relevant ASEAN Sectoral Ministerial Bodies.

3. Each Member State shall designate its national representation for each ASEAN Community Council meeting.

4. In order to realise the objectives of each of the three pillars of the ASEAN Community, each ASEAN Community Council shall:

    (a) ensure the implementation of the relevant decisions of the ASEAN Summit;
    (b) coordinate the work of the different sectors under its purview, and on issues which cut across the other Community Councils; and
    (c) submit reports and recommendations to the ASEAN Summit on matters under its purview.

5. Each ASEAN Community Council shall meet at least twice a year and shall be chaired by the appropriate Minister from the Member State holding the ASEAN Chairmanship.

6. Each ASEAN Community Council shall be supported by the relevant senior officials.

ARTICLE 10
ASEAN SECTORAL MINISTERIAL BODIES

1. ASEAN Sectoral Ministerial Bodies shall:

    (a) function in accordance with their respective established mandates;

(b) implement the agreements and decisions of the ASEAN Summit under their respective purview;

(c) strengthen cooperation in their respective fields in support of ASEAN integration and community building; and

(d) submit reports and recommendations to their respective Community Councils.

2. Each ASEAN Sectoral Ministerial Body may have under its purview the relevant senior officials and subsidiary bodies to undertake its functions as contained in Annex 1. The Annex may be updated by the Secretary-General of ASEAN upon the recommendation of the Committee of Permanent Representatives without recourse to the provision on Amendments under this Charter.

ARTICLE 11
SECRETARY-GENERAL OF ASEAN
AND ASEAN SECRETARIAT

1. The Secretary-General of ASEAN shall be appointed by the ASEAN Summit for a non-renewable term of office of five years, selected from among nationals of the ASEAN Member States based on alphabetical rotation, with due consideration to integrity, capability and professional experience, and gender equality.

2. The Secretary-General shall:

(a) carry out the duties and responsibilities of this high office in accordance with the provisions of this Charter and relevant ASEAN instruments, protocols and established practices;

(b) facilitate and monitor progress in the implementation of ASEAN agreements and decisions, and submit an annual report on the work of ASEAN to the ASEAN Summit;

(c) participate in meetings of the ASEAN Summit, the ASEAN Community Councils, the ASEAN Coordinating Council, and ASEAN Sectoral Ministerial Bodies and other relevant ASEAN meetings;

(d) present the views of ASEAN and participate in meetings with external parties in accordance with approved policy guidelines and mandate given to the Secretary-General; and

(e) recommend the appointment and termination of the Deputy Secretaries-General to the ASEAN Coordinating Council for approval.

3. The Secretary-General shall also be the Chief Administrative Officer of ASEAN.

4. The Secretary-General shall be assisted by four Deputy Secretaries-General with the rank and status of Deputy Ministers. The Deputy Secretaries-General shall be accountable to the Secretary-General in carrying out their functions.

5. The four Deputy Secretaries-General shall be of different nationalities from the Secretary-General and shall come from four different ASEAN Member States.

6. The four Deputy Secretaries-General shall comprise:

(a) two Deputy Secretaries-General who will serve a non-renewable term of three years, selected from among nationals of the ASEAN Member States based on alphabetical rotation, with due consideration to integrity, qualifications, competence, experience and gender equality; and

(b) two Deputy Secretaries-General who will serve a term of three years, which may be renewed for another three years. These two Deputy Secretaries General shall be openly recruited based on merit.

7. The ASEAN Secretariat shall comprise the SecretaryGeneral and such staff as may be required.

8. The Secretary-General and the staff shall:
(a) uphold the highest standards of integrity, efficiency, and competence in the performance of their duties;

(b) not seek or receive instructions from any government or external party outside of ASEAN; and

(c) refrain from any action which might reflect on their position as ASEAN Secretariat officials responsible only to ASEAN.

9. Each ASEAN Member State undertakes to respect the exclusively ASEAN character of the responsibilities of the Secretary-General and the staff, and not to seek to influence them in the discharge of their responsibilities.

ARTICLE 12
COMMITTEE OF PERMANENT REPRESENTATIVES TO ASEAN

1. Each ASEAN Member State shall appoint a Permanent Representative to ASEAN with the rank of Ambassador based in Jakarta.

2. The Permanent Representatives collectively constitute a Committee of Permanent Representatives, which shall:

(a) support the work of the ASEAN Community Councils and ASEAN Sectoral Ministerial Bodies;

(b) coordinate with ASEAN National Secretariats and other ASEAN Sectoral Ministerial Bodies;

(c) liaise with the Secretary-General of ASEAN and the ASEAN Secretariat on all subjects relevant to its work;

(d) facilitate ASEAN cooperation with external partners; and

(e) perform such other functions as may be determined by the ASEAN Coordinating Council.

ARTICLE 13
ASEAN NATIONAL SECRETARIATS

Each ASEAN Member State shall establish an ASEAN National Secretariat which shall:

(a) serve as the national focal point;

(b) be the repository of information on all ASEAN matters at the national level;

(c) coordinate the implementation of ASEAN decisions at the national level;

(d) coordinate and support the national preparations of ASEAN meetings;

(e) promote ASEAN identity and awareness at the national level; and

(f) contribute to ASEAN community building.

ARTICLE 14
ASEAN HUMAN RIGHTS BODY

1. In conformity with the purposes and principles of the ASEAN Charter relating to the promotion and protection of human rights and fundamental freedoms, ASEAN shall establish an ASEAN human rights body.

2. This ASEAN human rights body shall operate in accordance with the terms of reference to be determined by the ASEAN Foreign Ministers Meeting.

ARTICLE 15
ASEAN FOUNDATION

1. The ASEAN Foundation shall support the SecretaryGeneral of ASEAN and collaborate with the relevant ASEAN bodies to support ASEAN community building by promoting greater awareness of the ASEAN identity, people-to-people interaction, and close collaboration among the business sector, civil society, academia and other stakeholders in ASEAN.

2. The ASEAN Foundation shall be accountable to the Secretary-General of ASEAN, who shall submit its report to the ASEAN Summit through the ASEAN Coordinating Council.

CHAPTER V
ENTITIES ASSOCIATED WITH ASEAN

ARTICLE 16
ENTITIES ASSOCIATED WITH ASEAN

1. ASEAN may engage with entities which support the ASEAN Charter, in particular its purposes and principles. These associated entities are listed in Annex 2.

2. Rules of procedure and criteria for engagement shall be prescribed by the Committee of Permanent Representatives upon the recommendation of the Secretary-General of ASEAN.

3. Annex 2 may be updated by the Secretary-General of ASEAN upon the recommendation of the Committee of Permanent Representatives without recourse to the provision on Amendments under this Charter.

CHAPTER VI
IMMUNITIES AND PRIVILEGES

ARTICLE 17
IMMUNITIES AND PRIVILEGES OF ASEAN

1. ASEAN shall enjoy in the territories of the Member States such immunities and privileges as are necessary for the fulfilment of its purposes.

2. The immunities and privileges shall be laid down in separate agreements between ASEAN and the host Member State.

ARTICLE 18
IMMUNITIES AND PRIVILEGES OF THE SECRETARY GENERAL OF ASEAN AND STAFF OF THE ASEAN SECRETARIAT

1. The Secretary-General of ASEAN and staff of the ASEAN Secretariat participating in official ASEAN activities or representing ASEAN in the Member States shall enjoy such immunities and privileges as are necessary for the independent exercise of their functions.

2. The immunities and privileges under this Article shall be laid down in a separate ASEAN agreement.

ARTICLE 19
IMMUNITIES AND PRIVILEGES OF THE PERMANENT REPRESENTATIVES AND OFFICIALS ON ASEAN DUTIES

1. The Permanent Representatives of the Member States to ASEAN and officials of the Member States participating in official ASEAN activities or representing ASEAN in the Member States shall enjoy such immunities and privileges as are necessary for the exercise of their functions.

2. The immunities and privileges of the Permanent Representatives and officials on ASEAN duties shall be governed by the 1961 Vienna Convention on Diplomatic Relations or in accordance with the national law of the ASEAN Member State concerned.

CHAPTER VII
DECISION-MAKING

ARTICLE 20
CONSULTATION AND CONSENSUS

1. As a basic principle, decision-making in ASEAN shall be based on consultation and consensus.

2. Where consensus cannot be achieved, the ASEAN Summit may decide how a specific decision can be made.

3. Nothing in paragraphs 1 and 2 of this Article shall affect the modes of decision-making as contained in the relevant ASEAN legal instruments.

4. In the case of a serious breach of the Charter or noncompliance, the matter shall be referred to the ASEAN Summit for decision.

ARTICLE 21
IMPLEMENTATION AND PROCEDURE

1. Each ASEAN Community Council shall prescribe its own rules of procedure.

2. In the implementation of economic commitments, a formula for flexible participation, including the ASEAN Minus X formula, may be applied where there is a consensus to do so.

CHAPTER VIII
SETTLEMENT OF DISPUTES

ARTICLE 22
GENERAL PRINCIPLES

1. Member States shall endeavour to resolve peacefully all disputes in a timely manner through dialogue, consultation and negotiation.

2. ASEAN shall maintain and establish dispute settlement mechanisms in all fields of ASEAN cooperation.

ARTICLE 23
GOOD OFFICES, CONCILIATION AND MEDIATION

1. Member States which are parties to a dispute may at any time agree to resort to good offices, conciliation or mediation in order to resolve the dispute within an agreed time limit.

2. Parties to the dispute may request the Chairman of ASEAN or the Secretary-General of ASEAN, acting in an exofficio capacity, to provide good offices, conciliation or mediation.

ARTICLE 24
DISPUTE SETTLEMENT MECHANISMS IN SPECIFIC INSTRUMENTS

1. Disputes relating to specific ASEAN instruments shall be settled through the mechanisms and procedures provided for in such instruments.

2. Disputes which do not concern the interpretation or application of any ASEAN instrument shall be resolved peacefully in accordance with the Treaty of Amity and Cooperation in Southeast Asia and its rules of procedure.

3. Where not otherwise specifically provided, disputes which concern the interpretation or application of ASEAN economic agreements shall be settled in accordance with the ASEAN Protocol on Enhanced Dispute Settlement Mechanism.

ARTICLE 25
ESTABLISHMENT OF DISPUTE SETTLEMENT MECHANISMS

Where not otherwise specifically provided, appropriate dispute settlement mechanisms, including arbitration, shall be established for disputes which concern the interpretation or application of this Charter and other ASEAN instruments.

ARTICLE 26
UNRESOLVED DISPUTES

When a dispute remains unresolved, after the application of the preceding provisions of this Chapter, this dispute shall be referred to the ASEAN Summit, for its decision.

ARTICLE 27
COMPLIANCE

1. The Secretary-General of ASEAN, assisted by the ASEAN Secretariat or any other designated ASEAN body, shall monitor the compliance with the findings, recommendations or decisions resulting from an ASEAN dispute settlement mechanism, and submit a report to the ASEAN Summit.

2. Any Member State affected by non-compliance with the findings, recommendations or decisions resulting from an ASEAN dispute settlement mechanism, may refer the matter to the ASEAN Summit for a decision.

ARTICLE 28
UNITED NATIONS CHARTER PROVISIONS AND OTHER RELEVANT INTERNATIONAL PROCEDURES

Unless otherwise provided for in this Charter, Member States have the right of recourse to the modes of peaceful settlement contained in Article 33(1) of the Charter of the United Nations or any other international legal instruments to which the disputing Member States are parties.

CHAPTER IX
BUDGET AND FINANCE

ARTICLE 29
GENERAL PRINCIPLES

1. ASEAN shall establish financial rules and procedures in accordance with international standards.

2. ASEAN shall observe sound financial management policies and practices and budgetary discipline.

3. Financial accounts shall be subject to internal and external audits.

ARTICLE 30
OPERATIONAL BUDGET AND FINANCES
OF THE ASEAN SECRETARIAT

1. The ASEAN Secretariat shall be provided with the necessary financial resources to perform its functions effectively.

2. The operational budget of the ASEAN Secretariat shall be met by ASEAN Member States through equal annual contributions which shall be remitted in a timely manner.

3. The Secretary-General shall prepare the annual operational budget of the ASEAN Secretariat for approval by the ASEAN Coordinating Council upon the recommendation of the Committee of Permanent Representatives.

4. The ASEAN Secretariat shall operate in accordance with the financial rules and procedures determined by the ASEAN Coordinating Council upon the recommendation of the Committee of Permanent Representatives.

CHAPTER X
ADMINISTRATION AND PROCEDURE

ARTICLE 31
CHAIRMAN OF ASEAN

1. The Chairmanship of ASEAN shall rotate annually, based on the alphabetical order of the English names of Member States.

2. ASEAN shall have, in a calendar year, a single Chairmanship by which the Member State assuming the Chairmanship shall chair:

(a) the ASEAN Summit and related summits;
(b) the ASEAN Coordinating Council;
(c) the three ASEAN Community Councils;

(d) where appropriate, the relevant ASEAN Sectoral Ministerial Bodies and senior officials; and

(e) the Committee of Permanent Representatives.

ARTICLE 32
ROLE OF THE CHAIRMAN OF ASEAN

The Member State holding the Chairmanship of ASEAN shall:

(a) actively promote and enhance the interests and wellbeing of ASEAN, including efforts to build an ASEAN Community through policy initiatives, coordination, consensus and cooperation;

(b) ensure the centrality of ASEAN;

(c) ensure an effective and timely response to urgent issues or crisis situations affecting ASEAN, including providing its good offices and such other arrangements to immediately address these concerns;

(d) represent ASEAN in strengthening and promoting closer relations with external partners; and

(e) carry out such other tasks and functions as may be mandated.

ARTICLE 33
DIPLOMATIC PROTOCOL AND PRACTICES

ASEAN and its Member States shall adhere to existing diplomatic protocol and practices in the conduct of all activities relating to ASEAN. Any changes shall be approved by the ASEAN Coordinating Council upon the recommendation of the Committee of Permanent Representatives.

ARTICLE 34
WORKING LANGUAGE OF ASEAN

The working language of ASEAN shall be English.

CHAPTER XI
IDENTITY AND SYMBOLS

ARTICLE 35
ASEAN IDENTITY

ASEAN shall promote its common ASEAN identity and a sense of belonging among its peoples in order to achieve its shared destiny, goals and values.

ARTICLE 36
ASEAN MOTTO

The ASEAN motto shall be: "One Vision, One Identity, One Community"

ARTICLE 37
ASEAN FLAG

The ASEAN flag shall be as shown in Annex 3.

ARTICLE 38
ASEAN EMBLEM

The ASEAN emblem shall be as shown in Annex 4.

ARTICLE 39
ASEAN DAY

The eighth of August shall be observed as ASEAN Day.

ARTICLE 40
ASEAN ANTHEM

ASEAN shall have an anthem.

CHAPTER XII
EXTERNAL RELATIONS

ARTICLE 41
CONDUCT OF EXTERNAL RELATIONS

1. ASEAN shall develop friendly relations and mutually beneficial dialogue, cooperation and partnerships with countries and sub-regional, regional and international organisations and institutions.

2. The external relations of ASEAN shall adhere to the purposes and principles set forth in this Charter.

3. ASEAN shall be the primary driving force in regional arrangements that it initiates and maintain its centrality in regional cooperation and community building.

4. In the conduct of external relations of ASEAN, Member States shall, on the basis of unity and solidarity, coordinate and endeavour to develop common positions and pursue joint actions.

5. The strategic policy directions of ASEAN's external relations shall be set by the ASEAN Summit upon the recommendation of the ASEAN Foreign Ministers Meeting.

6. The ASEAN Foreign Ministers Meeting shall ensure consistency and coherence in the conduct of ASEAN's external relations.

7. ASEAN may conclude agreements with countries or subregional, regional and international organisations and institutions. The procedures for concluding such agreements shall be prescribed by the ASEAN Coordinating Council in consultation with the ASEAN Community Councils.

ARTICLE 42
DIALOGUE COORDINATOR

1. Member States, acting as Country Coordinators, shall take turns to take overall responsibility in coordinating and promoting the interests of ASEAN in its relations with the relevant Dialogue Partners, regional and international organisations and institutions.

2. In relations with the external partners, the Country Coordinators shall, inter alia:

    (a) represent ASEAN and enhance relations on the basis of mutual respect and equality, in conformity with ASEAN's principles;

    (b) co-chair relevant meetings between ASEAN and external partners; and

    (c) be supported by the relevant ASEAN Committees in Third Countries and International Organisations.

ARTICLE 43
ASEAN COMMITTEES IN THIRD COUNTRIES AND INTERNATIONAL ORGANISATIONS

1. ASEAN Committees in Third Countries may be established in non-ASEAN countries comprising heads of diplomatic missions of ASEAN Member States. Similar Committees may be established relating to international organisations. Such Committees shall promote ASEAN's interests and identity in the host countries and international organisations.

2. The ASEAN Foreign Ministers Meeting shall determine the rules of procedure of such Committees.

ARTICLE 44
STATUS OF EXTERNAL PARTIES

1. In conducting ASEAN's external relations, the ASEAN Foreign Ministers Meeting may confer on an external party the formal status of Dialogue Partner, Sectoral Dialogue Partner, Development Partner, Special Observer, Guest, or other status that may be established henceforth.

2. External parties may be invited to ASEAN meetings or cooperative activities without being conferred any formal status, in accordance with the rules of procedure.

ARTICLE 45
RELATIONS WITH THE UNITED NATIONS SYSTEM AND OTHER INTERNATIONAL ORGANISATIONS AND INSTITUTIONS

1. ASEAN may seek an appropriate status with the United Nations system as well as with other sub-regional, regional, international organisations and institutions.

2. The ASEAN Coordinating Council shall decide on the participation of ASEAN in other sub-regional, regional, international organisations and institutions.

ARTICLE 46
ACCREDITATION OF NON-ASEAN MEMBER STATES TO ASEAN

Non-ASEAN Member States and relevant inter-governmental organisations may appoint and accredit Ambassadors to ASEAN. The ASEAN Foreign Ministers Meeting shall decide on such accreditation.

CHAPTER XIII
GENERAL AND FINAL PROVISIONS

ARTICLE 47
SIGNATURE, RATIFICATION, DEPOSITORY AND ENTRY INTO FORCE

1. This Charter shall be signed by all ASEAN Member States.
2. This Charter shall be subject to ratification by all ASEAN Member States in accordance with their respective internal procedures.

3. Instruments of ratification shall be deposited with the Secretary-General of ASEAN who shall promptly notify all Member States of each deposit.

4. This Charter shall enter into force on the thirtieth day following the date of deposit of the tenth instrument of ratification with the Secretary-General of ASEAN.

ARTICLE 48
AMENDMENTS

1. Any Member State may propose amendments to the Charter.

2. Proposed amendments to the Charter shall be submitted by the ASEAN Coordinating Council by consensus to the ASEAN Summit for its decision.

3. Amendments to the Charter agreed to by consensus by the ASEAN Summit shall be ratified by all Member States in accordance with Article 47.

4. An amendment shall enter into force on the thirtieth day following the date of deposit of the last instrument of ratification with the Secretary-General of ASEAN.

ARTICLE 49
TERMS OF REFERENCE AND RULES OF PROCEDURE

Unless otherwise provided for in this Charter, the ASEAN Coordinating Council shall determine the terms of reference and rules of procedure and shall ensure their consistency.

ARTICLE 50
REVIEW

This Charter may be reviewed five years after its entry into force or as otherwise determined by the ASEAN Summit.

ARTICLE 51
INTERPRETATION OF THE CHARTER

1. Upon the request of any Member State, the interpretation of the Charter shall be undertaken by the ASEAN Secretariat in accordance with the rules of procedure determined by the ASEAN Coordinating Council.

2. Any dispute arising from the interpretation of the Charter shall be settled in accordance with the relevant provisions in Chapter VIII.

3. Headings and titles used throughout the Charter shall only be for the purpose of reference.

ARTICLE 52
LEGAL CONTINUITY

1. All treaties, conventions, agreements, concords, declarations, protocols and other ASEAN instruments which have been in effect before the entry into force of this Charter shall continue to be valid.

2. In case of inconsistency between the rights and obligations of ASEAN Member States under such instruments and this Charter, the Charter shall prevail.

ARTICLE 53
ORIGINAL TEXT

The signed original text of this Charter in English shall be deposited with the Secretary-General of ASEAN, who shall provide a certified copy to each Member State.

ARTICLE 54
REGISTRATION OF THE ASEAN CHARTER

This Charter shall be registered by the Secretary-General of ASEAN with the Secretariat of the United Nations, pursuant to Article 102, paragraph 1 of the Charter of the United Nations.

ARTICLE 55
ASEAN ASSETS

The assets and funds of the Organisation shall be vested in the name of ASEAN.

Done in Singapore on the Twentieth Day of November in the Year Two Thousand and Seven, in a single original in the English language.

- For Brunei Darussalam: HAJI HASSANAL BOLKIAH Sultan of Brunei Darussalam
- For the Kingdom of Cambodia: SAMDECH HUN SEN Prime Minister
- For the Republic of Indonesia: DR. SUSILO BAMBANG YUDHOYONO President
- For the Lao People's Democratic Republic: BOUASONE BOUPHAVANH Prime Minister
- For Malaysia: DATO' SERI ABDULLAH AHMAD BADAWI Prime Minister
- For the Union of Myanmar: GENERAL THEIN SEIN Prime Minister
- For the Republic of the Philippines: GLORIA MACAPAGAL-ARROYO President
- For the Republic of Singapore: LEE HSIEN LOONG Prime Minister
- For the Kingdom of Thailand: GENERAL SURAYUD CHULANONT (RET.) Prime Minister
- For the Socialist Republic of Viet Nam: NGUYEN TAN DUNG Prime Minister

3 | 동남아시아 국가별 정보[169]

I. 브루나이(Brunei)

♣ 일반사항

- 수도(Capital): Bandar Seri Begawan
- 면적(Area): 5,765㎢(서울 605.21㎢보다 약 9.5배의 크기, 세계 173위)
- 인구(Population): 443,593명, July 2017 est., 세계 174위)
- 민족(Ethnic Groups): Malay 65.7%, Chinese 10.3%, other 24% (2016 est.)
- 언어(Language): Malay (Bahasa Melayu) (official), English, Chinese dialects
- 종교(Religion): Muslim (official) 78.8%, Christian 8.7%, Buddhist 7.8%, other(includes indigenous beliefs) 4.7% (2011 est.)

♣ 정치현황

- 독립일: 1984. 1. 1(영국으로부터 독립)
- 정치체제(Political System): 입헌군주제(Constitutional Monarchy)
- 정부형태(Form of Government): 입헌술탄제(Constitutional Sultanate)
- 국가수반(Head of State): 하사날 볼키아(Hassanal Bolkiah, 2018. 3. 기준)
- 정부수반(Head of Government): 하사날 볼키아(Hassanal Bolkiah, 2018. 3. 기준)
- UN 가입: 1984. 9. 21(회원국)
- WTO 가입: 1995. 1. 1(회원국)

♣ 경제현황

- 화폐단위: Brunei dollar (BND)

  미 1$ = 약 1.32브루나이 달러(2018. 3. 6 기준)

---

169) 일반사항: The World Factbook-CIA(2017), 정치현황: Wikipedia(2017), 경제현황: The World Factbook-CIA(2017), Wikipedia(2017), 기업경영여건 순위: 한국수출입은행(2017), 우리나라와의 관계: 외교부(2017).

- GDP(명목/nominal): 약 130억 달러(2018 기준, 세계 111위)
- 1인당 GDP(GDP per capita): 27,601 달러(2018 기준, 세계 25위)
- 수출: 약 58억 달러(2017 기준, 세계 103위)
    - 주요 수출국: 일본 36.5%, 한국 16.8%, 태국 10.6%, 인도 9.8%, 말레이시아 6.6%, 중국 4.6% (2016)
- 수입: 약 33억 달러 (2017 기준, 세계 140위)
    - 주요 수입국: 미국 28.4%, 말레이시아 24%, 싱가포르 7.1%, 인도네시아 5.7%, 일본 5.3%, 중국 4.9%, 호주 4.3% (2016)
- GDP 실질 성장률(GDP-real growth rate):
    - −1.3% (2017 est.), −2.5% (2016 est.), −0.4%

♣ 기업경영여건 순위(세계 190개국 중 72위)　(단위: 세계 순위)

사업개시	84	투자자보호	102
사업허가	37	조세납부	89
전력획득	21	계약실행	93
재산등록	134	대외무역	142
신용획득	62	사업폐쇄	57

출처: 한국수출입은행(2017)

※ World Economic Forum, Global Competitiveness Report 2016~2017에 의하면, 브루나이의 글로벌 경쟁력지수 순위는 세계 58위(조사대상국 138개국)

♣ 우리나라와의 관계
- 외교관계 수립: 1984. 1. 1 수교(북한: 1999. 1. 7 수교)
- 수출입 현황 및 주요품목(2017.12.한국무역협회)
    - 교역액
    수출: 1억 달러(자동차, 산업용철강자재)
    수입: 8억 달러(원유, 천연가스)
- 주요인사 교류현황
    - 00.10　볼키아 국왕 방한(ASEM 계기)
    - 00.11　김대중 대통령 국빈방문(APEC 정상회의 계기)
    - 01.11　김대중 대통령 방문(ASEAN+3 정상회의 계기)
    - 03.10　한-브루나이 정상회담(발리)(ASEAN+3 정상회의 계기)
    - 05.11　볼키아 국왕 방한(부산 APEC 정상회의 계기)

- 09.06 볼키아 국왕 방한(한-ASEAN 특별정상회의 계기)
- 13.10 박근혜 대통령 방문(한-ASEAN 특별정상회의 계기)
- 14.09 모하메드 외교장관 공식방한
- 14.12 볼키아 국왕 방한(국빈방한 및 한-ASEAN 특별정상회의 참석)

● 인적교류 (2017)
  - 2016. 12월부터 양국간 매주 2회 전세기 취항으로 민간교류 증가 추세
  - 한국 방문 브루나이인: 2,345명
  - 재외동포 현황: 브루나이 내 한국인(460명), 한국 내 브루나이인(130명)

2. 인도네시아(Indonesia)

♣ 일반사항

- 수도(Capital): Jakarta
- 면적(Area): 약 190만 ㎢(한반도의 약 8.6배, 세계 15위)
- 인구(Population): 약 2억 5천8백만 명(2016. 7월 기준, 세계 5위)
- 민족(Ethnic Groups): Javanese 40.1%, Sundanese 15.5%, Malay 3.7%, Batak3.6%, Madurese 3%, Betawi 2.9%, Minangkabau 2.7%, Buginese 2.7%, Bantenese 2%, Banjarese 1.7%, Balinese 1.7%, Acehnese 1.4%, Dayak 1.4%, Sasak 1.3%, Chinese 1.2%, other 15%
- 언어(Language): 인도네시아어(Bahasa Indonesia), 약 205여 개의 지방어와 사투리
- 종교(Religion): Muslim 87.2%, Christian 7%, Roman Catholic 2.9%, Hindu 1.7%, other 0.9% (includes Buddhist and Confucian), unspecified 0.4% (2010 기준)

♣ 정치현황

- 독립일: 1945. 8. 17(네덜란드로부터 독립을 선언한 날짜), 1949. 12. 27(네덜란드로부터 독립을 선언하고 난 이후에도 반네덜란드 투쟁은 지속되었고, 결국 네덜란드가 인도네시아의 독립을 공식적으로 시인한 날짜)
- 정치체제(Political System): 공화제(Republic)
- 정부형태(Form of Government): 대통령중심제(Presidential Form of Government)
- 국가수반(Head of State): Joko Widodo 대통령(2017. 1 기준)
- 정부수반(Head of Government): Joko Widodo 대통령(2017. 1 기준)

- UN 가입: 1950. 9. 28(회원국)
- WTO 가입: 1995. 1. 1(회원국)

♣ 경제현황
- 화폐단위: Indonesian rupiah (Rp) (IDR)
  1$ = 약 13,327.66루피아(2017. 1 기준)
- GDP(명목/nominal): 9,369억 달러(2016 기준, 세계 16위)
- 1인당 GDP(GDP per capita): 3,620 달러(2016 기준, 세계 117위)
- 수출: 1,484억 달러(2015 기준, 세계 34위)
  - 주요 수출국: 일본 12%, 미국 10.8%, 중국 10%, 싱가포르 8.4%, 인도 7.8%, 한국 5.1%, 말레이시아 5.1%
- 수입: 1,351억 달러 (2015 기준, 세계 33위)
  - 주요 수입국: 중국 20.6%, 싱가포르 12.6%, 일본 9.3%, 말레이시아 6%, 한국 5.9%, 태국 5.7%, 미국 5.3%
- GDP 실질 성장률(GDP-real growth rate):
  - 4.9% (2016 기준), 4.8% (2015 기준), 5% (2014 기준)

♣ 기업경영여건 순위(세계 190개국 중 91위)

(단위: 세계 순위)

사업개시	151	투자자보호	70
사업허가	116	조세납부	104
전력획득	49	계약실행	166
재산등록	118	대외무역	108
신용획득	62	사업폐쇄	76

출처: 한국수출입은행(2017)
※ World Economic Forum, Global Competitiveness Report 2016~2017에 의하면, 인도네시아의 글로벌경쟁력지수 순위는 세계 41위(조사대상국 138개국)

♣ 우리나라와의 관계
- 외교관계 수립: 1973. 9. 18 수교(북한: 1964. 4. 16 수교)
- 교역(2015. 10): 167억 달러
  - 수출: 79억 달러(석유제품, 철강판, 편직물, 합성수지, 합성고무 등)
  - 수입: 88억 달러(천연가스, 유연탄, 원유, 중유, 천연고무 등)
    *인도네시아는 우리나라의 12위 교역대상국

- 투자현황: 139억 달러(2015 누계)

- 무상원조(1991~2015): 1.9억 달러

- EDCF(Economic Development Cooperation Fund, 1987~2015): 5.7억 달러

- 인적교류(2015)

  - 인도네시아 방문 한국인: 376,400명

  - 한국 방문 인도네시아인: 195,000명

- 재외국민현황(2015): 약 41,000명

  - 한국 내 인도네시아인: 약 46,600명

- 주요협정체결

  - 1989. 이중과세방지조약

  - 1994. 투자보장협정

  - 2007. 문화협력협정

  - 2007. 범죄인인도조약

  - 2011. 원자력협정

  - 2013. 무상원조협정

  - 2014. 형사사법공조협정

3. 말레이시아(Malaysia)

♣ 일반사항

- 수도(Capital): Kuala Lumpur

- 면적(Area): 약 33만 ㎢(한반도의 약 1.5배, 세계 67위)

- 인구(Population): 3천1백만 명(2016. 7월 기준, 세계 42위)

- 민족(Ethnic Groups): Malay 50.1%, Chinese 22.6%, indigenous 11.8%, Indian 6.7%, other 0.7%, non-citizens 8.2%

- 언어(Language): 말레이어(Bahasa Malaysia), 중국어, 타밀어, 영어 등

- 종교(Religion): Muslim(official) 61.3%, Buddhist 19.8%, Christian 9.2%, Hindu 6.3%, Confucianism, Taoism, other traditional Chinese religions 1.3%, other 0.4%, none 0.8%, unspecified 1% (2010 기준)

♣ 정치현황

- 독립일: 1957. 8. 31 영국으로부터 말라야연방(the Federation of Malaya) 독립, 1963. 9. 16 영국령에 있던 Sarawak, Sabah, Singapore 등을 포함한 말레이시아 연방(Federation of Malaysia) 탄생, 1965. 8. 9 싱가포르 축출
- 정치체제(Political System): 입헌군주제(Constitutional Monarchy)
- 정부형태(Form of Government): 의원내각제(Parliamentary Form of Government)
- 국가수반(Head of State): Muhammad V 국왕(Yang di-Pertuan Agong)
- 정부수반(Head of Government): Najib Razak 총리(2017년 1월 기준)
- UN 가입: 1957. 9. 17(회원국)
- WTO 가입: 1995. 1. 1(회원국)

♣ 경제현황

- 화폐단위: Ringgit (RM) (MYR)

  1$ = 약 4.45링키트(2017. 1 기준)
- GDP(명목/nominal): 3,756억 달러(2015 기준, 세계 35위)
- 1인당 GDP(GDP per capita): 12,127 달러(2015 기준, 세계 65위)
- 수출: 1,757억 달러(2015 기준, 세계 28위)
  - ◆ 주요 수출국: 싱가포르 13.9%, 중국 13%, 일본 9.5%, 미국 9.4%, 태국 5.7%, 홍콩 4.7%, 인도 4.1%
  - ◆ 주요 수입국: 중국 18.8%, 싱가포르 12%, 미국 8.1%, 일본 7.8%, 태국 6.1%, 한국 4.5%, 인도네시아 4.5%
- GDP 실질 성장률(GDP-real growth rate):
  - ◆ 4.3% (2016 기준), 5% (2015 기준), 6% (2014 기준)

♣ 기업경영여건 순위(세계 190개국 중 23위)

(단위: 세계 순위)

사업개시	112	투자자보호	3
사업허가	13	조세납부	61
전력획득	8	계약실행	42
재산등록	40	대외무역	60
신용획득	20	사업폐쇄	46

출처: 한국수출입은행(2017)

※ World Economic Forum, Global Competitiveness Report 2016~2017에 의하면, 말레이시아의 글로벌경쟁력지수 순위는 세계 25위(조사대상국 138개국)

♣ 우리나라와의 관계

- 외교관계 수립: 1960. 2. 23 수교(북한: 1973. 7. 2 수교)

- 교역(2015): 163억 달러

  ◆ 수출: 77억 달러(반도체, 평판디스플레이, 정밀화학원료)

  ◆ 수입: 86억 달러(LNG, 중유, 컴퓨터 부품, LNG, 원유, 반도체 부품, 목재류)

- 양국간 투자현황(2015년 누계)

  ◆ 대말 투자: 74억 달러

  ◆ 대한 투자: 76억 달러

- 인적교류(2015)

  ◆ 방말 한국인: 378,228명

  ◆ 방한 말레이시아인: 223,207명

- 교민(2015): 약 12,690명

- 주요협정체결

  ◆ 1962. 무역증진협정

  ◆ 1965. 문화협정

  ◆ 1967. 항공협정

  ◆ 1983. 이중과세방지협정

  ◆ 1983. 사증면제협정

  ◆ 1986. 과학기술협력협정

  ◆ 1988. 해운협정

  ◆ 1989. 투자증진 및 보호협정

  ◆ 2013. 형사사법공조조약

  ◆ 2015. 범죄인인도조약

4. 필리핀(Philippines)

♣ 일반사항

- 수도(Capital): Manila

- 면적(Area): 약 30만 ㎢(한반도의 약 1.4배, 세계 73위)

- 인구(Population): 약 1억 2백만 명(2016. 7 기준, 세계 13위)

- 민족(Ethnic Groups): Tagalog 28.1%, Cebuano 13.1%, Ilocano 9%, Bisaya/Binisaya 7.6%, Hiligaynon Ilonggo 7.5%, Bikol 6%, Waray 3.4%, other 25.3%

- 언어(Language): 영어, 타갈로그(English, Tagalog), 그 외에 120~175개의 지방어와 사투리
- 종교(Religion): Catholic 82.9%, Muslim 5%, Evangelical 2.8%, Iglesia ni Kristo 2.3%, other Christian 4.5%, other 1.8%, unspecified 0.6%, none 0.1% (2000 기준)

♣ 정치현황

- 독립일: 1898. 6. 12 스페인으로부터 독립, 1946. 7. 4 미국으로부터 독립
- 정치체제(Political System): 공화제(Republic)
- 정부형태(Form of Government): 대통령중심제(Presidential Form of Government)
- 국가수반(Head of State): Rodrigo Duterte 대통령(2017. 1 기준)
- 정부수반(Head of Government): Rodrigo Duterte 대통령(2017. 1 기준)
- UN 가입: 1945. 10. 24(회원국)
- WTO 가입: 1995. 1. 1(회원국)

♣ 경제현황

- 화폐단위: Peso(Filipino: piso) (₱) (PHP)
  1$ = 약 49.94페소(2017. 1 기준)
- GDP(명목/nominal): 3,691억 달러(2016 기준)
- 1인당 GDP(GDP per capita): 3,569 달러(2016 기준)
- 수출: 433억 달러(2015 기준, 세계 51위)
  - 주요 수출국: 일본 21.1%, 미국 15%, 중국 10.9%, 홍콩 10.6%, 싱가포르 6.2%, 독일 4.5%, 한국 4.3%
- 수입: 649억 달러(2015 기준, 세계 43위)
  - 주요 수입국: 중국 16.2%, 미국 10.8%, 일본 9.6%, 싱가포르 7%, 한국 6.5%, 태국 6.4%, 말레이시아 4.8%, 인도네시아 4.4%
- GDP 실질 성장률(GDP-real growth rate):
  - 6.4% (2016 기준), 5.9% (2015 기준), 6.2% (2014 기준)

♣ 기업경영여건 순위(세계 190개국 중 99위) (단위: 세계 순위)

사업개시	171	투자자보호	137
사업허가	85	조세납부	115
전력획득	22	계약실행	136
재산등록	112	대외무역	95
신용획득	118	사업폐쇄	56

출처: 한국수출입은행(2017)

※ World Economic Forum, Global Competitiveness Report 2016~2017에 의하면, 필리핀의 글로벌경쟁력지수 순위는 세계 57위(조사대상국 138개국)

♣ 우리나라와의 관계
- 외교관계 수립: 1949. 3. 3 수교(북한: 2000. 7. 12 수교)
- 교역(2015): 115.8억 달러
  - 수출: 83.3억 달러(석유제품, 반도체 등)
  - 수입: 32.5억 달러(과실류, 중간재 등)
- 투자 및 건설수주 현황
  - 대 필리핀: 46억 달러(~2015 누계) (한국수출입은행)
  - 대 한국: 4.4억 달러(~2015 누계) (산업통상자원부)
- 원조현황(수출입은행통계, 집행기준)
  - 무상원조: 1.55억 달러(2014)($1=1,200원)
  - 유상원조: 1.46억 달러(2015)($1=1,200원)
- 인적교류(2015)
  - 방필 한국인: 134만 명(필리핀관광부)
  - 방한 필리핀인: 40만 명(한국관광공사)
- 재외국민현황(2015 기준)
  - 체필 한인: 약 89,000명
  - 체한 필리핀인: 약 54,000명(체한 결혼이주여성: 약 13,000명)
- 주요협정체결
  - 1969. 항공운수협정
  - 1973. 문화협정
  - 1978. 무역증진협정
  - 1985. 경제기술협력협정
  - 1986. 이중과세방지협정

◆ 1996. 범죄인인도조약

◆ 1996. 투자보장협정

◆ 2003. 대외경제협력기금차관공여협정

◆ 2014. 무상원조협정

◆ 2016. 군사비밀정보보호협정

5. 싱가포르(Singapore)

♣ 일반사항

● 수도(Capital): Singapore

● 면적(Area): 697 ㎢(서울 605.21㎢ 보다 약간 큰 도시국가, 세계 192위)

● 인구(Population): 약 578만 명(2016. 7 기준, 세계 114위)

● 민족(Ethnic Groups): Chinese 74.2%, Malay 13.3%, Indian 9.2%, other 3.3%

● 언어(Language): 공식어로서 중국어(Mandarin 36.3%), 영어(English 29.8%), 말레이어 (Malay) 11.9% 사용.

● 종교(Religion): Buddhist 33.9%, Muslim 14.3%, Taoist 11.3%, Catholic 7.1%, Hindu 5.2%, other Christian 11%, other 0.7%, none 16.4% (2010 기준)

♣ 정치현황

● 독립일: 1965. 8. 9 말레이시아로부터 축출되면서 싱가포르 탄생[170]

● 정치체제(Political System): 공화제(Republic)

● 정부형태(Form of Government): 의원내각제(Parliamentary Form of Government)

● 국가수반(Head of State): Tony Tan 대통령(2017년 1월 기준)

● 정부수반(Head of Government): Lee Hsien Loong 총리(2017년 1월 기준)

● UN 가입: 1965. 9. 21(회원국)

● WTO 가입: 1995. 1. 1(회원국)

---

170) 말레이시아의 싱가포르 축출 배경: 1964년 싱가포르에서 발생한 인종폭동 때문이다. 다시 말해서 1964년 7월 싱가포르에서 인종폭동이 발생하는데, 이때 말레이 민족주의자들이 말레이족 우선권 을 주장하며 행진을 하다가 중국계와 충돌하게 된다. 이 충돌사건은 폭동화되었고, 결국 23명이 살해되었다. 당시 폭동을 주도한 말레이 민족주의자들은 말레이시아 최대 정당인 UMNO 소속이 었고, 말레이연방은 이 폭동을 문제 삼아 싱가포르의 말레이연방 축출을 결정하게 된다.

♣ 경제현황

- 화폐단위: Singapore dollar(SGD)

  1$ = 약 1.43 싱가포르 달러(2017. 1 기준)

- GDP(명목/nominal): 3,080억 달러(2014 기준, 세계 36위)

- 1인당 GDP(GDP per capita): 56,319 달러(2014 기준, 세계 8위)

- 수출: 3,771억 달러(2015 기준, 세계 14위)

  ◆ 주요 수출국: 중국 13.7%, 홍콩 11.5%, 말레이시아 10.8%, 인도네시아 8.2%, 미국 6.9%, 일본 4.4%, 한국 4.1%

- 수입: 2,945억 달러(2015 기준, 세계 16위)

  ◆ 주요 수입국: 중국 14.2%, 미국 11.2%, 말레이시아 11.2%, 일본 6.3%, 한국 6.1%, 인도네시아 4.8%

- GDP 실질 성장률(GDP-real growth rate)

  ◆ 1.7%(2016 기준), 2%(2015 기준), 3.3%(2014 기준)

♣ 기업경영여건 순위(세계 190개국 중 2위)

(단위: 세계 순위)

사업개시	6	투자자보호	1
사업허가	10	조세납부	8
전력획득	10	계약실행	2
재산등록	19	대외무역	41
신용획득	20	사업폐쇄	29

출처: 한국수출입은행(2017)

※ World Economic Forum, Global Competitiveness Report 2016~2017에 의하면, 싱가포르의 글로벌 경쟁력지수 순위는 세계 2위(조사대상국 138개국)

♣ 우리나라와의 관계

- 외교관계 수립: 1975. 8. 8 수교(북한: 1975. 11. 8 수교)

- 교역(2015): 229억 달러

  ◆ 수출: 150억 달러(반도체, 석유제품, 선박해양구조물·부품)

  ◆ 수입: 79억 달러(반도체, 석유제품, 반도체 제조용장비)

- 우리나라의 싱가포르 투자 현황(2015 누계)

  ◆ 대싱가포르: 20억 달러

  ◆ 싱측 대한: 25억 달러

- 인적교류(2015)
  - ◆ 싱가포르 방문 한국인: 약57만 명
  - ◆ 한국 방문 싱가포르인: 약16만 명
- 재외국민현황(2014): 약 20,000명
- 주요협정체결
  - ◆ 1972. 항공협정
  - ◆ 1981. 이중과세방지협정
  - ◆ 1981. 해운협정
  - ◆ 1982. 사증면제협정
  - ◆ 1995. 문화협정
  - ◆ 1997. 과학기술협력협정
  - ◆ 2006. 자유무역협정(FTA)

6. 태국(Thailand)

♣ 일반사항

- 수도(Capital): Bangkok
- 면적(Area): 513,120㎢ (한반도의 약 2.3배, 세계 51위)
- 인구(Population): 약 6천 8백만 명(2016. 7 기준, 세계 21위)
- 민족(Ethnic Groups): Thai 95.9%, Burmese 2%, other 1.3%, unspecified 0.9%
- 언어(Language): 타이어(Thai)
- 종교(Religion): Buddhist(official) 93.6%, Muslim 4.9%, Christian 1.2%, other 0.2%, none 0.1% (2010 기준)

♣ 정치현황

- 독립일: 식민지 경험 없음
- 정치체제(Political System): 입헌군주제(Constitutional Monarchy)
- 정부형태(Form of Government): 의원내각제(Parliamentary Form of Government)
- 국가수반(Head of State): Maha Vajiralongkorn 국왕(2017. 1 기준)
- 정부수반(Head of Government): Prayut Chan-o-cha 총리(2017. 1 기준)
- UN 가입: 1946. 12. 16(회원국)
- WTO 가입: 1995. 1. 1(회원국)

♣ 경제현황

- 화폐단위: Baht (฿) (THB)

  1$ = 약 35.37바트(2017. 1 기준)

- GDP(명목/nominal): 4,097억 달러(2016 기준)

- 1인당 GDP(GDP per capita): 5,938 달러(2016 기준)

- 수출: 2,121억 달러(2015 기준, 세계 23위)

  ◆ 주요 수출국: 미국 11.2%, 중국 11.1%, 일본 9.4%, 홍콩 5.5%, 말레이시아 4.8%, 호주 4.6%, 베트남 4.2%, 싱가포르 4.1%

- 수입: 1,775억 달러(2015 기준, 세계 24위)

  ◆ 주요 수입국: 중국 20.3%, 일본 15.4%, 미국 6.9%, 말레이시아 5.9%, UAE 4%

- GDP 실질 성장률(GDP-real growth rate)

  ◆ 3.2%(2016 기준), 2.8%(2015 기준), 0.8%(2014 기준)

♣ 기업경영여건 순위(세계 190개국 중 46위)

(단위: 세계 순위)

사업개시	78	투자자보호	27
사업허가	42	조세납부	109
전력획득	37	계약실행	51
재산등록	68	대외무역	56
신용획득	82	사업폐쇄	23

출처: 한국수출입은행(2017)

※ World Economic Forum, Global Competitiveness Report 2016~2017에 의하면, 태국의 글로벌경쟁력지수 순위는 세계 34위(조사대상국 138개국)

♣ 우리나라와의 관계

- 외교관계 수립: 1958. 10. 1 수교(북한: 1975. 5. 8 수교)

- 교역(2015): 113억 달러

  ◆ 수출: 64억 달러(철강, 화공업, 전자전기 등)

  ◆ 수입: 49억 달러(천연고무, 반도체, 기호식품 등)

- 투자 현황(신고기준, 2015 누계)

  ◆ 대태국: 약 30.9억 달러

  ◆ 대한국: 약 1.52억 달러

- 인적 교류(2015)
  - ◆ 방태: 137만 명
  - ◆ 방한: 37만 명
- 재외국민현황(2015)
  - ◆ 태국 내 한인: 약 19,700명
  - ◆ 한국 내 태국인: 약 93,400명
- 주요협정체결
  - ◆ 1961. 무역증진협정
  - ◆ 1969. 항공협정
  - ◆ 1974. 이중과세방지협정
  - ◆ 1985. 과학기술협력협정
  - ◆ 1989. 투자보장협정
  - ◆ 1999. 범죄인인도조약
  - ◆ 2002. 해상운송협정
  - ◆ 2004. 문화교육협정
  - ◆ 2012. 수형자이송조약
  - ◆ 2013. 사법공조조약

7. 베트남(Vietnam)

♣ 일반사항
- 수도(Capital): Hanoi
- 면적(Area): 331,210 ㎢(한반도의 약 1.5배, 세계 66위)
- 인구(Population): 9천 5백만 명(2016. 7 기준, 세계 15위)
- 민족(Ethnic Groups): Kinh(Viet) 85.7%, Tay 1.9%, Thai 1.8%, Muong 1.5%, Khmer 1.5%, Mong 1.2%, Nung 1.1%, Hoa 1%, other 4.3%
- 언어(Language): 베트남어
- 종교(Religion): Buddhist 7.9%, Catholic 6.6%, Hoa Hao 1.7%, Cao Dai 0.9%, Protestant 0.9%, Muslim 0.1%, none 81.8%(2009 기준)

♣ 정치현황
- 독립일: 1945. 9. 2 프랑스로부터 독립 선언, 1975. 4. 30 남베트남(사이공) 몰락, 1976. 7. 2 통일베트남 탄생

- 정치체제(Political System): 일원적 공산주의 일당체제(Unitary Communist Single(One)-Party State System)
- 정부형태(Form of Government): 사회주의제(Socialistic State)
- 국가수반(Head of State): 쩐다이꽝(Trần Đại Quang) 국가주석
- 정부수반(Head of Government): 쩐다이꽝(Trần Đại Quang) 국가주석
- UN 가입: 1977. 9. 20(회원국)
- WTO 가입: 2007. 1. 11(회원국)

♣ 경제현황
- 화폐단위: đồng (đ)(VND),
  1$ = 약 22,557.47동(2017. 1 기준)
- GDP(명목/nominal): 약 2,147억 달러(2015 기준)
- 1인당 GDP(GDP per capita): 2,321달러(2015 기준)
- 수출: 1,621억 달러(2015 기준, 세계 27위)
  - 주요 수출국: 미국 21.2%, 중국 13.3%, 일본 8.4%, 한국 5.5%, 독일 4.1%
- 수입: 1,547억 달러(2015 기준, 세계 26위)
  - 주요 수입국: 중국 34.1%, 한국 14.3%, 싱가포르 6.5%, 일본 6.4%, 홍콩 5.1%, 태국 4.5%
- GDP 실질 성장률(GDP-real growth rate)
  - 6.1%(2016 기준), 6.7%(2015 기준), 6%(2014 기준)

♣ 기업경영여건 순위(세계 190개국 중 82위)

(단위: 세계 순위)

사업개시	121	투자자보호	87
사업허가	24	조세납부	167
전력획득	96	계약실행	69
재산등록	59	대외무역	93
신용획득	32	사업폐쇄	125

출처: 한국수출입은행(2017)

※ World Economic Forum, Global Competitiveness Report 2016~2017에 의하면, 베트남의 글로벌경쟁력지수 순위는 세계 60위(조사대상국 138개국)

♣ 우리나라와의 관계

- 외교관계 수립: 1992. 12. 22 수교(북한: 1950. 1. 30 수교)

- 교역(2015. 12, 베트남 통계청): 367.9억 달러

  - 수출: 277.9억 달러

  - 수입: 90억 달러

- 투자현황(산업통상자원부)

  - 우리나라의 대베트남: 439.2억 달러(2015 누계)

  - 베트남측 대한국: 1,615.9만 달러(2015 누계)

- 개발원조 현황

  - 무상원조(1991~2015 누계): 약 2.7억 달러(잠정)

  - 유상원조(1995~2014 누계): 약 24억 달러(잠정)

- 인적교류(2015)

  - 베트남 방문 한국인: 약 111만 명

  - 한국 방문 베트남인: 약 17만 명

- 재외국민현황(2015)

  - 베트남 내 한인: 약 14만 명

  - 체한 베트남인: 약 13만 명

- 주요협정체결

  - 1993. 경제기술협력협정

  - 1993. 무역협정

  - 1993. 항공협정

  - 1993 투자보장협정

  - 1994. 이중과세방지협정

  - 1995. 세관협력협정

  - 1995. 과학기술협정

  - 1997. 원자력협정

  - 1999. 사증면제협정

  - 2009. 무상원조협정

  - 2010. 수형자이송조약

8. 캄보디아(Cambodia)

♣ 일반사항

- 수도(Capital): 프놈펜(Phnom Penh)

- 면적(Area): 181,035 ㎢(한반도 220,258㎢의 약 82%에 해당, 세계 91위)

- 인구(Population): 약 1천6백만 명(2017 기준, 세계 68위)

- 민족(Ethnic Groups): Khmer 97.6%, Cham 1.2%, Chinese 0.1%, Vietnamese0.1%, other 0.9% (2013 est.)

- 언어(Language): Khmer(official) 96.3%, other 3.7%(2008 est.)

- 종교(Religion): Buddhist(official) 96.9%, Muslim 1.9%, Christian 0.4%, other 0.8% (2008 기준)

♣ 정치현황

- 독립일: 1953. 11. 9(프랑스로부터 독립)

- 정치체제(Political System): 입헌군주제(Constitutional Monarchy)

- 정부형태(Form of Government): 내각책임제(Parliamentary Form of Government)

- 국가수반(Head of State): 노로돔 시하모니(Norodom Sihamoni)

- 정부수반(Head of Government): 훈센(Hun Sen) 총리

- UN 가입: 1955. 12. 14(회원국)

- WTO 가입: 2004. 10. 13(회원국)

♣ 경제현황

- 화폐단위: Riel(KHR)

- GDP(명목/nominal): 약 209억 달러(2017년 기준)

- 1인당 GDP(GDP per capita): 1,308 달러(2017년 기준)

- 수출: 약 104억 달러(2017 기준, 세계 89위)
  - 주요 수출국: 미국 21.3%, 영국 9.4%, 독일 9%, 일본 8.2%, 캐나다 6.5%, 중국 6%, 태국 4.2%, 스페인 4%(2016)

- 수입: 약 143억 달러(2017 기준, 세계 88위)
  - 주요 수입국: 중국 35.3%, 태국 14.8%, 베트남 11%, 싱가포르 4.4%, 일본 4.1%, 홍콩 4%(2016)

- GDP 실질 성장률(GDP-real growth rate)
  - 6.9%(2017 기준), 7%(2016 기준), 7.2%(2015 기준)

♣ 기업경영여건 순위(세계 190개국 중 131위)   (단위: 세계 순위)

사업개시	180	투자자보호	114
사업허가	183	조세납부	124
전력획득	136	계약실행	178
재산등록	120	대외무역	102
신용획득	7	사업폐쇄	72

출처: 한국수출입은행(2017)
※ World Economic Forum, Global Competitiveness Report 2016~2017에 의하면, 캄보디아의 글로벌 경쟁력지수 순위는 세계 89위(조사대상국 138개국)

♣ 우리나라와의 관계
- 외교관계
  - 1970. 5. 18 외교관계 수립
  - 1975. 4. 5   공산화에 따른 대사관 철수
  - 1996. 5. 15 대표부설치 합의
  - 1997. 10. 30 외교관계 재개
- 수출입 현황 및 주요품목(2017. 12 한국무역협회)
  - 교역액
  - 수출: 6억 달러(수출 상위 5대 품목: 편직물, 알루미늄 가공품, 음료, 화물자동차, 기타 섬유제품)
  - 수입: 3억 달러(수입 상위 5대 품목: 편직제 의류, 전선, 직물제 의류, 기타 신발, 기타 섬유제품)
- 주요인사 교류 현황
  - 2000. 2   전두환 대통령 캄보디아 방문
  - 2000. 12 호남홍 외무장관 방한
  - 2001. 4   훈센 총리 방한
  - 2002. 11 김석수 총리 캄보디아 방문
  - 2003. 10 한·캄보디아 정상회담(발리)
  - 2004. 10 김원기 국회의장 캄보디아 방문
  - 2005. 5   라나리드 국회의장 방한

- ◆ 2006. 3   훈센 총리 공식방한
- ◆ 2006. 7   반기문 외교장관 공식방문
- ◆ 2006. 11   노무현 대통령 국빈방문
- ◆ 2007. 8   헹 삼린 국회의장 방한
- ◆ 2008. 2   훈센 총리, 이명박 대통령 취임식 참석
- ◆ 2009. 6   훈센 총리, 한-ASEAN 특별정상회의 계기 공식방한
- ◆ 2009. 10   이명박 대통령 국빈방문
- ◆ 2011.03   박희태 국회의장 캄보디아 방문
- ◆ 2011. 10   호남홍 외교장관 한.메콩 외교장관회의 계기 방한
- ◆ 2012. 7   김성환 장관 ASEAN＋3/EAS/ARF 외교장관회의 계기 방캄
- ◆ 2012. 11   이명박 대통령 한-ASEAN/ASEAN＋3/EAS 정상회의 계기 방캄
- ◆ 2013. 2   하금열 대통령실장 방캄
- ◆ 2014. 7   호남홍 외교장관 한-메콩 외교장관회의 계기 방한
- ◆ 2014. 12   훈센 총리 한-ASEAN 특별정상회의 계기 공식 방한
- ◆ 2015. 5   정의화 국회의장 방문
- ◆ 2015. 8   보라시 상원외교위원장 방한

- 재외국민현황(2017): 약 10,089명

 * 출처: 2017 재외동포현황(외교부 재외동포과 2017)

- 인적교류(2016, 한국관광공사, 캄보디아관광청)

  - 캄보디아 방문 한인: 357,194명

  - 한국방문 캄보디아인: 2.5만 명

  - (체한 결혼이주여성: 4,500여 명)

- 북한과의 관계

  - 1964. 2. 28   외교관계 수립

  - 1964. 12. 20 대사관 설치

  - 2007. 11   김영일 북한 총리 캄보디아 방문

  - 2010. 12   김영일 당 국제부장 방캄

  - 2012. 6   호남홍 외교장관 방북

  - 2015. 2   리길성 외무성 부상 방캄

9. 라오스(Laos)

♣ 일반사항

- 수도(Capital): 비엔티엔(Vientiane)

- 면적(Area): 236,800㎢(한반도 220,258㎢의 약간 큼, 세계 85위)

- 인구(Population): 7,126,706명(2017. 7 기준, 세계 101위)

- 민족(Ethnic Groups): Lao 53.2%, Khmou 11%, Hmong 9.2%, Phouthay 3.4%, Tai 3.1%, Makong 2.5%, Katong 2.2%, Lue 2%, Akha 1.8%, other 11.6%(2015 기준)

- 언어(Language): Lao(official), French, English, various ethnic languages

- 종교(Religion): Buddhist 64.7%, Christian 1.7%, none 31.4%, other/not stated 2.1% (2015 기준)

♣ 정치현황

- 독립일: 1949. 7. 19(프랑스로부터 독립)

- 정치체제(Political System): 일원적 공산주의 일당체제(Unitary Communist Single(One)- Party State System)

- 정부형태(Form of Government): 사회주의제(Socialistic State)

- 국가수반(Head of State): Bounnhang Vorachith 대통령

- 정부수반(Head of Government): Bounnhang Vorachith 대통령

- UN 가입: 1955. 12. 14(회원국)

- WTO 가입: 2013. 2. 2(회원국)

♣ 경제현황

- 화폐단위: Kip (LAK)

- GDP(명목/nominal): 약 149억 달러(2017 기준)

- 1인당 GDP(GDP per capita): 2,051달러(2017 기준)

- 수출: 약 29억 달러(2017 기준, 세계 129위)
  - 주요 수출국: 태국 40.1%, 중국 28.5%, 베트남 13.7%(2016)
- 수입: 약 59억 달러(2017 기준, 세계 116위)
  - 주요 수입국: 태국 64.6%, 중국 16.5%, 베트남 9.4%(2016)
- GDP 실질 성장률(GDP-real growth rate)
  - 6.9%(2017 기준), 7%(2016 기준), 7.3%(2015 기준)

♣ 기업경영여건 순위(세계 190개국 중 139위)　　　　　(단위: 세계 순위)

사업개시	160	투자자보호	165
사업허가	47	조세납부	146
전력획득	155	계약실행	88
재산등록	65	대외무역	120
신용획득	75	사업폐쇄	169

출처: 한국수출입은행(2017)

※ World Economic Forum, Global Competitiveness Report 2016~2017에 의하면, 캄보디아의 글로벌 경쟁력지수 순위는 세계 93위(조사대상국 138개국)

♣ 우리나라와의 관계
- 외교 관계
  - 1974. 6. 22 수교
  - 1975. 7. 24 라오스의 공산화로 단교
  - 1995. 10.25 복교
  - 1996. 9. 19 상주대사관 개설
- 교역액: (2017. 12 한국무역협회)
  - 수출: 9,200만 달러(자동차, 자동차부품, 건설장비 등)
  - 수입: 2,700만 달러(칼륨비료, 목재, 의류 등)
- 재외국민현황(2017): 2,980명
  *출처: 2017 재외동포현황(외교부 재외동포과 2017)
- 인적교류
  - 방라오스 한국인: 173,260명(라오스관광청 2016)
  - 방한 라오스인: 8,062명(한국관광공사 2016)
- 주요인사 교류 현황
  - 방한
  - 2002. 5　분냥 총리
  - 2005. 12　사만 국회의장
  - 2008. 6　부아손 총리
  - 2009. 6　부아손 총리
  - 2011. 10　통룬 부총리 겸 외교장관(한-메콩 외교장관회의)
  - 2011. 11　솜사왓 상임부총리

- 2012. 7   통싱 총리
- 2013. 9   파니 국회의장
- 2013. 11   춤말리 대통령
- 2014. 7   통룬 부총리 겸 외교장관 방한(한-메콩외교장관회의)
- 2014. 12   통싱 총리 방한(한-ASEAN 특별정상회의)
- 2015. 9   분짠(Bounchanh Sinthavong) 공공사업교통부 장관
- 2015. 11   신라봉(Sinlavong Khouphaythoune) 비엔티안 특별시장
- 2016. 6   솜께오(Somkeo Silavong) 공안부장관
- 2017. 8   살름싸이 꼼마싯(Salemxay Kommasith) 외교부 장관

◆ 방문

- 2004. 11   노무현 대통령(ASEAN＋3 정상회의)
- 2005. 7   반기문 외교장관
- 2011. 9   박희태 국회의장
- 2012. 11   김황식 총리(ASEM 정상회의)
- 2015. 1   정의화 국회의장
- 2015. 12   황교안 총리 공식
- 2016. 3   제정부 법제처장
- 2016. 5   이기권 고용노동부 장관(APT 노동장관회의 계기)
- 2016. 5   김형진 차관보(ASEAN 고위관리회의 계기)
- 2016. 6   남경필 경기도지사
- 2016. 6   황인무 국방차관
- 2016. 9   박근혜 대통령 공식 방문

● 북한과의 관계

- 외교 관계 1974. 6. 24 수교
- 1974. 9. 10 주라오스 북한대사관 개설
- 1998. 7 주북한 라오스대사관 개설

10. 미얀마(Myanmar)

♣ 일반사항

- 수도(Capital): 네피도(Naypyidaw)
- 면적(Area): 676,578㎢(한반도 220,258㎢의 약 3배, 세계 41위)
- 인구(Population): 55,123,814명(2017. 7 기준, 세계 24위)

- 민족(Ethnic Groups): Burman (Bamar) 68%, Shan 9%, Karen 7%, Rakhine 4%, Chinese 3%, Indian 2%, Mon 2%, other 5%
- 언어(Language): Burmese(official)
- 종교(Religion): Buddhist 87.9%, Christian 6.2%, Muslim 4.3%, Animist 0.8%, Hindu 0.5%, other 0.2%, none 0.1%(2014 기준)

♣ 정치현황

- 독립일: 1948. 1. 4(영국으로부터 독립)
- 정치체제(Political System): 공화제(Republic)
- 정부형태(Form of Government): 대통령중심제(Presidential Form of Government)
- 국가수반(Head of State): Htin Kyaw 대통령(실세: State Counsellor, Aung San Suu Kyi)
- 정부수반(Head of Government): Htin Kyaw 대통령(실세: State Counsellor, Aung San Suu Kyi)
- UN 가입: 1948. 4. 19(회원국)
- WTO 가입: 1995. 1. 1(회원국)

♣ 경제현황

- 화폐단위: Kyat (K) (MMK)
- GDP(명목/nominal): 약 724억 달러(2017 기준, 세계 72위)
- 1인당 GDP(GDP per capita): 1,374 달러(2017 기준, 세계 150위)
- 수출: 약 101억 달러(2017 기준, 세계 91위)
  - 주요 수출국: China 40.6%, Thailand 19.1%, India 8.8%, Singapore 7.6%, Japan 5.7% (2016)
- 수입: 약 153억 달러(2017 기준, 세계 84위)
  - 주요 수입국: China 33.9%, Singapore 14.3%, Thailand 12.5%, Japan 7.9%, India 6.9%, Malaysia 4.3%(2016)
- GDP 실질 성장률(GDP-real growth rate)
  - 7.2%(2017 기준), 6.1%(2016 기준), 7%(2015 기준)

♣ 기업경영여건 순위(세계 190개국 중 170위)

(단위: 세계 순위)

사업개시	146	투자자보호	179
사업허가	66	조세납부	119
전력획득	149	계약실행	188
재산등록	143	대외무역	159
신용획득	175	사업폐쇄	164

출처: 한국수출입은행(2017)

♣ 우리나라와의 관계

- 외교 관계
  - 수교일자: 1975. 5. 16
- 수출입 현황 및 주요 품목(2017. 12 한국무역협회)
  - 수출: 6억 달러(수송.산업기계, 직물, 석유화학제품 등)
  - 수입: 5억 달러(의류 등 섬유제품, 농수산물 등)
- 양국간 투자 현황(2017. 6 산업통상자원부, 수출입은행)
  - 대미얀마: 52.9억 달러
  - 대한: 2.25백만 달러
- 재외국민 현황(2017): 3,456명
  *출처: 2017 재외동포현황(외교부 재외동포과 2017)
- 미얀마인 체류 현황(2015): 20,887명
- 인적교류 현황(2015)
  - 방미얀마: 63,715명
  - 방한: 58,936명
- 최근 주요인사 교류 현황
  - 2005. 5   Nyan Win 외교장관 방한
  - 2005. 6   송민순 외교부 차관보 방미얀마
  - 2006. 5   Kyaw Thu 외교1차관 방한
  - 2007. 6   Maung Myint 외교2차관 방한
  - 2008. 5   김성환 외교2차관 방미얀마
  - 2009. 1   이용준 외교부 차관보 방미얀마
  - 2009. 3   Maung Myint 외교차관 방한
  - 2009. 6   Thein Sein 총리 방한(한-ASEAN 특별정상회의 참석)

- 2010. 2   박영준 국무차장 방미얀마
- 2010. 5   Nyan Win 외교장관 방한(ESCAP총회참석)
- 2010. 6   Htay Oo 농업관개부장관 방한
- 2010. 9   Htay Oo 농업관개부장관 방한
- 2010. 12   박영준 지경부 2차관 방미얀마
- 2011. 10   Myo Myint 외교차관 방한
- 2011. 11   Kan Zaw 기획부차관 방한
- 2012. 3   Soe Thane 공업부장관 방한
- 2012. 5   김성환 외교장관 방문
- 2012. 5   이명박 대통령 방문
- 2012. 5   홍석우 지경부장관 방문
- 2012. 5   Kan Zaw 기획부차관 방한
- 2012. 6   한만희 국토부 1차관 방문
- 2012. 8   Wunna Maung Lwin 외교장관 방한
- 2012. 8   김성한 외교부 2차관 방문
- 2012. 9   Soe Tint 건설부차관 방한
- 2012. 10   Thein Sein 대통령 국빈방한
- 2013. 1   강창희 국회의장 방문
- 2013. 1   아웅산 수치 여사 방한
- 2013. 4   Shwe Mann 하원의장 방한
- 2014. 1   안홍준 외통위원장 방문
- 2014. 2   Wunna Maung Lwin 외교장관 방한
- 2014. 6   윤병세 외교장관 방문
- 2014. 9   민 아웅 흘라잉 군 총사령관 방한
- 2014. 11   박근혜 대통령 방문(EAS 참석)
- 2014. 12   Thein Sein 대통령 방한(한-ASEAN 특별정상회의 참석)
- 2015. 1   정의화 국회의장 방문
- 2015. 3   나경원 외통위원장 방문
- 2015. 4   Wunna Maung Lwin 외교장관 방한
- 2015. 4   Khin Aung Myint 상원의장 방한
- 2016. 7   Than Myint 상무장관 방힌
- 2016. 10   Win Myint 하원의장 방한
- 2017. 11   임성남 제1차관 방문(ASEM)
- 2017. 11   Mahn Winn Khaing Thann 상원의장 방한

● 북한과의 관계

    - 1975. 5   수교

    - 1983. 10 아웅산 사건으로 단교

    - 2007. 4   복교

11. 동티모르(East-Timor, Timor Leste)

♣ 일반사항

● 수도(Capital): 딜리(Dili)

● 면적(Area): 14,874㎢(남한의 약 1/6, 강원도 크기, 세계 160위)

● 인구(Population): 1,291,358명(2017. 7 기준, 세계 157위)

● 민족(Ethnic Groups): Austronesian(Malayo-Polynesian) (includes Tetun, Mambai, Tokodede, Galoli, Kemak, Baikeno), Melanesian-Papuan (includes Bunak, Fataluku, Bakasai), small Chinese minority

● 언어(Language): 포르투갈어, 테툼어(현지어)

● 종교(Religion): Roman Catholic 97.6%, Protestant/Evangelical 2%, Muslim 0.2%, other 0.2% (2015 est.)

♣ 정치현황

● 독립일: 1975. 11. 28(포르투갈로부터 독립), 2002. 5. 20(인도네시아로부터 독립)

● 정치체제(Political System): 공화제(Republic)

● 정부형태(Form of Government): 이원집정제(Dual Form of Government), 내각책임제 (Parliamentary Form of Government)

● 국가수반(Head of State): Francisco Guterres 대통령

● 정부수반(Head of Government): Mari Alkatiri 총리

● UN 가입: 2002. 9. 27(회원국)

● WTO 가입: 미가입

♣ 경제현황

● 화폐단위: United States Dollar(USD)

● GDP(명목/nominal): 약 25억 달러(2014 기준)

● 1인당 GDP(GDP per capita): 3,330달러(2014 기준)

- 수출: 약 2,000만 달러(2016 기준, 세계 210위)

- 수입: 약 5억 5,860만 달러(2016 기준, 세계 188위)

- GDP 실질 성장률(GDP-real growth rate)

  ◆ 4%(2017 기준), 5%(2016 기준), 4%(2015 기준)

♣ 기업경영여건 순위(세계 190개국 중 175위)

(단위: 세계 순위)

사업개시	145	투자자보호	70
사업허가	159	조세납부	130
전력획득	112	계약실행	190
재산등록	187	대외무역	94
신용획득	167	사업폐쇄	169

출처: 한국수출입은행(2017)

♣ 우리나라와의 관계

- 외교 관계

  - 수교일자: 2002. 5. 20

  - 공관현황: 2001. 6. 25 주동티모르대표부 설치, 2002. 8. 21 대사관 승격

  - 주한동티모르공관: 2009. 2 개설

- 재외국민현황: 172명

  * 출처: 2017 재외동포현황(외교부 재외동포과 2017)

- 상록수부대 파병: 1999. 10~2003. 10

- 대동티모르 무상원조(1987~2016년 4,540만 달러)

- 인사교류 현황

  - 2000. 1, 2000. 11, 2002. 6, 2002. 11, 2004. 6, 2005. 6, 2005. 8 구스마웅 대통령 방한

  - 2000. 1, 2002. 5, 2002. 11, 2003. 2, 2004. 1, 2004. 10 오르타 외교장관 방한

  - 2006. 3   Fransico Guterres 국회의장 방한

  - 2002. 5   이홍구 대통령 특사(구스마웅 대통령 취임식 참석)

  - 2003. 10 김윤석 특전사령관(상록수부대 철수)

  - 2007. 5   전윤철 대통령 특사(오르타 대통령 취임식 참석)

  - 2009. 8   Araujo 국회의장 방한(김대중 전 대통령 조문사절단)

  - 2009. 10 Horta 대통령 사적방한

  - 2010. 9   Horta 대통령 사적방한

  - 2011. 8   Horta 대통령 사적방한
  - 2013. 2   Gusmao 총리 방한(박근혜 대통령 취임식 참석)

참·고·문·헌

1. 국내문헌(단행본, 논문, 신문, 인터넷사이트 등)

김순규. 1997. 『현대국제정치학』. 서울: 박영사.

김영주. 2013. 『서연과 마리아의 필리핀 문화 체험기』. 마닐라: 주필리핀 한국문화원.

김용제. 1995. 「21세기 APEC의 비전: 과제와 전망」, 서울: 시울프레스.

김희주·홍석일. 1995. 「아세안의 도전」, 서울: 정문출판, 1995.

김현종. 1997. "동아시아경제협력체(EAEC)에 관한 소고," 「고황논집」, 제21집.

금천영일. 1994. 「동남아시아 경제 Q&A 100」. 최광렬 역, 서울: 미술문화원.

다니엘 벨. 1995. 「2000년대의 신세계질서」, 서규환 역. 서울: 도서출판 디자인하우스.

동남아정치연구회. 1994. 「동남아정치입문」, 서울: 박영사.

동남아지역연구회 역. 1994. 「현대동남아의 이해」, 서울: 도서출판 서울프레스.

라비 알빈드 팔랏(Ravi Arvind Palat). 1996. "분절된 시야: 탈미국중심적 지역연구의 미래에 대한 천착," 김명섭 역, 「지역연구 뉴스레터」, 제27호, 서울: 서울대학교 지역종합연구소.

밀톤 W. 마이어. 1994. 「동남아사 입문」. 김기태 역, 서울: 한국외국어대학교 출판부.

박광섭. 2012b. 『현대국제정치의 이해』. 대전: 도서출판 대경.

박광섭. 2019. "필리핀 문화의 개념적 구조화에 대한 논리적 분석과 해석." 『아시아연구』. 22(1): 125-152.

박광섭. 2015. "남중국해 스카버러 숄 영유권을 둘러싼 필리핀과 중국 간 분쟁양상의 본질: 영유권 주장의 근거와 분쟁해결 접근방식의 차이." 『아시아연구』. 18(1): 161-200.

박광섭. 2015. "필리핀 EDSA 혁명의 발생 및 성공요인 분석." 『인문사회 21』. 6(4): 929-958.

박광섭. 2012a. "남중국해 남사군도와 중국의 움직임에 대한 필리핀 아키노 행정부의 국방정책과 대응전략: 기능주의적 방식 모색." 『아시아연구』. 15(1): 117-123.

박광섭. 2013. "남중국해 스카버러 쇼울을 둘러싼 중국과의 해양분쟁 가열조짐으로 인한 필리핀-미국 안보협력 강화: 그 근원적 이해관계(Real Interests) 및 지역안보(Regional Security)에의 함의." 『아시아연구』, 16(2): 25-57.

박광섭. 2006a. 『세계화시대 해외지역연구의 이해』. 대전: 도서출판 대경.

박광섭. 2006b. "필리핀-미국 반테러리즘 협력의 표적으로서 아부 사야프: 미국 개입의
　　함의."『아시아연구』. 9(1): 118-129.

박광섭. 1997. "아세안 정치안보의 협력적인 이니셔티브에 관한 연구,"「동남아연구」, 제
　　6권, 한남대 동남아시아연구소.

박광섭. 1996. "동남아시아의 아세안화에 관한 연구,"「사회과학연구」, 제15집, 호서대
　　사회과학연구소.

박광섭. 1999. "동남아학의 특성분석,"「사회과학연구」, 제18집, 호서대 사회과학연구소.

박광섭, 1999. "지역협력체로서의 아세안의 이해,"「국제연구」, 창간호, 호서대 인문과학
　　연구소 국제교류연구분회.

박성훈. 1998. "APEC의 개방적 지역주의: 개념과 실천방안,"「IRI 리뷰」Vol. 3., No. 1.

박용구, 1996. "지역학의 대상과 방법론," 한국외대대학원 지역학연구회 편, 「지역학의
　　현황과 과제」, 서울: 한국외국어대학교출판부.

박용도. 1995. 「APEC 무역자유화 전망 및 우리의 대응」, 서울: 대한무역진흥공사.

박일근. 2012. "시진핑, 남중국해 함대 방문… 해양강국 의지 드러내." 한국일보 12월
　　13일. http://media.daum.net/foreign/asia/newsview?newsid=20121213023905644
　　(검색일: 2015. 1. 19)

박장식, 조흥국 외 7인. 1997. 「동남아의 사회와 문화」, 서울: 도서출판 오름.

배긍찬, 1994. "EAEC 구상의 추진 전망,"「주요국제문제분석」, 서울: 외교안보연구원.

배준호. 2013. "동아시아 넘어 태평양으로… 해양굴기 전략 본격화." 이투데이뉴스 3월
　　6일. http://www.etoday.co.kr/news/section/newsview.php?idxno=699690(검색일:
　　2015. 1. 19).

변창구, 1996. "국제레짐으로서 ASEAN의 특성,"「동남아시아연구」, 제4호, 한국동남아
　　학회.

변창구, 1996. "탈냉전과 아세안의 다자안보대화,"「국제정치논총」, 제36집, 2호, 한국국
　　제정치학회.

변창구, 1999. 「ASEAN과 동남아국제정치」, 서울: 대왕사.

서울대학교 지역연구종합센터. 1990. 「우리 나라 지역연구 현황, 문제점, 활성화 방안연
　　구」, 서울: 서울대학교.

소병국. 1996. "동남아연구의 현황과 과제," 한국외대대학원 지역학연구회 편, 「지역학
　　의 현황과 과제」, 서울: 한국외국어대학교출판부.

신윤환·이성형. 1996. "한국의 지역연구 현황과 과제,"「국가전략」, 제2권, 서울: 세종연
　　구소, 제1호.

야노토루, 1999. 「지역연구와 세계단위론」, 부산외대 아시아지역연구소 역, 서울: 전예원.

양승윤, 1998. 「동남아와 아세안」, 서울: 한국외국어대학교출판부.

외교부 아세안국 아세안협력과. 2020. 「아세안 개황」, 서울: 한국장애인단체총연합회 인쇄사업소.

외교부 남아시아태평양국 아세안협력과. 2017. 「아세안 개황」, 서울: 출판디자인.

외교부 남아시아태평양국 아세안협력과. 2013. 「아세안 개황」, 서울: 출판디자인.

우야창, 1996. "지역연구란 무엇인가," 이원덕 역, 「지역연구뉴스레터」, 제25호, 서울: 서울대학교 지역종합연구소.

윤현종. 2012. "중국 vs 필리핀 갈등 민간으로 확산." 헤럴드경제 5월 13일. http://news.heraldcorp.com/view.php?ud＝20120513000176&md＝20120617063346_BL(검색일: 2014. 12. 30).

원용걸, 1996. 「ASEAN 자유무역지대(AFTA)의 전개과정과 그 시사점」, 서울: 대외경제정책연구원.

이장훈. 2012. "중국 전방위 압박 필리핀 힘겨운 버티기: 스카버러 섬 영유권 다툼 '골리앗과 다윗의 싸움'." 동아닷컴 5월 29일. http://weekly.donga.com/docs/magazine/print. hp?mgz_part＝weekly&n＝201205290500034 (검색일: 2014. 12. 30).

정인교. 1998. 「지역무역협정의 확산과 우리의 대응」, 서울: 대외경제정책연구원.

한국수출입은행. 2017. "필리핀 국가신용도 평가리포트." keri.koreaexim.go.kr (검색일 2018. 5. 3).

한국수출입은행. 2017. "필리핀 국가신용도 평가리포트."
https://www.koreaexim.go.kr/site/main/index001 (검색일: 2018. 4. 25).

한국외대대학원 지역학연구회. 1996. 「지역학의 현황과 과제」. 서울: 한국외국어대학교출판부.

「조선일보」, 1995.12.15, p. 6.

「日本經濟新聞」, 1992. 8. 28.

「한국수출입은행 세계국가편람」(2018)

「한국무역협회」(2018)

2. 외국문헌(단행본, 논문, 신문 등)

ABS_CBNnews.com. 2012. "3 Chinese ships seen in Scarborough–PCG." Sept. 12. http://www.abs-cbnnews.com/nation/regions/09/12/12/3-chinese-ships-seen-scarborough-pcg (search date: 30 December, 2014).

Acharya, Amitav. 1995. "ASEAN and Asia–Pacific Multilateralism: Managing Regional Security," in Acharya Amitav & Stubbs Richard (ed.), New Challenge for ASEAN, Vancouver: UBC Press.

AFP. 2012. "Philippines and China to Impose Fishing Bans amid Standoff." The Telegraph May 14.
http://www.telegraph.co.uk/news/worldnews/asia/china/9264697/Philippines-and -China-to-impose-fishing-bans-amid-standoff.html(search date: 30 December, 2014).

AFP. 2013. "PH to take China dispute to UN tribunal." Rappler Jan. 22.
http://www.rappler.com/nation/20189-ph-takes-china-dispute-to-un(search date: 8 January, 2015).

AFP. 2014. "Beijing hits out at US South China Sea proposal." Space Daily Aug. 11.
http://www.spacedaily.com/reports/Beijing_hits_out_at_US_South_China_Sea_pro posal_999.html (search date: 17 January, 2015).

Akrasanee, Norongchai and Stifel, David. 1994. "A Vision of Southeast Asia in the year 2000: Towards A Common Economic Regime." Contemporary Southeast Asia, Vol. 16, No.1, June.

Aning, Jerome & Bordadora, Norman. 2012. "Philippines Welcomes China's Fishing Ban in Disputed Shoal." The NATION May 15.
http://www.nationmultimedia.com/aec/Philippines-welcomes-Chinas-fishing-ban-in-dispute-30182027.html (search date: 30 December, 2014).

Anything Psych. 2013. "The Psychology Behind the Phrase 'Bahala Na'."
http://www.anythingpsych.com/2013/12/the-psychology-behind-bahala-na/(Search Date: 09 January, 2019)

AP. 2014. "US, Filipino Troops Begins Large Military Drills." Military.com May 5.
http://www.military.com/daily-news/2014/05/05/us-filipino-troops-begin-large-military-drill.html (search date: 20 January, 2015).

Arches II, Victor N. 2012. "Huangyan Island does belong to China." Chinadaily May 10.

http://usa.chinadaily.com.cn/epaper/2012-05/10/content_15258415.htm(search date: 31 December, 2014).

ASEAN. 2021. "Bangkok Declaration." https://asean.org/the-asean-declaration-bangkokdeclaration-bangkok-8-August-1967/ (search date: Jan., 03, 2021).

ASEAN. 2021. "ASEAN Charter." https://asean.org/storage/2012/05/The-ASEAN-Charter-14042020-final.pdf (search date: Jan., 03, 2021).

Avendano, Christine O. 2012. "Philippines supports rearming of Japan." Inquirer.net Dec. 11. http://globalnation.inquirer.net/59249/philippines-supports-rearming-of-japan/(search date: 7 January, 2015).

Bauzon, Bernice Camille V. 2014. "China, ASEAN can handle sea dispute-Chineseenvoy." The Manila Times Sept. 30. http://www.manilatimes.net/china-asean-can-handle-sea-dispute-chinese-envoy/130846/ (search date: 15 January, 2015).

Beckman, Robert. 2012. "Scarborough Shoal: Flashpoint for Confrontation or Opportunity for Cooperation?" RSIS April 24. http://cil.nus.edu.sg/wp/wp-content/uploads/2010/12/ProfBeckman-RSIS-ScarboroughShoal-24Apr2012.pdf(searchdate: 21. January, 2015).

Belassa, Bel. 1996. The Theory of Economic Integration, London: George Allen & Unwin.

Bhagwati, J. 1993. "Regionalism and Multilateralism: an Overview," New Dimensions in Regional Intergration, J. De Melo and A. Panagariya, Cambridge University Press.

Blanchard, Ben. 2014. "China's first aircraft carrier completes South China Sea drills." Reuters Jan. 1. http://www.reuters.com/article/2014/01/02/us-china-carrier-idUSBREA0101P20140102 (search date: 20 January, 2015).

Bodeen, Christopher. 2012. "China Travel Agencies Suspend Trips to Philippines." Inquirer.net May 10. http://globalnation.inquirer.net/36217/china-travel-agencies-suspend-trips-to-philippines/ (search date: 30 December, 2014).

Bradsher, Keith. 2014. "Philippine Leader Sounds Alarm on China." The New York Times Feb. 4.
http://www.nytimes.com/2014/02/05/world/asia/philippine-leader-urges-international-help-in-resisting-chinas-sea-claims.html?_r=1(search date: 30 December, 2014).

Brown, Peter J. 2009. "Calculated Ambiguity in the South China Sea." Asia Times Online Dec. 8.
http://www.atimes.com/atimes/Southeast_Asia/KL08Ae01.html(search date: 31 December, 2014).

BSP Report. 2018. "Overseas Filipinos' remittances hit record levels in 2017"
http://www.sunstar.com.ph/article/419678/ (search date: 26 April, 2018).

Buszynski, Leszek. 1992. "Southeast Asia in the Post-Cold War Era: Regionalism and Security," Asian Survey, Vol. XXXII, No. 9, September.

Callar, Michaela Del. 2012. "DFA: China boats blocking PHL vessels from Panatag Shoal." GMA News July 18.
http://www.gmanetwork.com/news/story/265889/news/nation/dfa-china-boats-blocking-phl-vessels-from-panatag-shoal (search date: 30 December, 2014).

Casauay, Angela. 2013. "ITLOS appoints Tribunal team on South China Sea claim." Rappler April 25.
http://www.rappler.com/nation/27482-itlos-un-tribunal-team-south-china-sea-case (search date: 8 January, 2015).

Castro, Renato Cruz De. 2012. "The Risk of Applying Realpolitik in Resolving the South China Sea Dispute: Implications on Regional Security." Pacific Focus, 27(2): 262-289.

CFO(Commission on Filipinos Overseas). 2013. "Stock Estimate of Filipinos Overseas As of December 2013"
http://www.cfo.gov.ph/images/stories/pdf/StockEstimate2013.pdf
(search date: 26 April, 2018)

Chee, Stephen. 1991. Leadership and Security in Southeast Asia, Singapore: Institute of Southeast Asian Studies.

Chin, Kin Wah. 1995. "ASEAN: Consolidation and Institutional Change," The Pacific Review, Vol. 8, No. 3.

Cook, Alistair D B. 2012. "Unpacking the Scarborough Shoal Dispute." East Asian Policy, 4(3): 46-54.

Coplin, William D., 1980. Introduction to International Politics, 3rd ed., Englewood Cliffs, N.J.: Prentice-Hall. Inc.

Cruz, Erik dela & Mogato, Manuel. 2012. "RPT-Manila Firm Finds Gas in South China Sea; May Fuel China Tension." Reuters April 24.
http://www.reuters.com/article/2012/04/24/philippines-china-gas-idUSL3E8FO1ND20120424 (search date: 23 January, 2015).

Daigler, Geraldine M. 1980. Living in the Philippines. Metro-Manila: The American Chamber of Commerce of the Philippines.

De Guia, Katrin. 2005. Kapwa: The Self in the Other: Worldviews and Lifestyles of Filipino Culture-Bearers. Pasig City: Anvil Publishing, Inc.

Devan, Janadas. 1994. compiled, Southeast Asia Challenges of the 21th Century, Singapore: Institute of Southeast Asian Studies.

Dictionay.com. 2018. "Culture." https://www.dictionary.com/browse/culture (Search Date: 20 October, 2018)

DFA(Department of Foreign Affairs). 2012a. "Philippine Position on Bajo de Masinloc and the waters within its vicinity." PhilSTAR.com April 19.
http://www.philstar.com/breaking-news/798271/philippine-position-bajo-de-masinloc-and-waters-within-its-vicinity (search date: 31 December, 2014).

DFA(Department of Foreign Affairs). 2012b. "PH sovereignty based on UNCLOS, principles of international law." Inquirer.net April 20.
http://globalnation.inquirer.net/34031/ph-sovereignty-based-on-unclos-principles-of-international-law/?PageSpeed=noscript(search date: 31 December, 2014).

DFA(Department of Foreign Affairs). 2013a. "President Aquino to attend the 22nd ASEAN Summit in Brunei." Official Gazette April 17.
http://www.gov.ph/2013/04/17/president-aquino-to-attend-the-22nd-asean-summit-in-brunei/(search date: 6 January, 2015).

DFA(Department of Foreign Affairs). 2013b. "Statemnet of President Aquino for the 23rd ASEAN Summit." Official Gazette October 9.
http://www.gov.ph/2013/10/09/statement-of-president-aquino-for-the-23rd-asean-summit/(search date: 6 January, 2015).

DFA(Department of Foreign Affairs). 2014. "Statement of the Foreign Affairs Secretary: PH files memorial under UNCLOS against China." Official Gazette March 30. http://www.gov.ph/2014/03/30/statement-of-the-secretary-of-foreign-affairs-ph -files-memorial-under-unclos-against-china/ (search date: 8 January, 2015).

Duka, Cecilio D. 2008. Struggle for Freedom: A Textbook on Philippine History. Manila: Rex Bookstore, Inc.

Etzioni, Amitai. 2014. "Obama's 'Re-balancing': A Fig Leaf." The Diplomat April 26. http://thediplomat.com/2014/04/obamas-rebalancing-a-fig-leaf/(search date: 30 December, 2014).

Facts and Details. 2015. "Filipino Character and Personality: Hiya, Amor Propio, Emotions and the Influences of Catholicism, Asia and Spain." http://factsanddetai ls.com/southeast-asia/Philippines/sub5_6c/entry-3867.html (Search Date: 09 January, 2019)

Fischer, B. 1998. "Globalisation and the Competitiveness of the Regional Blocs", Intereconomics July/August.

Frost, Frank. "Introduction: ASEAN since 1967—Origins, Evolution and Recent Development," in Alison Broinowski, 1990. ed., ASEAN into 1990s. New York: St. Martin's Press.

Gabieta, Joey. et. al. 2012. "Visayas Church leaders decry moves to push divorce bill." *INQUIRER.NET.* https://newsinfo.inquirer.net/326981/visayas-church-leaders-decry-moves-to-push- divorce-bill (Search Date: 10 January, 2019).

Garnant, Ross. 1994. Asian Market Economies: Challenges of Changing International Environment, Singapore: Institute of Southeast Asian Studies.

Gochenour, Theodore. 1990. Considering Filipinos. USA: Intercultural Press, Inc.

Gorospe, Vitaliano R. 1988. Filipino Values Revisited. Metro-Manila: National Book Store, Inc.

Gordon, Bernard. "Regionalism in Southeast Asia," in Robert Tilman, 1971. ed., Man, State and Society in Southeast Asia. New York: Prager.

Gripaldo, Rolando M. 2005. "Bahala na: A Philosophical Analysis." https://www.researchgate.net/publication/238082707_BAHALA_NA_A_PHILOSOP HICAL_ANALYSIS1 (search date: 19 January, 2019).

Guillermo, Merlyn L.. and Verora, L.. P. 1982. Protestant Churches and Missions in the Philippines. Metro Manila: Agape Printing Services.

Gutierrez, Natashya. 2014. "Aquino to push for Code of Conduct in ASEAN meet." Rappler May 7.
http://www.rappler.com/nation/57458-aquino-push-south-china-sea-coc-asean (search date: 6 January, 2015).

Halib, Mohammed and Huxley, Tim. 1996. An Introduction to Southeast Asian Studies. London: Tauris Academic Studies I. B. Tauris Publishers.

Hagiwara, Yoshiyui. "The Formation of ASEAN," in K. S. Sandhu, sharon Siddique Chandran Jeshurun, Ananda Rgjan, Joseph L. H. Tan and Pushpa Thambipillai. 1992. Compiled, The ASEAN Reader(Singapore: Institute of Southeast Asian Studies.

Hall, D. G. E. 1981, A History of Southeast Asia. London: Macmillan.

Hofstede, Geert, Gert Jan Hofstede and Michael Minkov. 2010. *Cultures and Organizations: Software of the Mind*, 3rd ed. New York: McGraw-Hill.

Hofstede, Geet. 2011. "Dimensionalizing Cultures: The Hofstede Model in Context." *Online Readings in Psychology and Culture, 2*(1). https://doi.org/10.9707/2307-0919.1014 (search date: 21 Oct., 2018).

Hutt, David. 2016. "The Missionary Position: Divorce in the Philippines." *The Diplomat.*
https://thediplomat.com/2016/08/the-missionary-position-divorce-in-the-philippines/ (search date: 10 Jan., 2019).

IMF. "World Economic Outlook Database."
http://www.imf.org/external/pubs/ft/weo/2016/01/weodata/index.aspx(search date: 25 April, 2018).

Inquirer.net. 2012. "Scarborough Shoal Standoff: A Timeline." May9 .
http://globalnation.inquirer.net/36003/scarborough-shoal-standoff-a-historicaltimeline/?PageSpeed=noscript (search date: 30 December, 2014).

IPFS.io. 2018. "Tusculanae Disputationes."
https://ipfs.io/ipfs/QmXoypizjW3WknFiJnKLwHCnL72vedxjQkDDP1mXWo6uco/wiki/Tusculanae_Disputationes.html (search date: 20 Oct., 2018)

Jay, Real Kevin. 2013. "China returns Philippines notice to UN suit-Arbitration." Pinoy News Inquirer Feb. 20.

http://philippineinquirer.blogspot.kr/2013/02/china-returns-philippines-notice-to-un.html (search date: 15 January, 2015).

Jeshuran, Chandran. "ASEAN as a Source of Security in the Asian Pacific Region: Some Emerging Trends," in T.B. Millar and James Walter, 1993. eds., Asian-Pacific Security After the Cold War. London: Allen & Unwin.

Jung, Ann. 2012. "ASEAN & the South China Sea: Deepening Divisions(An Interview with Ian Storey)." The National Bureau of Asian Research July 16. http://www.nbr.org/research/activity.aspx?id=262(search date: 9 January, 2015).

Keating, Joshua. 2012. " China has the Philippines on the ropes." FP Sept. 4. http://foreignpolicy.com/2012/09/04/china-has-the-philippines-on-the-ropes/ (search date: 30 December, 2014).

Keck, Zachary. 2014. "China Fires Water Cannons at Philippine Fishermen." The Diplomat Feb. 25. http://thediplomat.com/2014/02/china-fires-water-cannons-at-philippine-fishermen/ (search date: 4 January, 2015).

Kluckhohn, Clyde. 1958. Ralph Linton 1893-1953. Washington D.C.: National Academy of Sciences in http://www.nasonline.org/publications/biographical-memoirs/memoir-pdfs/linton-ralph.pdf (search date: 30 Oct., 2018).

Lague, David. 2012. "Analysis: China's Nine-Dashed Line in South China Sea." Reuters May 25. http://www.reuters.com/article/2012/05/25/us-china-sea-boundary-idUSBRE84O07520120525 (search date: 31 December, 2014).

Lau Teik Soon, 1976. "ASEAN and the Bali Summit," Pacific Community, 7, pp. 536-537.

Lawrence, R. Z., 1996. Regionalism, Multilateralism, and Deeper Integration, Washington, D.C.: The Brookings Institution.

Leoncini, Dante Luis P. 2005. "A Conceptual Analysis of Pakikisama." in Gripaldo, Rolando M. (ed.), Filipino Cultural Traits: Claro R. Ceniza Lectures. Council for Research in Values and Philosophy. pp. 157-184.

Li, Zoe. 2014. "China, Vietnam, Philippines collide amid escalating South China Sea tensions." CNN.com May 9.

http://edition.cnn.com/2014/05/08/world/asia/south-china-sea-drilling/index.html (search date: 20 January, 2015).

Loy, Irwin. 2012. "ASEAN Concludes, Exposing South China Sea Rifts." Voice of America July 13.
http://www.voacambodia.com/content/asean-concludes-exposing-s-china-sea-rifts-162343676/1405462.html (search date: 17 January, 2015).

Lynch, Frank. 1973. Four Readings on Philippine Values. 4th Edition. Metro-Manila: Ateneo de Manila University Press.

Ministry of Foreign Affairs of the People's Republic of China. 2014. "Wang Yi: safeguarding regional peace and development by practicing the Asian security concept." FMPRC. Aug. 11. http://www.fmprc.gov.cn/mfa_eng/zxxx_662805/t1181 758.shtml (search date: 17 January, 2015).

Mogato, Manuel. 2014. "Philippines halts work in disputed South China Sea." Reuters Oct. 3.
http://www.reuters.com/article/2014/10/03/us-philippines-southchinasea-id USKCN0HS0TK20141003 (search date: 4 January, 2015).

National Statistical Coordination Board. "Philippine Statistics Authority." https://web. archive.org/web/20121113152939/http://www.nscb.gov.ph/stats/statWatch.asp (Search Date: March 28, 2018)

Neher, Clark D. 1991. Southeast Asia in the New International Era. Boulder: West View Press.

NHK. 2014. "East Asia Summit divided over South China Sea." NEWSONJAPAN.COM Nov. 14. http://newsonjapan.com/html/newsdesk/article/110237.php (search date: 9 January, 2015).

Nye, Joseph S. 1991. "After Bipolarity: What World Order?," The Korean Journal of International Studies, Vol. XXII, No. 4, Winter.

Nye, Joseph S. 1971. Peace in Parts: Integration and Conflict in Regional Organization, Boston: Little, Brown.

Ocampo, Ambeth R. 1995. Bonifacio's Bolo. Mandaluyong City: Anvil Publishing, Inc.

Olesen, Alexa. 2012. "Sansha, China's New 'City' Strengthens Country's Foothold in Disputed Waters." The World Post July 24.
http://www.huffingtonpost.com/201207/24/sansha-china_n_1697523.html (search date: 31 December, 2014).

Online Etymology Dictionary. 2018. "Filipino." https://www.etymonline.com/sea rch?q=Filipino (search date: 23 Oct., 2018).

Pacardo, Louie O., and Albert F. Arcilla. 2014. "Soldiers overrun rebel camp in Maguindanao." Business World. February 2,
http://www.bworldonline.com/content.php?section=Nation&title=Soldiers- overrun-rebel-camp-in-Maguindanao&id=82861 (Search Date: April 1, 2018)

Palmer, Norman D. 1991. The New Regionalism in Asia and the Pacific, Lexington, Massachussettes: Lesington Books.

Palmer, Norman D. "SEATO, ASA, MAPHILINDO, AND ASPAC," in K. S. Sandhu, Sharon iddique Chandran Jeshurun, Ananda Rgjan, Joseph L.H. Tan, and Pushpa Thambipillai. 1992. Compiled, The ASEAN Reader. Singapore: Institute of Southeast Asian Studies.

Parrenas, Julius Caesar. 1993. "Geopolitical Dimensions of the Spratly Islands Dispute" in Foreign Relations Journal, Vol. VIII, No. 1.

Philippine Daily Inquirer. 2015. "Is BIFF the MILF's 'BFF(Bound to be Family Forever)'?" http://newsinfo.inquirer.net/669597/is-biff-the-milfs-bff (Search Date: April 1, 2018)

Philippine Statistics Authority. 2014. *The Philippines in Figures 2014.* Manila: Rep. of the Philippines National Statistics Office.

Philippine Statistics Authority. 2017. The Philippines in Figures 2017. Manila: Rep. of the Philippines National Statistics Office.

Philippine Statistics Authority. "Population of the Philippines: Census Years 1799 to 2010."
https://web.archive.org/web/20120704171010/http://www.nscb.gov.ph/secstat/d_ popn.asp (search date: March 28, 2018)

Pitlane Magazine. 2014. "The Question of Filipino Identity Answered."
http://www.pitlanemagazine.com/cultures/the-question-of-filipino-identity- answered.html (search date: 9 Jan., 2019).

Quismundo, Tarra. 2012. "Navy ships ready to sail back to Scarborough Shoal." Inquirer.net Aug. 25.
http://globalnation.inquirer.net/48044/navy-ships-ready-to-sail-back-to- scarborough-shoal/ (search date: 30 December, 2014).

Quismorio, Ellson A. 2012. "PNoy Stops Faeldon's Scarborough Trip." Manila Bulletin May 19.

http://globalbalita.com/2012/05/19/pnoy-stops-faeldons-scarborough-trip/ (search date: 4 January, 2015).

Rappler.com. 2012. "PH wants Cambodia's turnaround on Scarborough." Rapppler July 17.

http://www.rappler.com/nation/8743-ph-wants-cambodia-s-turnaround-on-scarborough (search date: 17 January, 2015).

Reyes, Fat. 2012. "3 Chinese government vessels spotted at Scarborough Shoal—DFA." Inquirer.net July 27.

http://globalnation.inquirer.net/45761/3-chinese-government-vessels-spotted-at-scarborough-shoal-dfa/ (search date: 30 December, 2014).

Reyes, Jeremiah A. 2016. "In Defense of Hiya as a Filipino Virtue." Asian Philosophy, 26(1): 1-13.

Richards, Clint. 2014. "Code of Conduct for South China Sea Unlikely, Yet ASEAN Made Progress." The Diplomat Aug. 11.

http://thediplomat.com/2014/08/code-of-conduct-for-south-china-sea-unlikely-yet-asean-made-progress/ (search date: 9 January, 2015).

Romero, Alexis. 2014. "Pinoy fisherman defy new Chinese fishing rules in Panatag shoal." The Philippine Star Jan. 26.

http://www.philstar.com/headlines/2014/01/26/1283092/pinoy-fishermen-defy-new-chinese-fishing-rules-panatag-shoal(search date: 30 December, 2014).

Said, Edward W. 1979. "Concept Misformation in Comparative Politics," American Political Science Review, 64: 1033-1053.

Sandhu, K.S., Siddigue, Sharon, Jeshurun, Chandran, Rajah, Aranda, Tan, Joseph L.H. and Thambipillai, Pushpa. 1992. compiled, The ASEAN Reader, Singapore: Institute of Southeast Asian Studies.

Santiago, Joseph Sedfrey S. 1992. The Asia-Pacific in the 21st Century: Competing Views on Regional Economic Integration, Quezon City: U.P. Institute of International Legal Studies.

Santos, Tina G. 2012. "PH, Chinese Naval Vessels in Scarborough Shoal Standoff." Philippine Daily Inquirer April 11.

http://globalnation.inquirer.net/32341/ph-chinese-naval-vessels-in-scarborough-shoal-standoff/ (search date: 30 December, 2014).

Scott, William Henry. 1994. Barangay: Sixteenth-century Philippine Culture and Society. Quezon City: Ateneo University Press.

SpanishDict, 2019. "*Amor propio.*"
http://www.spanishdict.com/translate/Amor%20propio (search date: 19 Jan., 2019).

Sutiyamongkol, Marjorie Leemhuis. 1982. "The Politics and Economic Cooperation in the Association of Southeast Asian Nations" unpublished PH.D. Dissertation submitted to the Graduate School of Illinois University, 1982.

Symonds, Peter. 2012. "Tensions at ASEAN Summit over South China Sea." WSWS. Nov. 21. https://www.wsws.org/en/articles/2012/11/asia-n21.html (search date: 9 January, 2015).

Tagalog-Dictionary.com. 2019. "*hiya*".
https://www.tagalog-dictionary.com/search?word=hiya (Search Date: 01 January, 2019)

Taton, Rodel A. 2013. "The Scarborough Shoal Dispute: An Analysis of the Dipute Resolution Mechanisms under International Law." International Peer Reviewed Journal, Vol. 6: 69-93.

Teves, Oliver. 2014. "Philippines to raise China dispute at ASEAN Summit." AP Manila May 10.
http://bigstory.ap.org/article/philippines-raise-china-dispute-asean-summit (search date: 6 January, 2015).

Than, Mya. 1991. "ASEAN, Indo-China and Myanmar", ASEAN Economic Bulletin, November, pp. 179-180.

The Chinese Foreign Ministry. 2014. "Position Paper of the Government of the People's Republic of China on the Matter of Jurisdiction in the South China Sea Arbitration Initiated by the Republic of the Philippines." Chinadaily.com.cn Dec. 7.
http://www.chinadaily.com.cn/china/2014-12/07/content_19037946.html(search date: 15 January, 2015).

The Pinoy Warrior. 2012. "Spanish-Filipino Caste System." January 24.
http://www.thepinoywarrior.com/2012/01/spanish-filipino-caste-system.html (search date: 24 October, 2018).

The World FactBook-CIA. 2018. "Philippines".(search date: 28 March, 2018).

The World Factbook(CIA). 2019. "East Asia/Southeast Asia: Philippines." https://www.cia.gov/library/publications/the-world-factbook/geos/rp.html (search date: 10 Jan., 2019).

Thul, Prak Chan. 2012. "SE Asia meeting in disarray over sea dispute with China." Reuters July 13. http://www.reuters.com/article/2012/07/13/us-asean-summit-idUSBRE86C0BD20120713 (search date: 17 January, 2015).

Torres, Joe. 2015. "Philippines rebel chief dies of heart attack." UCANews. 14 April, https://www.ucanews.com/news/philippines-rebel-chief-dies-of-heart-attack/73376 (search date: April 1, 2018)

Torode, Greg. 2012. "South China Sea dispute wrecks ASEAN unity." South China Morning Post Nov. 20. http://www.scmp.com/news/asia/article/1086448/south-china-sea-dispute-wrecks-asean-unity (search date: 17 January, 2015).

Tylor, Edward Burnett. 1974. Primitive culture: researches into the development of mythology, philosophy, religion, art, and custom. New York: Gordon Press.

UM, Khatharya. 1991. "Thailand and the Dynamics of Economic and Security Complex in Mainland Southeast Asia," Contemporary Southeast Asia, December 1991.

Velkley, Richard L. 2002. The Tension in the Beautiful: On Culture and Civilization in Rousseau and German Philosophy. Being after Rousseau: philosophy and culture in question. Chicago: University of Chicago Press.

Viña, Dean Tony La and Gorospe, Pauleen. 2014. "Bangsamoro Agreement: A great day for the country". *Rappler*. https://www.rappler.com/thought-leaders/53983-bangsamoro-agreement-great-day-country (search date: 10 January, 2019)

Vu, Anh. 2014. "Vietnam, Philippines strongly oppose China's violations at sea: PM." Thanh Nien News May 22. http://www.thanhniennews.com/politics/vietnam-philippines-strongly-oppose-china-violations-at-sea-pm-26519.html (search date: 7 January, 2015).

Wikipedia. 2018a. "Filipinos." https://en.wikipedia.org/wiki/Filipinos (search date: 23 October, 2018).

Wikipedia. 2018b. "Abakada alphabet." https://en.wikipedia.org/wiki/Abakada_alphabet (search date: 24 October, 2018).

Wikipedia. 2018c. "Luis Rodriguez Varela." https://en.wikipedia.org/wiki/Luis_Rodr%
C3%ADguez_Varela (search date: 25 October, 2018).

Wikipedia. 2018. "Ruy López de Villalobos."
https://en.wikipedia.org/wiki/Ruy_L%C3%B3pez_de_Villalobos (Search Date: 23
October, 2018).

Wikipedia. 2019. "Protestantism in the Philippines." https://en.wikipedia.org/w
iki/Protestantism_in_the_Philippines (search date: 9 Feb., 2019).

Wikipedia. 2014a. "Scarborough Shoal Standoff."
http://en.wikipedia.org/wiki/Scarborough_Shoal_standof (search date: 30 December,
2014).

Wikipedia. 2014b. "Scarborough Shoal."
http://en.wikipedia.org/wiki/Scarborough_Shoal (search date: 31 December, 2014).

Wikipedia. 2014c. "Nine-dotted line."
http://en.wikipedia.org/wiki/Nine-dotted_line (search date: 31 December, 2014).

Wikipedia. 2015b. "International Tribunal for the Law of the Sea." (search date: 8
January, 2015).

Wikipedia. 2015a. "South China Sea." (search date: 20 January, 2015).

Xinhua. 2012. "Hu calls for efforts to build China into maritime power." Xinhuanet.com
Nov. 8.
http://news.xinhuanet.com/english/special/18cpcnc/2012-11/08/c_

Zaide, Gregorio F. 1970. Asia's First Apostle of Nationalism. Manila: FNB Enterprises.
131959403.htm (search date: 19 January, 2015).

Zou, Keyuan. 2005. Law of the Sea in East Asia: Issues and Prospects. New York:
Psychology Press.

Economist, July 25, 1992, p. 25.

Economist Intelligence Unit(2012)

Economist Intelligence Unit(2017)

Newsweek, February 21, 1994, p. 6.

The World Factbook-CIA(2018)

WTO, Regionalism and the World Trading System, Geneva: WTO, 1995.

찾·아·보·기

‖ 국문 ‖

▌영문 ▌

박광섭(朴廣燮)

- University of Santo Tomas(UST) 학사(정치학 전공)
- Graduate School, University of Santo Tomas(UST) 석사(국제정치학 전공)
- Graduate School, University of Santo Tomas(UST) 박사(외교협상학, 동남아지역학 전공)

경력

- CRC's Institute for International and Strategic Studies 연구원 역임(1991~1994)
- 한남대학교 동남아연구소 책임연구원 역임(1994~1996)
- 한국아시아학회 제5대 제6대 회장 역임(2006~2010)
- 한국아시아학회 명예회장 역임(2011~2018)
- 한국아시아학회 편집위원 역임(1998~2018)
- 호서대학교 CH사업 글로벌통상사업단 단장 역임(2015~2019)
- 호서대학교 사회과학대학 글로벌통상학과 학과장 역임(2016~2019)

  現 한국아시아학회 고문
  　 사단법인 아시아문화학술원 고문
  　 호서대학교 경영대학 글로벌통상학과 교수
  　 호서대학교 통일문제연구소 소장

저서

- 전환기의 싱가포르(1996)
- 동남아학 총서(5): 세계최대의 로마 가톨릭국가 필리핀(공저, 1998)
- 동남아학 총서(7): 동남아의 종교와 국가(공저, 1999)
- 국제지역학입문(2001)
- 아세안과 동남아 국가연구(2001)
- 동남아-중국관계론(공저, 2002)
- 종교로 본 동양문화(공저, 2002)
- 필리핀(Philippines)(공저, 2003)
- 세계화시대 해외지역연구의 이해(2006)
- 현대국제정치의 이해(2012)
- 글로벌지역통상학개론(2018)

수상

- 한국아시아학회 2015년 우수논문상 수상

연구의 주요 관심영역

- 동남아지역연구
- 필리핀연구
- 외교협상연구

거시적 관점
동남아지역연구
개별국가에 대한 사례: 필리핀연구

초판발행   2021년 2월 27일

지은이   박광섭
펴낸이   안종만 · 안상준

편 집   이면희
기획/마케팅   오치웅
표지디자인   BEN STORY
제 작   고철민 · 조영환

펴낸곳   ㈜ **박영사**
                 서울특별시 금천구 가산디지털2로 53, 210호(가산동, 한라시그마밸리)
                 등록 1959. 3. 11. 제300-1959-1호(倫)
전 화   02)733-6771
f a x   02)736-4818
e-mail   pys@pybook.co.kr
homepage   www.pybook.co.kr
ISBN   979-11-303-1251-4   93300

정 가   25,000원